新车主手册

学车考证、新手上路，买车、用车、养车——一书搞定！

庞永华◎编著

電子工業出版社
Publishing House of Electronics Industry
北京·BEIJING

内 容 简 介

驾驶汽车已经成为人们生活中越来越普及的一项技能。如何轻松拿到驾照，如何在拿到驾照后轻松守住 12 分，如何在拥有爱车后轻松养护和使用，这些都已经成为人们的一门必修课。本手册以简洁的语言，全面介绍了轻松拿到驾照、安全快捷地驾驶汽车、科学合理地使用和养护汽车的知识。

本手册形式新颖，通俗易懂，实用性超强，是学车考证、新手上路、买车、养车、用车的良师益友。非常适合广大车主和汽车爱好者阅读使用。

图书在版编目（CIP）数据

新车主手册 / 庞永华编著. —北京：电子工业出版社，2014.6

ISBN 978-7-121-23262-6

Ⅰ. ①新… Ⅱ. ①庞… Ⅲ. ①汽车－手册 Ⅳ. ①U46-62

中国版本图书馆 CIP 数据核字（2014）第 105097 号

责任编辑：李 洁 特约编辑：韩奇桅
印 刷：三河市双峰印刷装订有限公司
装 订：三河市双峰印刷装订有限公司
出版发行：电子工业出版社
北京市海淀区万寿路 173 信箱 邮编 100036
开 本：720×1 000 1/16 印张：27 字数：536 千字
印 次：2014 年 6 月第 1 次印刷
定 价：49.90 元

凡所购买电子工业出版社图书有缺损问题，请向购买书店调换。若书店售缺，请与本社发行部联系，联系及邮购电话：（010）88254888。

质量投诉请发邮件至 zlts@phei.com.cn，盗版侵权举报请发邮件至 dbqq@phei.com.cn。

服务热线：（010）88258888。

FOREWORD 前言

汽车这一现代工业文明的结晶，已经深深地融入了人们的生活。汽车的舒适和便捷，改变了人们的出行方式，提高了人们的生活质量，也推动了社会的发展和文明的进步。

然而，不是每一个走进驾校的人都能轻松拿到驾照，不是每一个拿到驾照的人都能在“史上最严交规”下轻松守住 12 分，也不是每一个拥有爱车的车主都能够科学合理地使用汽车。学车考证和买车、开车、养车、用车的误区让许多人经历了本不该有的烦恼和失望，甚至走了许多弯路。因此，为了切实帮助新手考取驾驶证，安全快捷地驾驶汽车，科学合理地养护和使用汽车，我们精心编写了《新车主手册》。

本手册以 2013 年新交通法规为基础，从新驾考开始，全面地介绍了学车考证、新手上路、汽车选购、安全文明驾驶、汽车养护与维修、汽车驾驶人的保健与防病等车主必备知识。

本手册的编著注重求新，简单明了，一看就懂，实用性超强。本手册结构合理、层次清晰，是新手、不同驾龄驾驶人和车主提高汽车驾驶和养护技能的随身读物。

一本《新车主手册》在手，可以帮您掌握学车考证技巧，轻松拿到驾照；帮您安全快捷地驾驶汽车，轻松守住 12 分；帮您科学合理地使用汽车，减少汽车故障，延长汽车寿命。

本手册在编写过程中得到了许多同行的关心和支持，同时也参考了大量的相关书籍和资料，在此表示衷心的感谢！

由于水平有限，手册中难免有不妥和疏漏之处，恳请广大读者、同行、专家指正。

庞永华

CONTENTS 目录

第1章 汽车基本知识

汽车基本构造……1
汽车发动机……1
汽车底盘……2
汽车组合仪表……2
汽车照明设置……4
汽车信号装置……4
汽车附属电器……5
汽车安全装置……5
汽车操纵机构……6
汽车油液……6

第2章 道路交通安全法律法规

驾驶证申领与使用……8
驾驶证许可……8
学习机动车驾驶……8
驾驶人考试要求……9
驾驶证核发……9
驾驶证换发……9
驾驶证补发……10
驾驶证审验……10
驾驶人体检……10
驾驶证注销……11

第3章 道路通行规则

交通信号灯……12
道路交通标志……13
道路交通标线……27
交通警察手势信号……40
安全使用喇叭……42
安全使用灯光……43
道路通行规定……43
交叉路口通行……44
限速通行……45
变更车道……46

跟车 …………………………………………46
超车 …………………………………………46
会车 …………………………………………47
倒车与掉头……………………………………47
停车 …………………………………………47
铁路道口通行…………………………………48
缓慢和拥堵路段通行…………………………48
避让行人和非机动车…………………………49
驾驶行为要求…………………………………49
驾驶人对车辆的安全责任……………………49
避让特种车辆…………………………………50
高速公路行驶…………………………………50
故障车警示要求………………………………51
交通安全违法行为处罚………………………51
扣留车辆和驾驶证的情形……………………52

第4章 基础驾驶操作

培养安全意识…………………………………54
驾驶人感知觉能力……………………………54
注意力训练……………………………………55
操作转向盘……………………………………55
操作加速踏板…………………………………56
操作离合器踏板………………………………57
操作制动踏板…………………………………57
操作手动变速器………………………………58
操作驻车制动器………………………………58
操作电源总开关和点火开关…………………59
上下车的动作…………………………………60
调整座椅、靠背倾斜角度和头枕……………61
操作灯光开关…………………………………63
操作刮水器开关………………………………63
操作喷水器和刮水器…………………………63
调整后视镜……………………………………64
使用安全带……………………………………64
正确的驾驶姿势………………………………65
发动机启动和停熄……………………………66
驾驶手动挡汽车的操作要领…………………67

第5章 自动挡

自动挡位含义…………………………………71
手自一体变速器特点…………………………72
操作自动变速器的要领………………………72
自动挡汽车起步………………………………73
自动挡汽车行驶………………………………73
自动挡汽车提速………………………………74
自动挡汽车临时停车…………………………75
自动挡汽车倒车………………………………75
自动挡汽车停放和入库………………………75
自动挡汽车别猛踩加速踏板…………………76
自动挡汽车千万别空挡滑行…………………76
自动挡汽车挂倒挡一定要在停稳后…………77
自动挡汽车等红灯时的挂挡技巧……………77
自动挡汽车的三种危险操作…………………78
自动挡汽车的省油技巧………………………78
自动变速器维护………………………………79

自动挡误区……79

第6章 道路驾驶

行车前的安全检查……80
起步前的安全检查……80
起步前的安全调整……81
安全起步……81
安全汇入车流……82
安全直线行驶……82
安全距离的控制……83
弯道安全行驶……83
安全加减挡位操作……84
安全跟车……84
安全会车……85
安全超车……85
安全掉头……86
安全倒车……87
安全变更车道……87
安全靠边停车……88
安全进行“L”形倒车入位停车……89
安全进行“S”形倒车入位停车……89
安全直行通过路口……90
安全左转弯……90
安全右转弯……91
安全通过复杂路口……91
安全通过环岛路口……91
安全通过立交桥……92
安全通过铁路道口……92
安全通过人行横道……92
安全通过视线不良交叉路口……93
安全通过桥梁……94
安全通过隧道……94
安全通过山区道路……95
安全通过泥泞路……96
安全通过窄巷……97
安全通过曲狭路……98
安全通过冰雪路面……98
安全通过高速公路……99
驾驶人的文明礼让行为……101

第7章 轻松拿驾照

新驾考的考试要求……103
将图片题化繁为简的技巧……103
轻松通过理论考试的技巧……105
单选题的答题技巧……106
判断题的答题技巧……109
新驾考科目二的考试要求……110
坡道定点停车和起步的考试技巧……111
侧方停车的考试技巧……112
曲线行驶的考试技巧……113
直角转弯的考试技巧……114
倒车入库的考试技巧……115
新驾考科目三的考试要求……116
轻松通过科目三的考试技巧……119
应对“电脑考官”的技巧……119

上车准备的考试技巧……………………120
起步的考试技巧…………………………120
直线行驶的考试技巧……………………121
加减挡位操作的考试技巧………………122
变更车道的考试技巧……………………123
直行通过路口的考试技巧………………123
路口左转弯的考试技巧…………………124
路口右转弯的考试技巧…………………124
通过人行横道的考试技巧………………125
通过学校区域的考试技巧………………125
通过公共汽车站的考试技巧……………126
会车的考试技巧…………………………126
超车的考试技巧…………………………127
掉头的考试技巧…………………………127
靠边停车的考试技巧……………………128
夜间驾驶的考试技巧……………………129
模拟夜间驾驶的考试技巧………………129
科目三交通安全文明驾驶常识考试……130

第8章 汽车选购

根据自己的用途选择车种和类型………131
轿车级别的选择…………………………131
车身结构的选择…………………………132
驱动方式的选择…………………………132
手动挡和自动挡的选择…………………133
制造商实力强弱…………………………133
车型改款换代次数………………………133
性价比……………………………………134
保有量和销售量…………………………134
汽车外观设计……………………………134
车身做工的优劣…………………………135
汽车内饰设计……………………………135
汽车转向准确性…………………………135
路感清晰利弊……………………………136
转弯直径越小越灵活……………………136
汽车保养维修费用………………………137
理论油耗…………………………………137
汽车允许使用燃油标号…………………137
保值率……………………………………138
新车故障率………………………………138
整车性能…………………………………138
汽车经销商的选择………………………140
购车时机的选择…………………………141
零千米汽车的选择………………………141
库存车的选择……………………………142
试驾的注意事项…………………………142
验收新车的注意事项……………………144
女性买车的注意事项……………………146
家庭买车的注意事项……………………147
工薪阶层买车的注意事项………………149
买辆保值车的注意事项…………………150
买到质量不好的汽车后怎样索赔………151
买车误区…………………………………151

第9章 汽车手续

机动车注册登记……155
机动车变更登记……156
机动车转移登记……157
机动车注销登记……158
机动车办理停驶和复驶手续……158
机动车号牌的领取……159
牌证的补领和换领……159
机动车安全技术检验……160
机动车上路行驶应当悬挂和携带的牌证……160
悬挂机动车号牌的规定……160
管理机动车号牌……161
查阅机动车档案……161

第10章 汽车保险与理赔

汽车投保条件……162
选择保险的基本原则……162
保险公司的选择……163
投保险种的选择……163
购买保险渠道的选择……164
交强险 VS 商业险……166
车险保障方案……166
不同车辆投保的注意事项……168
投保注意事项……170
警惕汽车保险免赔条款……171
防范保险陷阱的注意事项……172
投保误区……174
投保省去冤枉钱的注意事项……177
理赔流程……178
理算赔款的方法……179
异地出险理赔……199
实行简易赔案……200
防止出险后保险公司拒赔的注意事项……201
出险后理赔的注意事项……201
理赔误区……202

第11章 交通事故处理与伤员救护

路遇交通事故……204
事故现场报警……204
自行协商事故处理……205
事故现场的强制撤离……205
伤员急救的基本要求……205
昏迷不醒伤员的急救……205
失血伤员的急救……206
烧伤者的急救……206
中毒伤员的急救……206
骨折伤员的处置……206
伤员的常用止血方法……207

第12章 新手安全通行

执行新的实习期管理规定……208
车身后粘贴实习标志……208
防止在实习期被注销驾驶证……208
上高速公路要选对陪驾……209
违反实习期管理规定的处罚……209
选好陪练……210
制订一个练车计划……210
和陪练师傅沟通交流……211
观察他人驾车动作……211
不断积累驾驶经验……211
培养对外界感知能力……212
在各种环境下练习驾驶……212
克服恐慌、急躁、侥幸心理……213
避免长时间练车……213
用二手车练车比较划算……214
了解自己座驾……214
初次上路最好有人陪同……214
保持正确的驾驶姿势……214
找准自己在公路上的位置……215
找到一个适宜自己的速度……215
学会忍让其他驾驶人的骚扰……215
上路前必须先熟悉挡位……216
学会观察交通标志……216
通过所有的路口时都要提前减速……216
摸索并线动作和时机……217
充分利用后视镜……217
治疗“会车恐惧症”……218
转弯前一定要减速行驶……218
倒车时要瞻前顾后……218
别忘了危险警告灯……219
学会记路……219
摆脱“停车恐惧症”……219
练好常用的制动技术……220
停车后别忘了拉起驻车制动器手柄……220
车辆初次出现故障时……220
正确认识自身的驾驶能力……221
新手常见难题的解决方法……221
理解交规死角……226
成为一名合格驾驶人……227

第13章 轻松守住12分

新交规的记分规则和记分分值……228
防“无证驾驶”……231
防“酒驾”……232
防“超员”……232
防“肇事逃逸”……233
防“涉牌”……234
防“涉证”……235
防“随意掉头”……236
防“高速车道内停车”……236
防“超速”……237
防“疲劳驾驶”……239
防“无证驾驶校车”……240

防“扣证后驾车”……240
防“闯灯”……241
防“超载”……242
防“占用应急车道”……243
防“坏天气里乱行车”……243
防“超限”……244
防“危险物品”……245
防“骗补驾照”……246
防“不让校车”……247
防“高速路上太低速”……247
防“非法上高速”……248
防“不行其道”……249
防“争速抢道”……250
防“违反禁令”……251
防“违规超车”……251
防“该让不让”……252
防“逆行”……253
防“违规牵引”……254
防“违停”……255
防“不安检”……255
防“交叉路口乱行乱停”……256
防“开车接打电话”……257
防“忽视安全带”……258
防“加塞”……258
防“校车隐患”……259
防“乱用灯光”……260
防“违规会车”……261
防“载货违规”……261
防“证件不全”……262
记满 12 分怎么办……263

第14章 汽车磨合

仔细阅读汽车使用说明书……264
新车保守磨合……264
零千米新车磨合前的检查……265
新车进磨合期的检查……265
新车初驶的注意事项……266
新车一定要坚持例行检查……267
新车首次清洗……267
新车首次保养……268
新车首次出现故障……268
新车磨合的注意事项……269
新车误区……270

第15章 文明驾驶礼仪

让灯光有礼……271
让喇叭有礼……271
会车有礼……272
超车有礼……273
让车有礼……273
停车有礼……274
进出小区有礼……275

第16章 城区驾驶

心里要有“电子警察”的存在…………276
不抢2秒…………276
防止被“电子眼”误拍…………277
逃避“电子眼”行车的小聪明不可取…277
提前规划行进路线…………277
随流而行的技巧…………278
巧妙防追尾…………278
防止碰擦的技巧…………279
把握安全跟车距离…………279
发现对向车道塞车时…………280
遇放行信号快速起步…………280
遇红灯准确停车…………281
避免抢黄灯…………281
安全通过立交桥…………281
安全通过环岛…………282
安全通过高架桥…………283
安全通过有导向车道路口…………284
夜间行车防目眩…………284
城区安全无忧的停车技巧…………284
安全进出地下停车场…………285

第17章 高速公路驾驶

高速公路上也要防超速…………286
行车前要做好准备…………287
通过收费站…………287
加速段要尽量加速…………288
学会读懂汽车语言…………288
使用转向盘要少打少回…………289
安全并线和超车…………289
遇到许多大车时要尽快远离…………290
遇到水坑时非常危险…………290
遭遇大风时的驾驶技巧…………290
遇到雾气时的驾驶技巧…………291
防止“下坡错觉”…………291
防爆胎…………292
防疲劳驾驶…………292
发生故障时的应对技巧…………293
夜间驾驶…………293
注意驶向出口的标志牌…………294
防止走错出口…………294

第18章 复杂道路驾驶

无管制交叉路口…………296
货场…………296
渡口…………297
弯道…………297
陡坡…………298
桥洞…………298
涵洞…………299
乡村土路…………299

有集贸市场的道路……300
城乡结合部……300
穿村而过的新路……301
摆摊街道……301
山区道路……302
傍山险路……303
有陷隙山路……303
可能滑坡落石路段……304
砾石路……304
硬石路……305
翻浆路……305
干枯河滩……305
搓板路……306
事故多发地段……306
积雪覆盖路段……306
高原道路……307
草原道路……307
峡谷……308
林区道路……309
沙漠路……309
戈壁……310
滩涂湿地……310
暗冰路面……311
沟渠……311
坑洼不平路面……312

第19章 特殊环境驾驶

黎明行车……313
中午行车……313
黄昏行车……314
夜间行车……315
风天行车……316
雨天行车……317
雾天行车……318
雪天行车……319

第20章 应急驾驶

应急处置的原则……321
汽车打滑……321
翻车……323
途中抛锚……324
陷入浅水沙滩中……324
爆胎……325
风窗玻璃破裂……325
转向失控……326
制动失灵……326
上坡后溜……327
发生撞车……327
将要发生刮擦……328
车辆将要爆炸……329
车辆掉沟……329
发生坠落……329
落入水中……330
车轮悬空……331
接触外电……331

突然熄火……332
正确运用紧急避险的必要条件……333

第21章 途中脱困

留意汽车故障征兆……334
常见故障的应急处理……335
途中故障急救原则……336
途中刮水器不刮水……336
途中燃油不够……336
自己更换轮胎……337
汽车失火……338
途中“开锅”……339
途中无法起动车辆……339
用推车法起动手动挡车……340
用“救命线”跨车起动……340

第22章 汽车节油

选择一辆“小胃口”车……342
保持良好车况……342
掌握一种熟练驾驶技术……343
改掉一些驾驶恶习……343
带上一颗平常心出车……344
建立一个油耗档案……345
规划一条便捷行驶路线……345
选择一个安全加油站……345
养成一个合理用车习惯……346
丢掉一些不必要负重……347
绷紧一根“安全弦”……347
走出一些节油误区……348

第23章 综合养护

汽车保养的种类……351
日常养护……351
定期养护……354
远行前后养护……356
长期停驶车辆养护……358
换季养护……358
选用汽车养护用品的注意事项……362
养护误区……363

第24章 美容与装饰

自助汽车美容的护理方案……370
新车护理方案……371
汽车清洗……371
汽车打蜡……376
新车装饰……378
车贴……379

大包围……380
防护杠……380
车顶行李架……381
氙气灯……382
车轮盖……382
备胎罩……383
天窗……383
桃木装饰……384
车载冰箱……384
转向盘套……385
坐垫……385
汽车枕垫……386
座套……386
安全座椅……387
脚垫……387
安全带……388
车载蓝牙……388
车载 GPS……389
防范美容装饰陷阱的注意事项……389
美容与装饰误区……392

第25章 汽车维修

识破汽车修理秘密……397
汽车故障形成原因……397
汽车故障的预防……398
了解维修保养费用的内容……399
节省汽车维修费用的途径……399
选购汽车零配件……400
减少修理频率……401
解码器的使用……401
认识车辆识别码……402
识别零部件……403
搜集维修工具……403
工具箱的存放……404
汽车安全修理准则……404
油耗突然增大怎么办……405
识别汽车异响……405
分析汽车异味……406
检修车厢内烧机油臭味……407
检修车厢内汽油臭味……407
检修空调臭味……407
选择修车厂……408
签订维修合同……408
避免汽车维修争议……409
汽车维修质量的有关规定……410
识破与应对维修中的欺骗伎俩……410
索要保修清单……412
修车误区……413

第1章

汽车基本知识

汽车基本构造

不同型号、不同类型及不同厂家生产的汽车，其基本构造都是由发动机、底盘、电气设备和车身四大部分组成的。

（1）发动机：汽车的动力装置，它能使供入其中的燃料燃烧而发出动力。

（2）底盘：汽车的基础，它接受发动机的动力，使汽车产生运动并保证按照驾驶人的操纵正常行驶。

（3）电气设备：用于汽车发动机的启动、点火、照明、灯光信号、仪表指示等的监控装置。

（4）车身：驾乘人员乘坐和存放行李的空间，主要由本体、内外装饰和车身附件等组成。

汽车发动机

发动机是汽车的“心脏”，是它的动力之源。现代轿车发动机通常是指往复活塞式内燃机，它可以根据不同的特征来分类。

（1）按活塞行程分，有二冲程和四冲程发动机。

（2）按燃料分，有汽油、柴油、甲醇、乙醇、液化石油气、压缩天然气发动机。

（3）按汽缸排列分，有一字形直列发动机，两列汽缸成V字形布置的称V形发动机，V形夹角为180°的称对置发动机。

（4）按冷却系统分，有水冷和风冷发动机。

（5）按有无增压分，无增压的称为自然吸气（或无增压）发动机，有增压的称增压发动机。

（6）按点火系统分，有火花塞点火和压缩点火发动机。

此外，还有带电控单元的称为电控发动机，采用汽油喷射方式的称为汽油喷射汽油发动机。

汽车底盘

汽车的主要组成部分之一是底盘，用来支撑车身，并传递发动机产生的动力，使汽车正常行驶。底盘由传动系、行驶系、转向系和制动系等部分组成。

（1）传动系：传动系是将发动机的动力传递到驱动车轮，使汽车克服阻力而行驶的动力传动装置，传动系主要由离合器、变速器、差速器、传动轴、万向节和花键等部分组成。

（2）行驶系：行驶系主要由车架（或承载式车身）、车桥、悬架和车轮四部分组成。

（3）转向系：转向系的功能是用来改变或恢复汽车行驶方向，主要由转向操纵机构、转向器、转向传动机构组成。

（4）制动系：制动系的功用就是使行驶中的汽车在尽可能短的距离内减速甚至停车，可靠地停驻已停驶（特别是在坡道停驶）的汽车，以及在下坡时对汽车限速并保持稳定。

汽车组合仪表

轿车常用的组合仪表有以下几种。

（1）转速表：以每分钟转数显示发动机的转速，实际转速是用表上指针的读数乘以 1000。白色=正常区，红色=危险区。为了提高经济性，尽量在所有挡位以较低发动机转速行驶，并保持车速稳定。当转速表在红色区域内时，不要操作发动机，以防损坏。

（2）车速表：用来显示汽车速度，即每小时千米数。

（3）里程表：用来记录汽车总共行驶的千米数。

（4）行程表：用来记录汽车在某一段行程中所行驶的千米数。如果重新设定，按压车速表下面的按钮，使其归零，重新记录。

（5）蓄电池充电指示器：当点火开关接通后将短暂亮起，但发动机开始运转后就会熄灭。

（6）制动系统故障指示器：制动液液面高度太低时会亮起，应立即检修。如果接通点火开关或驻车制动起作用，该指示器会亮起以检查指示器是否正常。

（7）燃油液面高度指示器：指针到了红区表示燃油箱快空了，应立即加油。上坡、加速、紧急制动或急转弯会使燃油液面高度显示指针波动，因此要想获得准确的燃油库存量指示，最好让汽车处在停止或较平稳的行驶状态。

（8）发动机控制系统指示器：点火开关接通后该灯亮起，但发动机启动后即会熄灭。喷射正时、点火、怠速和减速断油都是由电子控制的，如果汽车移动时灯还亮着，表示系统可能有故障，这时系统会切换到紧急程序，允许汽车继续行驶，不过应尽快找到特约售后服务中心。警告灯亮时不要行驶过久，否则可能损坏催化转换器，增加燃油消耗。

（9）前照灯远光指示器：远光启动时会亮起。

（10）安全带指示器：驾驶时如果没系安全带会亮起。

（11）转向信号指示灯：拨动转向信号操纵杆时，这些指示灯会有节奏地闪烁。如果指示灯闪烁的频率比正常高，表明其中一只转向信号灯可能有问题。启用危险警告时，比如车有故障或出事故后的拖车等，应打开故障警报灯，让转向信号指示灯前后左右一起闪烁。

（12）机油压力指示器：点火开关接通时亮起，但发动机运转时即会熄灭。如果该灯持续亮，应立即关闭发动机，因为润滑系统可能有故障，须检修。

（13）发动机冷却液温度指示器：也叫“水温表”。要经常注意该指示器，因为一旦发动机过热，就可能对发动机造成严重损坏。一般情况下，指针在刻度左端，发动机尚未达到正常操作温度（冷）；指针在刻度中央，发动机达到正常操作温度（正常）；指针在红区，表明发动机过热，应立即关闭发动机，检查散热器是否缺冷却液。

（14）ABS 指示器：点火开关接通时闪亮几秒钟。如果启动后灯不熄灭或行驶时灯仍然亮，ABS 可能有故障，不过汽车的行车制动器还可以正常工作。当然，如果制动器和转向信号指示灯熔丝有故障，ABS 也会工作，这时应尽快检修。

（15）安全气囊指示器：点火开关接通后将亮起并持续约 4 秒，然后熄灭。如果指示器不亮、一直不灭或汽车行驶时还亮着，表明安全气囊有故障，应立即检修。

有的轿车除采用报警灯报警外，还采用了音响报警信号。例如，当收音机开关或车灯开关未关，在驾驶人取下点火开关钥匙打开车门时，蜂鸣器就会发出报警信号以提醒驾驶人。

汽车照明设置

汽车照明分为车外照明和车内照明。

车外照明主要由前照灯、前雾灯、倒车灯、制动灯、转向灯、牌照灯等组成。

（1）前照灯：主要用于行车照明，有远光和近光之分。当汽车在快速行驶且对面无来车时，宜使用远光。近光主要用于会车，防止使迎面来的驾驶人目眩。

（2）雾灯：主要用于有雾地区的照明，一般装在前保险杠两侧，采用黄色灯泡和黄色玻璃灯罩，能保证雾天行驶顺畅。

（3）倒车灯：装在车尾部，当变速器操纵杆处于倒车位置时就会亮，倒车灯采用白色。

（4）制动灯：装在车尾部，当踩下制动踏板时会亮，制动灯采用红色。通常情况下，制动灯和倒车灯连为一体。

（5）转向灯：装在车身前后左右四个拐角处，与前后灯具组合为一体。有些车的两侧还装有转向灯，也兼做示宽灯用。

（6）牌照灯：装在车尾牌照框处。

车内照明主要有室内灯（顶灯）、阅读灯（文件灯）、发动机室灯（工作灯）、行李箱灯、杂物箱灯、仪表照明灯及各种电器和开关的位置灯等，这些灯的设置都是为了方便驾乘人员。

汽车信号装置

汽车信号装置是根据相应法规要求而必须设置安装的各种灯信号和声响信号，以警告行人和其他车辆注意，主要由车外信号灯、车内信号灯和声响信号灯等组成。

（1）车外信号灯：包括前后转向灯，前后行车灯，前后示宽灯，制动信号灯等。

（2）车内信号灯：包括前照灯远光工作指示信号灯、驻车制动信号指示灯、转向指示信号灯、ABS 防抱死制动系统工作指示信号灯、收放机工作指示灯、空调开关工作指示灯、前雾灯开关工作指示灯、后雾灯开关工作指示灯、后风窗玻璃除霜开关工作指示灯等。

（3）声响信号：包括喇叭和倒车蜂鸣器两种。喇叭分为电喇叭和气喇叭两种，电喇叭可分为单音、双音和三音喇叭，气喇叭也分为单音和双音两种，城市内一般禁止使用，因为其响度高；倒车蜂鸣器是一种间歇发声的小喇叭，当变速器挂入倒挡时倒车开关触点闭合，使倒车灯和倒车蜂鸣器接通，倒车蜂鸣器则按规定的频率蜂鸣。

汽车附属电器

随着汽车现代化的进一步发展，附属电器也越来越先进和完善。轿车的附属电器主要包括以下几种。

（1）风窗刮水器：它保证汽车在雨雪天气的行车安全，使驾驶人视线不受天气影响。

（2）风窗洗涤器：它将清洁的水或玻璃清洗液喷射到风窗玻璃上，在刮水器的作用下清除风窗玻璃上的尘污，使驾驶人有良好的视野。

（3）燃料系中的附属电器——块状电预热器：它安装在进气口，启动前通电发热，用以加热进入汽缸前的空气，改善发动机的启动性能。

（4）制动系中的附属电器——电动减速器：它与车轮制动器配合使用，可有效改善制动效能，也能起到防止车辆侧滑的作用。

（5）电气设备控制线路上的附属电器：为了防止漏电和其他事故的发生，汽车还设有控制总电源的一些附属电器。点火开关，它的功用是控制汽油发动机的点火电路；电源开关，它的功用是控制汽车的总电源；保险装置，它的功用是控制、调节、限制电流的大小，以保证不至于因线路过载而导致电路故障和引发火灾事故。

汽车安全装置

汽车的安全装置，主要包括安全防护装置和安全防盗装置两大部分。安全防护装置的功用是有效地减轻人员伤亡程度和汽车的损坏程度，安全防盗装置是防止车辆被盗。

安全防护装置

（1）保险杠（车外）：轿车的最前端和最后端都装有保险杠。

（2）护条（车外）：许多新式轿车的左右两侧装有纵贯前后的护条，无论是保险杠还是护条都可以在一定程度上防止车辆的碰刮。

（3）安全带（车内）：可以大幅度地降低发生碰撞事故时的人员受伤率和死亡率，是最有效的防护装置。

（4）安全气囊（车内）：在轿车正面和侧面遭受碰撞时，能缓冲乘员与车内物件的撞击。

（5）头枕（车内）：在轿车后部受撞击时，限制人的头部向后运动的装置，可避免人的颈椎受伤。

（6）安全玻璃（车内）：有钢化玻璃和夹层玻璃两种，目前轿车的风窗玻璃多采用高抗穿透性（HPR）夹层玻璃。

（7）转子卡板式门锁（车内）：能同时承受纵横载荷而被广泛应用。

安全防盗装置

（1）转向锁：即使盗车贼不用点火开关把车发动了，汽车仍不能驾驶。

（2）电子防盗报警装置：不仅能可靠地防止汽车被盗，而且能防止他人拆卸某些汽车零件和进入车内。

汽车操纵机构

汽车操纵机构，就是指汽车上的转向盘、加速踏板、离合器踏板、制动踏板、变速器操纵杆、驻车制动器操纵杆和各种开关。

（1）转向盘：转向盘的作用，就是在驾驶人的操纵下改变或保持汽车行驶方向。

（2）加速踏板：加速踏板用于改变发动机的转速和输出功率。

（3）离合器踏板：离合器踏板是操纵离合器暂时切断发动机与传动系的动力传递，使汽车平稳起步或顺利换挡的操纵机件。

（4）制动踏板：制动踏板是强制汽车减速或停车的操纵机件。

（5）变速器操纵杆：操纵变速器操纵杆变换变速器内不同齿轮的啮合，可改变汽车的动力、速度和进退方向，使汽车加速、减速，实现倒车。

（6）驻车制动器操纵杆（踏板）：驻车制动器操纵杆（踏板）控制驻车制动系统，可以使汽车可靠地停住而不溜滑。拉紧驻车制动器操纵杆起制动作用，放下操纵杆，制动作用解除。

（7）各种开关。

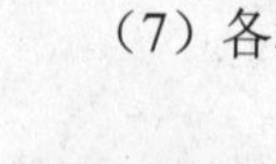

汽车油液

汽车的三油是指燃油、发动机润滑油、自动变速器润滑油，四液是指制动液、冷却液、玻璃清洗液、蓄电池液。经常检查三油四液的情况，可以降低汽车出现故障的概率。

（1）燃油：目前，我国市面上主要有90号、93号、97号三种牌号的汽油（RON），一般随车手册中都规定了该车使用的汽油牌号，汽车加油口处一般也有警告标志。尽量使用随车手册中规定的标号油，不要随意混用油品。在出车前，最好看一眼燃油表，不要等亮灯时再找加油站，以防燃油泵因燃油较少而冷却不良发生损坏。

（2）发动机润滑油：汽车发动机润滑油（机油）分为冬季用润滑油、非冬季用润滑油和多级润滑油（四季通用）三类。添加润滑油时，要按照汽车使用说明书要求选用规定牌号的润滑油。检测时，将车辆熄火20分钟后，把发动机润滑油尺抽出后拿布擦干再放进去，第二次抽出来时的发动机润滑油量应位于两个刻度之间，过多或过少都不好。

（3）自动变速器润滑油：自动变速器润滑油不足或变质就会造成变速器的毁损，维修费用相当昂贵。变速器润滑油的检查要在发动机启动时，这时变速器润滑油会进入到变矩器当中，测量的数值会比较准确。

（4）制动液：制动液最怕遇到水汽，因此水汽较大的南方地区的车主每两年更换一次制动液，确保在紧急情况下具有最好的制动力。

（5）冷却液：冷却液是由水与防冻剂按一定比例配制而成的，为了便于识别，在其中加入了着色剂，使冷却液呈蓝绿色或黄色。水与防冻剂的比例不同，冷却液的冰点也不同。要按照汽车使用说明书要求选用和定期更换规定牌号的冷却液，不同牌号的冷却液不能混用。检查冷却液时，要在凉车的时候进行，以免发生烫伤事故。

（6）玻璃清洗液：玻璃清洗液主要由水、清洁剂和酒精配制而成，分为夏季用和冬季用两种类型，添加时要根据气温情况来选用。尽量避免混用不同牌号的清洗液。

（7）蓄电池液：车辆上的大部分电气系统运作的电能必须依靠蓄电池的供应，如果蓄电池液不够会造成蓄电池无法蓄电。

第2章

道路交通安全法律法规

驾驶证申领与使用

驾驶人只有依法取得驾驶证后，才能上道路驾驶机动车。

（1）开车上路，要随身携带机动车驾驶证，按照驾驶证载明的准驾车型驾驶机动车。

（2）驾驶证丢失、损毁、超过有效期、被依法扣留或暂扣，不得驾驶机动车。

驾驶证许可

符合公安部门规定的驾驶许可条件的人，都可以申请机动车驾驶证。

（1）机动车驾驶证申请人，须经过公安机关交通管理部门考试合格后，取得相应类别的机动车驾驶证。

（2）机动车驾驶证有效期分 6 年、10 年和长期，初次取得机动车驾驶证的有效期为 6 年。

学习机动车驾驶

在道路上学习驾驶技能，要使用教练车，由教练员随车指导，按照公安机关交通管理部门指定的路线和时间进行。

（1）与教学无关的人员，不得乘坐教练车。

（2）学员在学习驾驶时，如果有道路交通安全违法行为或者造成交通事故，将由教练员承担责任。

驾驶人考试要求

机动车驾驶人考试内容分为道路交通安全法律、法规和相关知识考试科目（简称“科目一”）、场地驾驶技能考试科目（简称“科目二”）、道路驾驶技能和安全文明驾驶常识考试科目（简称“科目三”）。

（1）考试顺序按照科目一、科目二、科目三依次进行，前一科目考试合格后方准参加后一科目的考试。

（2）科目三道路驾驶技能考试合格后，方准参加安全文明驾驶常识考试。

驾驶证核发

机动车驾驶申请人考试合格后，在接受不少于半小时的交通安全文明驾驶常识和交通事故案例警示教育，并参加领证宣誓仪式后，当日核发机动车驾驶证。

（1）属于申请增驾准驾车型的，交回原机动车驾驶证。

（2）属于复员、专业、退伍的，交回军队、武装警察部队机动车驾驶证。

驾驶证换发

驾驶人在机动车驾驶证的 6 年有效期内，每个记分周期均未记满 12 分的，换发 10 年有效期的机动车驾驶证；在机动车驾驶证的 10 年有效期内，每个记分周期均未记满 12 分的，换发长期有效的机动车驾驶证。

（1）驾驶人户籍迁出原车辆管理所管辖区，向迁入地车辆管理所申请换证。

（2）驾驶人在驾驶证核发地车辆管理所管辖区以外居住的，向居住地车辆管理所申请换证。

（3）驾驶人在机动车驾驶证有效期满前 90 日内，向驾驶证核发地车辆管理所申请换证。

（4）驾驶人信息发生变化时，要在 30 日内到驾驶证核发地车辆管理所申请换证。

驾驶证补发

机动车驾驶证遗失的，驾驶人要向机动车驾驶证核发地车辆管理所申请补发。

（1）符合规定的，车辆管理所在一日内补发机动车驾驶证。

（2）驾驶人补领机动车驾驶证后，原驾驶证作废，不得继续使用。

（3）驾驶证被依法扣押、扣留或者暂扣期间，驾驶人不得申请补发。

驾驶证审验

机动车驾驶证有效期满向机动车驾驶证核发地车辆管理所申请换证，或驾驶人户籍迁出原车辆管理所管辖换证，或在核发地车辆管理所管辖区以外居住区换证，都要接受审验。

（1）驾驶人因服兵役、出国（境）等原因无法办理驾驶证期满换证、审验时，可向机动车驾驶证核发地车辆管理所申请延期办理。延期审验期限最长不超过 3 年，延期期间不得驾驶机动车。

（2）发生交通事故造成人员伤亡，承担同等以上责任未被吊销机动车驾驶证的驾驶人，在记分周期结束后 30 日内到公安机关交通管理部门接受审验。

（3）驾驶人在接受审验时，要参加不少于 3 小时的道路交通安全法律法规、交通安全文明驾驶、应急处置等知识学习，并接受交通事故案例警示教育。

驾驶人体检

初次申请驾驶证、申请增加准驾车型、机动车驾驶证有效期满换证、机动车驾驶证审验、驾驶人身体条件发生变化降低准驾车型时，都要提交县级或者部队团级以上医疗机构出具的有关身体条件的证明。

年龄在 60 周岁以上的机动车驾驶人，每年要进行一次身体检查，在记分周期结束后 30 日内，提交县级或者部队团级以上医疗机构出具的有关身体条件的证明。

驾驶证注销

驾驶人在实习期内有记满12分的， 注销其实习的准驾车型驾驶资格。驾驶人具有以下情形之一的，车辆管理所注销其机动车驾驶证。

（1）死亡。

（2）提出注销申请。

（3）丧失民事行为能力，监护人提出注销申请。

（4）身体条件不适合驾驶机动车。

（5）有器质性心脏病、癫痫病、美尼尔氏症、眩晕症、癔病、震颤麻痹、精神病、痴呆，以及影响肢体活动的神经系统疾病等妨碍安全驾驶的疾病。

（6）被查获有吸食、注射毒品后驾驶机动车行为，正在执行社区戒毒、强制隔离戒毒、社区康复措施，或者长期服用依赖性精神药品成瘾尚未戒除。

（7）超过机动车驾驶证有效期一年以上未换证。

（8）年龄在60周岁以上，在一个记分周期结束后一年内未提交身体条件证明。

（9）年龄在70周岁以上，所持机动车驾驶证只具有低速载货汽车、三轮汽车准驾车型。

（10）机动车驾驶证依法被吊销或者驾驶许可依法被撤销。

第3章

道路通行规则

交通信号灯

交通信号灯分为机动车信号灯、非机动车信号灯、人行横道信号灯、车道信号灯、方向指示信号灯、闪光警告信号灯、道路与铁路平面交叉道口信号灯。

（1）机动车信号灯：绿灯亮时，准许车辆通行，但转弯的车辆不得妨碍被放行的直行车辆、行人通过；黄灯亮时，已越过停止线的车辆可以继续通行；红灯亮时，禁止车辆通行，不过右转弯的车辆在不妨碍被放行的车辆、行人的情况下，可以通行。

（2）非机动车信号灯：绿灯亮时，准许车辆通行，但转弯的车辆不得妨碍被放行的直行车辆、行人通过；黄灯亮时，已越过停止线的车辆可以继续通行；红灯亮时，禁止车辆通行。在未设置非机动车信号灯的路口，非机动车应当按照机动车信号灯的表示通行。

（3）人行横道信号灯：绿灯亮时，准许行人通过人行横道；红灯亮时，禁止行人进入人行横道，但是已经进入人行横道的，可以继续通过或者在道路中心线处停留等候。

（4）车道信号灯：绿色箭头灯亮时，准许本车道车辆按指示方向通行；红色叉形灯或者箭头灯亮时，禁止本车道车辆通行。

（5）方向指示信号灯：箭头方向向左、向上、向右分别表示左转、直行、右转。

（6）闪光警告信号灯：持续闪烁的黄灯，提示车辆、行人通过时注意瞭望，确认安全后通过。

（7）道路与铁路平面交叉道口信号灯：两个红灯闪烁或者一个红灯亮时，表示禁止车辆、行人通过；红灯熄灭时，表示允许车辆、行人通过。

道路交通标志

道路交通标志，是指用图形、符号、颜色和文字等对道路通行人员予以引导和指挥的特定信息，用以管制、警告及引导交通的安全设施，一般设置在路侧或道路上空间位置。道路交通标志分为主标志和辅助标志两类，共250多种，其中主标志包括警告标志、禁令标志、指示标志、指路标志、旅游区标志和道路施工安全标志6种，辅助标志是附设在主标志下，起辅助说明作用的标志。

警告标志

警告标志共有42种，47个，除个别标志外，形状均为等边三角形，顶角朝上，颜色为黄底、黑边、黑图案。

（1）路口警告标志：设在距路口15～30米的驶入路段上，用于警告车辆、行人前方是路口，应减速，注意观察，并做好采取应急措施的准备，安全通过。该标志有6个。

（2）弯路警告标志：设在距弯道起点30～50米的驶入路段上，用于警告驾驶人前面就要驶入弯道，要减速、鸣喇叭、靠右行，注意对方驶来车辆，保证会车安全。该标志有4个。

（3）坡路警告标志：设在距坡道起点50米左右的驶入路段上，用于警告驾驶人前面是坡路，要提高警惕，谨慎驾驶，安全通过。该标志有2个。

（4）窄路警告标志：设在车道变窄以前的30～50米的地方，用于警告驾驶人前面道路变窄，应注意减速，采取相应措施，防止驶出路外或发生碰撞。该标志有3个。

（5）复杂路段警告标志：设在傍山险路、堤坝路、隧道、渡口、桥梁、过水路面、村庄等驶入路段的适当位置，用于警告驾驶人根据不同道路特点，注意相应的危险情况，采取相应的预防措施，谨慎驾驶，保证安全。该标志共有12种，14个。

（6）提醒注意标志：有注意障碍物标志、注意行人标志、注意儿童标志、注意非机动车标志、注意牲畜标志、注意落石标志、注意信号灯标志、注意横风标志和注意危险标志9种，12个。注意障碍物标志设置在障碍物的驶入路段30～50米处，用于提醒驾驶人注意绕行；注意行人标志用于警告驾驶人注意前方有人行横道，注意行人并做好减速让行准备；注意儿童标志主要设在小学校、幼儿园、少年宫等处附近的道路边上，用于警告驾驶人前方是少年儿童的集散地，他们好奇心强，缺乏行为能力，在道路上通行的突然性大，要特别注意，保证安全；注意牲畜标志设置在乡村道路牲畜经常行经路段；注意信号灯标志设在驾驶人不易发现交通信号灯的路口、隧道、窄桥、渡口或由高速公路驶入一般道路的第一个信号灯控制路口以前的适当位置，用于警告驾驶人前方是有信号灯指挥的路口，应注意信号，按信号指挥通行；注意落石标志设置在傍山险路上，用于提醒驾驶人注意山坡上落下石块；注意横风标志设置在高速行驶的道路，汽车侧面易受大风袭扰处，用于提醒驾驶人注意横向大风；注意危险标志设在危险地点以前的适当位置，用于警告驾驶人注意以上标志不能包括的其他危险情况，这种标志虽然对危险的内容表达不具体，但是危险情况是存在的，要求驾驶人要从多方面做好防范准备，在发现情况后便知道了警告危险的内容。

（7）铁路道口标志：有无人看守铁路道口标志、有人看守铁路道口标志及叉形符号、斜杠符号 4 种，6 个。无人看守铁路道口标志和有人看守铁路道口标志设置在驶入道口路段 30～50 米处，用于提醒驾驶人注意火车，做到“一看二慢三通过”；叉形符号表示多股铁道与道路交叉；斜杠符号根据斜杠数量不同设在距铁路道口 50 米标志、距铁路道口 100 米标志、距铁路道口 150 米标志三个，分别设在距铁路道口 50 米、100 米和 150 米的地方，用于提醒驾驶人接近铁路道口的距离。

（8）其他警告标志：除以上警告标志外，还有双向交通和慢行标志。双向交通标志设在双向行驶路段前 30～50 米的地方，在单向车道改为双向行驶的路段设置这种标志，用于警告驾驶人改变单向行驶、对面不会有来车的意识，特别要注意会车的安全。慢行标志设在道路条件较差或交通情况复杂的驶入路段适当位置，用于警告驾驶人减速慢行，防止事故发生。

警告标志如图 3-1 所示。

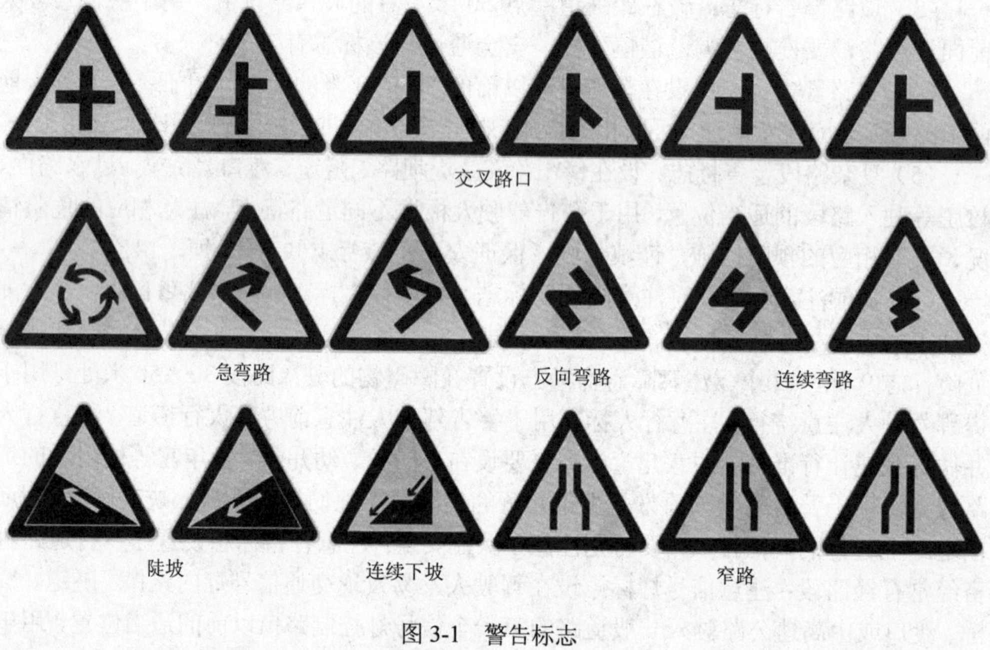

图 3-1　警告标志

窄桥
易滑
双向交通
注意行人
注意儿童
注意牲畜
渡口
注意野生动物
注意信号灯
村庄
注意落石
注意横风
傍山险路
堤坝路
隧道
驼峰桥
前面不平
路面高突
路面低洼
过水路面
有人看守铁路道口
无人看守铁路道口
叉形符号
注意非机动车
注意残疾人
事故易发路段
慢
慢行
注意障碍物
注意危险
施工
30km/h
建议速度
隧道开车灯
注意潮汐车道
避险车道
避险车道
避险车道
前方 2km
避险车道
前方 1km
避险车道

图 3-1　警告标志（续 1）

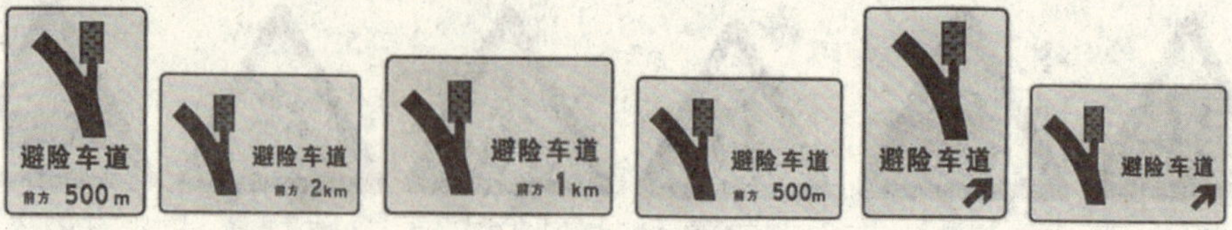

避险车道

注意合流　　注意分离式道路　　注意保持车距　　注意前方车辆排队

注意不利气象条件　　注意路面结冰　　注意雾天　　注意雨（雪）天

图 3-1　警告标志（续 2）

禁令标志

禁令标志共有 42 种，形状绝大多数为圆形，只有两个分别为等边八角形和顶角向下的等边三角形。除个别标志外，颜色多为白底、红圈、红杠、黑图案，图案压杠。禁令标志的作用，就是禁止或限制车辆、行人的交通行为。

禁令标志如图 3-2 所示。

停车让行　　减速让行　　会车让行　　禁止通行

禁止驶入　　禁止机动车驶入　　禁止载货汽车驶入　　禁止电动三轮车驶入

图 3-2　禁令标志

禁止大客车驶入
禁止小客车驶入
禁止挂车、半挂车驶入
禁止拖拉机驶入
禁止三轮汽车、低速货车驶入
禁止摩托车驶入
禁止某两种车驶入
禁止非机动车进入
禁止畜力车进入
禁止人力货运三轮车进入
禁止人力客运三轮车进入
禁止人力车进入
禁止行人进入
禁止向右转弯
禁止向左转弯
禁止小客车向右转弯
禁止载货车汽车左转
禁止直行
禁止向左向右转弯
禁止直行和向右转弯
禁止直行和向左转弯
禁止掉头
禁止超车
解除禁止超车

图 3-2　禁令标志（续1）

图 3-2　禁令标志（续 2）

指示标志

指示标志共有 29 种，形状有圆形、长方形和正方形三种，颜色为蓝底、白图案。

指示标志的作用，就是指示车辆、行人行进。

指示标志如图 3-3 所示。

图 3-3　指示标志

图 3-3　指示标志（续）

指路标志

指路标志分为一般道路指路标志和高速公路指路标志两大类，共 62 种，其中一般道路指路标志 24 种，高速公路指路标志 33 种，其他指路标志 5 种。指路标志的作用，就是传递道路方向、地点和距离等方面的信息。

（1）一般道路指路标志：形状除地点识别标志外均为长方形，颜色大多为蓝底白图案。

（2）高速公路指路标志：形状大多为长方形、正方形和菱形，颜色大多为绿底白图案。

（3）其他指路标志：有线形诱导标基本单元标志、基本单元组合使用标志、两侧通行标志等。

指路标志如图 3-4 所示。

图 3-4　指路标志

箭头杆上标志公路编号、道路名称的公路交叉路口预告　　互通式立体交叉

十字交叉路口

丁字交叉路口

形交叉路口　　环形交叉路口　　分岔处

国道编号　　省道编号　　县道编号　　乡道编号　　街道名称

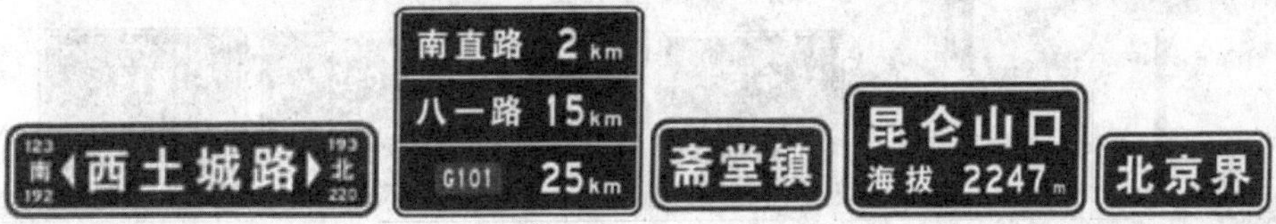

路名牌　　地点距离　　地名　　著名地点　　行政区划分界

道路管理分界　　地点识别　　停车场

图 3-4　指路标志（续 1）

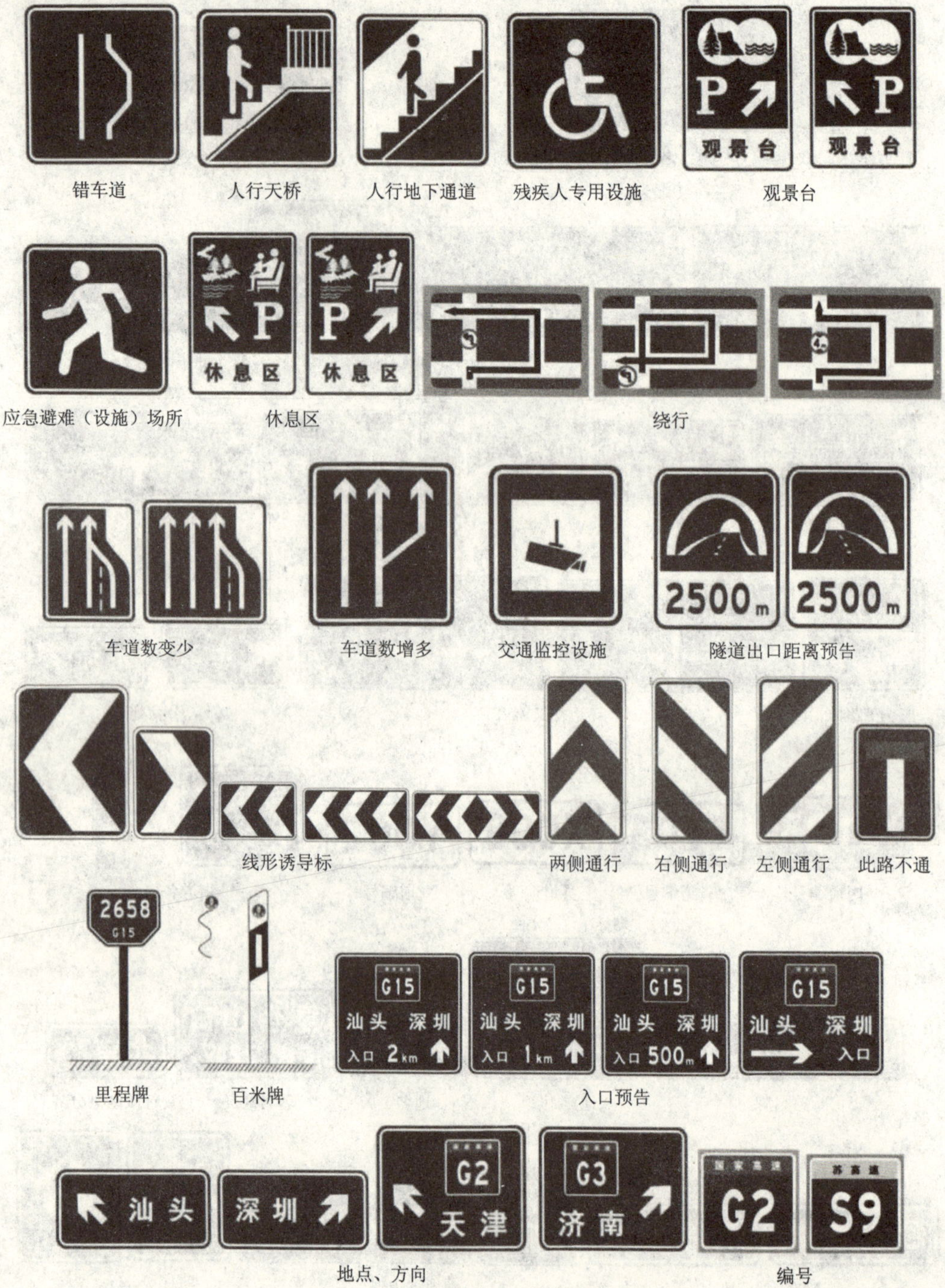
观景台
错车道
人行天桥
人行地下通道
残疾人专用设施
观景台
休息区
应急避难（设施）场所
休息区
绕行
车道数变少
车道数增多
交通监控设施
2500m
隧道出口距离预告
线形诱导标
两侧通行
右侧通行
左侧通行
此路不通
2658
G15
里程牌
百米牌
G15
汕头 深圳
入口 2km
入口 1km
入口 500m
入口
入口预告
汕头
深圳
G2
天津
G3
济南
地点、方向
G2
苏高速
S9
编号

图 3-4 指路标志（续 2）

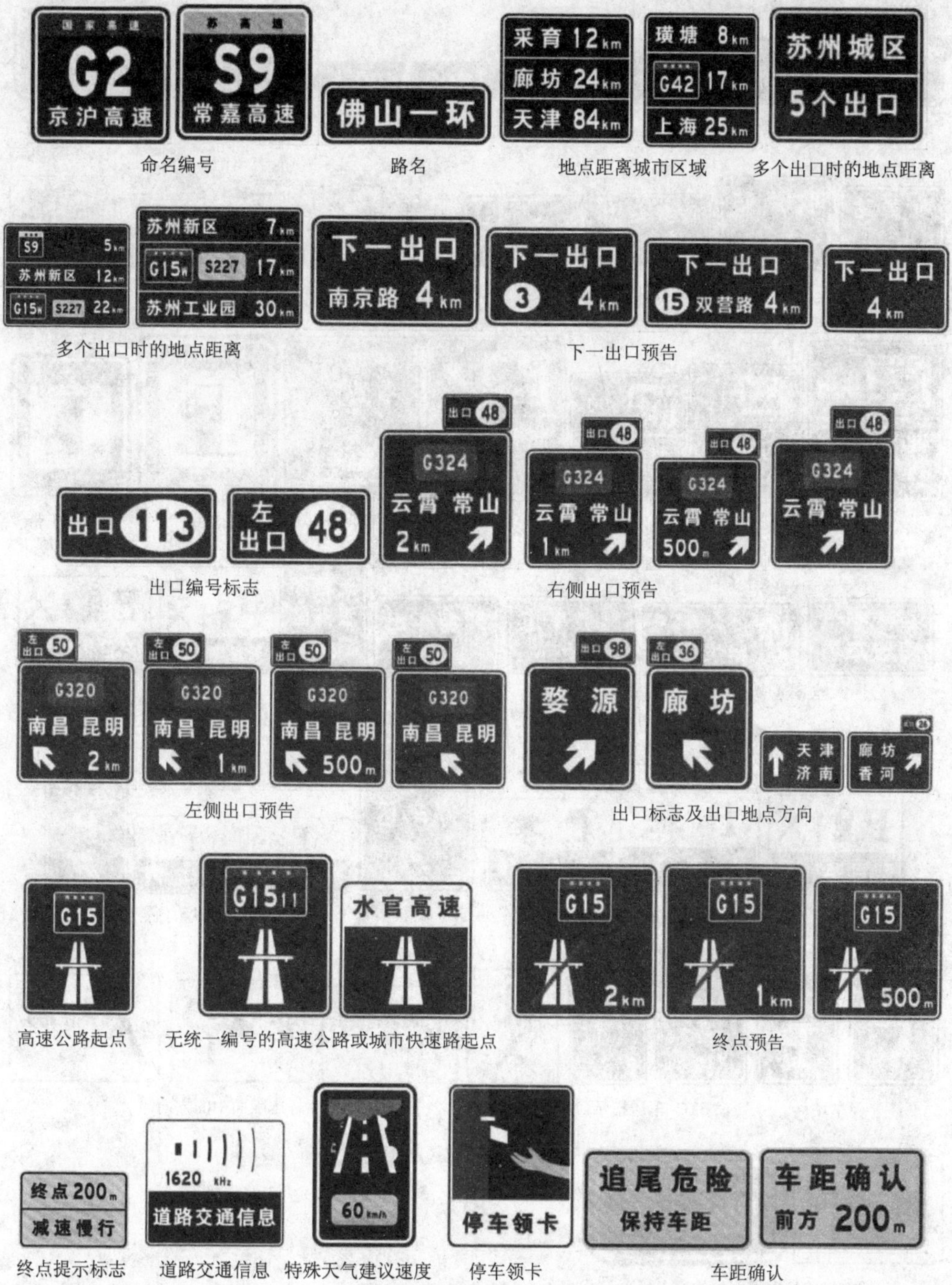
G2
京沪高速
S9
常嘉高速
命名编号
佛山一环
路名
采育 12km
廊坊 24km
天津 84km
璜塘 8km
G42 17km
上海 25km
地点距离城市区域
苏州城区
5个出口
多个出口时的地点距离
S9 5km
苏州新区 12km
G15W S227 22km
苏州新区 7km
G15W S227 17km
苏州工业园 30km
多个出口时的地点距离
下一出口
南京路 4km
下一出口
3 4km
下一出口
15 双营路 4km
下一出口
4km
下一出口预告
出口 113
左出口 48
出口编号标志
出口 48
G324
云霄 常山
2km
1km
500m
右侧出口预告
左出口 50
G320
南昌 昆明
2km
1km
500m
左侧出口预告
出口 98
婺源
左出口 36
廊坊
天津 济南
廊坊 香河
出口标志及出口地点方向
G15
高速公路起点
G1511
水官高速
无统一编号的高速公路或城市快速路起点
G15
2km
1km
500m
终点预告
终点200m
减速慢行
终点提示标志
1620 kHz
道路交通信息
道路交通信息
60km/h
特殊天气建议速度
停车领卡
停车领卡
追尾危险
保持车距
车距确认
前方 200m
车距确认

图 3-4 指路标志（续 3）

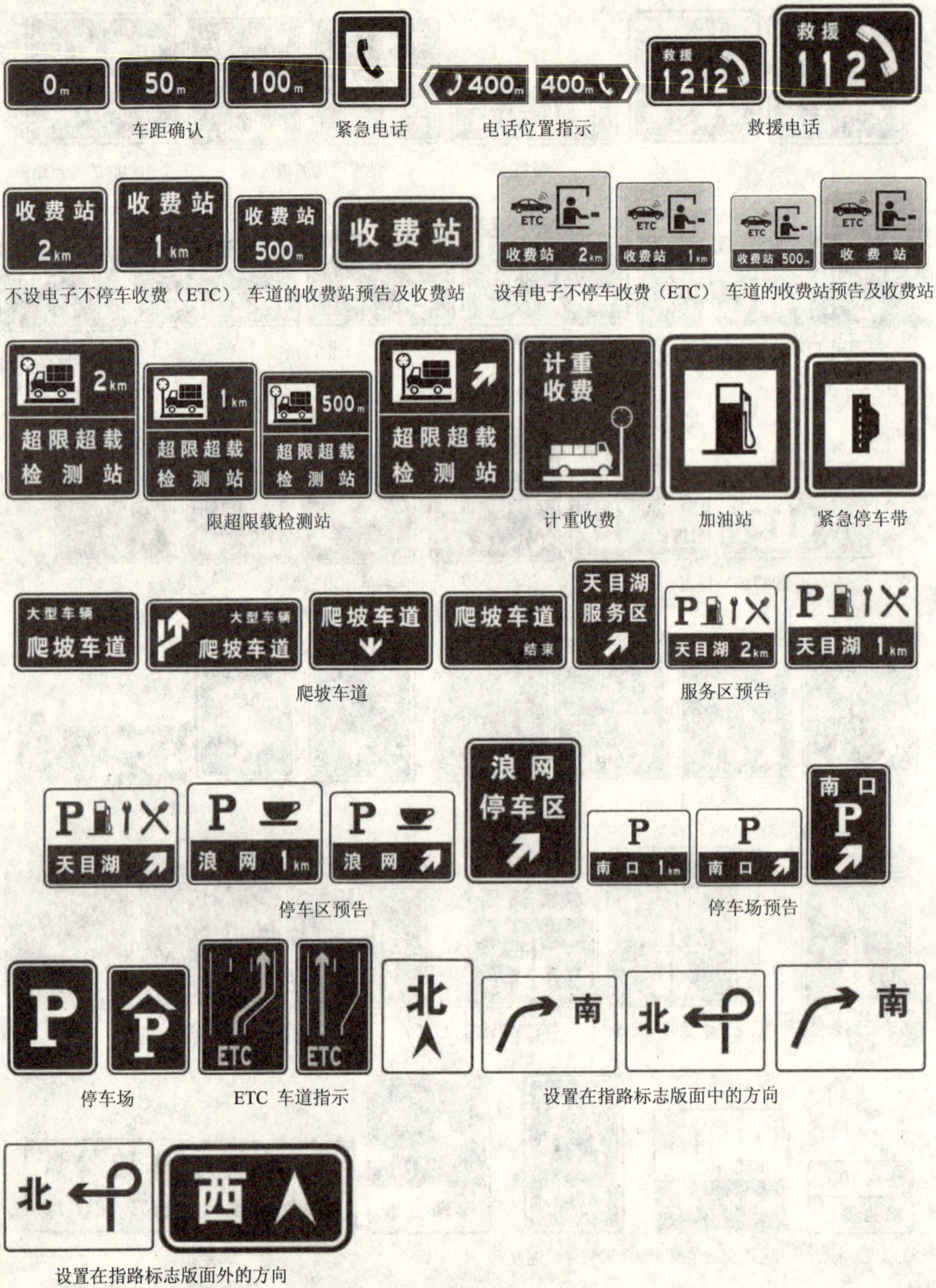
0m
50m
100m
车距确认
紧急电话
400m
400m
电话位置指示
救援
1212
救援
112
救援电话
收费站 2km
收费站 1km
收费站 500m
收费站
不设电子不停车收费（ETC）车道的收费站预告及收费站
ETC
收费站 2km
收费站 1km
收费站 500m
收费站
设有电子不停车收费（ETC）车道的收费站预告及收费站
2km
超限超载 检测站
1km
500m
限超限载检测站
计重收费
加油站
紧急停车带
大型车辆 爬坡车道
爬坡车道
爬坡车道 结束
爬坡车道
天目湖 服务区
天目湖 2km
天目湖 1km
服务区预告
天目湖
浪网 1km
浪网
浪网 停车区
停车区预告
南口 1km
南口
南口
停车场预告
停车场
ETC
ETC 车道指示
北
南
北
南
设置在指路标志版面中的方向
北
西
设置在指路标志版面外的方向

图 3-4　指路标志（续 4）

旅游区标志

旅游区标志共有17种，形状为长方形（指引标志）和正方形（旅游符号），颜色为棕色底、白字符。旅游区标志的作用，就是提供旅游景点方向和距离信息。

旅游区标志如图3-5所示。

图3-5 旅游区标志

道路施工安全标志

道路施工安全标志共26种，形状为长方形（立体），颜色为蓝底白字，图案部分为黄底、黑图案。道路施工安全标志的作用，就是通告道路施工区通行信息。

道路施工安全标志如图3-6所示。

图3-6 道路施工安全标志

向左行驶　　向右行驶　　移动性施工标志

图 3-6　道路施工安全标志（续）

辅助标志

辅助标志有时间标志、车辆种类标志、区域或距离标志、警告及禁令理由标志、组合辅助标志五种，形状均为长方形，颜色为白底、黑字、黑边。辅助标志附设在主标志之下，起辅助说明的作用。

辅助标志如图 3-7 所示。

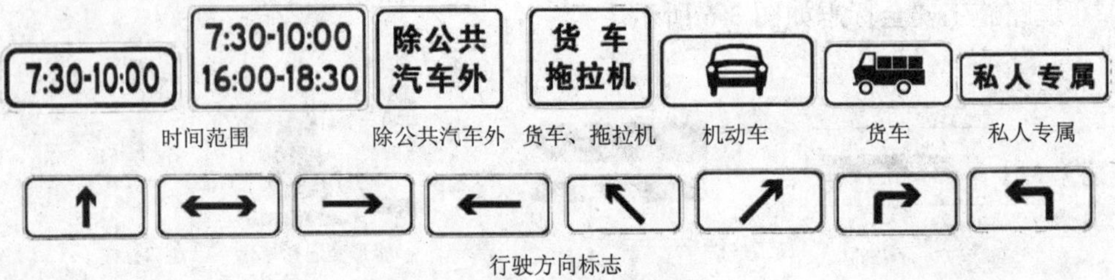

时间范围　　除公共汽车外　　货车、拖拉机　　机动车　　货车　　私人专属

行驶方向标志

图 3-7　辅助标志

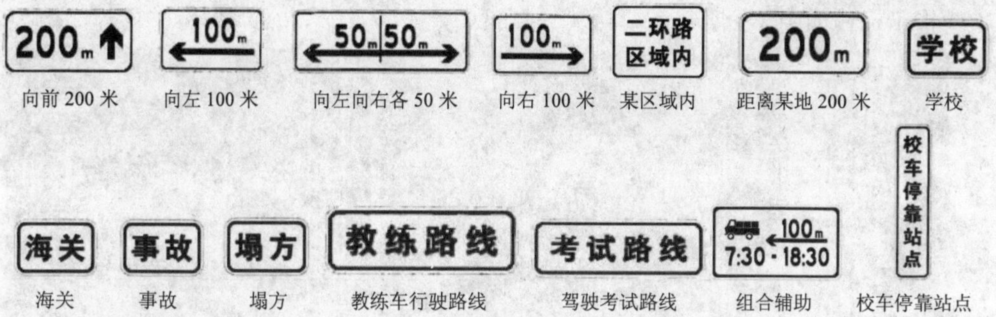

图 3-7 辅助标志（续）

告示标志

告示标志的作用，就是解释、指引道路设施、路外设施或者告示有关道路法律、法规的内容。

告示标志如图 3-8 所示。

图 3-8 告示标志

道路交通标线

道路交通标线，是指由标划于路面的各种线条、箭头、文字，以及立体标记、突起路标和路边线轮廓标记等构成的交通信号设施。

交通标线有 70 多种。

按标划方法，可分为白色虚线、白色实线、黄色虚线、黄色实线、双白虚线、双白实线、双黄虚线和黄白虚实线等；按作用，又可分为车行道中心线、车道分界线、停止线、减速让行线、人行横道线、导流线、导向箭头和左转弯导向线等；按功能，则仅分为指示标线、禁止标线和警告标线三类。

指示标线

指示标线共有 30 种，常见的有双向两车道路面中心线、车行道分界线、左转待转区线等。

指示标线如图 3-9 所示。

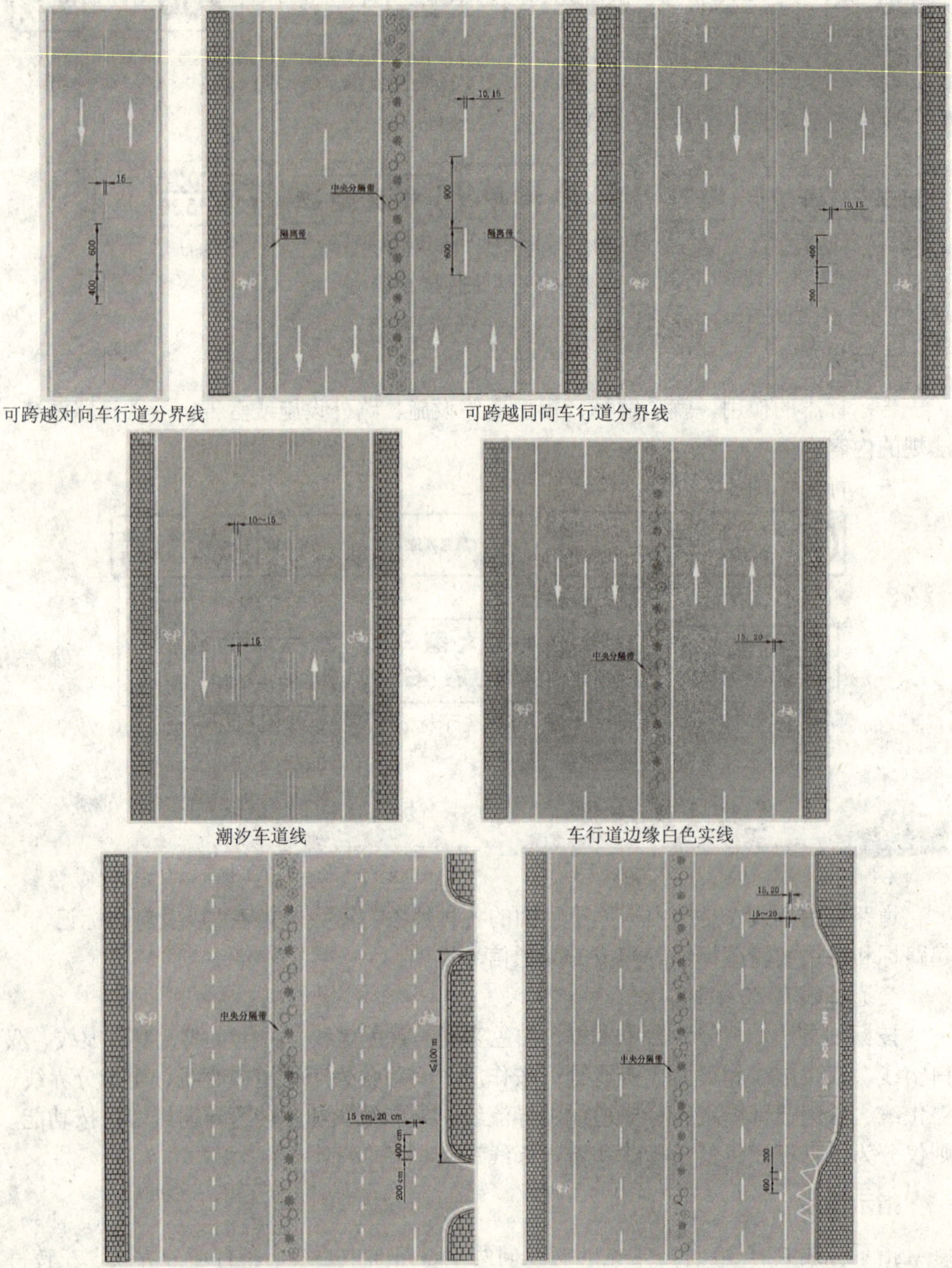

可跨越对向车行道分界线　可跨越同向车行道分界线

潮汐车道线　车行道边缘白色实线

车行道边缘白色虚线　车行道边缘白色虚实线

图 3-9　指示标线

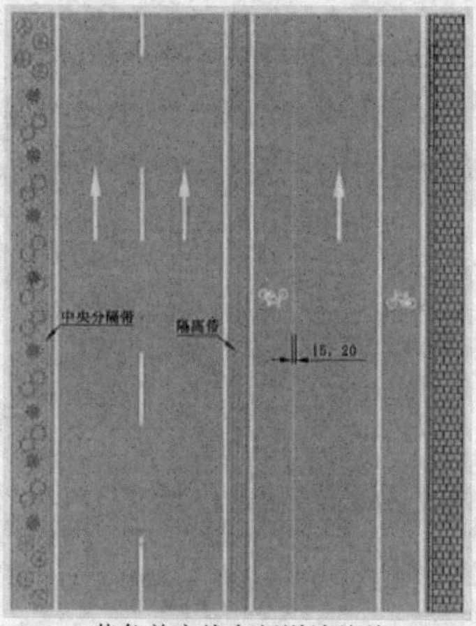

黄色单实线车行道边缘线

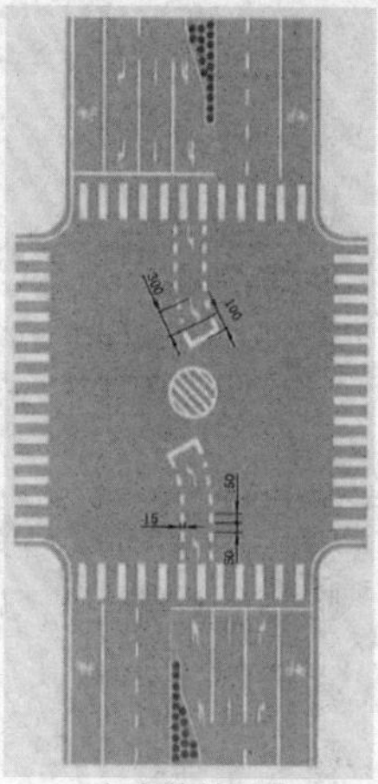

左弯待转区线

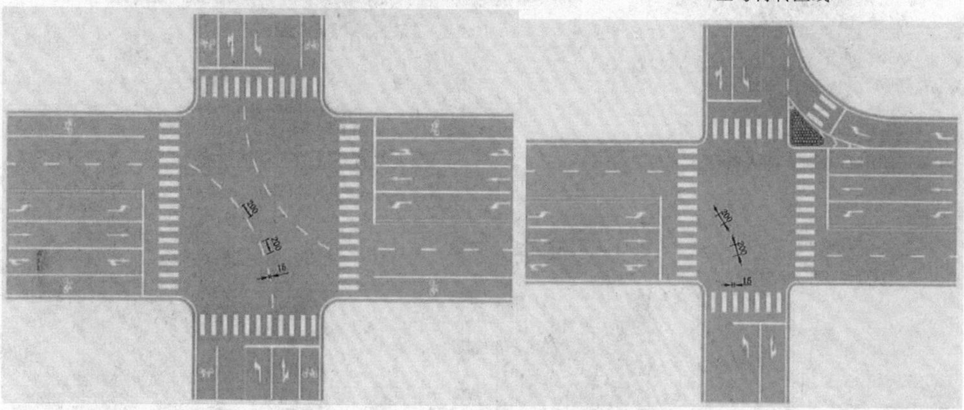

路口导向线

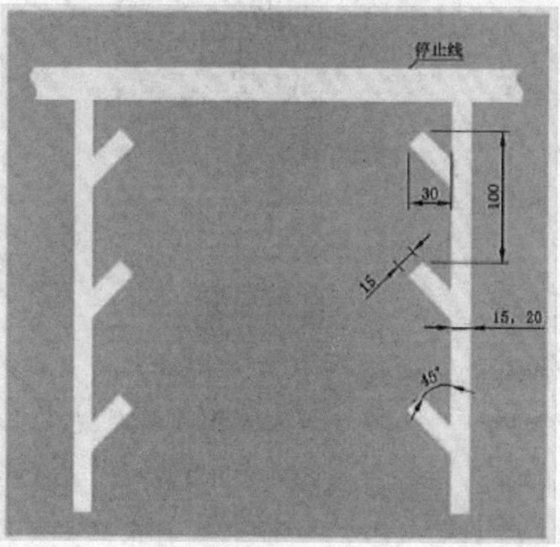

导向车道线

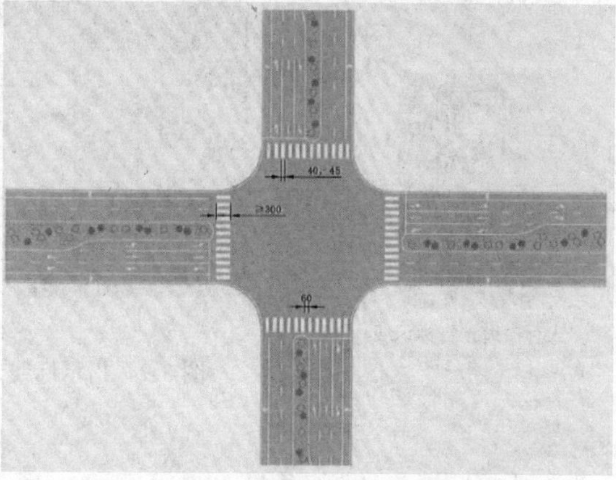

与道路中心线垂直的人行横道线

图 3-9　指示标线（续 1）

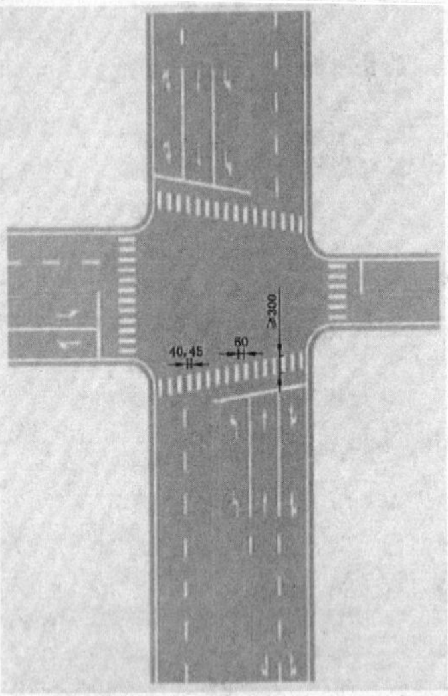

与道路中心线斜交的人行横道线

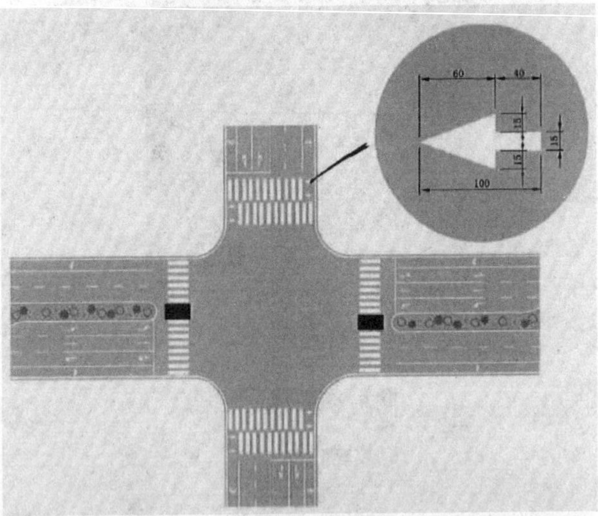

行人左右分道的人行横道线

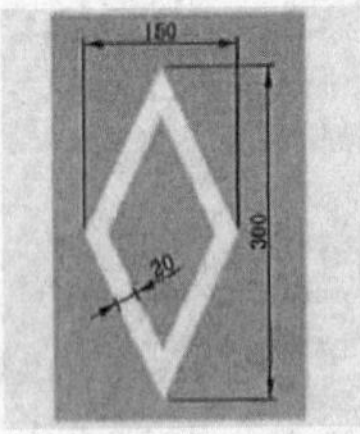

人行横道预告标识线

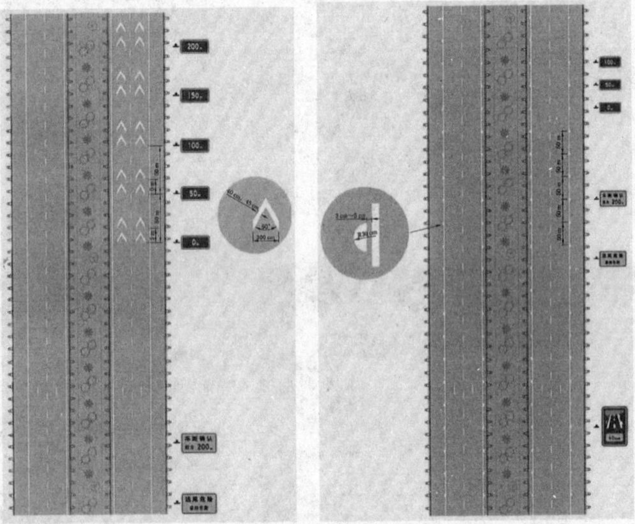

白色折线车距确认线

图 3-9　指示标线（续 2）

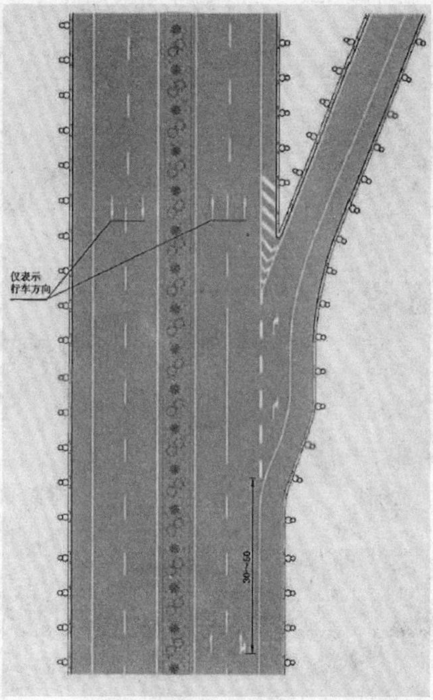

出口标线设置示例

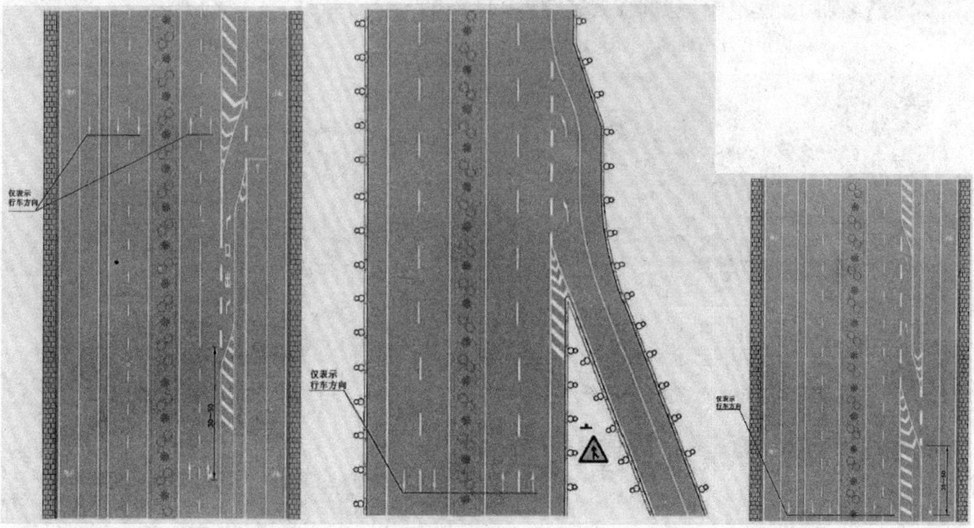

入口标线设置示例

图 3-9　指示标线（续 3）

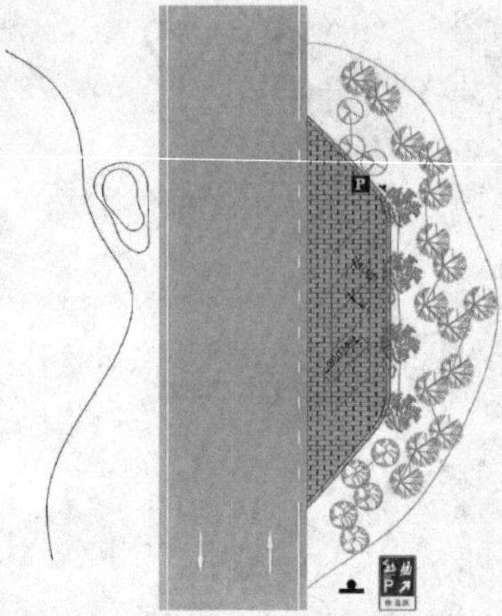

倾斜式停车位标线

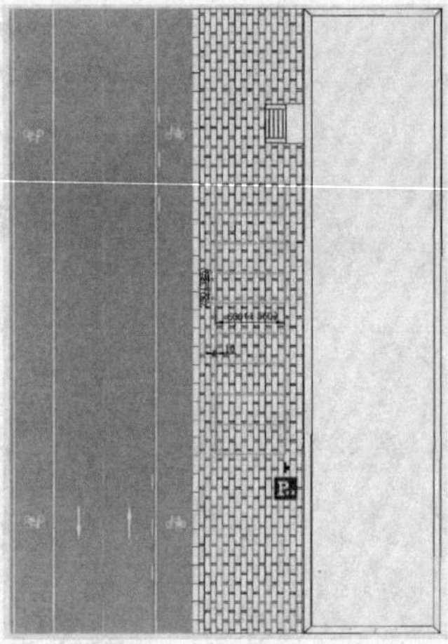

垂直式停车位标线

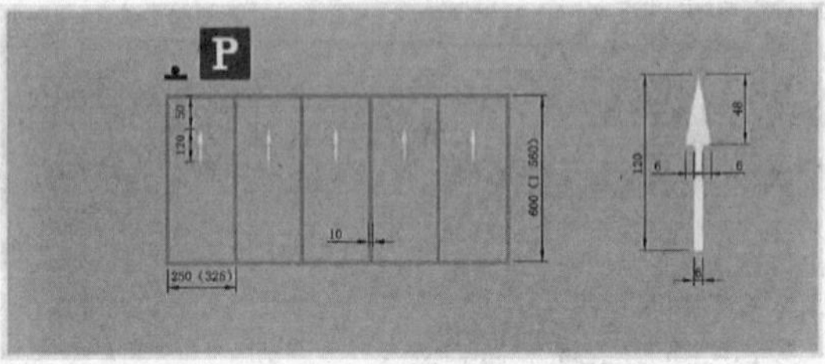

固定停车方向停车位标线

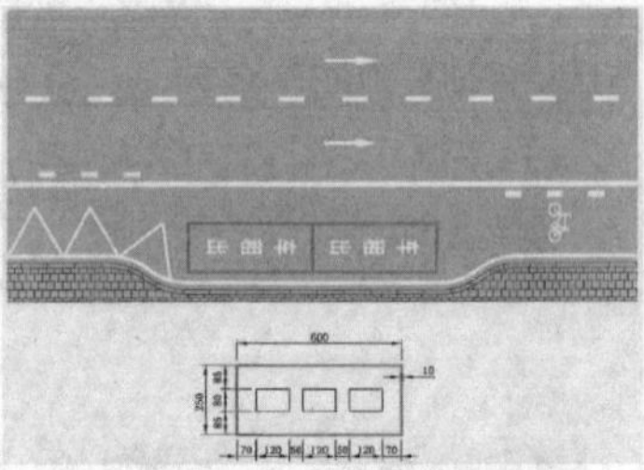

出租车专用待客停车位标线

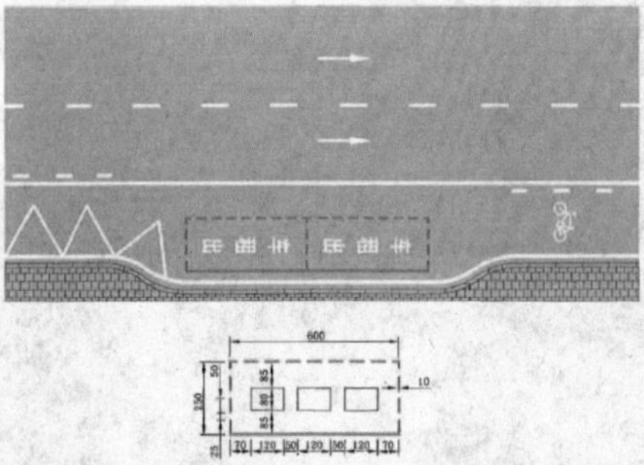

出租车专用上下客停车位标线

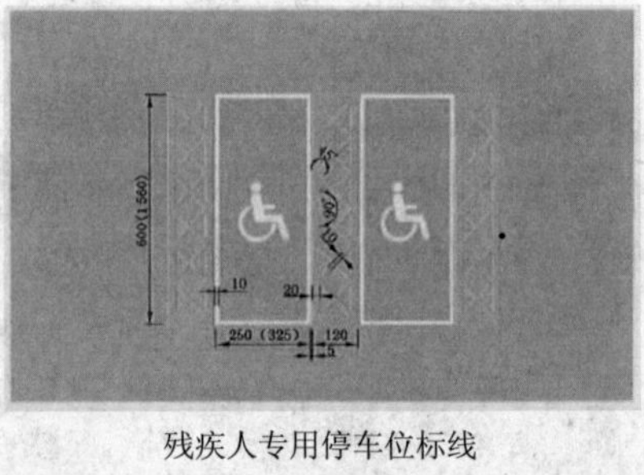

残疾人专用停车位标线

非机动车停车位标线

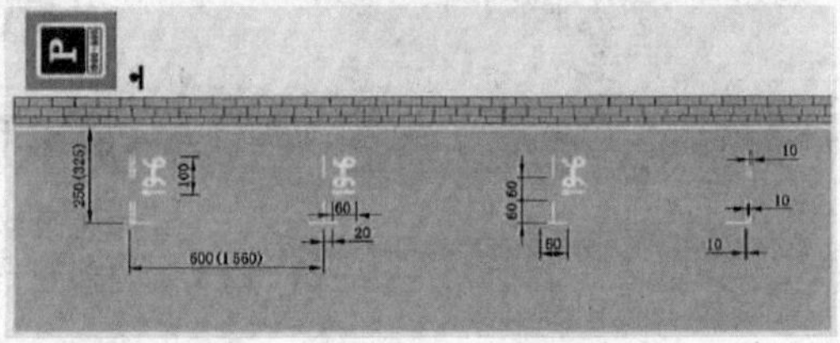

平行式机动车限时停车位标线

图 3-9　指示标线（续 4）

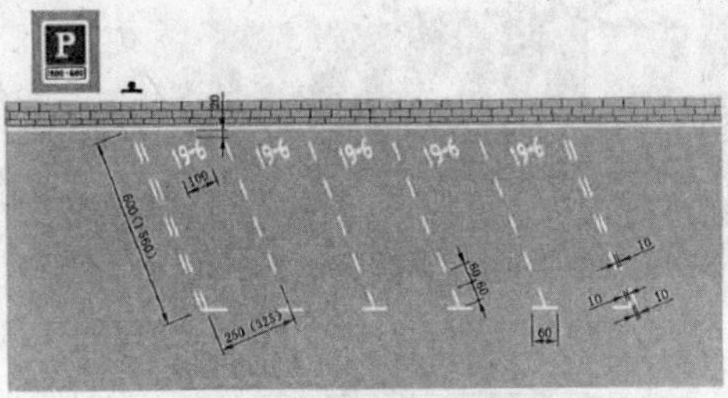

倾斜式机动车限时停车位标线

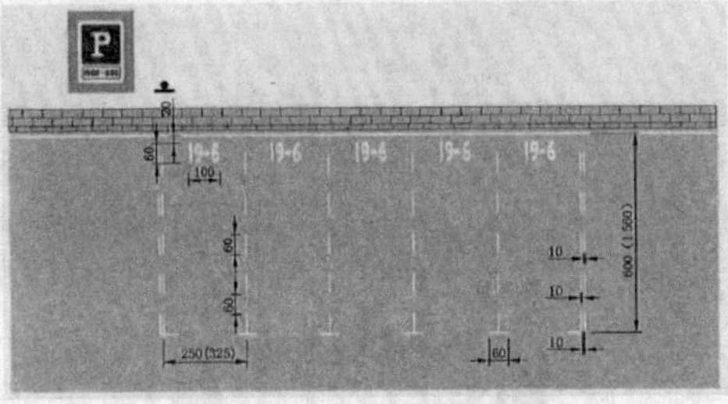

垂直式机动车限时停车位标线

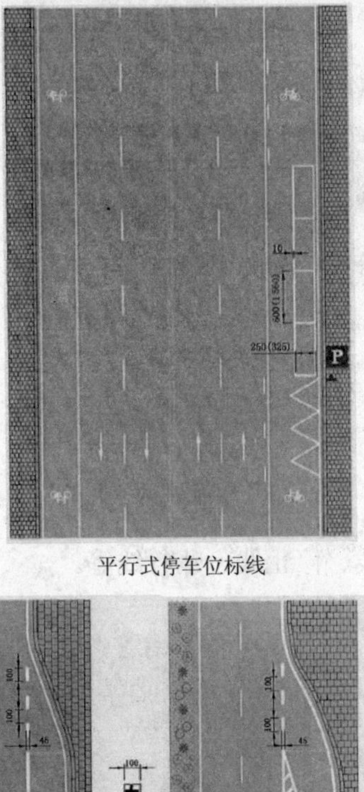

平行式停车位标线

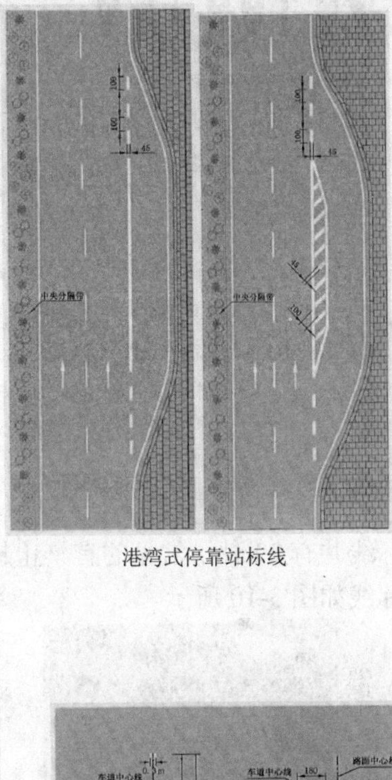

港湾式停靠站标线

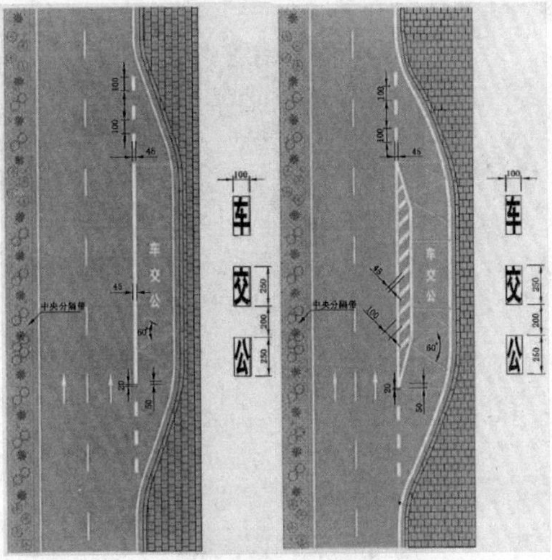

车种专用港湾式停靠站标线

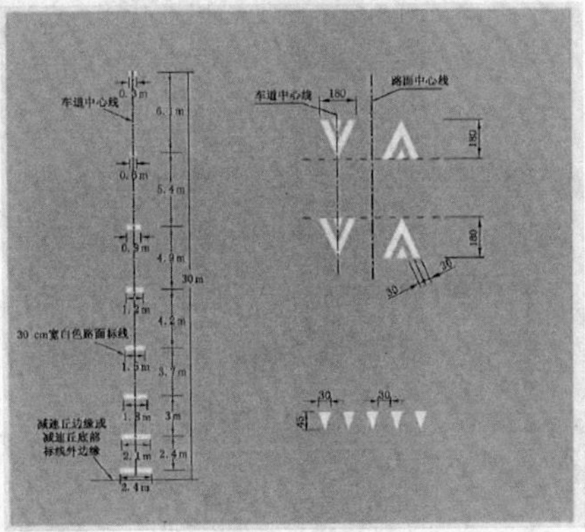

减速丘标线

图 3-9 指示标线（续 5）

导向箭头

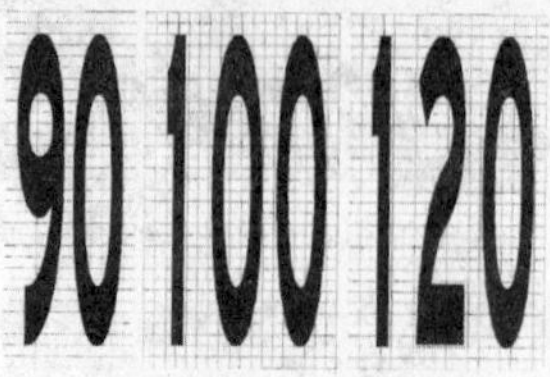

路面限速标记字符

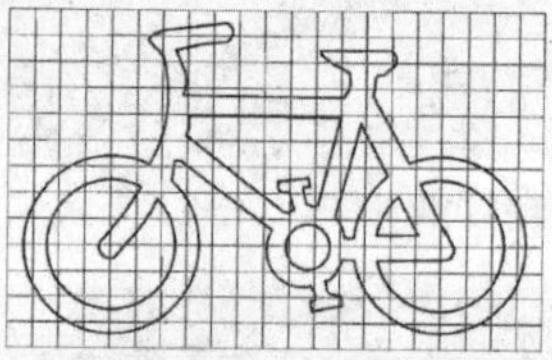

非机动车道路面标记

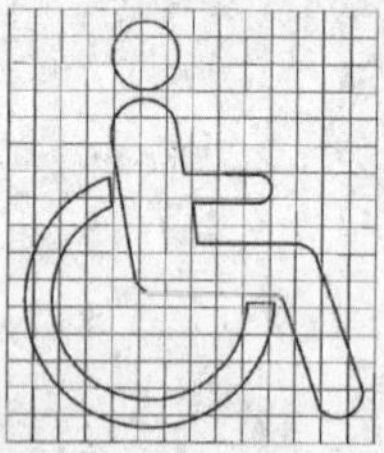

残疾人专用停车位路面标记

注意前方路面状况标记

图 3-9　指示标线（续 6）

禁止标线

禁止标线共有 29 种，常见的有禁止超车线、停止线、让行线等。禁止标线如图 3-10 所示。

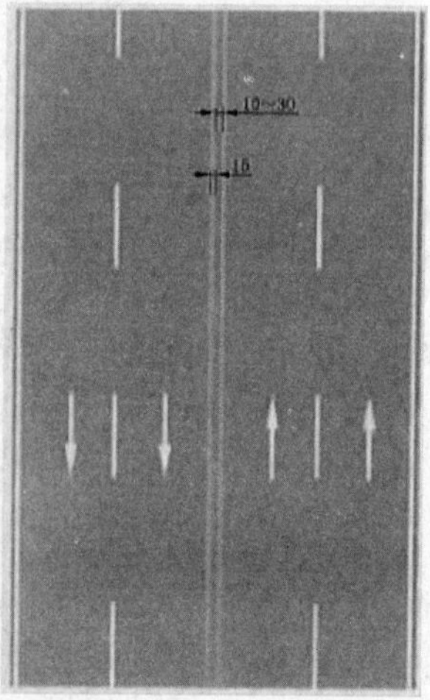

双黄实线禁止跨越对向车行道分界线

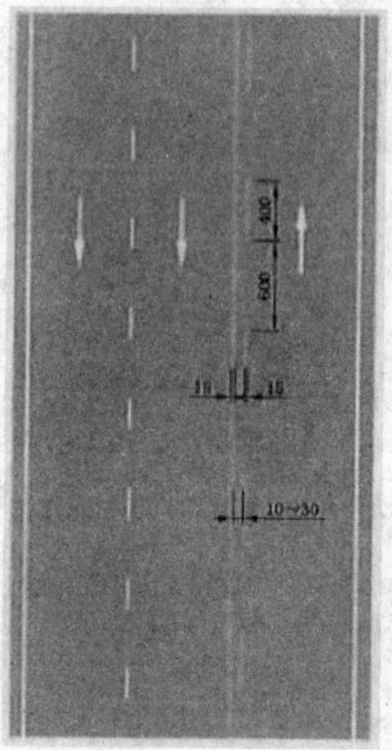

黄色虚实线禁止跨越对向车行道分界线

图 3-10　禁止标线

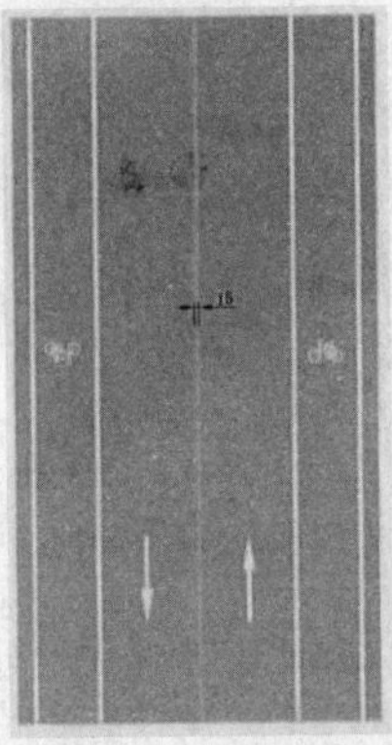

黄色单实线禁止跨越对向车行道分界线

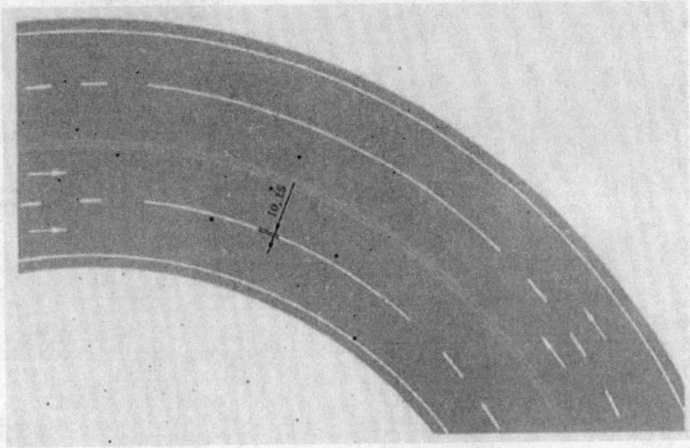

禁止跨越同向车行道分界线

禁止长时停车线

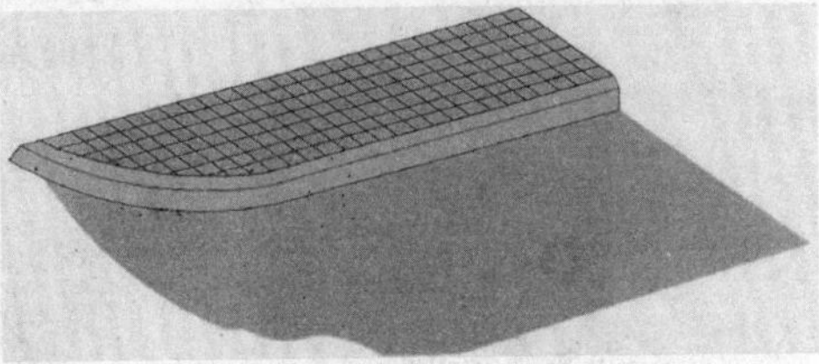

禁止停车线

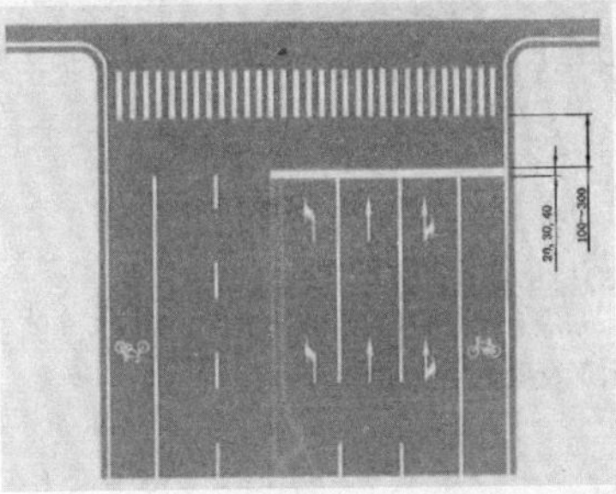

停止线

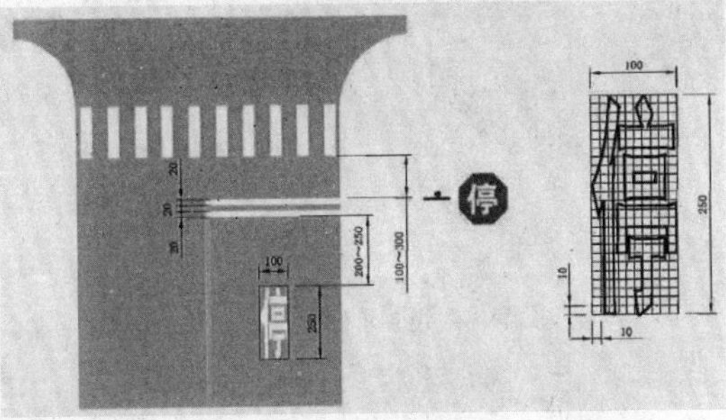

停车让行线

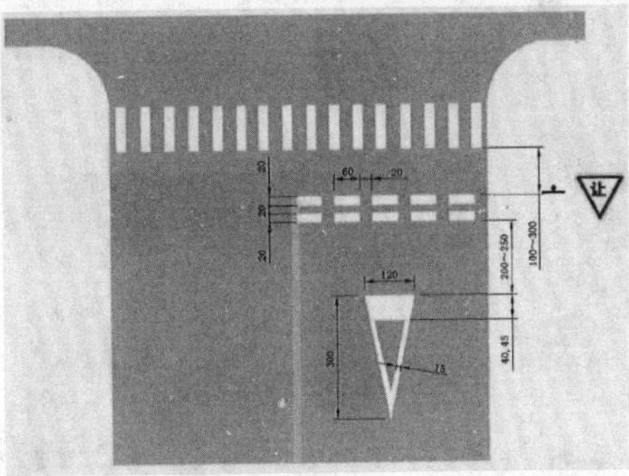

减速让行线

图 3-10 禁止标线（续 1）

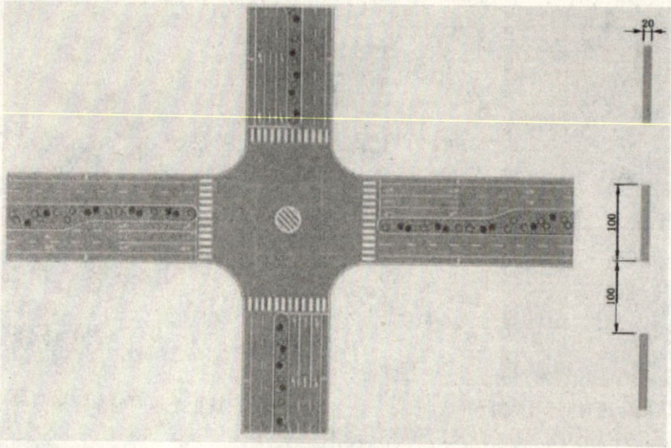

非机动车禁驶区标线

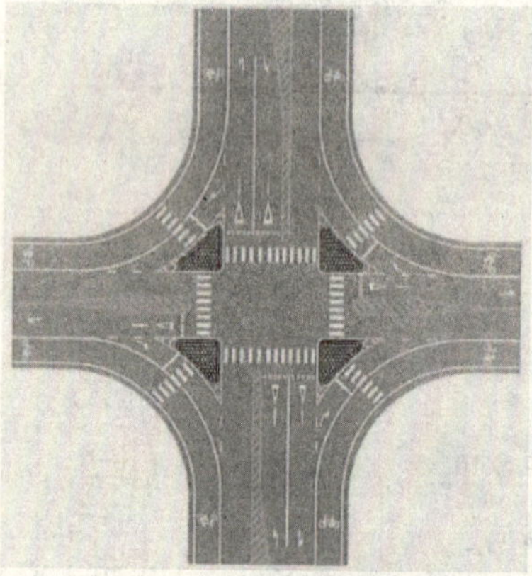

十字交叉口导流线设置示例

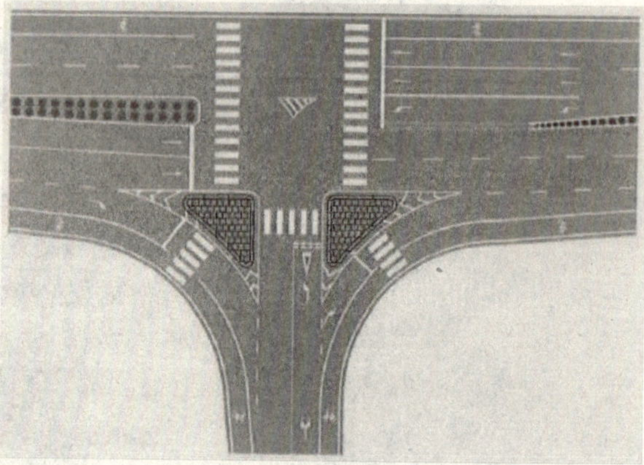

T 形交叉口导流线设置示例

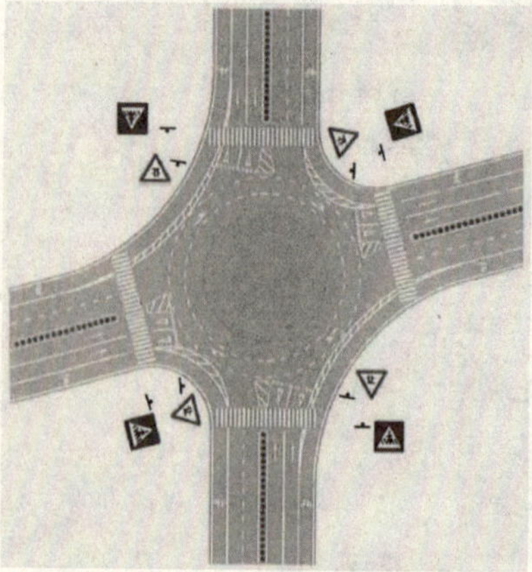

平面环形交叉口导流线设置示例

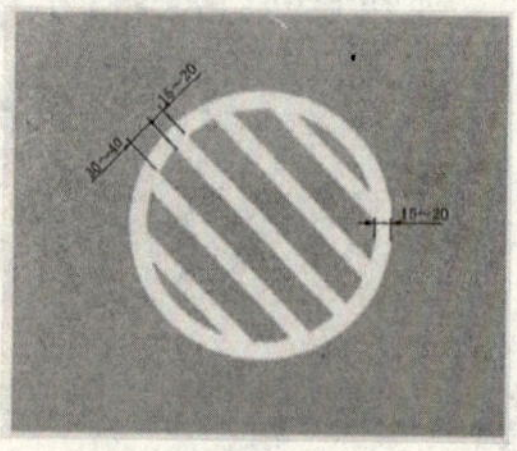

圆形中心圈

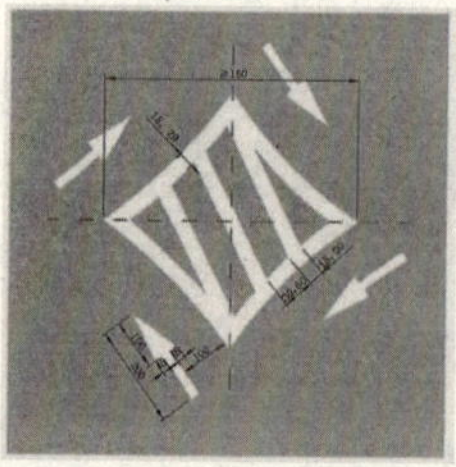

菱形中心圈

图 3-10　禁止标线（续 2）

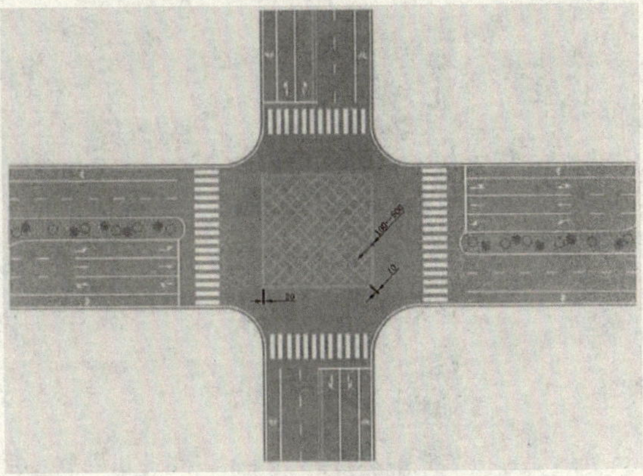

网状线

简化网状线

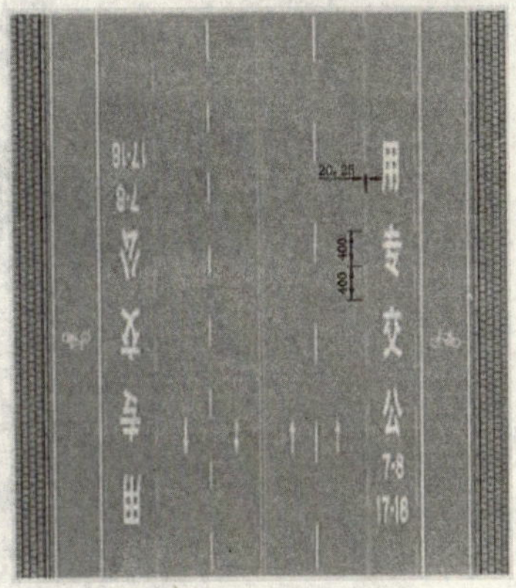

公交专用车道线

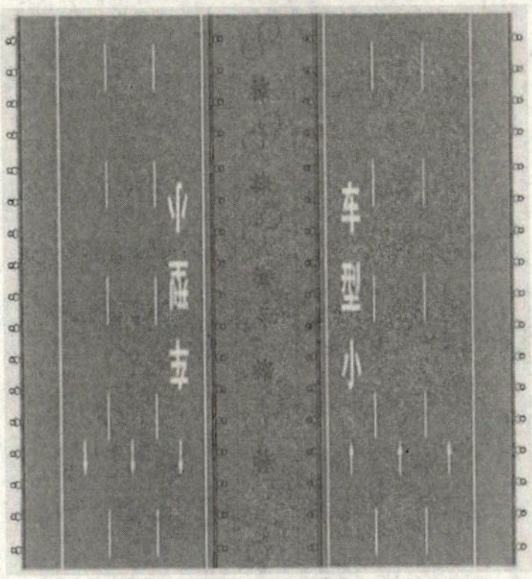

小型车专用车道线

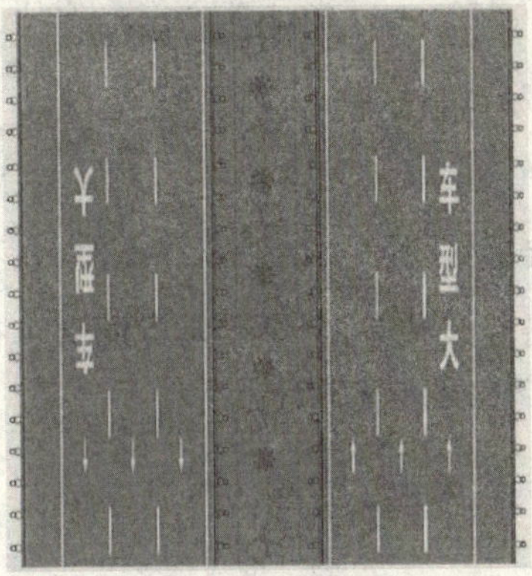

大型车道线

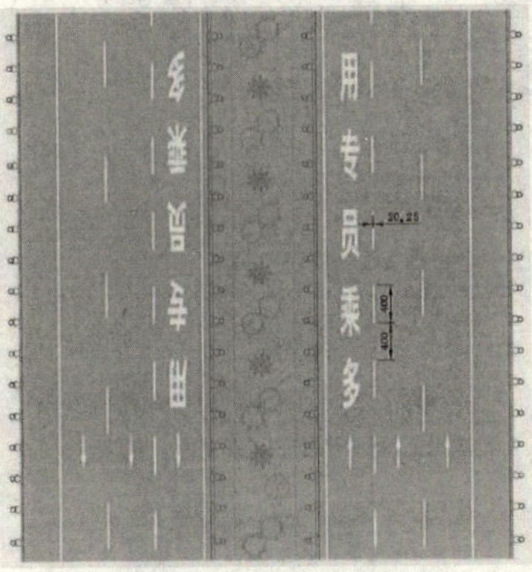

多乘员车辆专用车道线

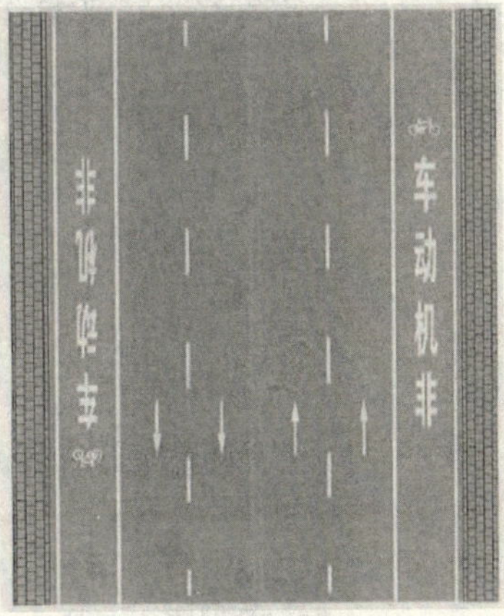

非机动车道线

图 3-10 禁止标线（续 3）

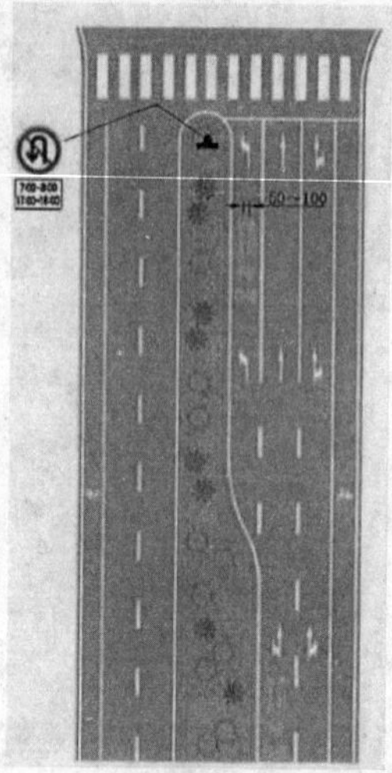

禁止掉头标记

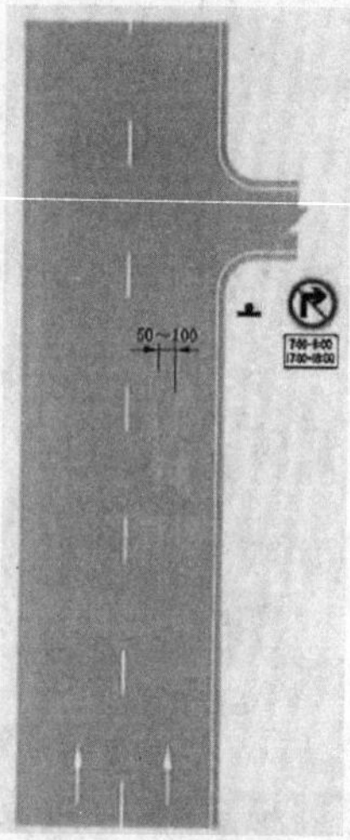

禁止转弯标记

图 3-10　禁止标线（续 4）

警告标线

警告标线共有 11 种，常见的有车行道宽度渐变段标线、减速标线等。警告标线如图 3-11 所示。

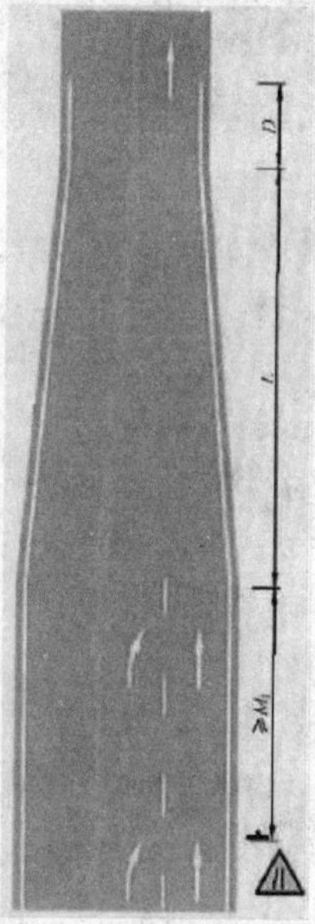

路面（车行道）宽度渐变段标线

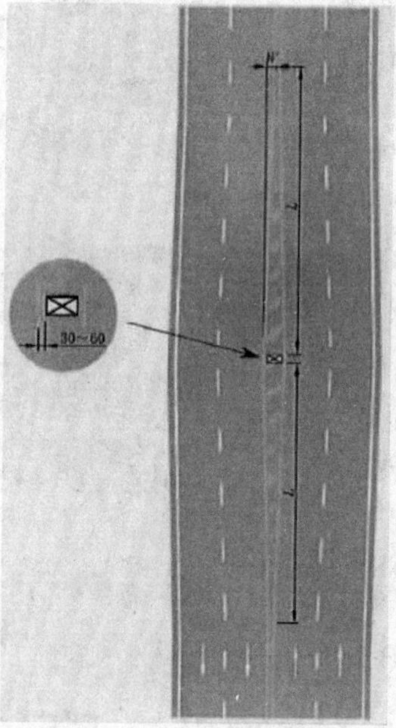

接近障碍物标线

图 3-11　警告标线

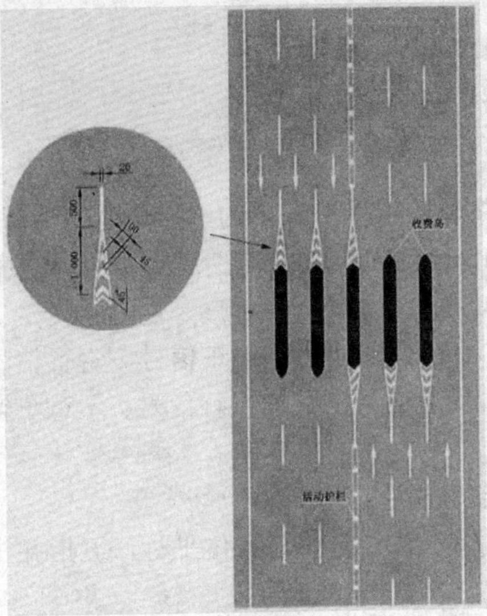

收费岛地面标线

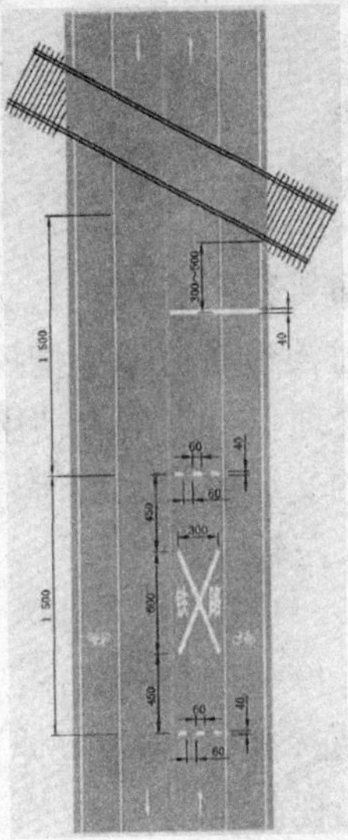

铁路平交道口标线

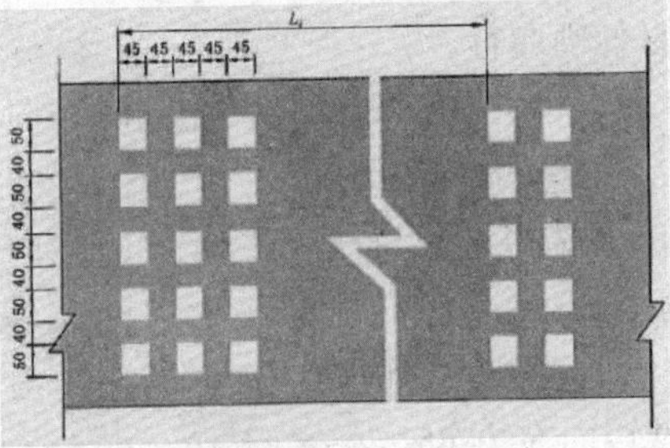

收费广场减速标线

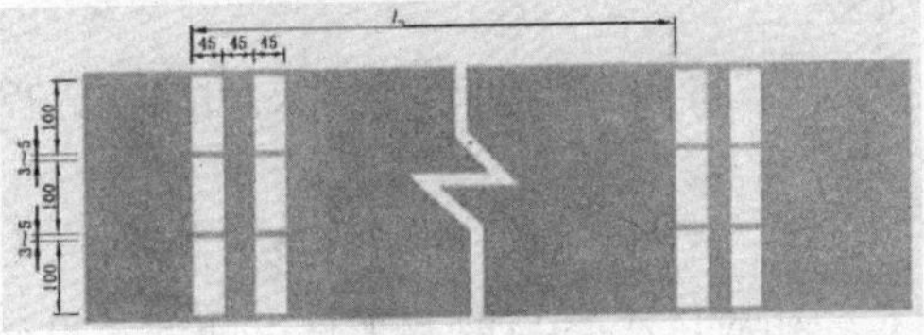

车行道横向减速标线

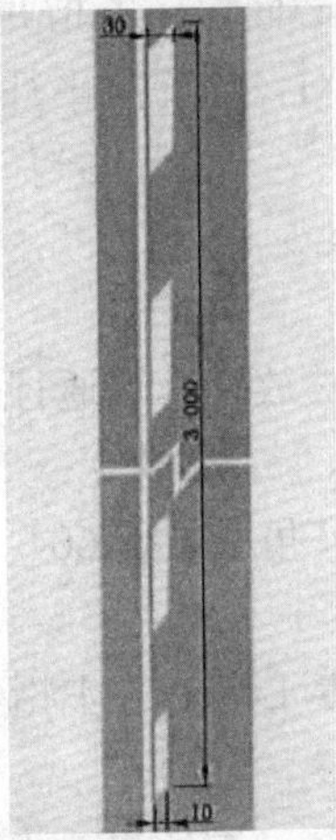

车行道纵向减速标线渐变段

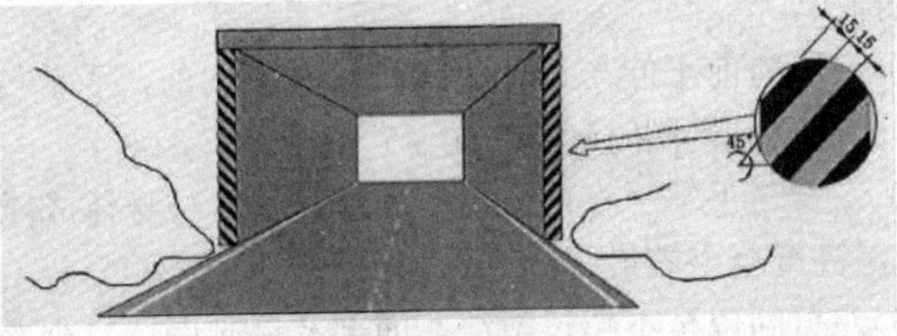

立面标记

图 3-11　警告标线（续 1）

交通警察手势信号

交通警察的指挥，是交通警察在道路现场用手势发出的引导交通的指挥信号。

交通警察通过手势指挥交通，一般在道路平面交叉口或某些路段上单独使用，有时也与交通信号灯配合使用。

新的交通警察手势信号由原来的 11 种减少到 8 种：停车信号、直行信号、左转弯信号、左转弯待转信号、右转弯信号、变道信号、减速慢行信号、示意车辆靠边停车信号。

（1）停车信号的动作：示意不准前方车辆通行。

① 左臂由前向上直伸与身体成 135°，掌心向前与身体平行，五指并拢，面部及目光平视前方。

② 左臂垂直放下，恢复立正姿势。

（2）直行信号的动作：示意准许右方直行的车辆通行。

①左臂向左平伸与身体成 90°，掌心向前，五指并拢，面部及目光同时转向左方 45°。

② 右臂向右平伸与身体成 90°，掌心向前，五指并拢，面部及目光同时转向右方 45°。

③ 右臂水平向左摆动与身体成 90°，小臂弯曲至与大臂成 90°，掌心向内与左胸衣兜相对，小臂与前胸平行，面部及目光同时转向左方 45°。

④ 右大臂不动，右小臂水平向右摆动与身体成 90°，掌心向左，五指并拢。

⑤ 右小臂弯曲至与大臂成 90°，掌心向内与左胸衣兜相对，与前胸平行，完成第二次摆动。

⑥ 收右臂。

⑦ 收左臂，面部及目光转向前方，恢复立正姿势。

（3）左转弯信号的动作：示意准许车辆左转弯，在不妨碍被放行车辆通行的情况下可以掉头。

① 右臂向前平伸与身体成 90°，掌心向前，手掌与手臂夹角不低于 60°，五指并拢，面部及目光同时转向左方 45°。

② 左臂与手掌平直向右前方摆动，手臂与身体成 45°，掌心向右，中指尖至上衣中缝，高度至上衣最下一个纽扣。

③ 左臂回位至不超过裤缝，面部及目光保持目视左方 45°，完成第一次摆动。

④ 重复第二步动作。

⑤ 重复第三步动作，完成第二次摆动。

⑥ 收右臂，面部及目光转向前方，恢复立正姿势。

（4）左转弯待转信号的动作：示意准许左方左转弯的车辆进入路口，沿左转弯行驶方向靠近路口中心，等候左转弯信号。

① 左臂向前平伸与身体成45°，掌心向下，五指并拢，面部及目光同时转向左方45°。

② 左臂与手掌平直向下摆动，手臂与身体成15°，面部及目光保持目视左方45°，成第一次摆动。

③ 重复第一步动作。

④ 重复第二步动作，完成第二次摆动。

⑤ 收左臂，面部及目光转向前方，恢复立正姿势。

（5）右转弯信号的动作：示意准许右方的车辆右转弯。

① 左臂向前平伸与身体成90°，掌心向前，手掌与手臂夹角不低于60°，五指并拢，面部及目光同时转向右方45°。

② 右臂与手掌平直向左前方摆动，手臂与身体成45°，手掌向左，中指尖至上衣中缝，高度至上衣最下一个纽扣。

③ 右臂回位至不超过裤缝，面部及目光保持目视左方45°，完成第一次摆动。

④ 重复第二步动作。

⑤ 重复第三步动作，完成第二次摆动。

⑥ 收左臂，面部及目光转向前方，恢复立正姿势。

（6）变道信号的动作：示意车辆腾空指定的车道，减速慢行。

① 面向来车方向，右臂向前平伸与身体成90°，掌心向左，五指并拢，面部及目光平视前方。

② 右臂向左水平摆动与身体成45°，完成第一次摆动。

③ 恢复至第一步动作。

④ 重复第二步动作，完成第二次摆动。

⑤ 收右臂，恢复立正姿势。

（7）减速慢行信号的动作：示意车辆减速慢行。

① 右臂向右前方平伸，与肩平行，与身体成135°，掌心向下，五指并拢，面部及目光同时转向右方45°。

② 右臂与手掌平直向下方摆动，手臂与身体成45°，面部及目光保持目视右方45°，完成第一次摆动。

③ 重复第一步动作。

④ 重复第二步动作，完成第二次摆动。

⑤ 收右臂，面部及目光转向前方，恢复立正姿势。

（8）示意车辆靠边停车信号的动作：示意车辆靠边停车。

① 面向来车方向，右臂前伸身体成45°，掌心向左，五指并拢，面部及目光平视前方。

② 左臂由前向上直伸与身体成135°，掌心向前与身体平行，五指并拢。

③ 右臂向左水平摆动与身体成45°，完成第一次摆动。

④ 右臂恢复至第一步动作。

⑤ 重复第三步动作，完成第二次摆动。

⑥ 右臂恢复至第一步动作。

⑦ 双臂同时放下，恢复立正姿势。

安全使用喇叭

喇叭就是车辆的嘴巴，它使车辆有了说话的功能，并且驾驶人还能以不同的喇叭按压方法表达出不同的心情。

（1）超越前车时用喇叭：超越前车时要选择好路段，并在距前车50米处打开左转向灯，在约20米处再用喇叭告知：我要超了，请给方便！等前车做出让行表示后，可放心超车。

（2）超越前方非机动车辆和行人时用喇叭：超越前，提前轻按一声喇叭提醒对方：我来了，请注意安全！在即将超越他们时再按一声喇叭，使他们不但能估计出你的速度来，还能在你通过时更加小心。

（3）通过视觉盲区时用喇叭：比如，通过弯道、坡道顶断、窄巷、有障蔽物的交叉路口、路侧停放的大型客货车等这些无法预测盲区交通情况的路段时，驾驶人都要提前按压喇叭，至少连续按压两声，以此告知盲区的车辆和行人：我即将驶向你们，要注意安全啊！

（4）通过视线模糊不清的路段时用喇叭：比如，通过起雾、扬尘、黄昏和黎明时分两种光线交替的路段时，要用喇叭告诉对方：我在这儿！请注意！以引起对方警惕，及时避让。

（5）表达心情时用喇叭：在平常情况下，只需轻按两声喇叭就可以了，让对方感觉不急不缓，心态平稳；如果自己操作有失妥当，又不宜减速，必须强行通过时，可用连续喇叭声告知对方：我很危险，请快避让！让对方产生非让不可的感觉。

安全使用灯光

灯光既是车辆的照明设备，又是信号设备。前照灯主要以照明为主，示宽灯则主要作为信号来使用。安全使用灯光就是指在特定环境下充分利用灯光性能，让其为安全行车服务。

（1）向左转弯、向左变更车道、准备超车、驶离停车地点或掉头时，提前开启左转向灯。

（2）向右转弯、向右变更车道、超车完毕驶回原车道、靠路边停车时，提前开启右转向灯。

（3）在雨、雪、沙尘、冰雹等低能见度情况下行驶时，开启前照灯、示宽灯和后位灯，但当同方向行驶的后车与前车近距离行驶时，不得使用远光灯。

（4）雾天行驶时，开启雾灯、危险警告灯、前照灯、示宽灯和后位灯，但同方向的后车与前车近距离行驶时，不得使用远光灯。

（5）夜间在没路灯、照明不良的情况下行驶时，开启远光灯、示宽灯和后位灯，但当同方向的后车与前车近距离行驶时，不得使用远光灯。

（6）夜间通过急弯、坡路、拱桥、人行横道、在没有交通信号灯控制的路口或者超车时，交替使用远、近光灯示意；在窄路、窄桥会车或遇行人、非机动车时，使用近光灯。

（7）在道路上发生故障或发生交通事故，妨碍交通又难以移动时，按照规定开启危险警告灯，并在车后50～100米处设置警告标志，夜间还应当同时开启示宽灯和后位灯。

（8）从匝道驶入高速公路时，开启左转向灯，在不妨碍已在高速公路内的车辆正常行驶的情况下驶入加速车道。

（9）驶离高速公路时，提前开启右转向灯，在不妨碍已在高速公路内的车辆正常行驶的情况下驶入减速车道，降低车速后驶入匝道。

（10）在高速公路遇雾、雨、雪、沙尘、冰雹天气，能见度小于200米时，开启雾灯、近光灯、示宽灯、前后位灯，在能见度小于100米时，开启雾灯、近光灯、示宽灯、前后位灯、危险警告灯。

道路通行规定

在道路划分为机动车道、非机动车道和人行道的路段，机动车、非机动车和行人实行分道行驶。在没有划分车道的道路上，机动车在道路中间通行。

（1）道路上画专用标线的路段，在专用车道内只准许规定的车辆通行，其他车辆不准进入专用车道行驶，如公交专用道。

（2）在道路同方向画有两条以上机动车道的路段，左侧为快速车道，右侧为慢速车道。在快速车道行驶的机动车，按照快速车道规定的速度行驶，未达到快速车道规定的行驶速度的车辆，在慢速车道行驶。

（3）上道路行驶，不得超过限速标志标明的最高时速。在没有限速标志的路段，应当保持安全车速。

（4）行经漫水路或者漫水桥时，要停车察明水情，确认安全后低速通过。

（5）行经渡口时，要服从渡口管理人员指挥，按照指定地点依次待渡。驾车上下渡船时，要低速慢行。

交叉路口通行

驾驶机动车通过交叉路口时，要遵守交通信号，按照交通信号灯、交通标志、交通标线或者交通警察的指挥通过。

（1）在通过没有交通信号灯、没有交通警察指挥或黄色闪光警告灯持续闪烁的路口时，要减速慢行，确认安全后通过。

（2）在通过没有交通信号灯、交通标志、交通标线或者交通警察指挥的交叉路口时，要减速慢行并让行人和优先通行的车辆先行。

（3）在通过划有导向车道的路口前，按所需行进方向在虚线区驶入导向车道通行。进入导向车道实线区后，不得变更车道。

（4）在通过有交通信号灯控制的交叉路口向左转弯时，靠路口中心点左侧转弯。转弯时开启转向灯，夜间行驶还需开启近光灯。

（5）在没有方向指示信号灯的交叉路口转弯时，要让对面直行的车辆先行。

（6）在没有方向指示信号灯的交叉路口左转弯时，相对方向行驶的右转弯机动车要让左转弯车辆先行。

（7）在通过交通信号绿灯亮的交叉路口直行时，要让已在路口内转弯的车辆先行。

（8）在通过没有交通信号灯控制，也没有交通警察指挥的交叉路口右转弯时，让相对方向行驶的左转弯的车辆先行。

（9）在通过没有交通信号灯、交通标志、交通标线控制，也没有交通警察指挥的交叉路口时，进入路口前，减速慢行或停车瞭望，让右方道路的来车先行。

（10）在通过没有交通信号灯控制，也没有交通警察指挥的交叉路口时，有交通标志、交通标线控制的让优先通行的一方先行。

（11）遇有前方交叉路口交通阻塞时，要依次停在路口以外等候，不能进入路口或从前车两侧绕行。

（12）在车道减少的路口，遇到停车排队等候或缓慢行驶的，要每车道一辆依次交替通行。

（13）在通过有交通信号控制的环形交叉路口时，准备进入环形路口的让已在路口内的机动车先行。

限速通行

驾驶机动车上道路行驶，不得超过限速标志、标线标明的速度。在没有限速标志、标线的路段，保持安全车速行驶。车速超过规定时速 50%，处 200 元以上 2000 元以下罚款，并处吊销机动车驾驶证。

（1）在没有限速标志、标线和道路中心线的城市道路上行驶时，最高车速为 30 千米/小时。

（2）在没有限速标志、标线和道路中心线的公路上行驶时，最高车速为 40 千米/小时。

（3）在没有限速标志、标线，且同方向只有一条机动车道的城市道路行驶时，最高车速为 50 千米/小时。

（4）在没有限速标志、标线，且同方向只有一条机动车道的公路上行驶时，最高车速为 70 千米/小时。

（5）在高速公路上行驶时，最高车速不得超过 120 千米/小时，最低车速不得低于 60 千米/小时。当限速标志标明的车速与车道行驶速度的规定不一致时，按照限速标志标明的车速行驶。

（6）驾驶小型载客汽车在高速公路上行驶时的最高车速不得超过 120 千米/小时，其他机动车不得超过 100 千米/小时。

（7）在同方向有 2 条车道的高速公路左侧车道行驶时，车速不能低于 100 千米/小时。

（8）在同方向有 3 条以上车道的高速公路最左侧车道行驶时，车速不能低于 110 千米/小时；在中间车道行驶时，车速不能低于 90 千米/小时。

（9）进出非机动车道，通过铁路道口、急弯路、窄路、窄桥，在冰雪、泥泞的道路上行驶，掉头、转弯、下陡坡，最高行驶速度都不得超过 30 千米/小时。

（10）遇雾、雨、雪、沙尘、冰雹、结冰天气，要降低行驶速度，能见度在 50 米以内时，最高行驶速度都不得超过 30 千米/小时。

（11）在雨天经过积水路面时，应特别注意减速慢行。行经两侧有行人或非机动车且有积水的路面，要减速慢行。

变更车道

由于车外后视镜存在观察不到的盲区，变更车道之前必须扭头观察侧面是否有其他车辆。只有在确认盲区没有其他车辆的时候，才可以转动转向盘变更车道。

（1）在道路上变更车道，不能影响其他车辆正常行驶。

（2）在道路同方向画有 2 条以上机动车道的路段，变更车道的机动车不得影响相关车道内行驶的机动车的正常行驶。

（3）遇到交通警察发出变更车道手势信号时，要及时按交通警察手势方向变更车道，腾空指定的车道并减速慢行。

（4）遇到交通信号灯和交通警察指挥不一致时，要按照交通警察的指挥手势通行。

跟车

驾驶机动车时，注意与同车道行驶的前车保持足以采取紧急制动措施的安全距离。后车未与前车保持安全距离，一旦前车采取紧急制动，就很容易发生追尾事故。

超车

驾驶机动车超车时，提前开启左转向灯，变换使用远、近光灯或者鸣喇叭提示前车。在确认有充足的安全距离后，从前车的左侧超越。在与被超车辆拉开必要的安全距离后，开启右转向灯，驶回原车道。

（1）不得在铁路道口、交叉路口、窄桥、弯道、陡坡、隧道、人行横道、市区交通流量大的路段等没有超车条件的路段超车。

（2）在慢速车道内行驶，需要超越同车道行驶的前车时，可以借用快速车道行驶。但不能超越正在左转弯、掉头、超车的前车。

（3）如果左侧超车，在无法保证与正常行驶前车的横向安全间距，或发现对面来车有会车可能时，要主动放弃超车。

（4）遇到前方同车道行驶的执行紧急任务的警车、消防车、救护车、工程抢险车时，不得超车。

（5）在没有道路中心线或者同方向只有一条机动车道的道路上，遇后车发出超车信号时，在条件许可的情况下，应降低速度，靠右让路。

会车

会车是驾驶中发生最为频繁的事情，同时也是最易发生侧碰、侧刮事故的驾驶环节。

（1）在没有中心隔离设施或者没有中心线的道路上，遇相对方向来车时，要减速靠右行驶，并与其他车辆、行人保持必要的安全距离。

（2）在有障碍的路段遇对面来车时，有障碍一方应让无障碍一方先行；但下坡一方已行至中途而上坡的一方未上坡时，下坡的一方先行；在没有道路中心线的狭窄山路会车时，不靠山体的一方先行。

（3）夜间遇对面来车时，在距相对方向来车 150 米以外改用近光灯；在窄路、窄桥与非机动车会车时，使用近光灯。

倒车与掉头

汽车在途中需要掉头行驶时，选择正确的掉头地点和掉头方法显得尤为重要。如果选择不当会造成许多麻烦，既费时费事，又对安全行车不利。

（1）掉头时，要严格控制车速，仔细观察道路前后方情况，确认安全。

（2）在有禁止掉头或禁止左转弯标志、标线的地点，以及铁路道口、人行横道、桥梁、急弯、陡坡、隧道或容易发生危险的路段，不得掉头。

（3）在没有禁止掉头或者禁止左转弯标志、标线的地点可以掉头，但不得妨碍正常行驶的其他车辆和行人的通过。

（4）倒车时，要察明车后情况，确认安全后倒车。

（5）不得在铁路道口、交叉路口、单行路、桥梁、急弯、陡坡或者隧道中倒车。

停车

机动车停车时，既要安全合法，又要考虑到进出方便。

（1）要在规定地点停放车辆。

（2）在路边停车时，要选择在停车泊位内停放。

（3）在道路上临时停车，不得妨碍其他车辆和行人通行。

（4）在没有施划停车泊位的道路上，路边停车要紧靠道路右侧，机动车驾驶人不得离车，上下人员或者装卸物品后应立即驶离。

（5）在设有禁停标志、标线的路段，机动车道与非机动车道、人行道之间设有隔离设施的路段，以及人行横道、施工地段，不得停车。

（6）在距离公共汽车站、急救站、加油站、消防栓或者消防队（站）门前 30 米以内的路段，不得停车。

（7）在距离交叉路口、铁路道口、急弯道、宽度不足 4 米的窄路、桥梁、陡坡、隧道 50 米以内的路段，不得停车。

（8）在车辆停稳前不能开车门和上下人员，开关车门时不得妨碍其他车辆和行人通行。

铁路道口通行

驾驶机动车通过铁路道口时，应自觉遵守通行规定，避免事故。

（1）在通过有交通信号或者管理人员的铁路道口时，要按照交通信号或者管理人员的指挥通行。

（2）在通过没有交通信号灯或者管理人员的铁路道口时，要减速或者停车观察，确认安全后以不超过 30 千米/小时的车速通过。

（3）在通过道路与铁路平面交叉道口，有两个红灯交替闪烁或一个红灯亮时，要将车停在停止线以外等待，等红灯熄灭时通行。在没有停止线的铁路道口，要停在距离道口 50 米以外。

缓慢和拥堵路段通行

驾驶机动车在车道减少的路段，遇有前方机动车停车排队等候或者缓慢行驶时，要依次通行，不得借道超车、占用对面车道、穿插等候的车辆。

（1）遇到前方车辆停车排队等候或者缓慢行驶时，要依次排队行驶，不得从前方车辆两侧穿插或者超越行驶。

（2）遇有前方交叉路口对面交通阻塞时，要依次停在路口外等候，不得在人行横道、网状线区域内停车等候。

避让行人和非机动车

驾驶机动车上道路行驶，与行人和非机动车争速抢道的后果是非常危险的。作为驾驶人，一定要注意保护行人和骑车人的安全。

（1）在通过没有交通信号灯、交通标志、交通标线或者交通警察指挥的交叉路口时，要减速慢行，让行人先行。在没有方向指示信号灯的交叉路口转弯时，要让直行的行人先行。

（2）行经人行横道时，要减速慢行；遇行人正在通过人行横道时，要停车让行人先行；不得在人行横道区域内停车等候。

（3）在没有交通信号灯和交通标志、标线的道路遇行人横过道路时，要及时减速或停车避让。

（4）在居民居住区、单位院内，要低速行驶，注意避让行人；有限速标志时，按照限速标志行驶。

驾驶行为要求

一个合格的驾驶人，不仅表现在技术的娴熟上，更重要的是具有良好的驾驶行为习惯和道德修养。文明驾驶，礼让行车，做到不开英雄车、冒险车、赌气车和带病车。

（1）严格遵守道路交通安全法律、法规的规定，按照操作规范安全驾驶、文明驾驶。

（2）上路行驶要按规定放置检验合格标志、保险标志，随身携带机动车行驶证。机动车号牌要按照规定悬挂并保持清晰、完整，不得故意遮挡、污损。

（3）饮酒、服用国家管制的精神药品或者麻醉药品，或者患有妨碍安全驾驶机动车的疾病，以及过度疲劳影响安全驾驶的，不得驾驶机动车。

驾驶人对车辆的安全责任

驾驶机动车上道路行驶前，驾驶人要对机动车的安全技术性能认真检查，不得驾驶安全设施不全或者机件不符合技术标准等具有安全隐患的机动车。

（1）对于驾驶拼装的机动车或者已达到报废标准的机动车上道路行驶的，公安机关交通管理部门应当予以收缴，强制报废。

（2）对驾驶拼装机动车上路行驶的驾驶人，处 200 元以上 2000 元以下罚款，并吊销机动车驾驶证。

避让特种车辆

（1）驾驶机动车遇到执行紧急任务的警车、消防车、救护车、工程抢险车时，要及时让行。

（2）驾驶机动车遇到正在进行作业的道路养护车辆、工程作业车时要注意避让。

高速公路行驶

高速公路上的车辆速度都非常快，稍有闪失就会酿成大祸，因此在高速公路上行车要特别注意安全。

（1）驶入：从匝道驶入高速公路，在高速公路三角地带开启左转向灯，注意观察行车道内的车辆，正确选择汇入行车道的时机，以确保安全。

（2）行驶：车速超过 100 千米/小时，与同车道前车保持 100 米以上的距离；车速低于 100 千米/小时，与同车道前车距离可以适当缩短，但最小距离不得小于 50 米。

（3）驶离：驶离高速公路时，要开启右转向灯，驶入减速车道，按照标志限定的速度，降低车速后驶入匝道。

（4）恶劣天气：遇雾、雨、雪、沙尘、冰雹天气，能见度小于 200 米时，与同车道前车保持 100 米以上的距离；能见度小于 100 米时，与同车道前车保持 50 米以上的距离。

（5）车速：遇雾、雨、雪、沙尘、冰雹天气，能见度小于 200 米时，车速不得超过 60 千米/小时；能见度小于 100 米时，车速不得超过 40 千米/小时；能见度小于 50 米时，车速不得超过 20 千米/小时，并尽快从最近的出口驶离高速公路。

（6）发生故障：在高速公路上发生故障时，应迅速将车移至不妨碍交通的地方停放。故障车难以移动时，要立即开启危险警告灯，在故障车来车方向 150 米以外设置警告标志，车上人员应迅速转移到右侧路肩上或者应急车道内，并迅速报警。

（7）禁忌：在高速公路上，不得倒车、逆行、穿越中央分隔带掉头或者在行车道内停车；不得在匝道、加速车道或者减速车道上超车；不得骑、轧车行道分界线或者在路肩上行驶；不得试车或者学习驾驶机动车；不得在非紧急情况时在应急车道行驶或者停车。

故障车警示要求

驾驶机动车在道路上发生故障，需要停车排除时，应立即开启危险警告灯，将车停到不妨碍交通的地方。故障车难以移动时，持续开启危险警告灯，在车后50～100米处设置警告标志，夜间还要开启示宽灯和后位灯。

交通安全违法行为处罚

驾驶人违反道路交通安全法律、法规的规定，发生重大交通事故，构成犯罪的，依法追究刑事责任，并由公安机关交通管理部门吊销机动车驾驶证。造成交通事故后逃逸的，由公安机关交通管理部门吊销机动车驾驶证，且终生不得重新取得机动车驾驶证。对道路交通安全违法行为的处罚种类包括：警告、罚款、暂扣或者吊销机动车驾驶证、拘留。

违反交通信号的处罚

机动车驾驶人违反道路交通安全法律、法规关于道路通行规定的，处警告或者20元以上200元以下罚款。

酒后、吸毒、服药驾驶的处罚

机动车驾驶人有饮酒、醉酒、服用国家管制的精神药品或者麻醉药品嫌疑时，必须接受测试和检验。对饮酒、服用国家管制的精神药品或者麻醉药品的驾驶人，依法予以处罚。

（1）酒后驾驶机动车的，处暂扣6个月机动车驾驶证，并处1000元以上2000元以下罚款。因酒后驾驶机动车被处罚，再次饮酒后驾驶机动车的，处10日以下拘留，并处1000元以上2000元以下罚款，吊销机动车驾驶证。

（2）醉酒驾驶机动车的，由公安机关交通管理部门约束至酒醒，吊销机动车驾驶证，依法追究刑事责任；5年内不得重新取得机动车驾驶证。

（3）酒后或者醉酒驾驶机动车发生重大交通事故，构成犯罪的，依法追究刑事责任，并由公安机关交通管理部门吊销机动车驾驶证，终生不得重新取得机动车驾驶证。

机动车驾驶证违法的处罚

未取得机动车驾驶证、机动车驾驶证被吊销或者机动车驾驶证被暂扣期间驾驶机动车的，公安机关交通管理部门依法对其处以200元以上2000元以下罚款，并处15日以下拘留。

将机动车交由未取得机动车驾驶证或者机动车驾驶证被吊销、暂扣的人驾驶，公安机关交通管理部门依法对其处以200元以上2000元以下罚款，并处吊销机动车驾驶证。

涉机动车号牌违法的处罚

驾驶未悬挂机动车号牌的机动车上道路行驶，故意遮挡、污损或者不按规定安装机动车号牌的，公安机关交通管理部门依法处警告或者20元以上200元以下罚款。

伪造、变造或者使用伪造、变造的机动车号牌及使用其他车辆的机动车号牌的，公安机关交通管理部门予以收缴，扣留该机动车，处15日以下拘留，并处2000元以上5000元以下罚款，构成犯罪的依法追究刑事责任。

简易程序处罚

对违法行为人处以警告或者200元以下罚款，适用简易程序。

（1）简易程序处罚，可以由一名交通警察做出。

（2）交通警察按照简易程序当场做出行政处罚的，告知当事人道路交通安全违法行为的事实、处罚的理由和依据，并将行政处罚决定书当场交付被处罚人。

对非法取得驾驶证的处罚

以欺骗、贿赂等不正当手段取得机动车登记的，收缴机动车登记证书、号牌、行驶证，由登记地公安交通管理部门撤销机动车登记。

以欺骗、贿赂等不止当手段取得驾驶许可的，收缴驾驶证，由驾驶证核发地公安交通管理部门撤销机动车驾驶许可。

扣留车辆和驾驶证的情形

扣留车辆的情形

有以下情形之一的，公安交通管理部门依法扣留车辆。

（1）驾驶上道路行驶的机动车未悬挂机动车号牌，未放置检验合格标志、保险标志，或者未随车携带机动车行驶证、驾驶证的。

（2）有伪造、变造或者使用伪造、变造的机动车登记证书、号牌、行驶证、检验合格标志、保险标志、驾驶证或者使用其他车辆的机动车登记证书、号牌、行驶证、检验合格标志、保险标志嫌疑的。

（3）未按照国家规定投保机动车交通事故责任强制保险的。

（4）机动车有被盗窃、拼装、达到报废标准嫌疑的。

扣留驾驶证的情形

有以下情形之一的，公安交通管理部门依法扣留机动车驾驶证。

（1）饮酒后驾驶机动车、行驶超过规定时速 50%、在 1 个记分周期内累积记分达到 12 分的驾驶人。

（2）驾驶有拼装或者达到报废标准嫌疑的机动车上道路行驶的驾驶人。

（3）将机动车交由未取得机动车驾驶证或者机动车驾驶证被吊销、暂扣的人驾驶的。

第4章

基础驾驶操作

培养安全意识

在练车时，学员向教练员学习驾驶操作技能固然重要，但更重要的是学会怎样安全行车，牢记生命无价，树立高度的社会责任感，将安全行车与安全礼让有机结合起来。

（1）安全意识，逐步提高。学员对于教练员讲解的法律、法规、驾驶道德与安全驾驶相关知识，应好好记住记牢，并在学车中进行运用，这样就可以逐步提高安全意识。

（2）分析案例，吸取教训。在教练员进行典型事故案例分析时，学员应认真吸取教训，增强法律意识和社会责任感，培养自己规范操作的安全意识和文明行车意识，并贯穿于整个驾车过程中。

驾驶人感知觉能力

感知觉能力就是充分利用眼、耳、鼻、手、脚的感知驾驶汽车。因为，驾驶汽车时要眼观六路、耳听八方，这样才能充分掌握道路的交通信息，做到处乱不惊，遇险不慌，冷静处理，避免一切不利因素，做到安全行车。

（1）认真练眼，眼观六路。眼睛是观察道路情况的视觉器官，开车时眼睛要平视观看道路前方的情况，利用眼角的余光观看车辆左右的情况。同时，要随时观看车上的内外后视镜，以观察车后和车内乘车人的情况，一旦发现异常就可运用手脚停车，避免意外情况发生。

（2）认真练耳，耳听八方。耳朵是听觉器官，一切外界的声响和本车的响声都是通过耳朵听出来的。例如，后车要超车发出的喇叭声，汽车底盘发生故障时的异响等。

（3）认真练鼻，鼻闻“香臭”。鼻子是闻气味的。例如，鼻子闻到汽车内的电器线路烧焦发出的胶臭，就可知道电器线路出了问题；离合器摩擦片、制动器摩擦片发出焦臭味，就可判断汽车的这些零部件烧了等。

（4）认真练脚，脚踏实地。脚是用来踏放离合器踏板、制动踏板、加速踏板的，如果某一踏板踩下很轻，就知道出了问题。例如，踩加速踏板过重，汽缸内进油量过多，发动机转速突然增高，车速就会提高很快，反之，也就知道脚踩加速踏板过轻。只有“脚踏实地”地练习，驾车才能踏实认真，自信而不虚浮。

（5）认真练手，得心应手。手是操纵转向盘和变速器操纵杆的，如果手转动转向盘过多，汽车就要偏离行驶路线；如果换挡发响，就知道挡位没有找准。只要练习到得心应手了，驾驶时人车也就合一了。

开车时，驾驶人运用这些感知觉能力，就可以避免行车事故。因此，学员在道路实车训练中，一定要充分体验，以确保行车安全。

注意力训练

注意力训练，也叫意念集中训练，是帮助学员向某一目标奋进时，不受任何杂念和客观条件的干扰，始终把心理活动集中和指向于当前学习驾驶技术的活动上。但是，从注意力分散到注意力集中，必须经过一段时间的训练，加强注意力的稳定性，提高抗干扰能力。

（1）驾车起步，心念警句。驾车起步时，心中默念应注意集中注意力的警示词句，目的是为了防止意念分散，集中精力驾驶。

（2）车体意象，立体感受。驾车上路时，两眼平视道路前方，甚至要不眨眼地一直盯着路面，一面进行放松，一面感受车体的立体意象。

（3）想象对象，意念集中。使意念和眼的焦点，集中在公路前方的路面上，直到头脑中能清晰地想象出汽车各个角落的形、色、光、影，感知通行道路对交通参与者的影响，自问当遇有险情时我该怎么做，这样的练习做得越多对应注意对象的控制就越容易，并且能使常有的紧张心理逐渐消失。

（4）抓住感觉，及时提醒。当感觉分散时，就要及时提醒：“我在开车，我的注意力要集中在驾车上……”

操作转向盘

转向盘的作用，就是在驾驶人的操纵下改变或保持汽车行驶方向。手握转向盘时，四指由外向里握住轮缘，拇指向上自然伸直并靠拢轮缘。手握转向盘的位置，将转向盘按照时钟刻度划分，左手握在 9～10 点的位置，右手握在 2～3 点的位置。转向时，通常是以左手为主、右手为辅的操握形式，即左手推送、右手顺势拉动，做到均匀柔和、快慢适中。当连续快速转向时，可用交叉法来操纵转向盘。

通常情况下，转向盘打法有以下三种。

（1）推拉法：这种操作方法适用于直线行驶时的方向修正，操作时以左手为主、右手为辅，少打少回，保证直线行驶。

（2）传递法：这种操作方法适用于一般缓弯，操作时先拉动后回送。右转弯时，右手下拉到转向盘下方，左手同时适当下滑至适当位置接替右手向上推动，回方向时动作相反；左转弯时，左手下拉到转向盘下方，右手同时适当下滑至适当位置接替左手向上推动，回方向时动作相反。

（3）交叉法：这种操作方法用于急转弯或掉头等。以左转弯为例，操作时右手推左手拉，两手交叉时左手松开转向盘，移到右上方接转向盘下拉，右手在下方翻手，继续上推，回方向时按相反方向进行。

操作转向盘时，双手应轻松自如，推、接、拉、回位应适度。

不要双手紧抓住转向盘不放，否则就会出现反别轮情形，手心朝上有一种向旁边人要东西的感觉，这时的姿势相当难受。

“掏轮”、“别轮”、“大把攥轮”，以及像“荡秋千式”的握转向盘的手法都是不正确的，在实际道路考试中绝对不应发生，否则将会影响考试成绩。

操作加速踏板

加速踏板用于改变发动机的转速和输出功率。加速踏板的踏法，就是将右脚跟放在驾驶室底板上作为支点，脚掌轻踏在加速踏板上，用踝关节伸屈动作踏下或放松踏板。

（1）踏下加速踏板时，一定要轻踏、平稳、缓慢，不能忽快忽慢，也不能忽踏忽抬，更不能一脚踏到底。

（2）抬起加速踏板时，一定要缓抬，不能一下抬到顶。

（3）车辆行驶中，右脚除必须使用制动踏板的情况外，其他时间应轻松地放在加速踏板上。踩下和放松加速踏板时，用力要柔和，不可猛踩急抬或连续抖动。

加速踏板踩抬方法练习：

需要快速提速时的踩踏方法，超车时或行驶中短距离加速。

均匀踩踏方法，是车辆行驶中最为经济的加速方法。

收加速踏板等待状态，以脚跟为支撑点，前脚掌仰起。

加速踏板在踩踏时，一定要突出一个“轻”字。在学习阶段所要求的一种踩踏方法，就是“轻踏、缓抬、匀加速”，既经济又规范。

操作离合器踏板

离合器踏板是操纵离合器暂时切断发动机与传动系的动力传递，使汽车平稳起步或顺利换挡地操纵机件。离合器踏板的踏法，就是左脚掌踏在踏板上，用膝关节和踝关节伸屈动作踏下和抬起离合器踏板，不可用脚尖、脚心、脚跟操纵，以免打滑和影响正确操作。

（1）踏下离合器踏板时，动作应迅速，一脚到底，使离合器分离彻底，以免离合器打滑，减小离合器的磨损。

（2）抬起离合器踏板时，要按“快慢快”的要领操作，即抬起踏板开始时快，抬至半联动点时变慢，当离合器主、从动部分安全结合时又变快，这样操作才能让汽车运行平稳，不会有冲击。

静态下练习离合器踩抬时，坐姿一定要正确，否则就会影响到学员操作的规范性，同时还会影响操纵各部件的正确手法。

踩踏离合器踏板时不可随意，一定要规范标准。脚趾跟部（即脚掌上半部位）对着离合器踏板中心位置，踩下和抬起时应保持在这个状态，切不可踩下时在这个位置，抬起时踏板滑到脚心位置。因为，脚心部位控制能力差，控制不住离合器踏板上抬时的速度，同时踩下时会有踩不到底的现象。

踩踏离合器踏板时，要用心体会和寻找感觉。因为，离合器的触点很小，其间隙量是用毫米计算的，自由行程是为其能够平稳结合所设计的预至式操作间隙。

操作制动踏板

制动踏板是强制汽车减速或停车的操纵机件。制动踏板的踏法，就是用右脚前脚掌踏制动踏板，利用膝关节的伸屈动作踏下或放松。

（1）踏下制动踏板时，首先把右脚从加速踏板移至制动踏板，然后根据需要确定踏下制动踏板的行程、速度及力度：当需要降低车速时，应先轻后重缓慢踏下；当需要停车时，除按减速要领操作外，在车辆即将停止时放松踏板再缓慢踏下；当需要紧急制动时，应迅速有力地将踏板踏到底。

（2）放松制动踏板时，应根据需要操作，可以一次放松，也可以分次逐渐放松。

（3）踏下制动踏板的行程、速度，以及力度，应根据制动效果的需要而定。

制动踏板的踩踏方法有两种，一种是整体移动，适用于紧急制动、踩踏力度较强的车种（大重型汽车）；另一种是以脚跟为轴心，脚前部移向制动踏板，适用于轻型汽车在行驶中带制动时。一般在行驶中没有突发情况时，适用以脚跟为轴心前脚掌移动的踩踏方法。

操作手动变速器

手动挡变速器一般有 4～6 个前进挡，还设有倒挡和空挡，其中前进挡又可分为低速挡、中速挡和高速挡。操作变速器操纵杆时，手掌心轻贴住球头，五指向下握住球头和部分杆身，以手腕和肘关节的力量为主，肩关节为辅，随着推、拉方向的变化，掌心贴球头的方向可以适当变化。注意，变速器操纵杆球头不可握得太紧，以便适应不同挡位对用力方向不同的需要。

（1）低速挡：用于起步、低速行驶、爬陡坡。

（2）高速挡：用于在通行条件较好的路面上高速行驶。

（3）中速挡：用于低速、高速之间的过渡，或者汽车中速行驶时使用。

（4）倒挡：用于汽车倒车行驶；当汽车在下陡坡熄火停车时，可将变速器操纵杆挂入倒挡，以增强驻车制动力。倒挡通常设有倒挡锁，在需要倒车时首先将变速器操纵杆移入空挡，再按下变速器操纵杆才能挂入倒挡。

车型不同，变速器操纵杆式样及配置也有所不同。通常情况下，在普通中、小型汽车的挡位排序中，最高挡位到 5。

操作驻车制动器

驻车制动器又称手刹，式样有多种，但是其结构组成大致相同。它主要用于汽车长时间停车或短时间停车，或在行车制动失灵时辅助其进行降速。在坡道停车起步时，驻车制动器起着至关重要的作用。驻车制动操纵杆大致有 3 种类型，使用时应注意。

（1）手柄式：制动时，四指并拢握住制动手柄，拇指虚按按钮，将手柄向后拉紧；放松时，先将手柄稍向后拉，然后按下按钮，向前推送到底。

（2）拉杆式：制动时，用左手的力量将拉杆向外拉出即可。解除制动时，将拉杆顺时针转动 90°，推送到底，然后再回转 90°。

（3）踏板式：制动时，踏下踏板即可；解除制动时，轻踩踏板，同时将踏板上方的手柄向上扳动，然后放松踏板，驻车制动即可解除。

驻车制动器的使用及操作方法，应随车型而定。车型不同，驻车制动器式样的配置及安装的位置也不同，具体情况参照所驾车型的使用说明书进行操作。

操作电源总开关和点火开关

电源总开关

电源总开关，就是用于控制蓄电池与各用电设备接通及断开的机件。较长时间停车或收车后，应将电源总开关置于断开位置。尤其是遇到车辆使用中出现自燃的突发情况时，应立即将电源总开关断开。

点火开关

轿车点火开关大多数安装在转向盘右下方，用于接通或切断汽车电源，一般有四个挡位。

（1）LOCK：插入点火开关钥匙，在这个位置或拔出点火开关钥匙时，点火开关不工作，转向盘被锁止。

（2）ACC：点火开关顺时针旋至 ACC 挡，在这个位置上发动机关闭，音响和附属电器可正常使用。

（3）ON：点火开关钥匙顺时针旋至 ON 挡，在这个位置上发动机低压及仪表电路被接通。

（4）START：点火开关钥匙顺时针旋至 START 挡，等发动机启动后松手，点火开关钥匙自动回到 ON 挡，在这个位置上发动机开始工作。

有一些车辆的转向盘是被这个钥匙锁止的，在启动时可能因为前轮停车位置使转向盘产生扭力，所以插入钥匙时可能打不开。遇到这种情况时，用左手左右晃动转向盘，右手向前拧钥匙，二者配合，一活动就能打开。

一般汽车均有钥匙提醒器，如果钥匙留在点火开关内，驾驶人打开车门时报警信号将会闪烁或蜂鸣，以提醒驾驶人。

汽车在行驶期间，不得拔掉点火开关钥匙或将钥匙转到锁止（LOCK）位置，如果这样将导致转向盘锁住而失去转向控制。因此，行驶中需要断开点火时，只需将钥匙转到断开（OFF）位置即可。

车辆因故熄火时，应将点火开关钥匙转向关闭的位置，以防车辆长时间处于放电状态而引发事故。

未用点火开关打开相关锁止装置时，不可启动发动机，以免引起车辆起步后无法转向和行进，造成事故。

驾驶人应妥善保管好点火开关钥匙，以防失窃。

上下车的动作

上车

在上车前，要养成绕车一周检查车辆外观和安全状况的习惯，同时对车辆的安全部位、轮胎和车灯进行仔细检查，确认没有影响安全起步的隐患后方可走到驾驶室左侧门前，然后再次由前向后观察道路上的交通情况，确认安全后打开车门，按规范动作进入驾驶室。

（1）上车前，从车后侧至右侧绕到车头前端，走到车身左侧前车门处，对车身周围的安全情况进行检查，确认安全。检视的内容包括两部分：一是观察车辆周围有无行人和障碍物；二是检查车辆轮胎技术状况，车身表面有无异常，车身下的路面有无滴痕等。

（2）确认安全后，用左手打开驾驶室左侧车门准备上车。车门的敞开程度，应以身体能够顺利进入驾驶室为宜。

（3）车门打开后，左手抓住车门内侧手柄，右手握在转向盘 2～3 点之间的位置上，右腿抬起，将右脚伸入车内加速踏板前，身体随之进入，左脚收回到离合器踏板左下方 10 厘米左右的室内地板上。

（4）用左手关上车门，右手握在转向盘 3 点的位置上。关车门时，应注意左手将车门拉至距关闭状态 10～20 厘米左右时稍停顿，然后再用力将车门关好关牢。

（5）关好车门后，轻轻推动或通过车灯观看，确认车门是否关好，然后按下车门锁按钮。

下车

下车的安全确认重点，可放在车身左侧及后侧。

（1）解开安全带，通过车辆左、中、右后视镜和车身自然透明空间观察车下安全状况，也可将左侧车窗玻璃落下来将头稍探出室外进一步查明情况，注意观察左侧前后方有无疾速而来的车辆和行人，确认无机动车、非机动车和行人超越。

（2）确认安全后，开启车门锁，左手扳动车门内侧锁销，借力将车门推至开启状态，随后左手抓住车门内侧把手，左脚随之移至室外地面上，将头探出室外，身体随之起座外移，随着身体的外移起立，将右脚置于室外地面之上。

（3）当身体完全站立在车门与车身中间位置时，身体向左移至车门空间之外，右转身面对车身，用左手将车门推至距关闭状态 20 厘米左右时稍用力，呈推带式将车门关好。

需要注意的是，当车门呈开启状态时，左手一定要控制车门的敞开程度，不应撒手不管，同时应注意左右脚置地的先后次序，更应注意观察脚下地面上是否安全，尤其是冬季。下车后，如果是长时间离开或者车上无人看守时，应将车门锁好。

上、下车易犯的错误是：

上车前不绕车一周进行安全检查，忽视车身底部的安全情况。

开、关车门前不转头向后观察。

车门未关好关牢时，就盲目起步行车。

调整座椅、靠背倾斜角度和头枕

调整手动座椅

驾驶人上车后，可根据自己的身高和体型对座椅进行调整。合适的座椅位置，是驾驶人保持正确驾驶姿势的前提。

（1）前后移动座椅，用右手抓住转向盘 12 点左右的位置。

（2）左手拉起座椅前端下的锁止手柄，借用双腿弯曲及臀部的浮力向前或向后移动座椅。

（3）调到所需位置时松开手柄，并用臀部和后背的前后移动力来确认座椅是否锁止牢固。

调整座椅应在车辆未起步之前完成，在车辆行驶中切勿调整，否则会影响行车安全。

座椅位置的合适程度，要依据每个人的不同身型和体态而定。

座椅调整的远近会直接影响驾驶的舒适程度，以感觉双腿伸、曲、踩、抬不影响转向盘操作为宜。

调整电动座椅

虽然各种车型的电动座椅调节按钮的样子和位置可能有所不同，但调整方法大体相近。

（1）驾驶座前后调整：向前后推动控制按钮，可以使座椅前后移动到理想位置，松开按钮时座椅将固定在该理想位置上。

（2）驾驶座高度调整：上下移动控制按钮的前后部，可以调节座位的前后部位的升降。

（3）驾驶座椅靠背角度调整：前后扳动相应的控制按钮，可以调整座椅靠背的倾斜角度，至理想角度后松开按钮，则锁定该位置。

更高级的车辆座位调整会有更多的方向控制键，如通常的“8 方向电动调节”或“16 方向电动调节”等。现在，座椅记忆功能是越来越常见了，大都有 3 个位置的记忆功能或更多。这样的话，想将座椅调整成某种常用状态的话，只需按一下记忆开关，座椅便会快捷地调整到当初设定的最佳位置。

调整靠背倾斜角度

调整座椅靠背的角度，使座椅靠背支撑住腰，向后靠时不要让腰部悬空，这样就可以减少驾驶过程中的疲劳。调整方法如下。

（1）旋动座椅左侧的调节钮，根据自己的身材进行调节，最多倾斜 1～2 段。

（2）调整时，以背部的力量调节背倾角，调节至手掌能按住转向盘上端为宜。

合适的靠背倾斜角度，会大大减轻驾驶人的疲劳感。在调整时，可与座椅相互调整，来达到倾斜角度适宜的效果。

车辆在行驶中，不应调整座椅及靠背。如果需要调整，应靠边停车后再进行调整。

座椅调整在科目三考试中有明确的要求，在练习时要多加注意。

座椅及靠背的调整工作应在系安全带之前完成。

调整头枕

为了更好地起到对驾驶人颈部的保护作用，应将汽车座椅头枕调节到合适的位置。汽车座椅头枕有手动调节式和自动调节式两种，手动调节式只能进行高度的单向调节，而自动调节式则可以在二维的方向自动调节。

（1）调节头枕时，将头枕高度调整到与眼眉在一条线上即可，太低则容易造成头颈受伤。

（2）后脑与头枕之间的距离越近越好，最好不要超过 10 厘米。

（3）如果是具有锁止功能的可调整头枕，在调整后一定要保证将头枕位置锁止，以免撞击时发生移位。

操作灯光开关

按照操纵杆上的图符标示，一般是将开关转动到第一个位置是打开示宽灯、侧灯、尾灯、仪表灯和开关照明灯等；而继续转动到第二个位置是打开近光灯；如果要打开远光灯，还需要将操纵杆向前推（远离驾驶人），这时前照灯远光亮并且仪表盘上的远光指示灯也亮起。如果想变回近光灯，只需要将操纵杆拉回即可。

如果想给前方车辆行人以信号，需要迅速交替变光（变换远近光）的时候，只要朝驾驶人员的位置拉动操纵杆后松开，前照灯就会在远、近光之间变换。哪怕灯光开关位于“OFF”位置，前照灯仍然会有远光闪烁。

有的前照灯调整旋钮不在转向盘的杆柱上，而是仪表板上的一个挡位旋钮，按照旋钮周围的灯光图示进行旋转，即可获得相应的灯光效果。

操作刮水器开关

一般的风窗玻璃刮水器开关有三个位置，即间歇运动、低速运动和高速运动。

（1）间歇操作：如果刮水器有间歇挡位，一般该挡位的标识是“INT”，刮水器可以在该挡位间歇运作，即往复一次后休息一段时间后，再往复一次，如此循环。刮水器的间歇运转时间间隔可以通过刮水器开关上的调整旋钮来调整，一般可以在2～10秒内变换。

（2）低挡、高挡操作：刮水器的另外两个挡是低挡运转和高挡运转。低挡的标识是“Lo”，高挡的标识是“Hi”，分别表示刮水器的低频率往复和高频率往复，只需要将刮水器旋钮置于相应的位置处即可。

为了防止刮水器系统的损坏，严禁刮擦冰雪等重积物。如果冰雪只有薄薄的一层，可以使用除雾加热器把冰雪融化后，再使用刮水器。

操作喷水器和刮水器

对大多数车辆来说，将刮水器及喷水器操纵杆朝驾驶人的方向拉动，即可使用风窗玻璃喷水器喷水。直到松开控制杆，喷水器才会停止喷水。

（1）喷水器的操作，每次时间不得超过15秒。

（2）当储液箱中无清洗液时，禁止操作清洗器。

（3）在冬季或结冰的天气里，在使用刮水器前应先确认刮水器叶片是否冻结在玻璃上。

（4）在寒冷地区，应使用防冻的风窗玻璃清洗液。

调整后视镜

汽车后视镜使驾驶人可以间接看清楚汽车后方和侧方的情况，扩大了视野范围。为了更好地发挥后视镜的作用，驾驶人应将车内外后视镜调到最佳位置。

（1）调整车内后视镜时，驾驶人应保持正确姿势，面向正前方，左手握转向盘，右手握后视镜边缘，使其能反映整个后窗，左侧反映到自己头部少许，调至只要转动眼球就可看到车后面全部情况为宜。

（2）调整车外后视镜时，先在水平方向进行调整，使车身占镜面 1/4，车外物体占 3/4；然后，再进行垂直方向调整，使地面在镜面中占 1/3。

（3）调整后视镜时，要明确视觉在自然状态上，不要通过左右移动身体来从左右后视镜中察看后方情况，这样不利于安全驾驶。

在驱车起步前，一定要检查好车辆后视镜的位置角度是否合适，是否可以看见你车辆左右两侧合理范围内的物体。

车辆进入行驶状态后，尽量不要调整后视镜。

平面镜和凸面镜的镜片中所反映出的实物效果有所差异，应根据不同类型镜面来判断后方事物的变化与本车所处的大致位置。

夜间行车时，遇到后方灯光直射于室内后视镜时，会感觉非常刺眼，这时用手扳动一下防炫目扳手，使室内后视镜镜面换个角度，就避开了对眼睛刺激性较强的灯光照射。当强光消失后，再扳动防炫目扳手或直接扳动镜片使其回位。

如果在狭窄的地方停放车辆，可以将车外后视镜折叠收起。折叠后视镜时，只要将整个后视镜朝车尾方向推动即可。需要注意的是，有电动机操纵的严禁手扳。

使用安全带

安全带是系在驾乘人员胸前或腰部，用于防止身体前冲的安全用品。当汽车遇到意外情况紧急制动时，它可以将驾乘人员束缚在座椅上以免前冲，从而保护驾乘人员免受二次冲撞造成的伤害。使用安全带时，首先应检查安全带是否失效，缓慢地用手将安全带向下拉时应能顺利地将其从卷绕器中拉出，猛拉安全带时应拉不动。否则，说明安全带失效。

（1）座椅调整合适后，开始系安全带。身体和头略向左转，眼睛看安全带存储仓，右手从胸前跨过抓住安全带舌片（插头）朝身体右前方平顺地将安全带拉出存储仓，同时左手辅助右手使安全带顺畅拉出，横过胸前及髋部，检查是否有打结或扭转。

（2）右转头眼睛看向两个座椅中间，在驾驶座椅右侧旁边位置有一个偏口朝上的安全带插座，右手抓住安全带舌片将其插入插座孔内，会听到“咯”的一声。

（3）调整肩部的安全带使其与髋部贴紧，腰部的安全带必须紧贴骨盆部，尽量往下系牢。

（4）解安全带时，用左手拿安全带，右手按压插扣上的按钮，插板便可自动弹出，左手慢慢松开安全带，安全带卷收器可将安全带自动卷入。

安全带应在座椅调整合适之后再系，程序反了操作起来不太方便。

在系安全带时，带面应与身体部位贴紧，要求带面平坦，没有扭曲扣节。在解开安全带时，一定要缓慢放回，不要打开锁止机关让其自行弹回，以免金属舌片在弹回时打伤人的面部或者打碎车窗玻璃。

未系安全带时，仪表盘上的安全带指示灯会点亮，注意观察。

正确的驾驶姿势

驾驶车辆时保持正确的驾驶姿势，不但便于驾驶操作，使驾驶动作更准确、迅速和合理，而且能够减轻长时间驾驶的疲劳，保证良好的驾驶视野。正确的驾驶姿势如下。

（1）身体面对转向盘坐正坐稳，双肩端平，两肘自然下垂，全身放松，两手分别握在转向盘两侧 3 点和 9 点的位置上。

（2）背部向后自然靠紧椅背，两眼向前平视，看远顾近，注意两边，巡视盲区时头随眼动。

（3）头部端正，微收下颌，颈部肌肉自然放松。

（4）脑部略挺，两膝分开，右脚以脚跟为支点，脚掌轻放在加速踏板上，左脚自然地放在离合器踏板左下方。

驾驶姿势一定要自然，要保持充沛的精力。

不正确的驾驶姿势，会直接影响行车安全，影响操作和动作的规范性，同时也会影响下肢运动配合的协调性，给行车带来潜在的安全隐患。

不正确的驾驶姿势不符合科目三和实际道路考试要求。

发动机启动和停熄

启动发动机

在汽车起步之前，首先要使汽车的发动机启动运转，产生动力才能使汽车起步有动力保障。汽车点火开关受汽车钥匙控制，发动机也如此，发动机开关是通过钥匙接通起动的。

启动发动机的方法如下。

（1）将点火开关钥匙顺时针转动至 START 的位置上。

（2）稍微用力向前旋拧，当发动机启动后立即顺势松手（转速表的指针浮起，同时仪表盘的警报指示灯熄灭），这时点火开关会自动由启动挡跳回到正常的点火挡。

（3）发动机启动后，要注意观察各仪表的指示情况，并注意观察发动机有无异常响声和漏液、漏油等现象。

发动机启动前，一定要确认驻车制动器手柄是否拉起拉紧，确认变速器操纵杆是否处在空挡或 P 挡位置上。

启动发动机时，离合器踏板必须踩到底，一是保证起动后的安全，二是减轻曲轴的阻力。

每次使用启动机的时间不得超过 5 秒，两次间隔时间不得少于 15 秒，连续不得超过 3 次。如果经过 3 次仍不能启动发动机，应当查找原因，排除故障后再继续起动。

停熄发动机

当需要将发动机停熄时，关闭点火开关即可。

熄火方法如下。

（1）将钥匙回旋到 ACC 位置，发动机熄火。

（2）关闭时，记住向后旋转钥匙至 LOCK 位置。如果方向反了，会出现发动机重复启动，启动器与齿圈会发出刺耳的声音，极易造成两部件损伤。

（3）挂入 P 挡位或空挡拔出钥匙，用手推拉转向盘，使转向盘进入锁止状态。

停熄前不要猛踩加速踏板。

如果发动机温度过高，应怠速运转 1~2 分钟，使发动机均匀降温后再熄火。

发动机处在高转速下不要突然停熄。

驾驶手动挡汽车的操作要领

起步

起步时应使用低速挡。在平坦的硬路面上空车起步时，5 个前进挡的汽车用 2 挡起步，4 个或 3 个前进挡的汽车用 1 挡起步。

起步操作程序如下。

（1）按启动发动机的顺序及方法启动发动机，观察仪表指示情况是否正常。

（2）左脚将离合器踏板踩到底，将变速器操纵杆挂入起步挡。

（3）开左转向灯，同时观察车辆周围情况。

（4）看左后视镜，再次确认车身左后方安全情况。

（5）鸣喇叭示意车辆即将起步。

（6）踏下加速踏板，同时抬离合器踏板至半联动位置。

（7）先向后拉动驻车制动器手柄，压下按钮，然后缓慢放松驻车制动器手柄。

（8）右脚逐渐踏下加速踏板，等汽车动起来后再逐渐抬起离合器踏板。

起步时，要做到平稳不熄火，关键是离合器踏板和加速踏板的配合。开始松离合器踏板时动作要稍快，当听到发动机声音变小，车身稍有抖动时，就要松得慢些或稍停顿一下，同时适量踏下加速踏板，使汽车平稳起步。汽车开始移动后，应轻快地将离合器踏板松完，脚要离开离合器踏板。

加挡

加挡是指由低速挡换入高速挡。当汽车起步后，逐渐踏下加速踏板提速，凭听觉感到发动机进入中速运转时，应换高一级挡位。

（1）逐渐踏下加速踏板，以提高发动机转速和行驶速度（变速器操纵杆在 1 挡位置）。

（2）缓慢抬起加速踏板的同时，将离合器踏板快速踩到底，将变速器操纵杆移入空挡，随即松抬离合器踏板。

（3）迅速踏下离合器踏板，将变速器操纵杆移入 2 挡位。

（4）缓抬离合器踏板，同时逐渐踏下加速踏板。

加挡时，由于汽车已起步行驶，有了前冲的惯性，再进入每一个高一级进位时，离合器踏板没有在触点上停顿的必要，左脚离合器踏板大触点略压的刹那间，右脚加速踏板跟上。

在训练中，进行尝试性感觉“油离”配合的关系，从中体会提速、收加速踏板、踩离合器踏板、挂挡、抬离合器踏板、踩加速踏板，每个环节动作快与慢的操作对行驶中的车辆有何影响，是采用快或慢还是采用快慢之间的节奏，更便于轻松操作和汽车平稳前进。只有亲身体验，才能更好地掌握。

节奏感找到了，加挡时机与“油离”协调性要求也就不难理解了。只有充分地掌握合理的加挡时机，车辆才不会发生在加完挡之后闯动跳跃或出现行驶无力的现象。

加挡时的动作手法要规范标准，挡杆行走线路要横平竖直，动作要既连贯又有节奏感。

加挡操作时要目视前方，不能低头看挡位。注意手脚配合动作要协调，挂挡不入时不要紧张，踩下离合器踏板重新挂入。

减挡

减挡是指由高速挡换入低速挡。当汽车行驶阻力增大或车速降低，高速挡难以提供足够的动力时，需要由高速挡换入低速挡。

（1）抬起加速踏板，同时迅速踏下离合器踏板，将变速器操纵杆移入空挡。

（2）抬起离合器踏板，根据车速的快慢适度踏一下加速踏板，这时变速器操纵杆处于空挡位置。

（3）抬起加速踏板，再次踏下离合器踏板，将变速器操纵杆换入低一级挡位。

（4）缓抬离合器踏板，同时踏下加速踏板，以低速行驶。

无论哪种车型，都可以使用跳跃式减挡方法，但是在学习驾驶阶段应按顺序（5，4，3，2）的减挡方法进行操作，这有助于练习减挡动作和基本功训练，各种方法都能够掌握对今后的驾驶操作有利而无害。需要注意的是，错误的换挡操作方法和不良习惯，不仅影响行车安全，同时也会影响学员的考试成绩。

换挡时机

无论是加挡还是减挡，关键要掌握好换挡时间。把握好换挡的合理时机，才能保持车辆在不同路况条件下行驶的平稳状态，减少燃油的消耗和机件的冲击损伤。换挡时机，一方面可以根据发动机的声音或动力来确定，另一方面也可以根据各挡对应的车速来确定，对初学者来讲，明确后者更重要。一般在汽车的使用说明书上，列有各挡的车速范围，可供参考。注意换挡时机要把握好，不可出现过早或过晚现象。

（1）加挡时机过早，会出现低转速高挡位，燃油供给不足，车辆行驶无力，发动机会发出“嗒嗒”的叫杆声音。

（2）加挡时机过晚，会出现高转速低挡位，行驶时间长了会出现冷却液温度快速升高现象，同时发动机轰鸣声变大，属于严重脱挡现象。

（3）减挡时机过早，会出现高车速低挡位，抬离合器踏板时会出现坐车现象，同时对离合器会有损伤。

（4）减挡时机过晚，会出现车辆行驶无力，车身发抖，发动机会发出“嗒嗒”叫杆声音，重则会出现发动机熄火现象。

转向盘没有稳定时（即没有回正），不要急于进行换挡操作。

初学阶段，因为没有掌握正确的操作要领，人还处于在被车辆控制的被动状态，常常会出现单手不能有效控制转向盘，致使在换挡操作时出现跑偏“画龙”现象，也会在换挡时因为右手带动全身用力，向前面推挡杆时转向盘随着向右跑偏，向后面拉挡杆时方向随着向左跑偏，这些现象都是由握挡杆的手法错误、操作手法不规范、驾驶姿势不正确、精神紧张，以及手、脚、脑协调能力差等原因导致的，需要多加修正和练习。

靠边停车

停车前，注意观察车身右侧的交通情况及非机动车和行人动态，有无其他妨碍顺利停车的不利因素。寻找停车目标，要注意避让非机动车和行人。

（1）选择合适并且安全的停车地点。

（2）打开右转向灯，向右侧停车目标地靠近，脚掌前端仰起，实现收加速踏板降速的第一步。

（3）以脚跟为支撑点，将前脚掌仰起，向左侧移至制动踏板上，带制动降速。

（4）听发动机声音，感觉发动机声音有沉闷的征兆，右脚准备踩制动踏板，快速将离合器踏板踩到底，一直踩到车辆停住为止。中途不要随意抬起，这时右脚前脚掌略仰起一点点，让制动的惯性消失，再踩下去。注意踩下去的动作要柔和一些，车辆平稳停住后制动踏板与离合器踏板应一致保持在踩住状态不能抬起，等后面工作做完后才能按规定先后抬起。

（5）车辆停稳后，拉紧驻车制动器手柄。

（6）将挡杆摘至空挡位置，也可以根据停车地点的地形。如果有坡度，应将挡位挂入“1”挡或倒挡位置上，防止驻车制动器失灵，造成车辆滑溜。

（7）关闭右转向灯。

（8）抬起左脚离合器踏板，再抬起右脚制动踏板，将脚置于地板上。

（9）解开安全带，右手将其送回存储仓。

（10）开车门下车前，通过后视镜或从车窗探出头观察车身左后侧交通情况，确认安全后打开车门迅速下车，关好车门。

（11）长时间离开汽车时，应熄灭发动机，拔下车钥匙，关好车窗，锁好车门和行李箱。

要想把车辆顺利地停在目标停车位置上，制动的使用很关键。调整踩制动踏板的力度，最后把车顺正调直，达到理想的停车效果。首先，要了解制动的工作情况和技术状况（包括自动挡车型），对其不了解，就无法将制动使用得当，所以也就无法达到满意的停车效果。

第5章

自动挡

自动挡位含义

自动挡就是为了让驾驶汽车简单化而发明的，不仅为了省力省事，更为了省脑。尤其是现在新推出的自动挡车型，都尽量让操作“傻瓜化”，一般都简化为4个挡位。

（1）P位：停车挡位，停车时才用的挡位，挂P挡时，变速器输出轴被锁住。

（2）N位：空挡位，相当于手动挡位的空挡，当被拖车或自动洗车时挂入，汽车便能移动。

（3）R位：倒车挡位，倒车时用的挡位。

（4）D位：汽车前进时用的挡位，它可以在1挡至最高挡（如4挡、5挡、6挡、7挡、8挡）间自动换挡。

以上是比较新型的汽车上采用的挡位方式，但对于老款的自动挡车，还有L、4、3、2、1挡位，其意义分别如下。

（1）L位：低速挡，一般在坡路上用。

（2）4挡：只在1～4挡间自动换挡。

（3）3挡：只在1～3挡间自动换挡。

（4）2挡：只在1、2挡间自动换挡。

（5）1挡：固定在1挡上不换挡。

与自动挡相关的其他标识如下。

（1）E位：经济模式，变速器尽量在高挡位运行，可以使油耗比较低。

（2）S位：运动模式，按下此钮，发动机转速保持较高状态，升挡较慢，尽量在低挡位运行，转矩输出保持较高状态。

（3）✻：雪地模式，在雪地上起步时用，它可以让汽车以2挡直接起步，防止打滑。

（4）OD：超比挡，按下此钮时，传动轴转速大于发动机输出轴转速，可以让汽车在高速巡航时节省燃油。

（5）“+”：手动模式的“加挡”。

（6）“-”：手动模式的“减挡”。

需要注意的是，在拥堵路段频繁停车/起步时，请尽量选择 D 位（车上的电脑控制起步要比人工控制得更精确）。在确实需要急加速超车时，为了避免长时间用高挡位低动力缓慢加速，请用手动模式功能直接选择转矩更大的低挡位，这有点类似于手动挡的抢挡操作。

手自一体变速器特点

手自一体式变速器实际上就是自动变速器，只是在普通自动变速器的基础上增加了一个手动模式，可以像手动挡那样操作换挡，但不用踩离合器踏板，也没有什么离合器。

从原理上讲，这个手动模式不是手动挡，它只是“手动模式”而已，或者说是一种假手动，它的动力传递方式仍是自动挡方式，也就是采用液力变矩器来传递动力，而不是像手动挡那样用齿轮传递动力，因此它的动力传递没有手动挡直接。即使在手动模式上，有时它也会自动降挡或升挡，不完全听从驾驶人的使唤，如果转速太高，它可能会自动升挡，转速太低时则会自动降挡，一定是在汽车电脑预定程序的许可之下才可以换挡，这与纯手动变速器有较大差别。之所以设置手动模式，而且在高挡轿车上非常流行，其主要好处是可以让换挡更迅速，如在超车、上坡和出弯，需要快速降挡以让汽车尽快拥有较大转矩时，用手动模式操作则会更快些。如果这时让汽车自己判断时机并降挡，就不如驾驶人直接降挡来得快。因此，对于喜欢驾驶乐趣的人或驾驶技术较好者，他们就可充分利用手自一体变速器的这个优势进行激情驾驶，获得更高的驾驶乐趣。但对于一般驾驶人来说，手动模式基本就是摆设，很少能用到。

操作自动变速器的要领

自动变速器的结构有多种，其挡位设置也不尽相同。自动变速器各挡位的名称、使用时机及操作要领如下。

（1）停车挡（P）：在停放车辆时使用。汽车停稳后，按下操纵杆上的锁止按钮，再将操纵杆由其他挡位移入 P 挡位。由 P 挡位移入其他挡位时，必须踏下制动踏板，按下锁止按钮，即可移入其他挡位。

（2）倒车挡（R）：在倒车时使用。必须在汽车停稳后，发动机怠速时，踏住制动踏板，才能将操纵杆移入R挡位。

（3）空挡（N）：发动机熄火、车辆停驶、启动发动机或被其他车辆牵引时使用。在汽车静止或车速低于5千米/小时，踏下制动踏板，才能将操纵杆移入N挡位。

（4）前进挡位（D）：在正常行驶时使用。车辆正常行驶起步前踏住制动踏板，即可将操纵杆移入D挡位。

（5）低速2挡（2）：在山区道路行驶时使用。在车辆爬长坡时，将操纵杆移入2挡位。

（6）低速1挡（1）：在陡峭山区道路行驶时使用。在车辆有较大负荷或在上下陡峭的山路上行驶时，将操纵杆移入1挡位。

自动挡车型与手动挡车型有所不同，挡位变换与操作也有着不同的要求（指客车与货车），应依据所驾车型的使用说明书进行操作。

自动挡汽车起步

汽车上常用的自动变速器，有液力式自动变速器、电子控制液力式自动变速器、有级式机械自动变速器和无级式机械自动变速器等类型。各种类型的自动变速器挡位设置不相同，一般有P、R、N、D、S（2）、L（1）和OD等几个挡位。

（1）正常停放，直接起动。在停放状态下起动时，应先查看驻车制动手柄是否拉紧，然后踏下制动踏板，将变速杆置于P或N位，转动点火开关钥匙启动发动机。

（2）D位熄火，启动有别。当车辆运行途中发动机熄火在D位时，不能直接启动发动机，必须将变速杆移到P位或N位后再启动。装有自动变速器的汽车只有在P和N位置，才能启动发动机。虽然在N位也可以起动，但为了安全还是在P（驻车挡）位置起动为好。

（3）起步之前，确认制动。在汽车起步前，必须确认已踏下制动踏板，然后将变速杆移至D挡位或R挡位（倒车时），然后先松开驻车制动手柄，接着再平稳地松开制动踏板，使车辆缓缓起步。

自动挡汽车行驶

驾驶自动挡汽车正常行驶时，变速杆应保持在D位，汽车可在1～4挡或在1～3

挡之间自动换挡，驾驶人通过控制加速踏板进行车速控制。

（1）挂挡失误，怠速纠正。行车中，如果误将变速杆挂入 N 位，应立即抬起加速踏板，使发动机转速降到怠速，再将变速杆置于所需挡位，继续加速行驶。需要注意的是，千万不要空挡滑行，否则极易损坏自动变速器。

（2）上坡不大，可用 D 位。汽车在坡度不大的道路上行驶时可用 D 位，但下长坡时严禁将变速杆置于 N 位，也不宜置于 D 位。应用 S 位或 L 位，车速应低于 30 千米/小时。选用 L 位或 S 位可获得强有力的发动机制动效果，减少行车制动器磨损。

（3）条件允许，用超速挡。绝大多数新型轿车的自动变速器都设有超速挡（O/D 挡）。当条件允许时，应尽量多采用超速挡行驶。使用超速挡的方法是：发动机启动后，将变速杆自 P 位或 N 位拉至 D 位，同时按下变速杆上的超速开关，然后逐渐踏下加速踏板，当车速持续升高后，自动变速器的挡位便可自动地升为 2 挡、3 挡直至超速挡；如果不按超速开关或按下后再按起来，则操纵手柄在 D 位时最高只能得到 3 个挡传动。

（4）加速踏板，深踩超车。在超车时，只需将加速踏板快速踩到底，其他操作及注意事项与驾驶一般汽车相同。

（5）雨雪路段，用低挡位。汽车在雨雪、泥泞的路段行驶，高速挡 D 位易打滑，应采用低挡位，利用加速踏板的大小来控制发动机转速，低速通过。

（6）换挡模式，选择适当。现代轿车的电子控制自动变速器，大都具有 2 个或更多换挡模式。在换挡模式选择中，最常用的是“经济”和“动力”两种换挡模式。选用“经济”换挡模式时，自动变速器在较低的车速下便可升入高挡，而仅在较大的节气门或发动机负荷较高时才产生降挡。与之相反，选用“动力”换挡模式时，自动变速器要在较高的车速下才升入高挡，而在较小的节气门下或发动机负荷较低时便开始降挡。

自动挡汽车提速

自动变速器的换挡时机，主要取决于车速和发动机负荷。加速踏板踩得较深时，发动机负荷较大，变速器处于较低挡位。相同车速下，加速踏板踩得较浅时，发动机负荷较小，变速器可处于较高挡位。因此，驾驶人可以运用加速踏板的变化，在一定程度上控制换挡时机。

（1）装有自动变速器的车辆普遍设置了全负荷开关。当加速踏板踩到底时，就会触动此开关，变速器会马上强制降低 1 个甚至 2 个挡位，使车辆在需要短距离加速超车时能够获得良好的加速性。如果希望保持连续加速性能，就可以继续深踩加速踏板，自动变速器会在较高车速时自动升入较高挡位。

（2）如果希望平稳行驶，就可以在适当时候轻抬加速踏板，变速器就会自动升挡，可获得较好的经济性和宁静的驾驶感觉。这时，再轻踩加速踏板继续加速，变速器不会马上退回原挡位，这是设计者为防止频繁换挡而设计的提前升挡、滞后降挡功能。

（3）自动挡汽车在急加速时，有一个短暂的滞后现象，也就是不能马上就加速，所以在驾驶自动挡车转弯时，可在出弯道时提前加速，这也是区别于手动挡车辆转弯时的操作方式。

自动挡汽车临时停车

自动挡汽车临时停车时，应根据停车时间的长短来选择正确的停车方法。

（1）时间较短，行车制动。一般在等待交通信号灯，停车时间短且变速杆置于D位时，只用行车制动即可，因为这样只要一放松制动踏板便可重新起步。

（2）时间稍长，D推N位。如果停车时间稍长，最好将变速杆由D位推至N位，否则会使自动变速器油升温过高，影响其性能和使用寿命，这一点在夏季堵车时更要注意。最好同时拉紧驻车制动手柄，以免制动稍微放松时汽车向前冲而发生意外。

（3）大坡停车，驻车P位。如果在坡度较大的坡道上停车，应拉紧驻车制动手柄，并将操纵手柄置于P位。

自动挡汽车倒车

为防止匆忙倒车，有些轿车自动变速器的液压控制油路中装有倒挡限制阀。比如，有的自动变速器在车速高于15千米/小时（即车辆尚未停稳）时，即使强行挂挡也无法实现，从而起到保护作用。

（1）倒车时，应先将汽车停稳，然后将变速杆由D位推向R位，并用左、右脚分别踩制动踏板和加速踏板来控制车速。

（2）后倒时，由于自动挡车型不像手动挡车型那样能够使用半联动，因此在倒车时应特别注意对加速踏板的控制，力度稍不合适就会使倒车车速过快，从而发生事故。

（3）在汽车未停稳时，也不得将变速杆由倒挡换入前进挡。

自动挡汽车停放和入库

自动挡汽车在任何情况下停放时，都必须将变速杆移到P位。

（1）入库时，加速踏板不能深踩，同时利用行车制动控制好汽车速度，并注意一定要在汽车停稳后，再从前进挡换到倒挡或从倒挡换到前进挡，以免造成自动变速器损坏。

（2）入库停放好车后，要确定踩下制动踏板后才能熄火，然后拉紧驻车制动手柄，并将变速杆移到 P 位，从而通过变速器内部的停车制动装置将输出轴锁住。同时，还要拉紧驻车制动手柄，防止汽车移动。

自动挡汽车别猛踩加速踏板

虽然自动挡车操作较为简单，但也要遵循一些规则。首先，在启动发动机前要拉好驻车制动器，将变速杆放在 P 位或 N 位上，踏下制动踏板才能启动发动机，否则是打不着车的。

在怠速状态下，把变速杆从 P 位移动到 D 位上，然后松开驻车制动器和制动踏板，缓慢起步，最后再踏下加速踏板进行加速。

行驶中，如果非紧急超车等情况，尽量不要将加速踏板迅速踩到底，因为这样做自动变速器会进行“强制降挡”，即自动变速器立即强制换入低速挡，容易使发动机转速过高，造成自动变速器中摩擦片磨损加剧和自动变速器润滑油油温过高。更为重要的是，虽然发动机转速较高，但由于自动挡的动力传递方式不同于手动挡，相比于手动挡车，自动挡车对加速踏板的加速反应有“迟滞”现象，它不会马上就向前蹿去，而且越是猛踩加速踏板，这个迟滞现象越明显。因此，驾驶自动挡更需要柔和操作，猛踩加速踏板不仅不会得到猛加速的效果，反而会增加燃油消耗。

自动挡汽车千万别空挡滑行

对于装有自动变速器的汽车，千万不可使用 N 位滑行。

如果驾驶人在行驶状态时（如 D 位），立即换入 N 位，这时变速器由工作状态变为停止状态，齿轮组停止转动，机油泵停止供润滑油。因为自动变速器内的润滑是由发动机带动的机油泵泵油润滑的，当车速很高、发动机转速很低的时候，变速器内齿轮的润滑就不够，温度不断升高，不仅会影响其使用寿命，而且还会造成高速旋转的齿轮因得不到充分润滑而烧蚀，从而损坏自动变速器。

自动挡汽车挂倒挡一定要在停稳后

驾驶手动挡汽车时，如果想挂倒挡，不必等车停稳后即可先挂倒挡，然后直接抬离合器踏板就可让汽车倒行。然而，驾驶自动挡车时却不可这样，自动挡车在需要倒车时，一定要在汽车完全停稳后再将变速杆移至 R 位，否则会损坏自动变速器中的换挡执行元件或停车锁止机构。

如果是在平坦的路面上倒车，松开制动踏板和驻车制动器后，以发动机的怠速缓慢倒车即可，无须踩加速踏板。如果倒车时要越过台阶或其他障碍物，应缓慢踩加速踏板，并在越过障碍物后及时制动。

自动挡汽车等红灯时的挂挡技巧

自动挡车的 P 位（驻车挡）带有一定的锁止功能，所以当变速杆置于 P 位时，即使不踩制动踏板或拉驻车制动器，车辆也不会动。但是在 N 位（空挡）时就不同了，这时如果不踩制动踏板或拉住驻车制动器，车辆很可能会动，即便是在平地，在液力耦合器的作用下也可能会出现车辆缓慢前移的情况。

（1）如果等红灯的时间很短，可在 D 位下踩住制动踏板停车，这样松开制动踏板可立即起步，但要注意制动踏板不能有松动，否则，汽车将出现蠕动，可能碰上前面的汽车。

（2）如果等待时间较长，如估计要等两三分钟，最好将变速杆置于 N 位，并在拉紧驻车制动器后松开制动踏板，以免造成自动变速器润滑油温过高和因制动时间过长而使制动灯消耗过多的蓄电池电能。

（3）如果停车时间更长些，如遇到堵车时，等待时间无法确定，最好换 P 位。不要让发动机在 N 位下长时间怠速运转，否则会使自动变速器润滑油因循环不畅而温度升高。因此，如不想让发动机熄火，最好在 N 位停车期间踩几次加速踏板，使润滑油能循环流动，通过冷却器使润滑油油温下降。

（4）完全停车时，应踩住制动踏板，将变速杆置于 P 位，并拉紧驻车制动器，然后关闭点火开关，使发动机熄火。

自动挡汽车的三种危险操作

驾驶自动挡车虽然方便，但也不能随心所欲，也要注意方式方法，弄不好也会损坏车辆或出现意外。

（1）空挡滑行。这样做不仅不省油，而且很容易损坏自动变速器，因为这时自动变速器处于无润滑油的状态，很容易烧坏报废。

（2）停车等绿灯时不踩制动踏板。等绿灯时若挡位在 D 位或 N 位上，如果忘记踩制动踏板或拉驻车制动器，很容易造成追尾前车或溜车。

（3）鲁莽拖车。自动变速汽车出现故障需要送往维修厂维修时，拖车操作最好将驱动轮抬起再拖动，否则会损坏变速器。如果做不到则一定要注意拖车的速度不应太快，不应超过 5 千米/小时，而且拖车的距离也不宜太长，最好在 20 千米以内。

自动挡汽车的省油技巧

虽然自动挡汽车不用驾驶人进行换挡操作，但如果掌握小技巧，还是能省不少油的。

（1）不要大脚猛踩加速踏板起步。自动挡车的反应较手动挡车慢，驾驶人猛踩加速踏板也没用，它也要缓慢起步，不会像手动挡车那样一下子就蹿出去了，只能浪费燃油和增加发动机、变速器的磨损。正确的起步方法应当是轻踩加速踏板，循序渐进地均匀提速，这样驾驶自动挡车会感觉更顺畅，也更省油。

（2）在等红灯或堵车时，如果停车时间超过 3 分钟，最好挂入 P 位，熄火，环保又省油。

（3）在上坡行驶时，不要等到上坡中再猛踩加速踏板，而应该在上坡前踩加速踏板、提速。一般自动挡都有低速挡，如 3、2 挡或 L 位等，在使用 D 位爬坡时，如果感觉动力不够强劲，就应当立即换到低速挡爬坡，这样既省油又能降低发动机的磨损。

（4）多数自动挡轿车的变速器上，除了 D 位外，还有 3 挡或 2 挡，当挂入 3 挡或 2 挡时，会限制最高挡位不超过 3 挡或 2 挡，因此在遇到比较长的下长坡时，可以根据坡度和车速将挡位切换到 3 挡或 2 挡，这样就可以起到通过挡位控制车速的作用了。

自动变速器维护

作为自动挡车车主，唯一需要做的就是检查“自动变速器润滑油”。甚至有一些品牌的自动变速器是终生免维护的，车主连这个也不用做了。

在《用户手册》中，一般都标有自动变速器油尺的位置和检查油量高度的方法。建议每半年或行驶 1 万千米就检查一次，每行驶 5 万千米就可根据油质的变化状况来更换自动变速器润滑油。当然，现在有不少品牌已是终生免换自动变速器润滑油。

检查自动变速器润滑油油量时，必须要在发动机运转一段时间后进行，至少要在行驶 30 分钟后，这与检查机油的方法正好相反。

具体方法如下。

（1）将行驶一段距离后的车辆停在水平地面上并拉紧驻车制动器。

（2）将挡位置于 P 位，并保持怠速运转。

（3）打开发动机盖，抽出自动变速器油尺，擦拭干净后再插入到底。

（4）再将油尺抽出，检查其油量面是否在油尺上两个标记之间。

除了油量外，还要观察自动变速器润滑油的颜色是否正常，如发现焦黑或含有杂质，应送修理厂检查。需要注意的是，自动变速器润滑油和发动机润滑油是完全不同的两种油，不要混淆。

自动挡误区

有的开自动挡汽车的新手认为自动挡等于不用换挡，所以从不换挡，但自动挡车并不是永远不用换挡。自动挡是根据车速和加速踏板的变化自动调整挡位的，而在路上行驶时有很多特殊情况自动挡的汽车电脑是分辨不出来的，所以现在自动挡车一般会有雪地模式、运动模式等人工辅助模式，帮助汽车完成在特殊路况下的行驶。另外，一般的自动挡车还有 3 挡、2 挡甚至 1 挡等位置，这些挡位一般是在上坡路段中起到限制汽车增挡的作用。

雪地模式和运动模式就不用详细说了，从名字上就可以了解这些功能的用法，关键要养成使用的习惯，不要让自动挡车真的成了“傻瓜车”。

第6章

道路驾驶

行车前的安全检查

为了使出行安全和顺利，驾驶人在出行前应做些必要的检查。

（1）检查证件：检查各证件是否携带齐全。

（2）检查车外：主要检查车外表有无伤痕，如果有较重的伤痕，找出原因，如影响行车安全要及时维修。检查轮胎的磨损、紧固和气压情况，如果轮胎磨损超过标准，要及时更换；如果发现螺栓松动，要进行紧固；如果气压不足要找出原因，有针对性地处理。

（3）检查油液：检查发动机舱，主要检查冷却液、发动机润滑油、燃油、玻璃清洗液等是否充足，不足时要及时添加。发现渗漏现象时，要找出原因，及时排除。

（4）检查内部：检查驾驶室，先检查操作装置、启动发动机，后检查仪表、报警信号灯的情况，发现异常要及时送修。不得驾驶故障车上路行驶。

（5）检查工具：检查随车附件，包括备胎、千斤顶、灭火器、随车工具等是否齐备和完好。

起步前的安全检查

起步前应绕车一周看看。至于如何“绕”车，这要根据驾驶人和车辆之间所处的位置及起步后车辆的走向来决定。绕行查看的目的：一是查看车门是否关严；二是查看车辆周围有无依附物；三是查看车身是否端正和各轮胎气压是否正常；四是查看车底有无玩耍的小孩或小猫小狗等。

（1）如果你处在车的左侧且起步后要前进，就从车前绕到车右再到车后，最后绕至左门。人、车位置保持不变，如果起步后要倒车，就要从车后绕到车右再到车前，最后绕至左门。

（2）如果你处于车的右侧，起步后是要前进，就要从车前绕至车的左门。人、车位置不变，如果起步后要倒车，就要从车后绕至左门。

（3）学车时所要求的起步前的检查，是从驾驶室门处开始，沿逆时针方向绕车一周，观察车辆及周围情况，确认安全后按照规范动作上车。

起步前的安全调整

上车后，根据身高调整好座椅、头枕、后视镜，检查操纵装置。一切就绪后，启动发动机，观察仪表，发现异常情况后要及时停熄发动机进行处理。

（1）调整座椅的高低，使驾驶人坐上去后视线不会被转向盘挡住，而且可以让眼睛看得到车辆发动机盖前 4 米左右的地面。

（2）在双肩紧贴座椅靠背的情况下，双手自然伸直后腕部正好可以轻松地放置在转向盘的 2 点和 10 点位置，这样既可应付驾驶时的紧急情况，也可把手掌靠压在转向盘上休息。

（3）头顶离车内顶部高度为一拳，以防上下颠簸时头顶碰到车顶。

（4）耳朵和头枕中央在一条水平线上，以保证被人追尾时头枕对脑袋的支持作用。

（5）座椅的前后距离，调整到驾驶人踩下任何一个踏板到底后，膝部仍有弯曲而没有完全伸直，以保证腿部还有富余的力量，并防止正面撞车时前方的撞击力通过腿部直接传到股部所带来的重伤。

（6）调整 3 个后视镜，使驾驶人无须大幅度扭动头部就可以很清楚地看到左、中、右方的整个车后景象，这样驾驶人的颈部才不致因扭转角度过大而酸疼或受到伤害。

（7）调整安全带，让它不松不紧，服服帖帖，又不会造成胸腹部位的压迫感和不适感。

安全起步

起步前，你的车辆是停在路边或停车位上静止不动的，这影响不到其他车辆的行驶。但是，当你的车辆要起步并准备汇入车流中时，就可能影响到其他车辆。因此，你要向他人发出明确信号，让其他车辆注意到你的车要起步，并且使你的起步不会影响到其他车辆的正常行驶。

（1）正常气象条件下起步：起步前开启左转向灯，先观察周围交通情况，再通过内外后视镜并向左转头观察，确认左侧和后方安全，必要时也可以直接将头伸出窗外进行安全确认。

（2）雾天起步：起步时要开启前后雾灯和危险警告灯，必要时开启近光灯，要比正常气象条件下更仔细观察前方及车两侧情况。不要开启远光灯和长时间鸣喇叭，也不能只打开左转向灯就起步。

（3）夜间起步：起步时开启近光灯、左转向灯，注意观察两侧的车辆和行人，特别要注意提防黑暗中的车辆和行人。在夜间起步前，不要开启远光灯。

（4）雨雪天起步：起步时要开启近光灯，雨天要使用刮水器，雪天可用中速挡，要注意预防雨雪中行人抢行。

（5）停车场起步：起步时应先观察两侧是否有正在行驶的车辆。一般刚进入停车场的车辆都会急于寻找停车位，很容易忽视其他从停车位上突然出来的车辆。等确认安全后再起步，并随时注意从两侧停车位上突然出来的车辆。

（6）在车辆较多的道路上起步：起步后，应沿原停车方向缓行一段，等车速提高到一定程度，并确认左后方无车超越时，再向道路中央行驶。

安全汇入车流

驾驶汽车起步后，要随时注意车两侧道路情况，向左缓慢转向，在不影响其他车辆通行的前提下，逐渐驶入正常行驶道路。

（1）遇到左侧车辆较多时，让左侧车辆先行，不要向左突然急加速转向汇入车流。

（2）从辅路汇入主路车流时，要低速选择汇入时机，不能急加速汇入车流。

安全直线行驶

在实际道路上驾驶车辆，由于各种动态交织在一起，交通情况相对复杂。有效且平稳地控制行驶方向，保持车辆直线运动状态，这是保证车辆正常行驶的最基本条件。

（1）行车中：两手轻松地握稳转向盘，两眼目视前方，余光照顾近处。转动转向盘时，以左手为主，右手为辅（随动或滑动），控制好转向盘的自由行程。

（2）拱形路面：行驶在拱形路面的右侧，转向盘自由行程偏向左边；行驶在拱形路面的左侧，转向盘自由行程偏向右边；转向盘要做到少转少回，预转预回。

（3）控制转向盘：行车中感觉转向盘有向左或向右偏移时，要及时控制转向盘，向右或向左适量修正，以消除车辆偏驶现象。

（4）控制车速：常见的控制车速的方法，有利用发动机牵阻作用控制车速、利用制动器控制车速、利用离合器半联动控制车速（狭窄、转弯、拥挤路段）。在道路上行车，根据道路情况和限速标志合理控制车速，并适时地进行调整。

（5）上坡：遇上坡路段，应根据坡度的大小、长短、道路交通情况，以及道路上的交通标志等控制车速；道路条件允许时，可利用惯性冲坡；驶近视线受阻的坡顶，及时减速靠右行，预防对面来车占用自己车道或下坡时遇到障碍，并做好随时减速或停车的准备。

（6）下坡：下坡时，视坡度大小、长短、交通情况，以及限速标志控制车速。下陡而长的坡道时，以发动机的牵阻制动为主，行车制动器为辅控制车速。

（7）观察后视镜：行车中，注意从后视镜观察后方道路上的情况，在确认安全行驶的前提下，一般每隔不超过20秒通过后视镜观察一次后方交通情况。

安全距离的控制

在道路上驾驶车辆，要根据道路交通情况和限速标志，合理地控制车速并与其他车辆保持一定的安全距离。

（1）跟车：跟车行驶时，要与前车保持安全距离，注意观察前车的动态，随时做好减速的准备。始终要与前车保持足够采取紧急制动措施的安全距离。

（2）避让：避让前方障碍物时，要根据障碍物的情况确定避让路线，留出足够的安全距离，适当转动转向盘，大半径、长弧线越过，尽量使车辆保持直线行驶绕过障碍，避免临近障碍时紧急变道或急转向绕行。

（3）停车：路边停车时，选择允许停车的路段，距停车位置20~30米处，提前开启右转向灯，逐渐靠右侧行驶，同时注意观察右后方交通情况；在确保安全的前提下，使车辆缓慢、准确、平稳地行驶至停车位置，停靠在距路缘30厘米以内。

弯道安全行驶

驾车通过弯道时，会有三种不利因素影响操作：一是弯道视觉盲区；二是存在离心力作用；三是车辆转弯时存在内轮差。由于这三种因素的影响，驾车通过弯道时就要格外谨慎。

（1）弯前：遇弯道时，根据弯道路面的宽窄、弯度的大小选择行驶速度，进入弯道前，将车速降到限速范围内，靠右侧转弯通过。

（2）进弯：如果弯道足够宽，可以按照“贴外切内”的原则走线，这样可以更圆滑地转弯。如果是右转弯，在进弯前可以尽量贴路中间走，在弯中则尽量贴着路边走，当然前提是路边没有非机动车或行人。如果是左转弯，在进弯前可以贴着路边走，进入弯道时，可以贴着中间走，其前提也是路边没有非机动车或行人，出弯时则又靠右侧行驶。

（3）弯中：在无法确认安全的前提下，或弯道中间有禁止超车的实线的情况下，严禁借对方车道行驶。在视野开阔、前后都没有来往车辆的情况下，在通过中间没有实线的弯道时，可以借用对面车道迅速转弯。

（4）注意：驾驶机动车在转弯路段遇到对面来车占道时，减速靠右侧行驶。占对向车道行驶、在弯道内急转转向盘、驶入弯道前不减速，这些都容易引发交通事故。

安全加减挡位操作

加挡：平稳地踏下加速踏板，逐渐提高车速。控制好行驶路线，车速适合时，按换挡要求将变速器操纵杆换入高一级挡位，并尽快逐级换至最高挡位。换挡动作应连贯、迅速、准确，手脚要协调配合。

减挡：提前抬起加速踏板，利用发动机牵阻作用减速，可适时地踩制动踏板用行车制动减速。当速度降低时，控制好行驶路面，随即将变速器操纵杆换入低一级挡位。减挡动作要连贯、准确、迅速。当逐级减挡无法保持发动机足够动力时，可越级减挡。

安全跟车

（1）驾驶机动车跟车行驶，要与前车保持安全距离，注意观察前车的动态。遇前车制动时，及时采取减速措施，防止发生追尾事故。

（2）在城市道路上跟车行驶时，不能将注视点固定在前车上，要以 2～3 辆前车为目标，及时观察路面和前方道路的交通情况，前方车速改变时，及时调整车速。前方行驶路线变化时，要及时判断原因，随即进行调整。

（3）遇前车绕行障碍物时，要根据障碍的情况确定跟车避让线路，留出足够的安全距离，适当转动转向盘，大半径、长弧线跟车越过，避免在临近障碍时超车或急转向绕行。

安全会车

（1）会车时，如果遇到障碍物，只能单车通过，应避免“三点一线”。

（2）车辆交会时，应遵守距离较近、车速较快、前方无障碍物一方车辆先行的原则。如果来车速度较慢或离障碍物较远，应果断加速超越障碍物后驶入右侧并交会，也可根据需要适当降低车速，在超越障碍物前与来车交会。

（3）有的公路路基土质较松软，注意不要因过于靠边压坏路基而造成翻车。

（4）在窄于5米的道路上会车，车速要控制在15千米/小时以下。

（5）在没有隔离带的双车道上会车，可先减速然后靠右，控制车速，稳住转向盘，同时照顾道路两旁的情况，以保证会车时有足够的横向间距。

（6）在窄而陡的坡道上会车困难时，下坡车应让上坡车先行，避免在坡道上交会。

（7）尽量避免在特殊道路环境下会车，如桥梁、隧道、涵洞、急弯等处。

安全超车

（1）不可强行超车。时机不成熟时，一定要耐心等待。

（2）在法律不允许超车的地方严禁超车，如隧道、桥梁等。

（3）打算超车前，应观察前方情况，视线尽量放远，和被超车保持20米的距离，不要太近或太远。当前方路段150米范围内没有来车，通过后视镜并扭头观察后方也没有车要超你时，打转向灯或鸣喇叭示意你要超车。降一挡或两挡，提高转矩输出，果断地从前车左侧超过去。

（4）超越后继续保持直行，驶离被超车约30米时打开右转向灯，缓缓向右转动转向盘，进入正常车道后回正方向，关闭右转向灯，完成超车全过程。

（5）超车看车头，就是在超车时要着重观察被超车辆的前部变化，从中判定被超车辆的进一步反应。比如，在超越过程中发现被超车辆的车头部分有向自己靠近的趋势，就要立即减速停止超越，或在保证安全的情况下向旁侧转动转向盘躲避。

（6）夜晚超越前车，就要跟上前车，用变换灯光的方法提醒前车能够让路。如果前车让路，并且道路前方又没有来车，就可以进行超车。

（7）对于不肯让超的车，驾驶人要有耐心，反复鸣喇叭提醒，跟车距离也可适当缩短一些，一有机会便快速超越。超越后，不要采取报复措施而向右猛打转向盘或进行制动等。

（8）能见度差时，超车要格外小心，因为很难判断前、后方的情况，这时极易发生事故。

（9）坚决避免双重超车。前车正在超车时，后车不能超车，即使路面条件允许这种双重超车，也会形成超速行驶，车辆并行也会影响对面来车的行驶，极易造成事故。

（10）在超车过程中，当发现道路左侧有障碍，或发现横向间距过小，有可能出现挤擦危险时要从容减速，终止超越行为。尽量不要紧急制动，以免发生侧滑事故。

（11）驾驶机动车发现后车发出超车信号时，如果具备让车条件，及时开启右转向灯，减速靠右让行，必要时辅以手势示意让超，不得故意不让或让路不让速。

（12）遇到后方车辆强行超车，不给留出安全距离便向右变道时，要减速或靠右停车避让，千万不要赌气。

安全掉头

（1）车辆掉头时，应尽量选择广场、交叉路口或平坦宽阔、土质坚实的安全地段进行，避免在坡道、道路狭窄、路基较高或两侧有深沟等路面复杂的路段或交通繁杂的地方进行。

（2）在较宽阔的道路上，适合大迂回一次顺车掉头，既方便又安全。

（3）在有交通指挥人员的地方，事先发出掉头信号，得到指挥人员的许可并示意后，降低车速用低速挡，鸣喇叭，慢车行驶掉头。

（4）在一些特殊路段掉头需要特别注意，如遇倾斜路面或特别狭窄路面，则在使用行车制动踏板时还须使用驻车制动器，等车停稳后再挂挡前进或后退。

（5）在路口掉头是个相对危险的动作，在计划出行路线时尽量避免在路口掉头。如果要在路口掉头，要选择虚线处掉头，实线处不得掉头。

（6）在允许掉头的路段或路口掉头时，提前开启左转向灯，进入左侧掉头导向路段，在不影响其他车辆正常行驶的情况下向左侧变更车道，按交通标志的指向完成掉头。进入路口实线区后，不得向左变道。

（7）在无隔离设施允许掉头的路段掉头，先要仔细观察道路交通情况，必要时停车观察，在确认车辆前后无车辆或行人通过后，方可打开左转向灯进行掉头。掉头时，不得妨碍正常行驶的其他车辆和行人正常通行。

（8）如果路口较窄，不能一次完成掉头，可先向右打转向盘，让车往右靠点，甚至借用点右侧车道，这需要观察好后车的情况，确认安全后再往右靠，然后再打左转向灯开始掉头。

（9）在路口掉头尽量不要采取倒车的方法。万不得已时，要在确认安全后采取倒车掉头。

（10）在城市街道掉头，一定要有耐心，等找到设有掉头标志的地方才可掉头。

否则，很容易造成交通堵塞，稍有不慎就会发生剐蹭事故。

（11）在掉头的每一次前进或后倒过程中，都要认真观察车辆后侧及两侧道路的交通情况并确认安全，充分考虑车辆的前端和后端距障碍物的距离，以防发生意外。

（12）高速公路是严禁掉头的。如果超过要驶出的路口，只能选择下一路口驶出，切不可慌张倒车，更不可冒险掉头、逆行折返。

安全倒车

（1）倒车前，要仔细观察倒车路线，确认具备安全倒车条件后，方能进行倒车。即便是后方道路条件较好，也不得加速倒车。

（2）在一般道路上倒车，应避开交通繁忙、非机动车和行人较多、路面狭窄的路段。倒车时，如果发现有过往车辆通过，应主动停车避让。因掉头而需要倒车时，应选择在不影响正常交通的地段进行。

（3）倒车时，应随时注意动态环境变化。比如，上车时车后还没有障碍，但驾驶人在上车和起动过程中情况发生了变化，车后出现行人等“活动障碍”，而障碍又在后视盲区内，发现不了就很容易造成事故。

（4）在倒车时，左脚离合器踏板，右脚制动踏板，都应随时准备采取应急措施。

（5）在环境复杂或较窄的通道上倒车时，调整方向应谨慎，避免发生因打反方向而造成车辆某个部位被剐擦，或其他危险情况发生。

（6）在危险地段倒车时，应将车头对着危险地段，车尾对着安全地段，以便于观察。

（7）任何时候都不要完全依赖后视镜、倒车雷达之类的东西。

（8）倒车一定要慢。即使失手，足够慢的车速也不会造成太大的损失。

（9）转向倒车时，应掌握“慢行车、快转向”的操作方法，倒车时要注意车前车后情况。由于倒车转弯时，前外侧车轮轨迹的弯曲度大于后轮，因此在照顾全车动向的前提下，还要特别注意前外侧的车轮，避免它碰到路旁的物体。左转向倒车时，如车尾要倒向左（或右）方，转向盘也应向左（或右）方相应回转，回转程度应视转向时车身位置和车速而定，不能在汽车已停止后再强力回转转向盘。

（10）倒车时的车速不应超过 5 千米/小时。

安全变更车道

驾驶人随意变更车道，是一种危险驾驶行为。多一次变更车道，就多一分危险。

从支线进入干线汇入车流变更车道，在高速公路变更车道，危险性都较高。不观察驶入车道后方的情况，强行在正常行驶车辆前方变更车道，会干扰其他车辆正常行驶。把握不好变更车道的时机，极易引起相邻车道的车辆因无法控制速度而发生事故。

（1）变更车道前，通过内外后视镜观察后方道路交通情况，确认安全后提前 3 秒钟开启转向灯，再次观察道路两侧有无车辆超越，在不妨碍其他车辆正常行驶的情况下逐渐变更到所需车道，关闭转向灯。

（2）变更车道时，应以小角度斜线并入所要进入的车道。变更车道的动作要一气呵成，避免没变更成又返回原来车道。

（3）在有导向车道的路口转弯时，要注意观察标志、标线，进入实线区前，根据选择的行驶路线按导向箭头方向变更车道。右转弯，进入右转弯导向车道；左转弯，进入左转弯导向车道。进入实线区后，不能变更车道。

（4）转弯变更车道时，应避免急转转向盘驶入相邻的车道，防止与突然出现的车辆相碰撞或因路面光滑引起车辆侧滑。

（5）在车流量大的路段，尽量不要变更车道。确实需变更车道时，要提前打开转向灯，通过后视镜观察将要驶向车道一侧行驶车辆的情况。当确认无车辆行驶或无后车超越时，缓慢地向将要驶入的车道一侧转向，密切注意车辆侧后方或尾随车辆的动态，随时做好减速或驶回原车道的准备。遇有车辆继续超越时，不能变更车道。

（6）没有变更车道机会时，不要勉强，或者挤、别其他正常行驶的车辆。不要并线后就踩制动踏板，这样很容易造成追尾。除非万不得已，不要连续并线，否则很容易使后车来不及制动而造成事故。万不得已需要连续并线时，一定要逐一车道进行，并在每次并线时都要仔细观察相临车道的情况。

（7）在车道分界线为虚实线的路段，实线一侧的车辆严禁变更车道。

安全靠边停车

驾驶人靠边停车时，经常因太过匆忙或办事心切而忽视了安全，在开门下车的瞬间发生事故。因此，靠边停车时应做好防备。

（1）停车要选择不妨碍交通又无禁止停车标志的路段或地点，提前开启右转向灯，并通过内外后视镜观察后方和右侧交通情况，确认安全后方可靠边停车，不得在设有禁止停车标志的路段停车。

（2）停车后，车身距离道路右侧边缘线或者人行道边缘不得大于 30 厘米，车身不得超过道路右侧边缘线或者人行道边缘线。停车后，先拉紧驻车制动器操纵杆，再放松制动踏板。

（3）停车后开车门前，将发动机熄火，先观察侧后方和左侧交通情况，再缓开车门，以免开门时妨碍其他车辆和行人通行。

（4）车辆还未停住时，乘车人往往急着下车，在这个似停非停的时刻，驾驶人一定要留意乘车人动向。如果乘车人有此动向，就要及时加以劝阻，以免下车时被车带倒。

（5）车辆完全停住后，驾驶人要提醒乘车人不要忙着打开车门，要在确认没有来往车辆和行人且路边无障碍时，再慢慢打开车门下车。

（6）多辆车一起临近停车时，靠道路右侧依次停放，并保持适当的纵向间距，不得与其他车辆并排停放。在城市街道上临时停车，要按指定的位置停放，不得在道路两侧并列停放或逆向停车。

（7）在道路上临时停车时，不得妨碍其他机动车和行人通行。夜间或遇风、雨、雪、雾天在路边临时停车，要关闭前照灯，开启示宽灯和危险警告灯。驾驶人下车后要关好车门，不要远离车辆，妨碍交通时要迅速驶离。

（8）车辆停放时间较长时，要选择停车场或准许长时间停放车辆的地点，在规定的位置内依次停放。不准在车行道、人行道和设有禁止长时间停放标志的地点停放车辆。

安全进行“L”形倒车入位停车

“L”形倒车入位，是实际驾驶活动中经常用到的垂直式停车场内的停车方式，而且在很多狭窄路段掉头也会经常用到“L”形倒车。

（1）将车驶过停车位后，车身右侧距其他车位内车辆50～60厘米停车。

（2）挂倒挡起步后，通过后视镜观察距右侧相邻车位内车辆的距离，缓慢倒车。当车尾部与右侧相邻车位停放车辆的左侧对齐时，迅速向右转动转向盘，随时注意车右后角与右侧车辆的距离。

（3）在车尾进入停车位后，迅速向左回转转向盘，同时观察车右前侧与车位内车辆距离，兼顾车尾部后倒。

（4）车身即将摆正时停止向左转向，适量向右调整转向盘使车辆居中直线后倒，待车前端与其他车位中的车辆对齐时迅速停车。

安全进行“S”形倒车入位停车

“S”形倒车入位，是在日常应用中最常见的停车方法，常用于路边平行式停车位停车。

（1）将车驶过停车位后，车身右侧与前方车位内车辆保持20～30厘米距离，与前方车位内车辆平行停车。

（2）挂倒挡起步，当车尾与前方车位内车辆尾部平行时，向右转转向盘，通过后视镜观察车尾部与右侧车辆的距离。

（3）当车右后轮中心驶入停车位时，迅速将转向盘向右转至接近极限位置，并通过右侧视镜观察车辆与后方停车位内车辆的间距。

（4）当车身三分之二进入停车位时，迅速向左回转转向盘至接近极限位置，同时兼顾车右前端与前方车位内车辆的距离。

（5）注意观察右侧后视镜，当车身全部进入停车位后，迅速回转转向盘，同时停车。

安全直行通过路口

驾驶机动车通过有交通信号控制的交叉路口时，要减速慢行，注意观察左、右方交通情况。红灯（箭头灯）或黄灯亮，停在路口停止线以外等待放行信号。

（1）在绿色信号灯亮的路口直行，遇到对方有左转弯车辆进入路口时，要及时减速停车让行，不要抢行通过。

（2）在黄色信号灯亮的路口，不能加速通过，要在停止线以外停车等待。黄灯亮时加速通过路口，会影响路口车辆的正常通行。

（3）通过设有箭头信号灯的路口，要注意观察信号灯的指示方向，按照绿色箭头信号灯的指示通过。

（4）在交叉路口，遇到行人不走人行横道横穿道路时，及时减速停车让行，不得加速从行人两侧绕行通过。

（5）在没有交通信号灯控制的路口直行，距路口 50～100 米时减速，行至路口时仔细观察左、右两侧道路交通情况，做到“一看、二慢、三通过”。遇到有停车让行标志的路口，要停车观察主路情况，确认安全。

（6）通过路口时，注意避让正在通行的车辆和行人，随时做好停车的准备。即使有优先通行权，也不能忽视对面来车抢先左转弯或左右车道车辆抢行带来的危险。遇到有减速让行标志的路口，要减速缓慢进入主路。

安全左转弯

在路口左转弯时，提前开启左转向灯，进入左转弯车道或靠道路左侧行驶。在不影响其他车辆和行人正常通行的情况下，沿中心圈左侧低速向左转弯。

（1）在有导向箭头的路口左转弯时，要提前按导向箭头指示向左变更车道。同时，注意观察前方和左侧车道内的情况，不能影响左侧车道内左转弯车辆通行。

（2）在有交通信号灯控制的路口，要提前进入左转弯车道或靠道路左侧行驶，等待放行信号，在有左弯待转区线的路口，应在直行绿灯亮时进入待转区；绿灯或绿色左转箭头灯亮时，靠路口中心点左侧低速转弯。

安全右转弯

在路口右转弯时，提前开启右转向灯，进入右转弯车道或靠道路右侧行驶，注意观察后方和右转弯方向道路交通动态，同时观察右转弯的车辆和行人，在不影响其他车辆和行人正常通行的情况下，沿右侧低速向右转弯。

在路口右转遇到红灯亮时，在不影响其他车辆和行人正常通行的情况下，减速靠右侧转弯通过。

安全通过复杂路口

通过复杂路口时，应低速行驶，按规定避让行人和优先通行的车辆，并做好随时停车的准备，不能加速通过路口。

（1）在视线良好的路口，要谨慎驾驶，以防视线盲区内出现突然情况而措手不及。在路口遇到其他机动车违法变道时，要及时减速避让，礼让通行。

（2）遇有路口交通阻塞时，即便是绿灯亮，也要停在路口外等候，不得进入路口或停在路口内等候，以免加剧阻塞或被夹在路口内进退两难。

（3）在复杂的交叉路口，遇到路口内车辆较多时，要减速观察路口内车辆的通行情况，随时准备停车礼让。

安全通过环岛路口

驾驶机动车遇到环岛行驶指示标志时，要注意前方环岛路口，提前减速行驶。

（1）进入环岛前：根据环岛内行驶车辆的情况，选择时机按逆时针方向安全驶入，驶入环岛时不用开启转向灯。

（2）环岛行驶中：在环形交叉路口内行驶时，如果有车辆强行驶入，要减速避让。

（3）驶出环岛前：在驶出的路口前开启右转向灯，在内侧车道的车辆应提前驶入外侧车道，注意观察道路右侧，安全驶出。

安全通过立交桥

驾驶机动车通过立交桥左转弯时，注意观察交通标志，按指示的引导行驶，过桥后向右转弯进入匝道，再右转弯。

（1）行经立交桥右转弯时，按照交通标志、标线的指示减速行驶，不过桥进入右转弯匝道一次完成右转弯。

（2）通过立交桥时，如果发现选择路线错误，应继续行驶至下一立交桥或允许掉头的路口掉头，不得立即在原地掉头或倒车更改路线。

安全通过铁路道口

驾驶机动车通过铁路道口时，应自觉遵守通行规定，避免事故。

（1）通过有交通信号控制的铁路道口：在道口外减速减挡，按照信号灯的指示低速通行，不得在道口内变换挡位。遇报警器鸣响或红灯亮时，停车等候，不准抢行通过铁路道口。

（2）通过无信号控制或无人看守的铁路道口：在道口外停车观察，做到一停，在停止线以外停车；二看，观察左右是否有驶来的列车；三通过，确认安全后低速通过。

（3）通过双股轨道的路口：通过时遇一侧列车驶过后，还要提防从另一个方向驶来的列车。如果发现有危险情况，立即停车等待，不能强行通过。

（4）车辆前后跟行通过铁路道口：通过时，一定要等前车通过并驶离铁道能容下自车的距离时才可通过，不要紧随前车驶上道口，也不得在道口内停车等候。

（5）通过时发生故障：在铁路轨道上时，如果因驾驶技术失误或车辆故障原因突然熄火，短时间内发动不着而又无外援时，驾驶人首要的任务不是去打开发动机盖排除故障，而是设法使汽车迅速离开轨道，以免汽车与火车相撞。

安全通过人行横道

交通法规就是生命之友，在路口抢灯争道的后果是非常危险的。驾驶机动车，一定要注意在人行横道处保护行人和非机动车的安全。

（1）接近人行横道线时，提前减速观察，注意观察人行横道左右两侧是否有行人通行，随时准备停车礼让行人。遇行人或非机动车通过人行横道时，及时停车让行，不得抢行或绕行。右转弯通过时，更要注意礼让通过人行横道的行人。

（2）如果看到人行横道前有停止的车辆，一定要停车，不要盲目通过，前车可能是停车避让行人。不要在人行横道及附近直行超车和变向超车，尤其要提防有些行动缓慢的人可能还滞留在人行横道上。

（3）不要在人行横道或人行横道前超车、加速。

（4）即使信号灯已经转变为绿色，只要有行人过马路，就不要和其抢道。

（5）在有信号灯的路口，严格遵守交通规则，等候时不要将车停在人行横道线上，以免给行人带来不便。在没有信号灯的路口，应注意观察，主动让已经在车辆前方的行人通过，不要从行人前方绕行抢越。

安全通过视线不良交叉路口

在两旁有高秆庄稼、树木、建筑物或其他设施等物体，影响甚至挡住驾驶人横向视距的道路上行车时，要注意以下几点。

（1）在不影响来车行驶的情况下，车辆应尽量在公路的中间位置行驶，避免靠视线受阻碍的一侧行驶，以便于处理情况。

（2）鸣喇叭时间可长一点，提醒横向来的车辆和行人，防止其不发出任何信号地突然驶过视线受阻碍的交叉路口。

（3）降低车速，使车速保持在一旦发现情况就能安全停车的范围内。通过交通情况复杂的交叉路口时，不可高速行驶。

（4）对经常行驶的路线，要注意观察并熟记沿线的路口、岔道和行人经常出入的地点，做到心中有数，预先做好准备。

（5）准备进入交叉路口时，应让已在路口内的机动车先行。

（6）向左转弯时，要靠路口中心点左侧转弯，转弯时开启转向灯。夜间行驶时，应开启近光灯。

（7）有交通标志、标线控制的，让优先通行的一方先行。没有交通标志的、标线控制的，让右方道路的来车先行。转弯的机动车让直行的车辆先行。相对方向行驶的右转弯的机动车让左转弯的车辆先行。

安全通过桥梁

道路上的桥梁，主要有水泥桥、拱形桥、木桥、浮桥、吊桥和便桥等。各种桥梁因建筑材料和结构各不相同，建成时间与承载能力亦不同。因此，驾车通过桥梁时，要根据不同情况正确操作。

（1）注意桥头的交通标志，遵守限载、限速规定。

（2）注意对方来车，如果来车距对面桥头较近，应主动减速、停车，让对面来车通过后再行通过，尽量避免在桥头上会车。

（3）在桥上一般不要超车，更不能违章超车。

（4）通过拱桥时，应减速、鸣喇叭、靠右行驶。

（5）通过窄桥时，尽量避免在桥上变速、制动和停车。通过较窄的桥梁时，应仔细观察桥上和对面桥头的车辆情况。如果会车困难，要先让桥上的车辆通过。

（6）通过便桥、木桥、吊桥和浮桥时，先停车查看，确认没有危险后用低挡平稳通过。

（7）通过湿滑的桥梁时，应设法清除桥面上的稀泥和积雪，在桥面铺垫防滑物品或对轮胎采取防滑措施后，再行通过。

（8）如果遇上风、雨、雪、雾等恶劣天气，通过桥梁时更要加倍小心，不可突然加速或减速，更不可采取紧急制动，以防汽车摆尾，撞坏栏杆，掉到桥下。

（9）驾车经过桥头和桥尾时，先要目测桥坡和桥面的高度差，如果高度差在 2 厘米以内，驾驶人要制动减速；如果超过 2 厘米，不仅要制动减速，条件允许的话，最好还要将车头方向稍微偏一下，让两个前轮先后过坎。

（10）开车通过漫水桥前，必须探明水深、路宽、水的流速，确认是否具备通过的条件。当确认可以通过时，应对车辆采取必要的防护，对电气系统采取必要的防水处理，并设法抬高排气管出口等。在条件允许时，应在水中设置引导车辆通过的标杆。通过漫水桥时，应低速按固定路线匀速通过。行车途中，尽量避免停车、变速和急剧转向。在汛期过漫水桥时，应随时注意水情预报。如果水流过急过深，绝对不可冒险通过。

安全通过隧道

与一般路段相比，隧道是很容易出事故的地方。驾驶机动车通过隧道时，一定要注意安全，谨慎通过。

（1）在隧道前面都有宽、高等限制的交通标志，必须按警告标志行驶。

（2）通过单行隧道时，应观察前方有无来车。如果发现对面已有车驶入隧道或有停车信号，应及时在道口靠右侧停车，等来车通过或见放行信号后，再进入隧道，并开启前后灯光，再视情况缓急通过。

（3）通过双行隧道时，应靠道路右侧行驶，视情况开启灯光，注意交会车辆，保持车速，尽量避免超车。

（4）进入隧道后，将视线注点移到隧道的远处，不要看两侧隧道壁，注意保持行车间距。

（5）严禁在隧道内变更车道、超车和随意停车。

（6）在双向行驶的隧道内，禁止使用远光灯。

（7）如果车辆在隧道内出现故障，只要还能继续行驶，就应尽可能把车驶出隧道。当车辆无法驶出隧道时，车上人员必须迅速离开车辆，设法将车移到特别停车点，打开危险警告灯，在车后方 150 米以外设警告标志，并通过紧急电话向高速公路管理中心报警。

（8）有些长隧道，前半部分路段为上坡，后半部分为下坡，由于这种纵坡结构，汽车驶出隧道的平均车速比驶入平均车速约高 5～10 千米/小时。由于隧道中没有相关参照物，存在视觉误差，人不容易感觉到坡度的存在，加上上下坡的势能存在，各种车辆的制动距离都会大打折扣，所以跟车距离要适当拉大。

（9）夜间在隧道行车，由于隧道内有照明灯，隧道内比外部明亮，驾驶人也不要因此提高行驶速度。在隧道内行车，不能凭直觉判断车速，一定要通过车速表确认行车速度。

（10）驶出隧道前，通过车速表确认行车速度；到达出口时，握稳转向盘，以防隧道口处的横向风使车辆偏离行驶路线；驶出隧道时，要注意观察隧道口处的交通情况，在出口处及时鸣喇叭，预防发生事故。由于山路隧道和整个山体的结构原因，出隧道就不一定是笔直的路面，很有可能是弯路，不减速非常危险。特别是一些山区的隧道，不少乡民喜欢在隧道口纳凉，有些人甚至拿着凉席铺在路边躺着休息，驾驶人要有心理准备，注意躲避。驶出隧道后，在亮适应过程中切勿盲目加速，以免因视力瞬时下降不适应环境而造成危险。

安全通过山区道路

山路行车，依山傍崖，沟深坡陡，弯多路险，崎岖不平，除要求车况良好外，驾驶人必须掌握一定的驾驶技巧，才能保证行车安全。

（1）跟车：跟车行驶时，与前车要适当加大安全距离。遇视线不清或道路条件差的路段，不能盲目超越，要加大跟车距离，以防前车突然停车或停车后溜时发生碰撞事故。

（2）超车：超车时要选择宽阔的缓上坡路段，开启左转向灯，提前鸣喇叭在确认前车让超后超越；严禁在禁止超车或不具备超车条件的路段超车。

（3）会车：遇到对向来车时，选择安全路段减速或停车交会。对面来车占路面较大时，要减速靠右行驶，不得加速或紧靠道路中心会车，以防发生刮碰事故。

（4）弯道：遇到弯道较多的路段时，要尽量靠道路右侧行驶，转弯时避免占对向车道。通过视线较差的弯道时，要提前观察弯道情况，做到减速、鸣喇叭、靠右行。

（5）上坡：上坡行驶要提前观察路况、坡道长度，在车速下降前减挡，使车辆保持充足的动力。上陡坡时，要在坡底提前减挡，加速冲坡。在上坡路段驶近坡道顶端等影响安全视距的路段时，要减速慢行并鸣喇叭示意，提前减速减挡，利用发动机制动控制车速。

（6）下坡：下坡行驶要通过减挡控制车速，充分利用发动机进行制动，不得空挡滑行。下长坡时，车速会因为惯性而越来越快，连续使用行车制动会使制动器温度升高而使制动效果急剧下降，控制车速最有效的方法是使用低速挡行驶，充分利用发动机制动。

（7）傍山险路：通过时要靠右侧谨慎驾驶，避免停车。在较窄的山路上行车时，如果靠山体的一方车辆不让行，要提前减速并选择安全的地方避让。

（8）危险路段：通过经常发生塌方、泥石流的山区地段时，减速慢行，注意观察，尽快通过，不能停车。

（9）停车：在山区道路行车时尽量避免停车，确实需要停车时，选择平缓路段，确保安全。下坡中途停车时，踏制动踏板要比在平路时提前；上坡尾随前车中途停车时，与前车的距离要比平路时大。

（10）临时停车：因故障或其他原因在上坡路段临时停车时，为避免车辆后溜，可将转向盘向左转。在下坡路段临时停车时，为避免车辆前溜可将转向盘向右转。

（11）长时间停车：因车辆故障在上坡路段长时间停车时，要在后方用塞车木或石块塞住车轮，以防车辆后溜；在下坡路段长时间停车时，要在前方用塞车木或石块塞住车轮，以防车辆前溜。

（12）防动物：山区有很多野生动物或牲畜，行车时注意要控制好车速，以防意外。

安全通过泥泞路

泥泞路是一种比较复杂的路况，容易使车辆打滑，从而影响车辆性能的正常发挥。

通过时，一定要注意安全。

（1）行驶时，要选择路面平整、路基坚硬、泥水较浅的路线。若路面已有车辙，应尽量循车辙避开路面的积水行驶；路面上有拱度的，要尽可能沿道路中间行驶。

（2）驶入泥泞路段前，提前换入低挡，使发动机保持足够动力匀速通过。车速不宜过高，加速踏板不能忽大忽小，减少中途换挡。需要换挡时，动作要迅速敏捷和准确，避免中途停车。如果遇到中途停车，起步时应稳住加速踏板，缓缓轻抬离合器踏板，防止驱动轮打滑。

（3）在泥泞路上行驶，应尽量保持直线。需要靠边或停车时，转动转向盘应平缓。转弯时，应适当降低车速，鸣喇叭，稍靠道路中间转弯，不要过急转动转向盘，以免侧滑。

（4）在泥泞路上制动，应利用发动机牵阻作用来实现，必要时可辅以间歇性驻车制动，尽量少用或不用行车制动。

（5）空转打滑，可设法将车辆立即后倒，退出打滑路段，另选路面通过。如果后倒时仍然打滑，应铲去表面稀软的泥土再通过，或在打滑处铺洒碎石、沙子、柴草等，将车驶出。

安全通过窄巷

巷子的特点常常是又深又窄。一般来说，先进巷子或先到中间线的车有不必后退的“权利”。不过，如果对方后退不方便，也有人会主动放弃“免后退”的权利。谁进谁退，全凭开车人的默契和心胸。

（1）开车接近窄巷前，应主动降速，最好将车速控制在20千米/小时以内。

（2）通过窄巷前，一定要鸣喇叭示意，提醒对方车辆不要再进入车道。

（3）在狭窄路口处，如果对面来车已进入车道，本车应靠路口外停车，耐心地等来车通过狭窄路段后再鸣喇叭进入路口。

（4）开车通过窄巷时，要特别注意靠近自己一侧的巷口，提防小孩突然从巷口猝不及防地冲向公路，或者自行车、摩托车、三轮车等突然驶出。

（5）通过有危险的狭窄路段时，应事先下车观察情况，对路况做到心中有数，必要时应有人指挥通过。没有把握时，不可冒险通过。

（6）做预见性鸣喇叭，即在情况未出现前就鸣响喇叭，以提示巷口内即将驶出的车辆提前减缓驶出的速度。对面来车时，应及早选择路幅较宽的地段等待会车。当发现前方已没有可供会车的路段时，要立即停车采取措施。

（7）遇到窄巷会车情况，应首先考虑自己能否先后退。实在不行的话，再礼貌地请对方退让。

安全通过曲狭路

曲狭路的路幅、弯度、坡度不符合公路标准，驾驶机动车通过时应注意安全。

（1）在曲狭路上驾驶，车速不可过快，以不超过 20 千米/小时为宜。

（2）视线不好时，应多鸣喇叭，并时刻注意对面来车，随时做好停车的准备。

（3）在曲狭路上行车，应在道路中间行驶，正确判断路幅和弯度，适当掌握转向时机和转向速度。

（4）在曲狭路上会车，应注意道路状况及土质坚硬程度，选择安全地段进行，必要时应主动停车或退至路面较宽的地段让车，以确保安全。

（5）在曲狭道路上行驶，尽量不要超车。非超不可时，应选择安全的地点进行，并注意路面情况及路旁土质的松软或坚硬程度，不要太靠近路基边缘。

（6）通过弯急而狭窄的地方时，应降低车速，靠道路外侧行驶。如果一次不能通过，可按公路掉头的要领，逐渐改变车头方位，然后顺利通过。

（7）如果需要在曲狭路上掉头，应利用路侧的平地和道路的交叉点掉头，并根据路幅的宽窄、土质的软硬强度而定，即车头应驶向路幅窄、土质松软的地方，车尾应驶向路幅宽、土质坚硬的地方。不要顾头不顾尾，盲目后倒或前进。

安全通过冰雪路面

冰雪覆盖的路面，人车步履蹒跚，形如蜗蚁。如果路面结起一层薄冰，汽车行驶时轮胎与路面的摩擦系数会减小，附着力会大大降低，给行车带来困难和危险。

（1）在较滑的冰雪路面上起步时，要用 2 挡。如果自动变速器上标有雪地模式，要按下这个按钮。

（2）行驶中，应尽量保持高挡位，不要总换挡，而是要匀速、平稳地行驶。

（3）不要猛加速，也不要一踩一抬地操控加速踏板，而应缓慢地轻踩加速踏板。

（4）双手握稳转向盘，尽量让车辆保持直线行驶。遇有特殊情况或转弯时，要提前减速，充分利用发动机的牵制力换低速挡控制车速，少踩制动踏板。

（5）冰雪路面行车，进出主路、通过十字路口、左右转弯、双方会车，以及遇有行人和骑车人时，要始终保持较大的横向安全距离。最好不要闪灯和按喇叭催促，以免给他人精神上造成恐慌。骑车人和行人可能会在混合路段的非机动车道内，因路滑不慎摔倒，驾驶人宁可停车让行，也不要抢道行驶。

（6）在冰雪路面行车，途中应尽量少停车，特别是在高速公路上行驶时更要注意，以防撞车、溜滑和冻结。如果需要停车，应提前换入低速挡，选择好安全地点，减速、靠边、慢拉驻车制动器手柄停车。

（7）在冰雪路面上坡时，要等前车完全登顶后再开始上坡，防止前车上坡途中溜车。下坡时要注意观察坡下情况，确认坡底没有车辆时再开始下坡，因为在冰雪坡道上车很难停住。

（8）在冰雪路面上跟车时，跟车距离要相对远些。

（9）在冰雪路面上，尽量利用发动机制动来减速，这时大力踩制动踏板是很危险的。

（10）在融雪天，尽量不要靠路边行走，应走前面车辆走过的车辙，这样可以更好地避开暗冰。暗冰是雨水或融雪冻结并在路面形成的看不见的薄冰层，很滑，但驾驶人又看不见，所以相当危险。

（11）如果在打转向盘时，突然感觉很轻，或车轮噪声突然消失，那就可能是已经在暗冰上了，这时可轻抬加速踏板，扶稳转向盘，保持汽车行驶方向的稳定性，让汽车自然驶过。不可进行制动、转向等。

（12）如果在暗冰上发生侧滑现象，首先是消除引起侧滑的原因。如果是制动太猛，应松开制动踏板；如果是加速太猛，应抬起加速踏板，然后往侧滑方向稍打一点转向盘，等侧滑消失后再往安全方向打转向盘，驶出危险地带。

安全通过高速公路

（1）收费站：驶近收费站时，要严格遵守限速规定，选择通道上方亮绿灯且车辆较少的收费口通行，依次排队通过，不要争道抢行。在设有电子不停车收费系统（ETC）的收费站，持有电子标签的车辆可以在 30 千米/小时的车速内不停车直接通过 ETC 专用车道的收费口。

（2）收费口：进入收费口时尽量将车身靠近收费亭，停车时使驾驶室门窗对齐收费窗口，在入口处领到通行卡后，要妥善保存好，以备在出口处交卡和通行费。

（3）匝道：通过收费口后，注意观察指路标志，按照自己的行驶路线正确选择驶入的匝道，进入匝道后尽快提高车速，但不能超过标志规定的速度。前方有行驶的车辆时，要保持足够的安全间距。

（4）加速车道：进入加速车道后，开启左转向灯，迅速提高车速，及时选择驶入行车道的时机。在加速车道跟车行驶时，注意观察前车的加速情况，避免在加速车道上超车、减速或停车。驶入行车道之前，先通过后视镜观察行车道上的车辆，正确估计车流速度，调整和控制好车速，根据车流情况确定汇入车流的时机，尽快驶入行车道。

（5）行车道：进入行车道后，要严格遵守“分道行驶、各行其道”的原则和速度规定。根据车辆行驶速度正确选择行车道，不得随意穿行越线，不准骑、轧分界线，不得占用应急车道。在有限速标志的路段上，应将车速控制在限制速度以内。在高速公路上，专门设有为驾驶人确认行车间距的行驶路段，在此路段上行驶，可检验 100 千米/小时车速下与前车的行车间距。正常情况下，在高速公路上的纵向间距略大于行驶速度值。

（6）变更车道：变更车道前，通过后视镜提前观察将进入车道的交通情况，在不影响其他车辆正常行驶的情况下，开启转向灯，缓慢转向，同时注意观察后视镜，加速变道。遇前方道路上有障碍、因事故前方车道堵塞、道路施工占道及自然灾害造成前方路段损坏需变更车道时，注意观察道路上的标志或警告牌，按照标志或警示牌要求行驶。

（7）立交桥：行至高速公路立交桥，要根据右侧指路标志确认行驶车道和行驶路线。若要改变行驶路线，在距立交桥 500 米时，开始逐渐降低车速，按照预告标志适时地向右完成车道的变更，平顺地驶入预定车道。距出口 50～100 米时，开启右转向灯，按照指路标志的要求进入匝道，驶入新的高速公路行车道。

（8）隧道：行至隧道入口前约 50 米左右，开启前照灯、示宽灯、尾灯，及时察看车速表，按照隧道口限速标志上规定的速度调整车速。进入隧道后，将视线注视点移到隧道的远处，不要看两侧隧道壁，注意保持安全行车间距。严禁在隧道内变更车道、超车和随意停车。驶出隧道前，不能凭直觉判断车速，要通过车速表确认行车速度。到达出口时握稳转向盘，以防隧道口处的横风使车辆偏离行驶路线。驶出隧道后，在明适应过程中切勿盲目加速，以免因视力瞬时下降不适应而造成危险。车辆在隧道内出现故障，只要还能继续行驶，尽可能把车驶出隧道。无法驶出时，要设法将车移到紧急停车带内，开启危险警告灯，在车后方 150 米以外设置警告标志，车上人员迅速离开车辆并报警。

（9）跨江大桥：通过跨江大桥前，注意观察标志、标线，提前选定行驶路线，严格按标志限定的速度和标线行驶。通过高速公路跨江大桥时，握牢转向盘，控制好车速，各行其道。正常情况下车速不要超过 100 千米/小时。不得盲目加速或紧急制动，不得变更车道。行至江面、河口路段时，往往会受到强横向风影响，一定要握稳转向盘，以防车辆偏离行驶路线或翻车。

（10）停车：在高速公路上发生故障必须停车时，要控制好车速，看清车前车后的交通情况，开启右转向灯，尽快驶离行车道，停在紧急停车带或右侧路肩内。切不可紧急停车，更不要在行车道直接停车。停车后，立即打开危险警告灯，按规定在车后方 150 米以外设置警告标志，夜间还需同时开启示宽灯和尾灯。车上人员应迅速转移到右侧应急车道或者护栏以外，必要时通过紧急电话求援或报警。如果车辆在短时间内被修复后回行车道，先在路肩或应急车道上将车速提高至60千米/小时以上，并开启左转向灯，在不妨碍其他车辆正常行驶的情况下驶入行车道。

（11）减速车道：高速公路的出口前2千米、1千米、500米及出口处都设有下一出口预告标志。行驶到距出口2千米预告标志后，左侧车道上行驶的车辆，逐渐变道至最右侧行车道行驶。在距出口500米时，打开右转向灯，适当调整车速，逐渐平顺地从减速车道口的始端驶入减速车道。

（12）匝道：驶入减速车道后，注意观察车速表，并逐渐减速，使车速在进入匝道前减至40千米/小时或标志规定的速度以内。不得未经减速车道减速，直接从主车道驶入匝道。进入匝道后，根据匝道的弯度掌握好转向盘。

（13）禁忌：如果误驶过出口，只能继续向前行驶至立体交叉桥掉头，或者在下一出口驶离。严禁在高速公路上紧急制动、停车、倒车、掉头、逆行、穿越中心隔离带供紧急情况使用的缺口。

（14）收费口：驶离收费处后的一段时间内，由于长时间高速行驶，对速度的适应要有一个过程。一定要通过观察速度表来控制车速，使感觉逐渐适应一般道路行驶速度，不要单纯凭自己的感觉判断车速。

驾驶人的文明礼让行为

（1）遇到行人在路边占道行走：这时要减速慢行，注意观察行人动态，不得加速超越或持续鸣喇叭。

（2）遇到行人突然横穿道路：这时要减速或停车让行，不可从行人前后方绕行或持续鸣喇叭提醒。

（3）遇到两侧有行人的积水路面：这时要低速缓慢通过，不得保持正常车速或加速通过，以免溅起的泥水波及在路边正常行走的行人。

（4）遇到行动不便的行人横过道路：这时要及时减速或停车让行，不可采取绕行或鸣喇叭提醒的方法通过。

（5）遇到翻越中间护栏的行人：这时迅速减速并鸣喇叭提示，注意观察动态，做好随时停车的准备，预防行人迅速跑向右侧路边。

（6）遇到路边有挑担子的行人：这时提前减速行驶，可适当鸣喇叭提示，注意观察行人动态，预防行人担子换肩或担子突然横出。

（7）遇有非机动车准备绕过停放的车辆或抢道行驶：这时主动减速让行，不要连续鸣喇叭示意或加速绕过，否则很容易引起刮碰事故。

（8）遇到路边有非机动车的积水路面：这时要低速缓慢通过，不得保持正常车速或加速通过，以免溅起的泥水让骑车人无法躲避甚至摔倒。

（9）遇到在雨天撑雨伞和穿雨衣的行人在路边行走：这时要提前减速鸣喇叭，以防行人在车临近时突然横穿道路。

（10）遇到在路上玩滑板的儿童：这时要减速行驶，随时注意观察孩子的动态，发现异常及时停车避让。

（11）遇到大人和孩子分别在道路两侧：这时要减速慢行，注意观察孩子和大人的动态，预防横穿。遇到大人招手或孩子有向路另一侧移动的倾向时，要及时采取减速或停车措施。

（12）遇到在路中玩耍的儿童：这时提前鸣喇叭，减速行驶，发现横穿道路的孩子要及时停车礼让，不可从孩子们中间穿行或两侧绕行通过。

（13）遇到校车在道路右侧停车上下学生：这时如果同向只有一条机动车道，后方机动车要停车等待；同向有两条或三条机动车道时，同车道和左侧车道后方机动车要停车等待。

（14）遇到成群青少年骑自行车占道行驶：这时提前减速鸣喇叭提示。超越同向行驶的自行车时，注意观察其动态，减速慢行，保持安全距离，从左侧绕行。

（15）遇到成群青少年绕过路边停放的机动车或抢道行驶：这时要主动减速让行，不可连续鸣喇叭示意让其让道或加速绕过。

（16）遇到缓慢横过道路或在路边行走的老年人：这时要提前减速慢行，距离较近时要及时停车让行，不可采取加速绕行或连续鸣喇叭的方法通行。

（17）遇到动物保护区或牧区：这时要降低车速，随时注意避让动物。遇到占道或横过道路的野生动物或牲畜，要及时减速或停车让行。

第7章

轻松拿驾照

新驾考的考试要求

机动车驾驶人考试内容分为道路交通安全法律、法规和相关知识考试科目（简称“科目一”）、场地驾驶技能考试科目（简称“科目二”）、道路驾驶技能和安全文明驾驶常识考试科目（简称“科目三”）。

（1）考试顺序按照科目一、科目二、科目三依次进行，前一科目考试合格后方准参加后一科目的考试。

（2）科目三道路驾驶技能考试合格后，方准参加安全文明驾驶常识考试。

将图片题化繁为简的技巧

新交规实施后，考试内容增加了很多模拟场景图片，使原本只需要一句话就能表达的试题通过一幅看上去极其复杂的图片展现。但是，这些图片上所有的交通信息并不都是有用的，学员就要善于从众多的交通信息中有针对性地选择出有用的，剔除无用的或作用不大的信息，防止将各种无用的交通信息堆积到大脑，不被无用的信息迷惑和分散注意力。

例一

判断题：在图示情况下可以加速通过交叉路口。

化繁为简技巧：在这个看上去花里胡哨的图片里，楼房的高矮和远处的白云，以及那个酷似水塔或灯塔的东西等信息，对行车没有任何影响，不应予以重视，可以完全忽略；而交通信号灯和交通标线等，这些信息对行车有影响，应立即予以重视，这样就可以立即捕捉到有用的交通信息。

化繁为简后的考题如下：

判断题：黄灯亮时可以加速通过交叉路口。

例二

判断题：在道路与铁路道口遇到一个红灯亮时要尽快通过道口。

化繁为简技巧：对于这个命题，完全就可以不用去看图片，一来节省时间，二来避免被画面上其他无关的交通信息所干扰。

化繁为简后的考题如下：

判断题：在道路与铁路道口遇到一个红灯亮时要尽快通过道口。（无图片）

例三

选择题：在路口遇到这种情形怎样通行？

A．鸣喇叭告知让行

B．直接加速转弯

C．减速缓慢转弯

D．让左方来车先行

化繁为简技巧：在这个有着大量交通信息的图片里，远处的白云和近处的绿地，以及来车的驾驶人是男是女等信息，对行车没有任何影响，不应予以重视，可以完全忽略；而交通标志和标线这些信息对行车有影响，应立即予以重视，这样就可立即捕捉到有用的交通信息。

化繁为简后的考题如下：

选择题：是什么标志？

（只要知道这是减速让行标志，就能从 4 个选项里选出正确答案 D，因为只有这个选项符合标志的含义——让行。）

例四

选择题：驾驶机动车在路口遇到这种信号灯表示什么意思？

A．禁止右转

B．路口警示

C．准许直行

D．加速通过

化繁为简技巧：在这个命题里，考试的“知识点”是“这种信号灯表示什么意思”，其他并未提到。因此，图片里的信号灯（黄灯）就是“考点”，其他完全可以忽略。

化繁为简后的考题如下：

选择题：表示什么意思？

A．禁止右转

B．路口警示

C．准许直行

D．加速通过

（只要知道这是黄灯，就能从 4 个选项里选出正确答案 B，因为只有这个选项符合信号灯（黄灯）的意思——警示作用。）

轻松通过理论考试的技巧

理论考试是通过计算机驾驶人考试系统进行的“无纸化”考试，考试系统自动随机生成考试题，同批考生中的每个人题目均不一样。

（1）考试前，考生要注意调整心理状态，考试紧张是一种正常现象。如果准备得充分，紧张心理就少一些，准备得不充分，心里没底，对考试内容茫然，就会造成心理恐慌，最终影响考试成绩。在考前不论准备得充分与否，都应该放松精神，调整心态，轻松上阵，这样才会在考试中思路敏捷，最终取得满意的成绩。

（2）理论考试是在电脑上操作，所以在考试前最好能模拟一下操作，以免上机后因不会操作而心慌意乱、束手无措，影响考试进度。

（3）考试时要树立信心，上机后先不要匆忙开始操作，要先让自己稳定一下情绪，保持平静心态。

（4）进入考试界面后，注意观察电脑的左上角有一个视频窗口，它对考生整个考试过程全程监督，如果发现有接听、拨打手机，随意翻看考试相关书籍资料，交头接耳，随意走动，空位及坐姿不正确的考生考试行为，一律视为作弊，取消考试成绩。

（5）在考生考试过程中，每答错一题，系统会自动计算考生的错误题数。如果答题错误数量达到本次考试不及格标准（50 题错 6 题，100 题错 11 题），就会弹出确认窗口问是否结束考试。如果单击“确认交卷”按钮，就结束考试，直接显示考试成绩；如果单击“继续考试”按钮，就跳转到下一题继续考试。

（6）答卷时要先审清题意然后答题，答题时只需在电脑上点击正确答案前的“○”即可。

（7）单选题不能同时选择两个答案。

（8）不能抱有侥幸的作弊心理。一旦发现作弊，当场停考并视为不及格。

（9）要注意科学地答题，答题时对认准正确的题，不要反复推敲，犹豫不决，应一锤定音，有时反复推敲或犹犹豫豫反而会使自己对判断失去自信心。

（10）考试结束交卷后，不再显示错误试题信息，直接弹出窗口显示考生最终考试成绩。

单选题的答题技巧

单项选择题的答题方法

单项选择题有四个预选答案，从中选取一个。

例如：上道路行驶的机动车故意遮挡、污损、不按规定安装机动车号牌的一次记几分？

○A．2 分

○B．3 分

○C．6 分

●D．12 分

该题的正确答案是 D，所以答题时只需点击 D 前面的“○”即可，当“○”变为“●”时表示已选定。

单项选择题的答题技巧

（1）错误排除法。如果正确答案不能一眼看出，应先排除明显是错误或荒诞的答案。当确定一个选项不符合题意时，迅速将注意力转移到下一个选项，依次加以判断。如果第一个选项就是正确答案，那么完全可以忽略后面的几个选项，这样可节约时间。如果选项中有自相矛盾的，应立即排除一个。其实，有些题考生即使不能直接通过排除法得出答案，也可以减小试题的难度，从而提高答题的正确率。

例：行车中，遇非机动车抢行时，应怎样做？

A．加速通过

B．鸣喇叭警告

C．减速让行

D．临近时突然加速

答案：C

在上面这道题中，“A”、“B”、“D”明显是错误的，毕竟安全文明驾驶是第一位，所以剩下的“C”肯定就是正确的。

（2）直接比较法。通过直接比较法判断正确答案时，首先直接把各项选择答案加以比较，并分析它们之间的不同点，集中考虑正确答案和错误答案的关键所在。

例：驾驶人未携带哪种证件驾驶机动车上路，交通警察可依法扣留车辆？

A．机动车行驶证

B．从业资格证

C．居民身份证

D．机动车通行证

答案：A

在上面这道题中，“行驶证”和“通行证”是本题的关键所在，对此进行比较，正确答案应为“A”。

（3）最佳选择法。有些题看上去，几个答案都正确或在某一程度上正确，但最佳的答案只有一个，这时就要选择最符合题意的答案。

例：伤员众多时，最后送往医院的是哪一类伤员？

A．上肢骨折

B．大出血

C．呼吸困难

D．肠管脱出

答案：A

在上面这道题中，答案“B”、“C”、“D”在某一方面相同，都是“重伤”，不能作为最佳答案选择。根据题意，答案“A”是最符合的，是“轻伤”，所以正确答案应选择“A”。

（4）去同存异法。当考生对题目不能做出正确判断时，就可以将有内容或者特征大致相同的选项排除掉，并保留那些差别较大的选项，再将剩余的选项进行比较和判断，最终确定符合题意的答案。这样做的目的是缩小目标，提高答题的准确率。

例：行车中遇交通事故受伤者需要抢救时，应怎样做？

A．及时将伤者送医院抢救或拨打急救电话

B．尽量避开，少惹麻烦

C．绕过现场行驶

D．借故避开现场

答案：A

在上面这道题中，答案“B”、“C”、“D”均有“事不关己，高高挂起”之意，唯有答案“A”为“救死扶伤”之意。去掉相类似的答案，存下的异类便是正确答案，即“去同存异”，所以此题正确答案为“A”。

（5）印象认定法。印象认定法是指根据印象的深刻来选择答案。当考生在读完一道试题的题干和各项选择后，各选项对于大脑的刺激强度是不同的，有的较强，有的较弱，那些似曾相识的内容必然会在头脑中最先形成正确选项的印象，据此做出的判断的命中率还是比较高的。

例：驾驶机动车必须遵守的原则是什么？

A．右侧通行

B．左侧通行

C．内侧通行

D．中间通行

答案：A

在上面这道题中，“靠右行”在头脑中最先形成正确选项的印象，所以选择的正确答案应为“A”。

（6）充分猜测法。如果不知道确切答案，也不要轻易放弃，要充分利用所学知识去猜测，即使猜错了也不会倒扣分。猜测法最大的优点，可以避免考生在这种试题上过分深究。这种方法虽然是靠运气，但有时也有一定的命中率。一般来说，排除的项目越多，猜测正确答案的可能性就越大。

（7）通过预选答案语气判断正确答案。凡预选答案中有“可以”、“不必”之类的语气词，基本都是错误答案；凡预选答案中有“必须”、“一定要”之类的，基本上都是对的。不过，这也要具体情况具体分析，有些题是例外。

（8）通过关键词判断正确答案。因为，安全文明驾驶是第一位的，所以带有“加速”、“不避让”等的基本上是错误的，而带有“保持安全车速”、“减速慢行”等的一般是对的。

例：驾驶人在行车中经过积水路面时，应怎样做？

A．保持正常车速通过

B．低挡加速通过

C．特别注意减速慢行

D．迅速加速通过

答案：C

在上面这道题中，“保持正常车速通过积水路面”不文明，“加速通过积水路面”不文明也不安全，毕竟安全文明驾驶是第一位的，所以“减速慢行”就一定是对的，应选 C。

判断题的答题技巧

判断题的答题方法

判断题有两个预选答案，从中选取一个。

例如：谨慎驾驶的三原则是集中注意力、仔细观察和提前预防。

●正确

○错误

该题是正确的，所以答题时只需点击“正确”前面的“○”，当“○”变为“●”时表示已选定。

判断题的答题技巧

（1）绝对概念法。命题中含有绝对概念的词，这道题很可能是错的。这类题中往往会出现“可以”、“允许”等词，如“机动车未悬挂号牌，可以上路行驶”，“高速公路加速车道或减速车道允许机动车超车”等，这些表述就是错误的。统计表明，大部分带有绝对概念词的问题，“对”的可能性小于“错”的可能性。当考生对含有绝对概念词的问题没有把握做出判断时，想一想是否有什么理由来证明它是正确的，如果找不出任何理由，“错”就是最佳的选择答案。

例一

车辆在高速公路上行车，可以频繁地变更车道。

答案：×

例二

驾驶机动车行经城市没有列车通过的铁路道口时允许超车。

答案：×

这两道题出现了“可以”、“允许”这些含有绝对概念的词，所以“对”的可能性小于“错”的可能性。

（2）相对概念法。如命题中含有相对概念的词，这道题很可能是对的。这类题中往往会出现“可能”、“易”等词或字，如“狂风袭来，可能会使行驶中的车辆产生横向偏移”，“山区道路坡长而陡，路面窄，弯多而急，易发生交通事故”等，这些题答案都是正确的。

例一

连续降雨天气，山区公路可能会出现路肩疏松和堤坡坍塌现象，行车时应选择道路中间坚实的路面，避免靠近路边行驶。

答案：√

例二

在泥泞路上制动时，车轮易发生侧滑或甩尾，导致交通事故。

答案：√

这两道题出现了“可能”、“易”这些含有相对概念的词，所以“对”的可能性大于“错”的可能性。

（3）一错全错法。只要试题有一处错，该题就全错。

例：驾驶人在驾驶证丢失后 3 个月内还可以驾驶机动车。

答案：×

这道题有一处错，就是“驾驶证丢失后还可以驾驶机动车”，所以该题就全错，与“3 个月”或其他条件无关。

新驾考科目二的考试要求

在以前的驾考中，考生可以不限次数预约考试，直到考过为止。新交规实施后，在驾驶技能准考证明有效期内，科目二和科目三预约考试次数各不能超过 5 次，每一项只有1次补考机会。如果5次预约考试后，科目二或科目三没有全部通过，就只能重新参加科目一考试，通过后才能继续预约科目二的考试。因此，考生要在有把握时再预约考试，不要随便浪费机会。

根据新交规，科目二五门必考总扣分不得超过20分，否则即为不通过考试。

坡道定点停车和起步的考试技巧

场地要求：陡坡的坡度必须大于等于10°，陡坡长度要大于等于20米。在考试过程中，考生需自己开车至坡道起步考点，前轮停止位置必须压线。合格后再考察半坡起步，不能出现后溜，且在陡坡停车后必须在30秒内起步，否则就算不合格。

考试目的：考核机动车驾驶人在坡道上驾驶汽车的技能，准确判断车辆的位置，正确使用制动、挡位和离合器，以适应在上坡路段停车与起步的需要。

操作要求：机动车驾驶人应通过视觉和感觉及时判断坡道的坡度大小、长短及路宽等情况，采取正确的操作方法，控制车辆平稳停车和起步，做到转向正确，换挡迅速，操纵加速踏板、驻车制动器手柄和离合器踏板的动作准确协调。

考试标准：

（1）没有定点停车，扣100分。

（2）车辆停止后，汽车前保险杠未到控制线，扣100分。

（3）停车后后溜大于30厘米，扣100分。

（4）停车后后溜小于30厘米，扣10分（原规定是扣20分）。

（5）起步时未开左转向灯，扣10分。

（6）车辆行驶中压道路边缘实线，扣100分。

（7）车辆停止后，前保险杠未到停车线，扣10分（原规定是扣20分）。

（8）停车时右前轮距边缘线30厘米以上，扣10分（原规定是扣20分）。

（9）起步时间超过30秒，扣100分。这是新增扣分项目，也是学员落马最多的考试项目。

新规难点：“离合”掌握不好易后溜，30秒内出坡道，新手有难度。

练习技巧：开车至坡道起始点，可借辨认前风窗玻璃标志与标线重叠，同时用余光扫视车身与旁边分界线的距离是否在30厘米区域之内，以此来决定何时停车。起步时，要注意轻抬离合器踏板，同时轻踩加速踏板，再松驻车制动器手柄，防止后溜。

考试技巧：

（1）听到“上坡定点停车”指令后，立即开启右转向灯，方向向场地右侧靠。

（2）即将到达路边时，方向向左回小半圈，再迅速向右回正，使车右侧与路边保持平行，并使距离在30厘米内（最好压白色虚线走，或用左筋对准标准线走）。起步后，可完全放开离合器踏板进行上坡。在上坡过程中，如果车辆出现明显抖动，可稍踩离合器踏板，以防熄火。

（3）快要到达停车点时，踩离合器踏板，放慢车速，当向右看到停车标志时踩制动踏板，踩离合器踏板停车，或者从左后视镜下沿看到定位停车线边缘即停车，拉紧驻车制动器手柄，关转向灯，将变速器操纵杆置于空挡位置，抬离合器踏板。

（4）停10秒，等报完成绩，进行半坡起步准备，踩离合器踏板，踩制动踏板，挂1挡，打左转向灯并按一下喇叭，松驻车制动器手柄。

（5）轻抬离合器踏板，当车身有抖动感觉或发出齿轮磨合声音时，完全松开制动踏板，轻踩加速踏板，车即向前行驶。如果当车抖动时放开制动踏板，车不走，怠速快速下降，要及时踩下离合器踏板和制动踏板，保持不熄火、不溜坡，然后重新起步。

（6）下坡时，可用半联动控制车速，也可完全放开离合器踏板，用制动踏板控制车速。

侧方停车的考试技巧

场地要求：以前的侧方停车是用四根标杆立在地上，象征车库的四个角，车辆是否顺利进库停车，有没有碰到这四根标杆是标准之一。新交规实施后，侧方停车不再有标杆，全部采用地上标线的形式做车库边界。将车辆开至与前进方向平行的车库前方，然后向右后方倒车入库，中间不能有任何停顿，只要在这个范围内侧方停车入库没过库位边线的都算通过。

考试目的：考核机动车驾驶人将车辆正确停入道路右侧车位的能力。

操作要求：机动车驾驶人驾驶车辆在车轮不轧碰车道边线、库位边线的情况下，通过一进一退的方式，将车辆停入右侧车位中。

考试标准：

（1）车辆入库停止后，车身出线，扣100分。

（2）行驶中车轮触压车道边线，扣10分。

（3）未停车于库内，扣100分。

（4）起步未开左转向灯，扣10分。

（5）倒车未开右转向灯，扣10分。

（6）中途停车，扣100分。

新规难点：无杆可辨认，且不能停顿。

练习技巧：没有了标杆这个参照物，要学会使用后视镜辨认标线。将转向盘向右打到极限，往后倒车，看车左边后视镜，后门把手应距黄色标线3厘米左右。转向盘回正，汽车往后倒车，行进途中转向盘向左急打，而后正常打转向灯驶出黄色方框标线即可。

考试技巧：

（1）车速一定要控制在5千米/小时左右。

（2）听到“侧方停车”指令后，使用半联动驾车沿停车位慢速平行前进，车头右侧先1/2，再逐渐1/3处压库边线行驶，即保持车右侧距库边线30厘米。当从右后视镜中看到库前边线时，踩制动踏板，踩离合器踏板停车。

（3）踩离合器踏板，挂倒挡，打右转向灯3秒以上，抬制动踏板，慢抬离合器踏板倒车。如果车头不正，倒车时可将转向盘向车头不正的一方打到极限，待车身回正时立即将转向盘回正。

（4）当从右后视镜中看不到库前边线时，转向盘向右打到极限继续倒车。

（5）观察车身与库左边线成40°～45°夹角时，转向盘向左侧回正（1圈半），或在左后视镜内车尾部刚出现库的右后角时，向左1圈半方向即回正。

（6）回轮后继续缓慢倒车，看左后视镜，当左后轮到库左边线前10厘米时，迅速再继续向左把转向盘打到极限。注意：开始车与库边线大于40厘米时，步骤（6）或步骤（7）应晚打转向盘；开始车与库边线小于20厘米时，步骤（6）或步骤（7）应早打转向盘。

（7）观察右后视镜，待车回正时，将转向盘回正，观察到车没有到位时，继续后倒，使后轮进入感应区但不出后感应区，踩制动踏板，踩离合器踏板停车，拉紧驻车制动器手柄，将变速器操纵杆置于空挡位置，再抬离合器踏板，抬制动踏板，停10秒左右，待通知考试合格后再准备重新起步出库。

（8）踩离合器踏板，挂1挡，打左转向灯3秒以上，按一下喇叭，放松驻车制动器手柄，慢抬离合器踏板，用半联动缓慢起步，转向盘向左打到极限。

（9）车沿左侧前进，当车头中间压道路左边线时尽快向右打1圈半（回正），随后根据路况再向右打1圈半，并适当调整。

（10）出库后车身与库边线平行后立即将转向盘回正，继续前行，驶离本项目考试区。

曲线行驶的考试技巧

场地要求：曲线行驶的场地，看上去就像是一个躺在地上的字母S。车辆需从S形车道的一端进入后，不压线从另一端驶出，需一次性驶过，中途不能停车和压线、出线。

考试目的：考核机动车驾驶人操纵转向盘、控制车辆曲线行驶的能力。

操作要求：机动车驾驶人驾驶车辆从弯道的一端前进驶入，减速换挡，以低挡低速从另一端驶出。行驶中不得触轧弯道边缘线，转向自如。

考试标准：

（1）任一车轮压道路边缘线，扣 100 分。

（2）中途停车，扣 100 分。

新规难点：由于所通过的“S”形车道较窄，所以考生需要对车辆的操控比较熟悉，而且转向盘打的力度、角度和行驶速度都必须恰到好处。

练习技巧：一定要慢，车速保持在 5 千米/小时以下较为合适，切忌车速过快导致转向不足。初学者 1 挡通过即可，但别停顿，并注意不可超出或压上黄色标线。

考试技巧：

（1）听到“曲线行驶”指令后开始操作。

（2）全程保持 1 挡行驶，打转向盘不可过急。

（3）目测车进入第一弯时，车辆左侧与左边线保持 0.5 米进入弯道，或车辆左前角在路中间进入，用左车头压右边线行驶画弧，保持匀速低速行驶，适当修正方向。

（4）在车辆由第一弯向第二弯过渡时，左车头离开右边线，右车头逐渐由右侧进入路中，当右车头行至路中间时，向右打转向盘。

（5）目测进入第二弯时，用右车头压左边线行驶画弧，适当修正方向。

（6）进入弯道后尽量走大圈，驶向右弯道时，右轮紧贴着右边路边缘线，反之亦然。

（7）出弯道时，回转转向盘，进入直线行驶。

（8）在曲线行驶操作中，应注意用低速挡行驶，打转向盘不可过急，并注意车轮不得驶出或骑轧路边缘线，中途不得停车。

直角转弯的考试技巧

场地要求：直角转弯的场地，看上去像一个平放在地上的字母 L。新交规实施后，直角转弯的场地，路长大于等于 1.5 倍车长，路宽为小型车辆的轴距加 1 米。

考试目的：考核机动车驾驶人在急弯路段驾驶车辆时，正确操纵转向盘，准确判断车辆内外轮差的能力。

操作要求：机动车驾驶人驾驶车辆按规定的路线低速行驶，由左向右或者由右向左直角转弯，一次通过，中途不得停车。

考试标准：

（1）任一车轮压道路边缘线，扣 100 分。

（2）中途停车，扣 100 分。

新规难点：以往中途停车，用后视镜与吊杆对标记，再把转向盘打到极限起步的做法行不通了。

练习技巧：准备过弯时，减速至 5 千米/小时以下，根据前方视线辨认两侧边线，边转弯边走，随时调整方向。在转进弯道之前，可走外道，保证车辆进入直角转弯区域后车身处于笔直的状态。直角转弯几乎没难度，学员考试时，要学会利用从车后视镜观察直角转弯左侧的标线。当车辆的左侧车窗经过这个标线时，就要开始打转向盘，即可轻松通过。

考试技巧：

（1）听到“直角转弯”指令后开始操作。

（2）全程 1 挡怠速通过，不要加速。

（3）进入直角前，让车在路两边线内尽量远离转弯点的标志向前慢速行驶。

（4）当靠近转弯点一侧的前车窗上小三角窗中心与转弯点重合时，向转弯点一侧打转向盘到底，通过后，等车头正时回正转向盘。

（5）直角转弯时，尽量紧贴右侧边线。

（6）看到车头对准出口，就迅速将转向盘回正。

（7）直角转弯操作中要注意内轮差，正确估计内后轮的轨迹，不得压内直角突出点、边线，不得停车和倒车。

（8）当车头转到新方向后，要特别注意右前轮不要压到路右侧边线。一般情况下，转向角度大的车辆，转动转向盘的时机要晚些；转向角度小的车辆，就适当提前。

倒车入库的考试技巧

场地要求：新交规实施后，整个考场为一个“凸”字形，考生驾车进入考场后考试开始，此时“凸”字上方凸起的车库应在车辆前进方向右侧，考生应先将车辆驾驶至“凸”字左侧尽头边线前，然后向右后方倒车入库，中间不能停顿。入库后向左前方行驶至“凸”字右侧尽头边线前，再向左后侧倒车入库，完成考试。

考试目的：考核机动车驾驶人操控汽车完成倒车入库和正确判断车辆空间位置的能力。

操作要求：从起考点倒入库停正，再前进至路上，倒入库后，再前进返回起点。

考试标准：

（1）不按规定路线顺序行驶，扣 100 分。

（2）没有完全倒入库内，扣 100 分。

（3）车身出线，扣 100 分。

（4）中途停车，扣 100 分。之前考试学员可以在入库前停车，现在一旦 GPS 定位确定车辆处于完全停止的状态，学员将被直接扣除 100 分。

新规难点：倒车入库时，中间不能停顿，彻底否定了以前在电子桩考试中，原地把转向盘打到极限及辨认吊杆与前风窗玻璃标记的做法，这需要考生学习如何从后视镜观察边线。

练习技巧：在准备入库前，允许稍微停顿一小会儿，可借此机会由后视镜观察车库边线，决定倒车时转向盘的角度。车身应与边线保持 1.5～1.8 米的距离，车头压红外线开始缓慢往后倒车，车后门右侧三角窗竖衬应与黄色边线右上角重合，将转向盘打到极限，即可倒车入库。在倒车过程中，一定要多看后视镜，并只看一个方向的车尾，只要一个方向对齐了，那么另一边就能通过。在平时练习时，一定要多使用离合器踏板，学会灵活运用离合器踏板来控制车速，做到既慢又不停车，车速保持在 5 千米/小时左右，缓慢完成整个倒库动作。

考试技巧：

（1）听到“倒车入库”指令后开始操作。

（2）踩离合器踏板，踩制动踏板，挂倒挡，打右转向灯，松驻车制动器手柄，松制动踏板。

（3）慢抬离合器踏板倒车。向右回头望右后方，观察到右后窗中间立柱与车库右角对齐，马上匀速向右把转向盘打到极限；从左后视镜里见到整条左边线刚刚出现后，马上回正转向盘。观察两边后视镜，拉直车身；当左门把手与车库底线水平即停。

（4）换 1 挡向前行，当车头盖接近白色 7 米线并快碰到时，向左匀速将转向盘打到极限，转向左边，车直即停。

（5）不用回方向，保持转向盘向左打到极限，直接挂倒挡，向后倒，注意看左后视镜；从右后视镜里见到整条右边线刚刚出现后，马上回正转向盘。继续观察左后视镜，拉直车身；当右门把手与车库底线水平即停。

（6）换 1 挡向前行，当车头盖接近白色 7 米线就快碰到时，向右匀速将转向盘打到极限，转向右边，车直即停。

新驾考科目三的考试要求

科目三的考试项目

根据新交规，小型汽车实际道路考试（科目三）增加了加减挡位操作、路口左转弯、路口右转弯 3 个考试项目，将以前的 13 个道路驾驶技能项目增加到 16 项。小型汽车考试里程不少于 3 千米，并抽取不少于 20%的考生进行夜间考试。不进行夜间考试的，应当进行模拟夜间灯光使用考试。

（1）上车准备。
（2）起步。
（3）直线行驶。
（4）加减挡位操作。
（5）变更车道。
（6）靠边停车。
（7）直行通过路口。
（8）路口左转弯。
（9）路口右转弯。
（10）通过人行横道线。
（11）通过学校区域。
（12）通过公共汽车站。
（13）会车。
（14）超车。
（15）掉头。
（16）夜间行驶，或者模拟夜间行驶。

科目三的考试评判标准

智能评判标准

（1）不系安全带，不合格。
（2）不按交通信号灯、标志标线行驶，不合格。
（3）行驶时压在道路的中心线或道路边缘线，不合格。
（4）超速行驶，不合格。
（5）起步时车辆向后溜 30 厘米，不合格。
（6）行驶方向控制差，不合格。
（7）空挡滑行，不合格。
（8）不按考官指令驾驶，不合格。
（9）车门没关好起步，不合格。
（10）连续变更两条车道，不合格。
（11）通过路口时没减速，不合格。
（12）通过人行横道、学校区域、公共汽车站未减速慢行，不合格。

（13）不能正确使用灯光，不合格。

（14）起步、路口转向、超车、变道、靠边停车，不使用转向灯，扣20分。

（15）起步时向后溜小于30厘米，扣20分。

（16）停车后，车身距离道路边缘大于30厘米，扣20分。

（17）停车后不拉驻车制动器手柄，扣20分。

（18）起步、转向、变更车道、超车、靠边停车，开转向灯少于3秒即转向，扣10分。

（19）选挡不当，低挡高速行驶或车辆抖动，扣10分。

（20）起步挂错挡不能及时纠正，扣10分。

（21）发动机熄火一次，扣10分。

（22）制动不平顺，扣10分。

（23）起步不松驻车制动器手柄，扣10分。

（24）起步时车辆发生闯动，扣10分。

（25）起步不按喇叭，扣10分。

（26）拉紧驻车制动器手柄之前松行车制动踏板，扣10分。

（27）下车后不关车门，扣10分。

（28）起步时加速不当，致使发动机转速过高，扣5分。

人工（主要是指考官）评判标准

（1）驾驶时双手同时离开转向盘，不合格。

（2）低头看挡两次或两次换挡不进，不合格。

（3）制动时踩加速踏板，不合格。

（4）视线离开行驶方向2秒，不合格。

（5）不能保持行驶安全距离与安全车速，不合格。

（6）争道抢行，妨碍其他车辆正常行驶，不合格。

（7）考官认为有影响安全驾驶的行为，不合格。

（8）不绕车一周检查车辆外观及安全，不合格。

（9）打开车门前不观察后方交通情况，不合格。

（10）起步前不左右观察后方交通情况，不合格。

（11）变更车道前不观察后方交通情况，不合格。

（12）通过路口不减速慢行，不合格。

（13）无论直行或转弯通过路口，不观察左右和后方交通情况，不合格。

（14）会车困难时不让行，不合格。

（15）不避让行人与优先通行的车辆，不合格。

（16）靠边停车前不观察后方和右边交通情况，不合格。

（17）开门下车前不观察左边、后方交通情况，不合格。

（18）超过 20 秒不通过后视镜观察后方交通情况，不合格。

（19）不主动避让行人、非机动车，扣 20 分。

（20）驾驶姿势不正确，扣 10 分。

（21）操纵转向盘手法不合理，扣 10 分。

（22）换挡时齿轮发响，扣 10 分。

轻松通过科目三的考试技巧

（1）全过程按语音提示完成考试。

（2）评分标准机械死板，只要不符合预设的程序要求就会扣分。比如，夜间灯光使用不当，考试不合格；转向灯不开，扣 20 分；发动机熄火，扣 10 分。

（3）对没有在预设范围内的其他操作行为和行车状态不予理睬，如观察左右后视镜，变更车道，停车时离路边 30 厘米等。

（4）仍有考官监考，主要是对行车安全的把握，考核那些车载仪器不能完成的考试标准。

应对“电脑考官”的技巧

电子路考时，考生直接从电脑语音获得指令进行考试，系统会根据考试车的实际位置自动识别并进行评判。考官则通过监控观察考试车的实时信息，而不再坐在副驾驶座上。

（1）夜间道路行驶，不同情况打不同灯，一定要非常熟悉。其中，模拟夜间灯光共有 10 种情况，考试时随机抽取 4～6 题。如果一题答错，电脑会直接扣 100 分。

（2）仔细听系统电脑语音提示，及时做出正确反应。原本由考官发出的现场指令，将由电脑语音系统代替，两者区别就是前者是在真实场景下“指挥”，而后者则完全可能是在虚拟场景下发出指令，所以当考生听到前方是学校区域、公共汽车站、人行横道或路口等语音提示时，即使现实路况并非如此，也必须注意踩制动踏板、减速慢行，使车速低于 30 千米/小时。

（3）电脑考官更“铁面无私”，动作要求更加规范。当考生听到变更车道、靠边停车等电脑指令时，第一反应是打转向灯，但切记转向盘不能马上跟着转向，一定要等 3 秒钟，否则会扣分。但倘若 5 秒内还没有任何动作，也要扣分。

（4）转弯别太急。在转弯时不能打转向盘过猛，否则很容易被判方向不稳扣 100 分，这一难点通常隐藏在超车过程中。考生超车后，必须迅速回到原车道，但转弯速度不能过快。

（5）重视安全驾驶和文明行车。与旧路考相比，电子路考更加规范和公正，而“电子考官”的评判也更加重视安全驾驶和文明行车。评判方式由以前的人工评判改成了人工和机器综合评判，其中机器评判占绝大部分。在考试内容方面，智能化评判考试系统在安全驾驶和文明行车等方面提出了更高的要求。比如，在变更车道、起步等问题上，对观察和转向灯操作的要求很高，转向灯必须在 3 秒以上才能起步或转向；遇到人行横道，以前只要求减速通行，现在要求停车让行。

上车准备的考试技巧

考试目的：考核机动车驾驶人对车辆基本技能的掌握情况，养成良好的安全意识。

操作要求：上车前按逆时针方向由车厢右侧转到车前，然后转到驾驶室左车门前，如果一切正常，上车关好车门，再一次观察车后的安全情况。

评判标准：不绕车一周检查车辆外观及安全状况，不合格；打开车门前不观察后方交通情况，不合格。

考试技巧：

（1）点名后，考生应立即到驾驶室右侧车门边向助考员喊“报告”并递交身份证，听车内语音提示“请×××开始考试”，然后开始绕车一周半，绕至车辆后保险杠探头时需慢行，这时车内语音提示“正经过车尾”；绕至车辆前保险杠探头时也需慢行，这时车内语音提示“正经过车头”，绕至左前门观察车后情况开始上车，上车坐好后语音提示“上车准备考试项目结束”。

（2）绕车一周时，距离车身不要太远。

（3）上车前的检查非常必要，要从车头起绕车检查一圈，要有检查四轮动作，打开车门前要观察后方交通情况。如果未检查四轮、不观察交通情况，均直接扣 100 分。

起步的考试技巧

考试目的：考核机动车驾驶人正确操纵离合器踏板、变速器操纵杆和加速踏板，使汽车平稳起步的能力。

操作要求：按规定的方法起步，不得颠倒顺序。

评判标准：气压制动车辆制动气压不足起步，不合格；车门未关闭起步，不合格；起步前，未通过后视镜并向左方侧头，观察左、后方交通情况，不合格；启动发动机时，变速器操纵杆未置于空挡（或者P挡位），扣10分；发动机启动后，不及时松开启动开关，扣10分；不松驻车制动器手柄起步，扣10分；道路交通情况复杂时起步不能合理使用喇叭，扣10分；起步时车辆发生闯动，扣10分；起动时，加速踏板控制不当，致使发动机转速过高，扣5分；启动发动机前，不调整驾驶座椅、后视镜、检查仪表，扣5分。

考试技巧：

（1）上车后，先调整好驾驶座椅和内外后视镜，系好安全带，听到车上语音提示“请做好准备后起步行驶”后，开始检查驻车制动器手柄是否在拉紧状态，变速器操纵杆是否在空挡或P挡位，一定要认真检查。稍踩加速踏板，打开点火开关至启动发动机。启动后，稍踏加速踏板，观察各仪表、检查灯光、刮水器、喇叭、制动的工作情况，察听发动机的响声是否正常。

（2）检查完毕后，向助考员报告：“仪表等工作正常，请指示！”得到允许后，开启左转向灯，鸣喇叭，踩离合器踏板，挂1挡，看左右后视镜，转向灯开启3秒后开始起步。

（3）放松驻车制动器手柄，稍踏下加速踏板，同时左脚抬起离合器踏板，用左右脚配合协调离合器踏板和加速踏板，使汽车平稳起步。

（4）起步后语音提示“起步完成，请继续向前行驶”，起步后在右侧第一条车道行驶。

（5）挂1挡起步后，踩加速踏板至车速接近20千米/小时时换进2挡，2挡踩加速踏板到25～30千米/小时时换3挡，3挡踩加速踏板到35～40千米/小时时换4挡。减3挡时车速要降至25～20千米/小时，减2挡时车速要降至20～15千米/小时，减1挡时车速要降到5～10千米/小时。每次减挡时都要先进行减速然后再去减挡。注意：加挡时要逐级加挡，不可越级加挡，减挡可以越级减挡。

（6）1挡行驶距离50米以内要换入2挡，超过50米扣10分，理由是1挡使用不当。进入2挡后，如果转向灯没有自动回位，须手动回位。在50米内，需要加至3挡。

（7）起步时，不得出现溜车、冲车、熄火、未松驻车制动器手柄、未开左转向灯等现象。

（8）起步动作要迅速熟练，轻松自如，操作时双眼必须平视前方，不能往下看。

（9）起步的整个过程要在5秒内完成。

直线行驶的考试技巧

考试目的：考核机动车驾驶人正确操纵转向盘等部件，保持车辆正常匀速行驶的能力。

操作要求：汽车在直线行驶中，驾驶人应掌正转向盘，使汽车直线行驶。

评判标准：方向控制不稳，不能保持车辆直线运动状态，不合格；遇前车制动时不采取减速措施，不合格；超过 20 秒不通过后视镜观察后方交通情况，扣 10 分；不了解车辆行驶速度，扣 10 分；未及时发现路面障碍物，未及时采取减速措施，扣 10 分。

考试技巧：

（1）直线行驶前，应把方向调正，调到车道线的中间；使挡位进入 3 挡，使车速在 30～35 千米/小时之间。助考员用余光观察考生精力是否集中，方向、挡位、速度是否达到直线行驶要求。

（2）行驶过程中，当听到语音提示“请保持直线行驶”后，考生要注意两点，一是转向盘不能再转动，如果转向盘转动扣 100 分，理由是行驶时方向控制不稳；二是当时行驶车速不低于 30 千米/小时，如没有达到应迅速提升到 30 千米/小时。车速低于 30 千米/小时扣 10 分，理由是不了解车辆行驶速度。直至听到“结束直线行驶”语音提示为止，中途遇到障碍时停车都可以，就是不能动转向盘。

（3）听到“结束直线行驶”时，可以转动转向盘调整方向。

（4）直线行驶时，考生应目视前方，看远顾近，注意两旁。正确操纵转向盘，以左手为主，右手为辅，一手拉动，一手推送，配合紧密。控制好转向盘，使车辆保持直线运动状态时，不能出现“画龙”现象。换挡时，不要低头看挡。

加减挡位操作的考试技巧

考试目的：考核机动车驾驶人操纵车辆挡位的熟练程度。

操作要求：驾驶车辆的车速与挡位相匹配。

评判标准：1 挡行车超过 50 米，扣 10 分；越级换挡，扣 10 分；不能根据交通情况合理选择行车速度，如高挡低速或低挡高速，扣 10 分；1 挡超过 20 千米/小时、2 挡超过 30 千米/小时、3 挡超过 40 千米/小时、4 挡超过 50 千米/小时、5 挡超过 60 千米/小时，均不合格。

考试技巧：

（1）原来科目二的百米加减挡融合到了新驾考科目三路考中，在科目三中则要求考生驾驶的车速与挡位相匹配就可以了。

（2）挂 1 挡起步后，踩加速踏板至车速接近 20 千米/小时时换进 2 挡，2 挡踩加速踏板到 25～30 千米/小时时换 3 挡，3 挡踩加速踏板到 35～40 千米/小时时换 4 挡。

减3挡时车速要降至25～20千米/小时，减2挡时车速要降到20～15千米/小时，减1挡时车速要降到5～10千米/小时。每次减挡时都要先进行减速然后再去减挡。注意：加挡时要逐级加挡，不可越级加挡，减挡可以越级减挡。

（3）1挡行驶距离在50米以内要换入2挡，超过50米扣10分，扣分理由是1挡使用不当。进入2挡后，在50米内需要加至3挡。

变更车道的考试技巧

考试目的：考核机动车驾驶人根据道路状况和交通流量情况，适时变更车道的能力。

操作要求：从自己的行车道驶向另一条行车道。

评判标准：变更车道前，不通过内、外后视镜观察后方道路交通情况，不合格；变更车道时，判断车辆安全距离不合理，妨碍其他车辆正常行驶，不合格；连续变更两条以上车道，不合格。

考试技巧：

（1）当听到语音提示"请变更车道"后，考生应开启左转向灯，停顿3秒后转动转向盘，进入快车道（双向道）或者行车道（三车道），回转向灯（自动回位不需要此操作），迅速进入3挡，为直线行驶做好准备工作。

（2）听到语音提示后，应在150米内完成变更车道。

（3）只有单车道时不能变更车道，只能考直线行驶。

（4）变道时不能连续变更两条车道。

直行通过路口的考试技巧

考试目的：考核机动车驾驶人直行通过各种交叉路口时处理各种交通状况的应变能力。

操作要求：首先减速，观察各方的交通情况，注意避让行人和优先通行的车辆。

评判标准：通过路口前未减速慢行，不合格；直行通过路口不观察左、右方交通情况，不合格；遇有路口交通阻塞时进入路口，将车辆停在路口内等候，不合格；不按规定避让行人和优先通行的车辆，不合格。

考试技巧：

（1）通过路口前约120米左右，语音将自动提示车辆行驶方向。

（2）听到语音提示"前方路口直行"后，首先减速，观察各方交通情况，注意避让行人和优先通行的车辆。

（3）当听到语音提示“行人通过”时，一定要制动停车等候，不能边制动边耸起走或一直按喇叭，不然要扣 100 分。

（4）考生应按车道导向箭头指示，选择合适的车道行驶，并按照交通信号灯的指示行驶。

（5）通过路口停车线前，应有减速动作或将车速控制在 35 千米/小时以下。

（6）直行通过路口时，应观察左、右方交通情况。

（7）不得将车辆停在路口内。

路口左转弯的考试技巧

考试目的：考核机动车驾驶人通过各种交叉路口左转弯时处理各种交通状况的应变能力。

操作要求：首先减速，观察各方的交通情况，注意避让行人和优先通行的车辆。

评判标准：通过路口前未减速慢行，不合格；转弯通过路口时，未观察侧前方交通情况或未通过内、外后视镜观察侧、后方交通情况，不合格；遇有路口交通阻塞时进入路口，将车辆停在路口内等候，不合格；不按规定避让行人和优先通行的车辆，不合格；左转通过路口时，未靠路口中心左侧转弯，不合格。

考试技巧：

（1）通过路口前约 120 米左右，语音将自动提示车辆行驶方向。

（2）听到语音提示“前方路口左转”后，先开启左转向灯 3 秒后再转弯。

（3）当听到语音提示“行人通过”时，一定要制动停车等候。

（4）考生应按车道导向箭头指示，选择合适的车道行驶，并按照交通信号灯的指示行驶。

（5）通过路口停车线前，应有减速动作或将车速控制在 35 千米/小时以下。

（6）在路口转弯时，应提前 3 秒开启转向灯。

（7）左转通过路口时，应靠路口中心点左侧转弯。

（8）不得将车辆停在路口内。

路口右转弯的考试技巧

考试目的：考核机动车驾驶人通过交叉路口右转弯时处理各种交通状况的应

变能力。

操作要求：首先减速，观察各方的交通情况，注意避让行人和优先通行的车辆。

评判标准：通过路口前未减速慢行，不合格；转弯通过路口时，未观察侧前方交通情况或未通过内、外后视镜观察侧、后方交通情况，不合格；遇有路口交通阻塞时进入路口，将车辆停在路口内等候，不合格；不按规定避让行人和优先通行的车辆，不合格；右转通过路口时，未靠路口中心右侧转弯，不合格。

考试技巧：

（1）通过路口前约 120 米左右，语音将自动提示车辆行驶方向。

（2）听到语音提示“前方路口右转”后，先开启右转向灯 3 秒再转弯。

（3）当听到语音提示“行人通过”时，一定要制动停车等候。

（4）考生应按车道导向箭头指示，选择合适的车道行驶，并按照交通信号灯的指示行驶。

（5）通过路口停车线前，应有减速动作或将车速控制在 35 千米/小时以下。

（6）在路口转弯时，应提前 3 秒开启转向灯。

（7）右转通过路口时，应靠路口中心点右侧转弯。

（8）不得将车辆停在路口内。

通过人行横道的考试技巧

考试目的：考核机动车驾驶人通过人行横道时的交通安全意识和应变能力。

评判标准：不观察左、右方交通情况，不合格；不按规定减速慢行，不合格；遇行人通过人行横道不停车让行，不合格。

考试技巧：

（1）听到语音提示“前方通过人行横道”时，应踩制动踏板及时减速，左右观察，及时松开制动踏板通过。

（2）听到语音提示“行人通过”时，应在人行横道前停车等候。

（3）听到语音提示“行人已通过”时，挂 1 挡起步，继续行驶。

通过学校区域的考试技巧

考试目的：考核机动车驾驶人通过学校时的交通安全意识和应变能力。

评判标准：不观察左、右方交通情况，不合格；不按规定减速慢行，不合格；遇行人通过人行横道不停车让行，不合格。

考试技巧：

（1）听到语音提示“前方通过学校”时，应在3秒内踩制动踏板减速。

（2）左右观察，及时松开制动踏板通过。

（3）通过人行横道线时，将车速控制在35千米/小时以下。

通过公共汽车站的考试技巧

考试目的：考核机动车驾驶人通过公共汽车站时的交通安全意识和应变能力。

评判标准：不观察左、右方交通情况，不合格；不按规定减速慢行，不合格；遇行人通过人行横道不停车让行，不合格。

考试技巧：

（1）听到语音提示“前方通过公共汽车站”时，无论当时处于何种速度，都要在3秒内踩制动踏板减速，否则扣100分。

（2）左右观察，及时松开制动踏板通过。

（3）通过时，车速控制在35千米/小时以下，超速的扣30分。

会车的考试技巧

考试目的：考核机动车驾驶人在对面来车时，根据不同的交通状况采取不同的方法进行交会的能力。

操作要求：首先减速慢行，根据路面的宽度选择会车的方法。

评判标准：在没有中心隔离设施或者中心线的道路上会车时，不减速靠右行驶，并未与其他车辆、行人或非机动车保持安全距离，不合格；会车困难时不让行，不合格；横向安全间距判断差，紧急转向避让相对方向来车，不合格。

考试技巧：

（1）遇到对面来车时，应根据道路和交通条件，正确判断，适时采取措施，并与其他车辆、行人或非机动车保持安全距离进行交会。

（2）在没有中心隔离设施或中心线的道路上会车时，应减速靠右行驶交会。

（3）在本车前方有连续障碍物，而在障碍间又允许本车插入时，可逐个插入障碍空隙与对方来车交会。

（4）在交会区域道路狭窄或有其他障碍，或因本车正在被后车超越，有可能造成超越车与交会车发生碰撞时，应靠边停车交会。

（5）会车困难时，应主动让行。

（6）正确判断横向安全间距，避免紧急转向避让相对方向来车。

（7）会车时不能碾压黄线，会车困难时要让行，不然均判不合格。

超车的考试技巧

考试目的：考核机动车驾驶人正确选择路段和时机在确保安全的情况下超越前车的能力。

操作要求：当前车速度慢，首先发出超车信号，前车让超时加速从前车的左边超越，超车后按规定距离驶入右侧车道正常行驶。

评判标准：超车前不通过内、外后视镜观察后方和左侧交通情况，不合格；超车时机选择不合理，影响其他车辆正常行驶，不合格；超车时未与被超车辆保持安全距离，不合格；超车后急转向驶回本车道，妨碍被超车辆正常行驶，不合格；从右侧超车，不合格；当后车发出超车信号时，具备让车条件不减速靠右行，扣10分。

考试技巧：

（1）行驶过程中，当听到语音提示“请超越前方车辆”后，考生应通过内、外后视镜观察后方和左侧交通情况。

（2）选择适当的路段和时机，在不影响其他车辆正常行驶的前提下，开启左转向灯等待3秒。当前车发出让超车信号时，适当提高车速，在与被超越车辆保持安全距离情况下，从被超越车辆左侧超越。

（3）超车时，应与被超越车辆保持安全距离。

（4）超车后，应在不妨碍被超车辆正常行驶的情况下，开启右转向灯，向右转向驶回原车道。不得急转向驶回原车道，妨碍被超车辆正常行驶。

（5）听到语音指令后，应在25秒内完成超车。

（6）夜间超车时，应变换使用远、近光灯提醒被超越车辆。

（7）在有中心线的路段，不得跨越中心线超车。

（8）不得从右侧超车。

掉头的考试技巧

考试目的：考核机动车驾驶人利用道路路幅，确定转向掉头和转向速度的能力。

操作要求：在道路宽敞的路段，首先使车辆紧靠道路右侧，然后向左转转向盘，又向右回，当转到极限位置时，稍向左回二把，制动停车，挂倒挡，让汽车后倒，这样使汽车一进一退或二进二退将汽车掉转车头。

评判标准：不能正确观察交通情况选择掉头时机，不合格；掉头地点选择不当，不合格；掉头时，妨碍正常行驶的其他车辆和行人通行，不合格。

考试技巧：

（1）在行驶过程中，当听到语音提示“前方请选择合适地点掉头”后，考生应观察前方交通状况，并通过内、外后视镜观察后方和左侧交通情况，适时降低车速，开启左转向灯 3 秒后，靠道路右侧行驶。

（2）选择前方没有来人或来车时进行掉头。

（3）驶入掉头地点后，开转向灯 3 秒后方可掉头，这时迅速将转向盘向左转到极限位置，使汽车缓慢驶向道路另一侧，在距道路右侧边缘线或离人行道边缘 30 厘米左右的位置停车。

（4）如果因路幅原因一次无法完成掉头，在前轮距离路边 1 米左右时，踏下离合器踏板，同时迅速向右回转转向盘，将前轮转至后倒所需的新方向，并停车换挡，后倒时应观察车后情况，并鸣喇叭慢慢起步，同时继续向右转动转向盘，等后轮距离路边 1 米左右时，踏下离合器踏板，同时迅速向左回转转向盘，将前轮转至前进时所需的新方向，并停车等待助考员的口令。

（5）转弯时不能猛打转向盘，要平稳地转弯。如果方向不稳，会被扣 100 分。

（6）掉头时，不得妨碍正常行驶的其他车辆和行人通行。

（7）不得在黄实线等禁止掉头的位置掉头。

靠边停车的考试技巧

考试目的：考核机动车驾驶人对车身位置的判断能力及预见性制动的能力。

评判标准：停车前，不通过内、外后视镜观察后方和右侧交通情况，不合格；停车后，车身超过道路右侧边缘线或者人行道边缘，不合格；停车后，在车内开门前不侧头观察后方和左侧交通情况，不合格；停车后，车身距离道路右侧边缘线或者人行道边缘大于 30 厘米，扣 20 分；停车后，未拉紧驻车制动器手柄，扣 20 分；拉紧驻车制动器手柄前放松行车制动踏板，扣 10 分；下车后不关车门，扣 10 分；下车前不熄灭发动机，扣 5 分；夜间在路边临时停车不关闭前照灯或不开启警告灯，扣 5 分。

考试技巧：

（1）在行驶过程中，当听到语音提示“请靠边停车”后，开启右转向灯，并通过内、外后视镜观察后方和右侧交通情况，开启转向灯3秒后方可转向。

（2）逐级减挡，降低车速，使汽车靠道路右侧缓行。

（3）减到2挡停车，适时踏下离合器踏板，适当使用制动踏板，使汽车平稳、正而直地停在道路右侧边缘或离人行道边缘30厘米的位置，然后拉紧驻车制动器手柄，把变速器操纵杆移至空挡位置，最后放松离合器踏板和制动踏板。

（4）在车内开门前，应侧头观察侧后方和左侧交通情况。

（5）夜间在路边停车后，应关闭前照灯，并开启危险警告灯。

夜间驾驶的考试技巧

评判标准：不能正确开启灯光，不合格；同方向近距离跟车行驶时，使用远光灯，不合格；通过急弯、坡路、拱桥、人行横道或者没有交通信号灯控制的路口时，不交替使用远、近光灯示意，不合格；会车时不按规定使用灯光，不合格；在路口转弯时，使用远光灯，不合格；超车时未变换使用远、近光灯提醒被超越车辆，不合格；对低能见度道路情况判断差，不合格；在有路灯、照明良好的道路上行驶时，使用远光灯，不合格。

考试技巧：

（1）发动车辆，打开车灯，车辆起动前注意转向灯。

（2）在行驶过程中，注意近光灯与远光灯的合理使用：一是会车时，距来车150米左右，必须使用近光灯；二是当跟随前方车辆时，必须使用近光灯；三是超车时，一方面打开转向灯，另一方面必须使用远近光灯变换提醒前方车辆；四是经过路口，必须使用远近光灯变换提醒路口左右车辆注意。

（3）夜间行车，在无雾、无大雨情况下，不要使用雾灯。

（4）注意车速控制，一般低于道路最高限速。

（5）会车时，注意稳住车辆行驶方向，不要过于向右边靠，注意右方行人或非机动车。

（6）夜间道路显得比其他地方白些，注意看清楚路面标志。

（7）夜间经过桥梁、上坡或下坡时，能正确估计车辆行驶位置。

模拟夜间驾驶的考试技巧

评判标准：未按语音指令进行相应操作，不合格。

考试技巧：

语音提示响起后，请按以下方法打灯：

（1）请将前照灯变换成远光——开启远光灯。

（2）夜间在窄路与非机动车会车——开启近光灯。

（3）夜间与机动车会车——开启近光灯。

（4）夜间同方向近距离跟车行驶——开启近光灯。

（5）夜间通过急弯、人行横道——交替使用远、近灯光，先变远光再回近光。

（6）夜间通过没有交通信号灯的路口——交替使用远、近灯光，先变远光再回近光。

（7）夜间通过山路、拱桥——交替使用远、近灯光，先变远光再回近光。

（8）雾天行驶——开启雾灯和危险警告灯。

（9）夜间在道路上发生交通事故，妨碍交通又难以移动——开启示宽灯和危险警告灯。

需要注意的是，在听到语音提示后，考生须在 5 秒内做出相关操作。在灯光考试结束时，会有如下语音提示："模拟夜间考试完成，请关闭所有灯光！"考生听到这种语音提示后，应在 5 秒钟内关闭所有车灯开关。灯光考试及格的考生，会有语音提示。

科目三交通安全文明驾驶常识考试

科目三交通安全文明驾驶常识考试内容包括：安全文明驾驶操作要求、恶劣气象和复杂道路条件下的安全驾驶知识、爆胎等紧急情况下的临危处置方法，以及发生交通事故后的处置知识等。具体内容包含：违法行为综合判断与案例分析；安全行车常识；常见交通标志、标线和交警手势辨识；驾驶职业道德和文明驾驶常识；恶劣气候和复杂道路条件下的驾驶常识；紧急情况下的避险常识；交通事故救护及常见危险化学品处置常识；地方试题。

（1）题型为判断题、单项选择题、多项选择题。

（2）试题数量为 50 道。

（3）考试时间为 45 分钟。

（4）满分 100 分，90 分合格。

（5）操作要求和考试技巧与科目一相同。

第8章

汽车选购

根据自己的用途选择车种和类型

购车前，一定要根据自己的用途选准车种及类型，这样才能买到最适合的汽车，因为每辆车的设计都针对一定的客户群，所以在操控性、安全性、舒适型、经济性等方面会有所不同。如果你不了解一辆车的情况，可以向业务员咨询。

（1）如果你买车是为了解决上下班交通拥挤和时间太长的问题，可以考虑买辆小排量的经济型车。

（2）如果你纯粹是为了提高生活质量，偶尔周末度假出游，提高生活品位，显示一下身份，就可以考虑买大排量的中高挡汽车。

轿车级别的选择

以价格划分轿车的级别和挡次，要比用发动机排量划分更直接和更实际。通常情况下，人们将10万元以下的轿车称为微型轿车或经济型轿车，10～15万元的称为普通级轿车，15～20万元的称为中级轿车，20～30万元的称为中高级轿车，30万元以上的称为高级轿车。在选购家用轿车时，要结合自己的收入水平，在一定的价格范围内挑选自己喜爱的车型。

（1）2～5万元的轿车为工薪家庭的选择。

（2）6～10万元的轿车为中等收入家庭的选择。

（3）11～20万元的轿车为白领人士的选择。

（4）20～25万元的轿车为集体或单位的选择。

（5）25万元以上的轿车为私营业主的选择。

车身结构的选择

轿车的车身按照总体结构的不同，可分为三厢式和两厢式等类型。三厢式轿车中间高两头低，从侧面看前后对称，造型美观，但缺点是车身纵向尺寸长，在交通拥挤的大城市里行驶及停泊不是很方便。两厢式轿车车身短，使用灵活，停车方便，但没有独立的行李箱，不便于随车放置物品，加上首尾不对称，外部造型不如三厢式轿车。

（1）对于时尚的单身青年，或注重二人世界的新婚夫妇，或三口之家，完全可以选购一辆漂亮的两厢车，在体验驾驭乐趣的同时充分彰显个性。

（2）对于人数较多的家庭，最好还是选择空间更为宽敞的三厢车。

驱动方式的选择

根据发动机动力向驱动轮输出情况的不同，汽车传动系有多种驱动方式，不同驱动方式关系到整车结构、使用性能和安全性能。

（1）发动机前置、后轮驱动：这种布置形式轴载荷分配好，对操纵稳定性有利，传动系及其操纵机件最简单，制造成本较低，维修方便。但其轴距长，自重大，传动系易引起振动；用于轿车时，地板上有凸起的传动轴通道；驾驶室受热、振动、噪声程度大。

（2）发动机后置、后轮驱动：发动机横置于轴距之后，省略了传动轴，汽车自重较轻，车厢受热、振动、噪声程度小。但采用这种布置形式的汽车，在满载时后桥负荷往往过大，操纵稳定性差，转弯时有甩尾倾向；操纵装置远距离控制使结构复杂，不便于维修；发动机散热条件差，并且行车时不便于凭听觉判断发动机故障。

（3）发动机前置、前轮驱动：这种布置形式转向自动回正性能好，高速行驶较安全；省去了传动轴，地板上无凸起的传动轴通道；操纵机件简单；发动机散热好。这种布置形式的汽车轴载荷分配不均，上坡时汽车重心后移，车轮易打滑，下坡时汽车重心前移，汽车前轴负荷过大。

（4）四轮驱动：汽车的所有车轮都是驱动轮，提高了汽车对道路的适应性能，但传动系增设了分动器，结构复杂，造价高，传动效率低，汽车经济性较差。

你的用车环境和所处的地理环境，决定了你需要哪种驱动方式的车型。比如，对于多雨、少雪的地区，两轮驱动的车型就很好。前轮驱动并且有牵引力控制的车型更适合打滑的路段。如果你面对的是更糟糕的路况，就必须选择四轮驱动的车型了。

手动挡和自动挡的选择

现在轿车上的变速器形式，如果按操作方式和原理分，只有手动和自动两种。消费者是买自动挡车型还是手动挡车型，这完全要看自己的需要。

（1）一般情况下，女士和老人或左下肢有残疾的人，适合买自动挡车型。自动挡汽车驾驶操作方便，不过价格较高，也较费油。

（2）男性购车更多地关注车的加速性能、最高行驶速度、行驶在道路上的感觉，以及油耗等实际问题，为了体验驾驶的乐趣，男性多购买手动挡的汽车。

制造商实力强弱

在你还不知道汽车优劣之时，首先应该看是谁制造的，因为制造商的实力强弱可能影响到汽车的可靠性、技术含量、制作工艺和售后服务等。购车时，最好选择实力较强、生产规模较大、建厂时间较长的汽车制造商，因为实力强大的他们才可能有条件拥有较先进的生产设备，拥有较领先的汽车技术和较丰富的生产及管理经验，他们生产的汽车才更有可能是好车，他们才有能力建立更健全的服务网点，提供更优质的售后服务。

车型改款换代次数

“第×代车型”，就是指车型的换代次数。一般来说，汽车车型是三四年一改款，五六年一换代。同品牌的新一代车型，在技术含量、性能上等都要比上一代车型强。作为首代车型，就可能存在许多设计缺陷，甚至是非常低级的毛病，因为在此之前的车型虽然经过了各种道路试验，但毕竟没有经过消费者实际使用的考验，有些问题很难在厂家自己进行的试验中发现。改款换代次数高的车型至少有以下两大优势。

（1）技术成熟，不会出现大毛病和低级错误，因为经过几代车型的检验，该暴露的毛病都差不多已经显现出来。

（2）技术相对要较为先进，因为每次车型换代都要进行技术全面升级，而不仅仅是外观的改进，最新而成熟的技术也尽量用在最新一代车型上。

性价比

有的消费者看过很多汽车知识，极为关注性价比的高低。但是，如果过分强调性价比，往往会使消费者心中目标车的价格越来越高。最好的办法，就是首先选择自己中意的市场信誉度高的几个汽车品牌，接着在其中挑选同一类型且价格接近的车型进行逐项对比，然后再去汽车专卖店亲身感受一番，这样挑选出来的车才会拥有自己满意的高性价比。

保有量和销售量

保有量的大小，直接关系到售后维修的便利性和费用，而销售量则是表明这款车是否真正受欢迎的指标，它可以说是消费者对车型值价比高低的投票。如果某些车型的市场保有量较大，使用起来方便，维修也比较便宜，市场认知度比较高，那么这些车型的二手车在交易时价格会略高，相反价格就要低一些。

当前二手车市场的热门车，往往正是两三年前新车市场的抢手货。如果你在新车里拿不准哪个最保值，购买时随大流也可以，挑选保有量和销售量大的车型即可。除非你特别想追求个性，想开着一辆与众不同的轿车招摇过市，而对品质、售后服务和使用费用等并不在乎。

汽车外观设计

消费者希望购买的产品能强调其审美观和品位，如果在设计或外观上没有吸引力，消费者没法一见钟情，自然就很难产生把它“迎娶”回家的购买欲望。因此，一辆看上去有些丑陋的车绝对算不上一辆好车。

外形主要看车型设计，工艺是否精良。除了解汽车外形、颜色外，可以对照生产商的资料介绍看车长和车高，看车长可以了解车内空间及行李箱容量，看车高可以观察与整车的比例及后座乘坐空间是否充裕。如果你不喜欢一辆车的外形，就很难说服自己购买此车，毕竟你要天天看见它。汽车外观造型的优劣，虽然没有统一的标准，但它确实存在于每个人的心中，它是影响你购车的一个重要指标，甚至可能是首要指标。

车身做工的优劣

车身做工，主要指车身钣金件装配间隙的做工，也就是我们常说的车身钣金之间的缝隙如何。其衡量指标主要有两个，一是接缝是否均匀，二是接缝大小是否符合标准。

车身做工的优劣，对其行驶性能、可靠性能和舒适性能影响极大。如果钣金接缝不匀，说明其装配不到位，装配工作有缺陷，或松或紧。我们有时驾驶汽车时会感觉车身有散架的感觉，或经过高低不平沟坎时车身响声不断，或路面噪声较大等，都可能是由车身钣金装配不佳造成的。因此，钣金接缝效果已成为衡量车身做工水平的一个最重要指标。钣金接缝不匀不仅会造成上述影响，直接影响汽车的多种性能，而且有的车随着时间的推移，其钣金接缝还会变化不断，有的地方越来越大甚至“呲牙咧嘴”，有的接缝则可能越来越紧甚至“亲密无间”。而钣金接缝均匀的汽车，由于其车身钣金装配比较规范，松紧度合理，其接缝间隙变化的可能性就比较小。

汽车内饰设计

汽车在使用时，与驾乘人员接触最亲密的部件就是汽车内饰，它与驾乘人员肌肤相亲，视觉效果极其强烈，直接关系到汽车的舒适性能甚至安全性能。一款内饰设计人性化较差的车型，一定不是好车。

评价内饰人性化设计优劣，最好的办法是亲身试试，因为每个人的身高和手长都不太一样，许多车型也不是针对中国人设计的，所以对他人来说人性化设计较佳的车型对你并不一定合适。亲身试验时，转向盘、变速杆、各种控制开关、调整旋钮等，最好是在双手不需做明显动作的可触及范围内，这样不仅可以减少误操作，还可以降低驾驶人的疲劳程度。

汽车转向准确性

转向准确性是指汽车行驶方向与转向盘转角指向保持一致的能力。由于从转向盘到前轮之间要通过几大构件，如转向柱、转向万向节、转向传动轴、转向器、转向摇臂、转向拉杆等，才能将驾驶人的转向意图传达到前轮。在此过程中，由于各部件的摩擦且转向力的传递需要一个过程，其间必然会产生转向角度误差或转向时机延迟，如再考虑转向助力的加入，其误差可能还要更明显。因此，汽车设计者会尽力调整转向机构的设计和制作，尽可能地让汽车的转向轮严格执行驾驶人的命令，按照驾驶人的意图转向。

影响转向准确性的主要因素，就是转向机构的设计和装配质量。如果转向机构各部件配合不好，或调整不好，连接部件间或紧或松，都会影响汽车转向的准确性。因此，在选购汽车时，即使是同款车型，其转向准确性也可能会有区别，因为装配好坏也会影响到转向的准确性。所以，最好的办法是亲自试试，看看转向盘的旷量是否过大，方向的反应是否直接。

路感清晰利弊

路感就是汽车在行驶中驾驶人对路面的感觉，或者说是通过轮胎、悬架、转向机构、座椅等传递给驾驶人的路面信息，是汽车对路面信息的反馈。路感是否清晰，对安全行车和更好地驾驭和操控车辆非常重要，也是运动型车或跑车非常重要的性能指标，它可以使你真切地了解汽车所驶过的路面情况，以便进行有针对性的操控。否则，如果路面信息不清，驾驶人对正在行驶的道路条件不清楚，就对行车安全和提高行车速度不利。

路感不清，当然对行车不利，但如果路感太清也会影响行车的舒适性。因此，路感要恰到好处，这个火候的掌握就是各厂家技术水平的反映。路感的清晰度不仅要恰到好处，而且要与车型定位相符。一款强调运动性或操控性的车型，它的路感要清晰；反之，一款强调舒适性的车型，在保留必要路感的条件下，不能让路感太过明显，否则就影响其舒适性。

转弯直径越小越灵活

最小转弯直径代表汽车的机动性，它在很大程度上表征了汽车能够通过狭窄弯曲地带或绕开障碍物的能力。转弯直径越小的车型机动性越好，在城市驾驶、停车入位、转弯掉头、穿越胡同、越野驾驶时更有利。

将汽车的转向盘转动到极限，以极低的速度让汽车进行圆周运动，这时汽车前轴的中点所形成圆周的直径就是最小转弯直径。转弯直径与汽车的轴距、轮距及转向轮的极限转角直接相关，轴距、轮距越大，转弯直径也越大；转向轮的极限转角越大，转弯直径就越小。

汽车保养维修费用

当你将汽车买回家后，它的保养维修费用也基本确定了，因为厂家在使用说明书中就规定了行驶多少千米后必须进行保养和维护，而每次在4S店保养的价格他们也确定了，你基本无从选择或控制保养费用的高低，除非你不在4S店进行保养和维修。因此，要想减少保养维修费用，就必须在选购车时下手。

保养维修费用与两大因素有关，一是保养周期，二是单次保养费用，最终看平均到每千米上的费用是高还是低。保养周期在使用说明书中有详细说明，各品牌车型不太一样。最好的办法，就是计算平均到每千米上的费用。即使每千米平均费用一样，保养周期长的车型在保养上也较有优势，因为你至少可少跑几次4S店，可省不少麻烦事。

理论油耗

每个车型都有厂家公布的理论油耗值，这是在实验室中以统一的标准测出来的。从2010年起，每辆车上都要贴上油耗标识，注明市区油耗、市郊油耗和综合油耗的数值。其实，这些数值也是理论油耗，你在实际使用中的燃油消耗要高于这个标识数值。

理论油耗对购车者来说，它的最大意义在于可以进行车与车之间的比较。比如，有两款车，一款标识上的综合油耗数值较高，另一款较低，那么在同样行驶和驾驶条件的实际使用中，标识数值较高的车型其实际油耗也会较另一款车高。

汽车允许使用燃油标号

汽车“喝”什么油，这是压缩比做主。压缩比越大，要求汽油标号越高。通常压缩比在8.0～8.5应选用90号汽油，压缩比在8.5～9.5应选用93号汽油，压缩比在9.5～10.0应选用97号汽油。但是，现在不少经济型车为了适应我国国情，对发动机进行了调校，使一些高压缩比的发动机也能使用93号的汽油。

一般轿车的油箱盖内侧上，都标注有该车需要加注汽油的标号，《用户手册》中也有该车适用什么标号汽油的说明，也可向4S店咨询。

保值率

保值率是指某种车型在使用一段时期后的易手价格与原始购买价格的比率，它取决于汽车的性能、价格、可靠性、配件价格及维修便捷度等多项因素，是汽车综合水平的体现。一般来讲，保值率高的车型共有三种：首先是具有高品牌价值的车型，这类车的品牌价值不会因汽车性能的衰退而贬值，因此它的残值较高；其次是市场上保有量大的车型，这类车型的使用成本和维修费用低，配件便宜，维修方便；三是经典车型，用户忠诚度高，从不缺少购买者。

对于准备购买新车的消费者来说，如果你还在几款车型中拿不定主意，可以先到旧车市场上去了解一下同品牌车的旧车价格和保值情况，然后就可以轻松做出购车决定了。

新车故障率

新车故障率是调查得来的，而且因“新车”定义的不同而有多种调查法，一般以一年内的车型为“新车”，在此期间产生的故障一般与汽车制造有关。而使用时间较长后，受车主保养维护和驾驶习惯等因素影响较大，这以后发生的故障很可能与制造没太大关系。

虽然国内现在有不少新车故障率调查，但可信度高的并不多，最好的新车故障率调查还是车主口口相传的用车修车经历。因此，在选购汽车时，最好参考同款车车主们的意见，他们对新车故障率和售后服务情况的发言是最靠谱的。

整车性能

整车安全性

买车首先选安全，驾乘安全对于那些追求高效率、高节奏生活的汽车消费群体来说尤为重要，高度的安全性也成为一款优秀轿车必备的品质。

从汽车本身的设计和配置来看：

（1）质量大的汽车比质量小的汽车安全性能好。

（2）配置盘式制动器的汽车比配置鼓式制动器的汽车安全性能好。
（3）安全带和安全气囊可提高汽车的安全性。
（4）配置 ABS 防抱死制动装置的汽车比配置普通制动装置的汽车安全性能好。
（5）车窗大和视野广的汽车安全性能好。

整车操控性

汽车的操控性，通常用汽车的转向性能、制动性能和附着性能来评价。
（1）配置动力转向装置的汽车比配置普通转向装置的汽车操控性能好。
（2）悬架较硬的汽车操控性能好。
（3）四轮驱动的汽车操控性能好。
（4）ABS 防抱死制动装置可有效防止汽车制动时操纵失控。
（5）配备宽轮胎的汽车附着性能好，可防止汽车在行驶中纵向和侧向打滑。

整车动力性

汽车的动力性，通常用汽车的最高时速、加速能力、上坡能力 3 项指标来评价。
（1）如果你的车需要经常重载或爬陡坡，或者你习惯于高速行驶，就应该考虑购买大排量或大功率发动机的汽车。
（2）同样功率的发动机，配置 5 挡变速器要比配置 4 挡变速器的汽车动力性能好。
（3）质量轻、流线形好的汽车动力性好。

整车舒适性

舒适性主要包括汽车行驶的平稳性、缓冲减振性能、驾驶及乘坐姿势、车厢内的噪声及温度调节等。
（1）六缸发动机要比四缸发动机运转平稳。
（2）发动机前置前轮驱动或发动机后置后轮驱动的汽车，比发动机前置后轮驱动的汽车振动噪声小。
（3）独立悬架汽车比非独立悬架汽车减振性能好。
（4）悬架较软、车内空间较大、座椅可调、轴距较长、车内有冷暖空调的汽车舒适性较好。

整车便利性

便利性的高低，不仅代表其价值高低，更代表设计者对使用者的尊重程度。使用起来比较别扭的车型，自然不能称为好车。
（1）空间变化体现“多用途”或“多功能”的车型便利性好。

（2）储物格取拿方便的车型便利性好。

（3）便于从行李箱取拿行李的车型便利性好。

（4）配备智能钥匙的车型便利性好。

（5）“一触式起动”的车型便利性好。

整车经济性

汽车的经济性，通常用汽车的每百千米耗油量来评价。

（1）体积小、质量轻、流线形好、发动机排量小的汽车经济性好。

（2）电喷车比化油器车经济性好。

（3）柴油车比汽油车经济性好。

（4）手动变速器的汽车比自动变速器的汽车经济性好。

整车道路适应性

汽车对道路的适应性，是指汽车通过松软地面、不平路段、陡坡、侧坡，以及跨越壕沟、台阶和涉水等的能力。

（1）四轮驱动的汽车、发动机功率大的汽车、驱动桥中装有防滑差速器的汽车、装有牵引力控制系统的汽车，以及悬架偏硬的汽车对道路的适应性好。

（2）底盘较高、最小离地间隙较大的汽车对道路的适应性好。

（3）接近角、离去角、纵向通过半径、横向通过半径、轮胎半径、轮胎宽度较大的汽车，对道路的适应性好。

汽车经销商的选择

买车时最好选择诚信的汽车经销商，不要贪图便宜轻信一些不法经销商的宣传。一般每辆车都会有厂家与经销商的双重服务作为保障，但如果选择经销商不当就只能得到厂家的一种服务。服务的缺失，势必会使你缺失一重保障，同时加重你今后的用车负担。

（1）如果你还没有确定购买哪一款车型的汽车，还是先到汽车交易市场里逛一逛，在这里你会获取许多有关购车的信息，比如车的款式、价格、售后服务等情况。汽车交易市场的特点是规模大、品种全，经销商竞争激烈，能让消费者从汽车品种、性能、价格等方面有更多的选择。许多汽车交易市场还有完善的配套服务设施，为车主提供随车用品、装饰器件及其他服务项目。有些汽车交易市场内甚至设有公安、工商、交通、税务、保险等部门的现场办公点，购车者在市场内就可以方便地办理各种手续。

（2）如果你已经确定了自己要购买的品牌或车型，可以先到汽车品牌专卖店去看看。品牌专卖店的系列车型较齐全，库存量大，购车者有较大的挑选余地。品牌专卖店与汽车生产厂家有更密切的联系，经销人员的专业素质较高，工作制度和服务措施较为完善，一般为车主提供跟踪服务和专业维修，有利于消除车主在以后用车中的后顾之忧。

（3）如果你想得到更为便捷优质的服务，可以到汽车经销商的4S店去看看。4S店是集整车销售（Sale）、零配件供应（Spare part）、售后服务（Service）和信息反馈（Survey）4项功能为一体的汽车服务店，这种综合服务方式确实为汽车消费者提供了便捷优质的服务，不过也有些4S店存在着服务质量差或收费高的问题。

购车时机的选择

（1）旺季淡季，适宜购车。秋冬季节的汽车销售最为火爆，因为在年末、年初或汽车销售政策的调整公布阶段，汽车的价位及销售、付款方式等，一般来讲往往会发生一定的变化，降价的可能性大。年底，一些商家要急于完成销售指标，也常常降价处理一批积压车。而春夏季相对来说就清淡了许多，品种相对较少，顾客也少，服务的力度就会加大，你可以充分挑选和试驾各种看好的车型，同时又可以得到专业性较强的优质快捷的售中、售后服务。

（2）市场平稳，适宜购车。在购车前，要多了解各个厂家近期的有关举措及销售导向，比如价格涨落、车型改进、市场发展目标等方面的动向，把购车时间选在市场较为平稳的阶段才对。否则，你刚买了车，入户手续还没办好，车价就下调了几千元，岂不很惨！

（3）购车日期，非节假日。掌握了大的时间方向后，还要注意具体的购车日期的选择，最好选在非节假日购车，因为这个时间的消费者不会扎堆，销售人员的精神比较放松，心情也会比较好。如果你的驾车技术不错，他们甚至可以让你试驾更长的时间或更远的路程。

零千米汽车的选择

国际汽车产业协会曾对“什么是新车”下了一个定义：行驶记录不超过80千米的轿车才算是新车，也就是所谓的“零千米车”。有些汽车生产厂家与销售地相距较远，新车下线后就由雇佣驾驶人将车开往销售地，雇佣驾驶人在这一路途中为了节省开支，常常违反新车初驶磨合规定而长时间超速行驶，导致发动机早期磨损，使新车在使用中性能下降，缩短了汽车的使用寿命。有的经销商为了保证新车的零千米，采取断开液晶里程表电路或拔掉机械传动式里程表软轴的方法来欺骗消费者。因此，在选购车辆时，消费者一定要擦亮眼睛，仔细察看是否是完全新车。

（1）不要相信仪表上的里程数据，技术水平再低的经销商也能让里程表停转，或干脆更换全新仪表。

（2）观察轮胎的磨损和底盘的清洁程度。汽车行驶一定里程后，轮胎都会磨损，底盘也会有清洗后的痕迹。

（3）察看制动踏板、转向盘、变速杆等操作部件的清洁程度，以此判断是否曾经使用过。

（4）询问所选车是否充当过样车。

（5）用户直接到生产厂家提车，这样最有可能得到零千米车。

库存车的选择

考虑是否是库存车应以制造日期为准。一般来说，生产日期已超过 6 个月的国产车，就应该算是库存车了。进口车的时间可以长些，因为进口车要海运过来也需要一定时间，但如果超过 10 个月，也可以认为是库存车了。库存车如果价格上能优惠很多，而你对车况有一定的鉴别能力，并具备一定的维修常识，这将给挑选库存车提供较大的方便。否则，你还是最好请一位行家一同前往挑选库存车。

（1）挑选库存车时，需要仔细检查橡胶件是否有老化的现象，主要是察看刮水器、水泵或发电机传动带、散热器胶管、轮胎等部位。检查蓄电池是否有问题，可以启动发动机，根据发动机运转是否有力来判断蓄电池的存电情况。在发动机工作的状态，检查其运转时是否有异常情况。

（2）购买了库存车，在使用前最好进行一下全面检查，并例行一些常规的维护，如更换润滑油，因为如果车辆长时间不使用，润滑油会沉淀或结胶，影响发动机润滑系统的正常工作；同时看一下防冻液是否褪色，必要时最好更换；对燃油箱、输油管、喷油嘴等进行清洁，保证油路畅通等。总之，通过必要的检查与维护，以消除库存车的故障隐患。

试驾的注意事项

消费者应把握机会，充分利用试驾得到自己想要的信息。不要只是绕着 4S 店缓慢开上一小圈，那样由于准备得不够充分，开过之后对车的印象还是很模糊。

（1）试驾之前，做足功课。试驾前要详细查阅新车相关信息，包括外观特点、车身颜色、配置、底盘、发动机特点等，甚至要详细到车内的配置如何操作，有哪些亮点，尽量做到事无巨细，这样会起到事半功倍的效果。因为，只有在充分了解的基础上，才能够更加深刻的体会，即便是提问题也会提到点子上。

（2）站在车外，考察外观。即便是看到实车，在室内和室外的感觉也不一样，在晴天和阴天的感觉也会不同，因此要仔细观察。考察外观时，要检查车体覆盖件之间的缝隙是否紧密，用手轻敲车体钢板，并开关车门听听声音是否饱满，以此检验车身的材质和结构是否精良。

（3）车内观看，注意细节。看过外观后，就要进入车内观看了。注意车门的角度是否过小，会不会给驾乘人员出入带来不便。打开车门后，感觉车窗设计是否视野开阔、采光充足，然后坐到驾驶人座位上，系好安全带，亲自调节座椅及后视镜，感受座椅的舒适度和可调节性，以及头部和腿部空间是否充裕。感受完前面后，再保持驾驶位置不动，感受一下后排空间，然后再回到驾驶座，感受一下座椅的舒适性和包裹性。伸手操作一下相关配置的按钮，感受一下是否便利，是否容易操控，是否符合自己的驾驶习惯。

（4）开始操作，点火启动。着车，感受怠速状态下的声音和振动，这个步骤可以体验到车辆隔音效果。另外，还要体验一下发动机起动后车身、转向盘和变速杆是否振动。如果发动机怠速运转很平稳，车身振动小，转向盘和变速杆都微弱振动，说明该车振动控制得不错，然后放下车窗，体会一下车内外声音的变化，考察车辆的隔音密封性。

（5）行驶性能，仔细感受。比较发动机在不同转速下汽车的表现，从而清楚了解汽车动力性、加速性和操控性。变速器也是重要的参数，试驾时应查看变速器的挡位是否明晰，体会提速换挡是否平顺。这时，缓踩加速踏板，轻抬离合器踏板，车辆起步应平稳，不应犯卡、挂不上或摘不下或齿轮有响动。行驶中，换挡应轻便无噪声，否则说明离合器分离有问题。如果进一步检查离合器，可挂上二挡，拉上驻车制动器手柄，然后松开离合器踏板，如果发动机不熄火，就表明离合器在打滑或磨损过甚。

（6）转向性能，多试多听。通过加减挡位，轻打转向盘，感觉转向系统是否满意。有可能的话，试验一下高速驾驶情况，感觉高速行驶的稳定性、抓地感，看是否有车轮摆动、方向发飘的现象。如果在高速行驶时感觉转向盘很重但转向积极，车身在猛烈转弯时倾斜不厉害，就说明该车的动力转向系统性能卓越。没有其他车辆时，可试试蛇行，感觉一下车辆的操控性能。试车时如遇上立交桥，可感觉一下加速和动力情况。总之，在正常行驶时，方向应不跑偏，能自动维持直线行驶；在转弯后，可以基本自动回正；车辆掉头，左右转向打到极限时，车轮应无异响。

（7）不同车速，测试制动。优秀的制动系统在制动的灵敏性、效果的稳定性等方面均有突出表现，轻踩制动踏板就会有迅速而平稳的响应。按不同车速测试紧急制动的感觉，如分别以40～60千米/小时的车速紧急制动，检查制动时方向的稳定性，如果松开转向盘制动，汽车应能保持原来的直行方向。装有ABS的汽车，以20～40千米/小时的车速在各种路面上全力制动时，车轮不应抱死。

（8）糟糕路面，进行测试。找一段比较糟糕的坏路面行驶，检查汽车是否有异响或硬物碰撞的声音。在怠速阶段，发动机不允许熄火。轻轻拉上驻车制动器手柄，汽车慢速行驶时应明显有被制动的感觉。当车轮轮毂损坏或车轮动平衡遭到破坏时，在转向盘或车身上会明显感到振动。

（9）其他性能，也要体验。最好也能体验一下该车的中速超车能力和爬坡能力。当发动机在中低转速下，转矩输出值越大，汽车的提速性能和中速超车能力就越强，爬坡能力也越稳定，感觉如履平地。试车行驶约15千米时，可以检查冷却液温度及变速器、驱动桥的油温是否正常。这时，试驾基本上就可以结束了，对于经济性就只能去听听别人的经验了，但这些仅供参考，毕竟路况和驾驶习惯都不会相同。试驾结束后，别忘了借此机会问问4S店车辆保养的价格和周期，这些都关系到今后的用车成本。

（10）试驾安全，不容忽视。有驾照但没“摸”过车的新手，或者根本没驾照的消费者，请不要将试车当成练车。而有驾车经验的消费者，在试车时也要将安全放在第一位，并在试驾前看清与车商所签订的试驾协议约定，以免在试驾过程中发生意外，引起不必要的纠纷。

验收新车的注意事项

验收新车时，如果不细心认真，等到车开回去再发现少了什么，哪儿有什么毛病，经销商肯定是不会认账的。因此，为了自身的利益，消费者在验收新车时千万不能马虎了事。

（1）带齐票据，做好准备。如果是现款提车，要准备好身份证、驾驶证、银行卡等；如果已经交款只是单独提车，提车前带齐发票、出厂证、保险单、保修单，以及说明书等，这些东西主要用于核对排气量、出厂年月、车架号、发动机号等内容，这些要与说明书上的一致。

（2）零千米车，重要指标。验收新车，一个很重要的指标就是选择“0千米”的新车。当然，厂家发运过程也可能会行驶一段路程，这样新车的里程表上显示行驶了10～20千米是正常的，可以认为还算“0千米”的新车。千万不要选择已经行驶了过多里程的新车，尽管这段里程是送车里程，但因为送车驾驶人可能会为赶时间而超速行驶，违反新车磨合期的行驶规定，造成磨合不良甚至发动机早期磨损，买回这种车可能会有后患。

（3）车型参数，仔细核对。发动机号、车架号、产品合格证及出厂日期，这些都是标明一辆车“合法身份”的特征。核对时，先核对汽车型号，由于不少汽车是用多个英文字母代表其结构特点及有关参数，型号代码比较长，核对时一定要细心；核对发动机型号与说明书、发票上的是否相同，发动机是电喷机还是化油器机，或者是进口机还是国产机；核对发动机号码、车身（架）号码，要与说明书上的一致，如果不一致，车管所不给办理上牌手续；查看汽车出厂日期，如果是很久以前的产品，建议换一辆最近出厂的；如果购买的是进口车，应仔细查验进口货物证明以及关税、增值税等各项应交的税单。

（4）车身颜色，不可忽视。核对车身颜色是否是你预先选定的颜色，是金属漆还是普通漆；环绕汽车一周，仔细查看油漆颜色、全车颜色是否一致；车身表面有无划痕、掉漆、开裂、起泡或锈蚀；用手摸有无修补痕迹，看看是否有脏物或灰尘遮住了残伤痕迹，以此检查是不是测试车。

（5）检查油液，是否泄漏。检查散热器是否有水滴在地面，或者散热器下部是否有明显的水滴凝集。用手摸摸散热器底部，如果有较多的水分，则可能是散热器存在漏水问题；检查发动机底壳是否有机油渗漏；检查后桥主减速器壳是否有润滑油渗出；检查转向器是否渗油；检查燃油供给系统，特别是燃油滤清器、各燃油管路是否漏油等。

（6）车内设施，是否完好。打开车门，检查车内座位是否完整，坐垫及椅套是否美观大方，座椅能否前后调整，乘坐是否舒适，有无安全系统，安全带伸缩是否自如；检查车门与侧窗开关是否灵活、安全、可靠，手动或电动车窗操纵是否正常，门窗及前后风窗玻璃密封是否良好，玻璃是否存在裂纹，后视镜中景物图像是否清晰；检查车内各装饰件安装是否牢固可靠，特别是车门拉手是否松动，内顶篷是否有松脱现象等。

（7）电气系统，是否合格。检查蓄电池各接线是否牢固可靠；检查蓄电池电解液液面高度是否符合要求；检查刮水器、喷水器是否工作正常；检查各车灯，如前照灯、示宽灯、制动灯、转向灯、防雾灯、牌照灯、车厢灯等是否工作正常；按一按喇叭开关，检查喇叭是否响亮；检查里程表有无读数记录，对于新车，其数值不应超过 10 千米；拉紧驻车制动器手柄，挂上空挡，启动发动机，检查发动机启动是否容易，并观察各仪表及电器报警装备是否正常。

（8）检查轮胎，是否正常。检查备胎与其他 4 个轮胎规格是否相同。正常新车轮胎应该是胎壁无任何损伤，前后轮胎胎毛还在，无划痕或划痕小，这表示车辆行驶路程较短。检查一下防盗螺栓的接头，如果不配套赶紧更换。此外，还应检查四个轮胎的气嘴帽是否还在。

（9）最后一关，路试检查。通过一系列检查后，就是试车检查了。启动发动机，聆听转速情况，检查发动机运转是否轻快、连续、平稳而无杂音、异响；轻踩加速踏板，发动机转速应是连续、平稳地提升；车辆起步前行，换挡时应平顺，不应出现换挡困难及齿轮异响现象；轻踩制动踏板，检查制动系统的制动力度，以及制动时的方向稳定性是否良好；检查滑行性能，在 20 千米/小时的车速下挂空挡滑行，应可滑行 50～80 米；多绕些弯路，检查转向系统，看汽车是否有良好的操控性；在不平路面上加速行驶，感受汽车的减振性能是否令人满意；高速行驶，检查汽车的高速行驶性能等。

（10）其他检查，也要考虑。检查发动机、变速器、后桥的润滑油油量是否在规定范围内，润滑油是否变质；检查散热器冷却液高度是否符合要求；检查发动机各传动带是否有损坏及缺陷，张紧力是否合适；检查随车工具是否齐全等。

女性买车的注意事项

现在，越来越多的女性坐进汽车驾驶室里，自信地驾驶着轿车驰骋于城市乡村之间，构成了一道道美丽的香车美女风景线。女性买车应注意以下几点。

（1）购车时候，带好参谋。女性购物往往比较冲动，不像男人那么理智，对于要购买动辄十几万元的车来说，女性还是需要保持头脑冷静，考虑周详。因此，女性在选车时最好带上男友或老公或声势浩大的“参谋团”，前提是你的“参谋”必须要懂车，这样你只需要负责看车的外形和内饰设计，至于车的性能等技术性问题，都统统交给“参谋”去把关。

（2）腿脚勤快，车比三家。女性购物，天生喜欢货比三家，因此在选购轿车时更要货比多家，多到汽车交易市场、各品牌专卖店等场所去看看，做到心中有数，也可动用三寸不烂之舌探探车价的底线。不过，汽车作为高挡消费品，不像买件衣服或买盒化妆品，价格固然能比个高低，但千万别忘了问询服务及维修。

（3）买车养车，做好预算。很多女性都是理财高手，买车前不妨发挥一下自己的这个特长，给买车养车作个充分预算。除了备足购车的款项外，对一两年之内的养车费用也应做出合理的支出计划。否则，今日买车潇洒，明日度日艰难，买车也就失去了提高生活质量的意义。

（4）符合潮流，颜色多变。由于女性往往凭感觉去选车，“外观颜色”在女性购车潜意识中仅次于“性价比”而居第二的重要位置，所以可以选择的车子颜色比较多。如果你是职业女性，不妨选外形色彩庄重、线条平实、大小适中的车辆；如果你是时尚女性，选色彩艳丽和小巧独特的车子，不仅可以吸引目光，而且可以在拥挤的道路上穿梭自如。

（5）选择车型，留意身材。现在，有不少小巧玲珑的女性为了方便开车，往往要在座椅上加一两个坐垫，这样一旦突然制动，坐垫移位，很容易引发交通事故。因此，身材小巧玲珑的女性在选购轿车时，最好选择座椅和转向盘都可调节的车型。

（6）方便操控，好看好开。女性选车时应尽量要求车子操作简单，不仅好看而且要好开。此外，女性往往最不喜欢整天为车烦心，所以还需考虑一些大厂家的知名品牌车型，一方面故障率低一些，另一方面去4S店修车也省事得多。至于是选择自动挡还是手动挡，这完全取决于女性的个人驾驶习惯。如果你偏爱快车驰骋，则选择手动挡为宜，操作性和驾驶体验最能得到满足；如果你经常在市区开车，为避免塞车换挡的辛劳和半坡起步的后溜，还是建议买一辆技术含量较高的自动挡汽车。

（7）既要好开，也要安全。从安全角度考虑，女性选购轿车，选主动、被动安全配置越高的车型越好。一些配置对女性安全非常重要，如具有中控锁的车辆可以随时关闭车门，能更好地防范坏人的侵袭等。

（8）油箱容量，可以大些。女性选择一台油耗低、油箱容量大的车型十分重要。以女性偏爱的迷你车来说，油箱总容量以超过40升者为最佳。此外，女性驾车一般时速不高，对排量和动力的要求也不高，一些小排量的自动挡轿车比较适合。

（9）底盘低些，轮胎宽些。女性为了便于上下车，最好还是购买底盘低些的汽车。此外，女性车主尤其是初学者，开车技巧一般都稍欠成熟，所以标准轮胎的宽度越宽越好，这样开起来会更加平稳。以迷你车常用的轮胎宽度来说，145毫米或155毫米的略嫌太窄，如果能超过165毫米或175毫米会更理想。

（10）回转半径，较小为宜。女性选购时，应该考虑具有较小回转半径的车辆。通常情况下，回转半径越小的越好转弯，不论是停车还是进出巷道都会比较方便。以迷你车而言，回转半径平均低于5米者都很理想。

家庭买车的注意事项

谁都希望拥有一辆车，能在周末和家人一同驾车外出郊游，享受难得的温馨时光。家庭买车应注意以下几点。

（1）价格适中，外表时尚。从专业的抽样调查结果来看，有68%的消费者认同价格排在影响购车因素的第一位。如果一款家用车具有时尚外表又有人性化配置，消费者能够接受的价格基本是15万元左右。

（2）空间宽敞，乘坐方便。家庭购车，车内空间是否具有便利、变化灵活的特点是首要考虑因素，因为现代家庭普遍是“夫妻二人+孩子+双方父母”的现代家庭结构模式。如果一款车既具备灵活宽敞的空间又具备高级车的舒适感，那么这样的车辆就是家庭应该考虑购买的。

（3）全家出游，能够满足。家庭应该选购适合全家出游的汽车，这车必须可以配合出游计划、应载人载物的不同需求而随时应变。首先，车内的空间要宽敞，可以让全家坐得舒舒服服；其次，第二、三排座椅可以灵活调整，而且最好让老年人或小朋友都可以简单地进行操作；最后，车内的配置一定要有“家”的感觉，拥有高质感家居风格、舒适座椅等配置。

（4）对于内饰，质感要高。现在许多人认为满足要求的家庭轿车，内饰质感要具备高级车一般的高质感。有很多家庭准购车者表示，内饰品质会影响自己的购车决定，为了获得自己满意的车，多花一些钱也是心甘情愿的。

（5）厢式汽车，适合家用。对于车的空间大小，外观尺寸是硬性指标。如果家庭用车长途旅行，或者因为家庭成员多或朋友多而需要更大的车内空间，那么就要考虑买一辆有更大载人载物空间的汽车了。厢式车很适合做家庭用车，因为它的大滑门使得进出方便，载物区宽敞，窗户很大，能给孩子明亮的视野。

（6）因人而异，看人选车。在选择适合你的家庭车型时，需要考虑你要载多少人。比如，你们是三口之家，那么你可能需要一辆小型或中型的轿车，便宜而且省油。但绝大多数汽车能载 5 人，那么后排中间位置坐着就不那么舒服，买车时要着重考虑后排座椅的乘坐质量。

（7）孩子年龄，决定车型。如果你的孩子年龄很小，也许需要的乘坐空间不大，但如果你几年内都不想换车的话，就要慎重考虑汽车的乘坐空间。如果你的孩子到了能开车的年龄，他们就更喜欢自己开车，所以就要买一辆方便他们学车的操控性好的车，那小型中型的轿车或厢车就是不错的选择。

（8）适用性能，也要考虑。对小家庭而言，轿车的行李箱就能提供足够的载物空间。但对大家庭或者有很多户外活动的家庭而言，足够的载物空间就很有必要了，这样就可以选择厢车或者大的 SUV。选购时，除了要考虑载物空间的大小，还要考虑它的适用性。比如，后排座椅能否折叠，如果运载超长的物品，前端乘客座椅是否也可以折叠。

（9）用车环境，决定车型。你的用车环境和所处的地理环境决定了你需要哪种车型。比如，对于多雨少雪的地区，两轮驱动的车型就很好。全轮驱动并且有牵引力控制的车型更适合打滑的路段，而全轮驱动更会提供全方位的安全保护，几乎适合于所有的雪地和不太干净的马路。如果你面对的是很糟糕的路况，就必须选择四轮驱动的车型。

（10）是否省油，考虑清楚。油耗是车辆使用成本的重要部分。选购轿车时，需要考虑清楚省油是否对你很重要。一般而言，汽车越大就越废油，轻巧型的小轿车在燃油方面是最经济的，但大而重的 SUV 却正好相反。

工薪阶层买车的注意事项

无论从哪个角度看，对于工薪阶层来说，买车都是一门学问，都得学会算计，以免沦为车奴。工薪阶层买车应注意以下几点。

（1）按揭购车，需要三思。由于担保公司在办理汽车按揭业务过程中，为追求利益最大化，出现了种种不规范的操作黑幕，常常会让消费者上当受骗。此外，按揭消费只是因人而异设计的理财方式，它首先是以自身实力为前提，否则最后不光透支金钱，还透支信誉。因此，收入变化不大的工薪阶层最好不要按揭购车。

（2）二手车辆，买车首选。对多数工薪阶层来说，买车实用应该高于“面子”，因为当前市场对车辆价格评估越来越科学，二手车的价格也越来越透明，特别是二手车市场的“新车”占有量越来越庞大。消费者在选购时，应选择一些信誉度好、知名度高的企业或经销商，买车的价位以不超过家庭两年的收入为宜。

（3）见机行事，出手要准。在购车前，一定要了解当前的车市情况和各种车型的降价、打折情况，并根据自己的经济实力考虑在什么价位出手。一般情况下，价位越高的车降价空间越大，经济车也不例外。从时间上讲，每年第三季度是新款车型上市期，各类汽车博览会或促销活动将更为频繁，这些都将会影响到二手车的销售价格，因此，第三季度后期和第四季度初期是购车的好时机。

（4）汽车排量，够用就行。工薪阶层选择轿车时，在满足动力性和加速性要求的前提下，尽量选择排量偏小的车型。通常情况下，发动机排量的大小直接决定油耗的大小。家轿的黄金排量在1.6～2.0升，一般在都市里使用，偶尔到郊外跑跑。排量够用就行了，一年省出的燃油费差不多够一年维修和保养的费用。

（5）新推车型，缓买实惠。如果你不太追求新潮，而更在意实在，那就大可耐心地等上一年半载再出手购买中意的车。一般来说，一款新车的价格要比已经上市一两年的旧车型价格略高一些。

（6）车型品牌，考虑实用。每个人因为价值观的不同，选车时都会有自己的标准，但无论喜欢什么样的车，第一条不能忽视的就是它的品牌。工薪阶层选择时，应多从使用角度考虑，可选择节省燃油、售后网点多、配件易买且相对便宜的品牌，这样在使用、维修、保养等方面会轻松许多。

（7）工薪买车，首选国产。工薪阶层在买车时应多考虑国产车，因为我国汽车业近十几年的发展结果，使主要车型和品牌都是国外的，几乎没有中国自己土生土长的轿车品牌。就算是买国产的轿车也是国外的牌子，性能与进口车相近，但是价格却有天壤之别。

（8）过渡车型，实用方便。工薪阶层攒点钱是很不容易的，买车图的也是实用方便，因此要量力而行，以免日后养车力不从心，沦为车奴。收入中等者，可以选择中低挡的过渡车型，既可享受用车之便，又不会增加经济负担。

（9）次要配置，可有可无。凡是涉及车辆舒适、豪华、便利的次要配置，如 CD 音响、铝合金轮毂、金属漆、防撞侧杆、电动后视镜、电动门窗、顶窗、防盗设施，以及水杯托架、储物箱等，可以在用车过程中逐步增加，不一定非要买车时全部配齐。

（10）一步到位，不可强求。现在不少工薪阶层在买车时，为了买到自己心仪的汽车，常常不惜将家底倒空，甚至四处举债，想的是要买就一步到位。由于日后养车还需要一笔费用，再加上偿还购车借来的钱，肯定会给家庭带来日后的经济压力。

买辆保值车的注意事项

消费者在买车时应清楚地认识到，自从你把一辆车开出 4S 店开始，无论再怎么爱惜，它就已经开始贬值了。面对这个残酷的事实，最现实的办法就是买一辆保值率高的车型。

（1）新车下线，一年左右。买车时，最好是在新车下线后一年左右，因为一般车辆销售到这个阶段后价格中的水分已经残存得不多了。同时，汽车生产线经过一年的磨合，也确保了车辆品质，这时候是最佳的购买时间。

（2）法律规范，一定符合。买车时，一定要购买符合国家即将颁布法律规范的车辆，比如排放标准，这样当国家实行新的高标准时，你的轿车才不至于迅速贬值。

（3）保有量大，保值率高。某些车型的市场保有量较大，使用起来方便，维修也比较便宜，市场认知度比较高，那么这些车型的二手车在交易时价格会高些，相反就要便宜一些。

（4）即将停产，不要购买。不要购买即将停产的车辆，因为生产厂家已经停止量产的一般是热销了四五年的车型，或者是从没热销过的失败车型，这些车型会受到市场冷落，使二手车贬值加速。

（5）非豪华型，尽量购买。选购时，尽量买一款车型的基本型或舒适型。与豪华型相比，它们的降价空间相对要小得多，保值率也就越高。

（6）车企口碑，不容忽视。买车时，企业及车辆的口碑不容忽视。如果有些企业喜欢频繁降价，或对于某款车型人们普遍认为定价过高，或认为其性能不佳，在购买时一定要谨慎。通常情况下，车价表现稳定和口碑好的车型保值率高。

（7）品牌越大，车越保值。汽车品牌也有大小，大品牌汽车市场占有率高，售后服务网络健全，配件价格会相对便宜，车辆保值率就相对较高。而小品牌汽车，会受到市场竞争的影响，或者过了两三年被市场淘汰，保修都有困难，这种车还谈何保值。

（8）使用成本，需要考虑。如果是在起步阶段，可以考虑购买经济型轿车，这类汽车的总价较低，即使跌幅不小，跌的总值也不会太高。在旧车市场有这样一个规律：越便宜的车保值率越高。

（9）不同车系，不同保值。汽车的血统是由设计单位和生产企业共同作用实现的，是决定车辆保值率的重要因素。在目前国内的德系、美系、日系、法系、韩系等主力车系中，德系车的保值率是最高的，美系车次之，日系车则表现欠佳，保值率相对较低的是韩系车。

（10）购买车型，可随大流。当前二手车市场的热门车，往往正是两三年前新车市场的抢手货。如果你在新车里拿不准哪个最保值，购买时随大流也可以，选择其中销量最大的车型即可。

买到质量不好的汽车后怎样索赔

当车辆第一次出现质量问题时，消费者千万不要就近随便修理，一定要到经销商指定的修理厂进行修理，并认真做好修理记录。如果车辆日后屡修不好，消费者可据此向经销商或厂家索赔。索赔一般有以下几种情况。

（1）到购车 4S 店的维修部门或生产厂家设在当地的维修服务站反映，经过验车属实后可办理修理或更换配件。如果是进口车，手续就比较麻烦，需要向购车处的维修部门申报，并送当地商品质量检验机构验车，然后向厂家提出索赔。

（2）如果某故障在同车型上发生的概率大，就可联合其他出现此故障的车主一起和厂家沟通。如果不能解决，可以到当地市场管理部门或消协、技术监督部门或工商管理部门等寻求第三方的调解。如果还没有得到有效的答复，可以拨打国家质检总局缺陷产品管理中心的投诉电话：010-65537365，或者登陆中国汽车召回网的国家缺陷汽车信息系统进行投诉。

（3）如果上述方法均无效果，并且车辆确实出现了质量问题，那么只好通过法律途径解决问题了，这就需要用到维修时的资料。因此，如果确定是车辆出现了质量问题，最好从第一次维修开始就拍照，保留最直接的证据。

买车误区

（1）超需求购买。在美国，因为汽油价格从 2008 年的顶点回落，大家又开始热衷于购买大型车辆。“如果你需要的是一辆四缸的通勤车，最后你却买了一辆八缸的卡车，在这种情况下，你是自己最大的敌人！”KBB.com 的执行市场分析员 James Bell 说。因此，买车时一定要看准自己的需求，适合自己的才是最合适的。

（2）进口车总比国产车好。在以往的购车过程中，大多数人认为进口车总比国产车质量高和品质好。但是，随着现在合资车型在技术和工艺上逐渐与国际接轨，进口车的先天优势正渐行渐远。同时，由于奥迪、宝马、奔驰等豪华轿车相继国产，国产车的形象已今非昔比，其品质已与进口车不相上下，有些甚至超越了进口车。另一方面，进口车在用车成本和适应环境上也不及国产车。因此，买车时，还是别忽视国产的。

（3）手动挡就是低级车。在国内传统的眼光中，自动挡车型由于方便舒适而被应用在中高级轿车上，一度成为高挡轿车的代名词。而手动挡车则相对平民化，被大多数的低端车广泛采用。殊不知，在北美和欧洲市场，从法拉利、保时捷、兰博基尼到奔驰、宝马、奥迪，均有手动挡车型提供，其中更成为众多超级跑车的首选变速器，其无与伦比的驾驶乐趣是自动挡车型无法比拟的。

（4）配置多等于性价比高。有的消费者在买车时，一味地追求配置高挡、功能齐全，甚至不切实际地要求小型车拥有大型豪华车的装备和功能，电子地图、车载电话、真皮座椅、安全气囊、CD 音响、ABS、桃木装饰、中控门锁、铝合金轮毂等配置要求越齐全越好。其实，配置的重要性因人而异，因车而异，准车主可不要在眼花缭乱的配置中迷失了方向。试问：有几个人闲来无事要坐在轿车里看 DVD 大片呢？

（5）购买不必要配件。有些销售商会向购车者推销一些他们自己的配件，比如防锈处理、汽车蚀刻（将汽车的识别码蚀刻在车窗上来防止窃贼）和针织护套等。其实，如果你是冷静的消费者，那么不要买这些没用的东西。在网上查询你真正想要的那些附件，在去车店之前把这些信息打印出来。如果销售商没有你想要的配件，就多比较几种不同替代品的价格。

（6）转向盘越灵越好。有的轿车驾驶人认为转向盘越灵越好，这样开起来轻松省劲。其实，轿车的转向盘并不是越轻便越好，当然太沉重也不好。如果转向盘沉重，驾驶人不能快速敏捷地转动转向盘，不能保证及时正确地转向，不仅会增加开车的疲劳，而且还会带来安全隐患。反之，如果转向盘太轻，就是俗称的“太贼”，对高速行驶的稳定性不利，也会带来安全隐患。

（7）三厢车比两厢车安全。汽车的安全性与车体结构有关，车辆的刚性高低和缓冲区设置是否合理等都会影响安全性，一概地说三厢车比两厢车安全性高并不科学。在其他条件相同的情况下，同平台的三厢车有可能比两厢车有更大的缓冲空间，安全性也许更好。同平台的车型，除了“厢”数不同外，设计上也有差别，而且碰撞的结果跟角度和速度等很多因素有关，对比的前提条件很容易发生改变，所以不能就此得出谁更安全的结论。

（8）内饰精致代表做工精良。有的消费者买车时，看一眼中控台的接缝就得出该车做工好不好的结论，这显得外行和感性。总体来说，日本车在内饰上的做工确实比欧美车来得精细，然而真正决定一辆车品质的却是那些看不见的地方，比如车身结构、焊接工艺、底盘调校、动力系统、安全配置、钣金工艺……这些方面做得如何，直接决定了一辆车在长期使用和关键时刻中的表现。虽然买车时不可能拆看内部结构，但是焊接点是否整齐、发动机舱是否凌乱还是可以看到的。更重要的是，消费者应该上网了解一下该车的车身结构、设计理念、安全配置，再参考一下大部分车主的评价，综合考虑，然后才能下结论。

（9）日系车必然省油。“省油”是日系车给人的第一印象，然而必须加上许多限制条件，这一结论才能成立。严格来说，只有当小排量家用日系车在城市路面行驶时，才会比同等条件下的欧美轿车省油。事实上，日系车对油的利用效率并不见得比欧美车高，它们省油靠的是降低车身自重，牺牲安全性。如果欧美车也和日系车一样有着轻薄车身，则很有可能更省油，但他们不愿意以牺牲安全性为代价。

（10）底盘越高通过性越好。有的消费者认为，底盘越高的车辆通过性就越好。这个观点有一定道理，但必须加上限制条件：在其他条件相同的情况下。事实上，通过性取决于很多因素，最关键的是最小离地间隙和轴距，还有接近角和离去角。在最小离地间隙一定的情况下，轴距将直接决定通过性。举个极端的例子，林肯加长车的轴距实在太长，就算再给底盘加高100毫米，也只能在平坦的公路上行驶，遇到略有坡度的拱形桥面或因路面沉降造成的坑洼地段，就容易拖底。相反，POLO的离地间隙只有100毫米，但因为轴距短，通过性也没有太大的问题。还有接近角，在车辆从水平地面上坡的一瞬间，接近角太小的话车头容易触坡，而离去角太小的话，则容易在后轮上坡的时候车尾触地。因此，为了选择较好的通过性，必须全面考虑，根据当地路况综合选择。

（11）看说明书确定油耗。现在油价不断往上涨，几乎所有的买车人都不得不考虑油耗的问题，所以买车时会关注厂家标称的油耗。其实，汽车厂家标明的油耗仅仅是理想油耗，一般在实际行车过程中几乎难以达到。消费者应根据自身的用车需求，在汽车的安全性、操控性、动力性、舒适性、便利性、经济性、道路适应性之间做出评定和选择。

（12）店里有什么就买什么。美国一项调查显示，只有5%的购车者会通过销售商特别定购，另外95%的购车者直接在店里买。Witten说，如果你想要一个特定的车型或功能，而店里又没有，销售商会在全国范围内查找其他地方的库存，跨过几个州给你把车运过来，他们甚至可以为你在工厂里特别定制一辆。因此，买车不是小花费，不应该为了图方便而在店里随便凑合，应该多考虑使用销售商这个更广的途径。如此一来，就会买到更满意的车。

（13）过早声明用现金付款。直接告诉销售商你打算用现金购买，看起来像是能争取到优惠的一个优势，但其实不是。收取现金的话，销售商就没法从银行贷款部门赚到你的钱了，这样一来，砍价就不容易了，因为销售商要保证利润最大化，在贷款部门损失的这部分钱要从你支付的现金中赚出来。销售商并没有错，他们要在市场立足就必须盈利。因此，买车时，先谈价钱，然后再说用现金付款。

（14）从标签价格开始砍价。如果没事先做功课，那么橱窗上的标签价格是你的第一个对手。疏于准备会让购车者处于很被动的境地。因此，在步入车店之前，一定要在网上调查一下你所关注车型的价格，不仅仅是厂家的建议零售价。一旦你掌握了这些信息，在议价的时候，就有了一个最低价格做参考。

（15）不了解以旧换新。对购车者来说，购车时最好把以旧换新作为一个单独的步骤，不要跟议价搅到一起。如果一开始就提以旧换新，销售商会根据这个信息来调整最终售价，而且当然不是从购车者的角度考虑。因此，在去车店之前，先要在网上了解一下你的旧车的价值。到了车店之后，先谈新车价格，再说以旧换新的事。如果销售商上来就问以旧换新的事，要想办法把他的注意力吸引到新车选择或者议价上来。

（16）跳过试驾步骤。我们经常听到家人或朋友抱怨他们的新车，开起来感觉不好，视野不够开阔，座位不够舒适等，这些都是因为他们没有充分试驾。因此，买车前至少要花 30 分钟来试车，驾着你的备选车型兜兜风，这样可以让你发现自己更适合哪个车型。

（17）过于关注月供。销售商必问的一个问题是：你打算每月支付多少钱？作为购车者，最好别过于关注这个数字，要跟销售商谈总价，而不是谈月供。建议大家将购车分成三步比较好：第一步是选择汽车，第二步是谈价格，第三步是谈付款方式，比如分期付款。在跟销售商谈的时候，如果你能清楚地知道每一步要干什么，就不会被忽悠了。

（18）没有货比三家。许多购车者只关注很少几个品牌或车型，这对他们说是不利的。《J.D. Power and Associates》美国汽车研究执行董事 Steve Witten 说：“如果一个人想买中级车，很可能有至少 10 种不同的车型可以满足他的需要。”因此，购车者不要只盯着一个品牌而忽视了其他的品牌。在网上比较车型时要多做比较，否则有可能会错过好车型，或者是高估你的理想车。

第9章

汽车手续

机动车注册登记

机动车只有经过注册，才能取得参与道路交通的合法主体资格。

初次申领机动车号牌、行驶证的，除国家机动车产品主管部门认定免于检验的车型外，应当在申请注册登记前，到机动车安全技术检验机构对机动车进行安全技术检验，取得安全技术合格证明。

注册登记应当提交的证明和凭证

（1）机动车所有人的身份证明。

（2）购车发票等机动车来历证明。

（3）机动车整车出厂合格证明或者进口机动车进口凭证。

（4）车辆购置税完税证明或者免税凭证。

（5）机动车交通事故责任强制保险凭证。

（6）法律、行政法规规定应当在机动车注册登记时提交的其他证明、凭证。

受理机动车注册登记的期限及内容

车辆管理所应当自受理申请之日起 5 日内，对机动车的车辆类型、厂牌型号、颜色、发动机号码、车辆识别代号（车架号码）及主要特征和技术参数进行确认，核对车辆识别代号的拓印膜。对提交的证明、凭证进行审查，核发机动车登记证书、号牌、行驶证和检验合格标志。

不予办理注册登记的情形

（1）机动车所有人提交的证明、凭证无效的。

（2）机动车来历凭证涂改的，或者机动车来历凭证记载的机动车所有人与身份证明不符的。

（3）机动车所有人提交的证明、凭证与机动车不符的。

（4）机动车未经国家机动车产品主管部门许可生产、销售或者未经国家进口机动车主管部门许可进口的。

（5）机动车的有关技术数据与国家机动车产品主管部门公告的数据不符的。

（6）机动车达到国家规定的强制报废标准的。

（7）机动车属于被盗抢的。

（8）其他不符合法律、法规规定的。

机动车变更登记

已注册登记的机动车，如果有改变机动车车身颜色的、更换发动机的、更换车身或车架的、更换整车的、营运机动车改为非营运机动车或者非营运机动车改为营运机动车的、机动车所有人的住所迁出或者迁入公安机关交通管理部门管辖区域等情形之一的，机动车所有人应当向登记该机动车的公安机关交通管理部门申请变更登记。

（1）改变车身颜色、更换车身或车架：申请改变机动车车身颜色、更换车身或者车架的，应当填写《机动车变更登记申请表》，提交法定证明、凭证。法定证明、凭证包括机动车所有人的身份证明、机动车登记证书和机动车行驶证。属于更换车身或者车架的，同时还应当提交机动车安全技术检验合格证明。

（2）更换发动机：更换发动机的，机动车所有人应当于变更后 10 日内向车辆管理所申请变更登记，填写《机动车变更登记申请表》，提交法定证明、凭证，并交验机动车。法定证明、凭证包括提交机动车所有人的身份证明、机动车登记证书和机动车行驶证，同时还应当提交机动车安全技术检验合格证明。

（3）更换整车：机动车因质量问题，制造厂更换整车的，机动车所有人应当于更换整车后向车辆管理所申请变更登记，填写《机动车变更登记申请表》，提交机动车所有人的身份证明、机动车登记证书和机动车行驶证，并交验机动车。

（4）更改使用性质：营运机动车改为非营运机动车或者非营运机动车改为营运机动车的，应当于变更后向车辆管理所申请变更登记，提交机动车所有人的身份证明、机动车登记证书和机动车行驶证。

（5）机动车所有人住所迁出辖区：机动车所有人的住所迁出车辆管理所管辖区的，应当于变更后向车辆管理所申请变更登记，提交机动车所有人的身份证明、机动车登记证书和机动车行驶证。车辆管理所应当收回号牌和行驶证，核发临时行驶车号牌，机动车挡案应当密封，交由机动车所有人携带，于90日内到住所地车辆管理所申请机动车转入。

（6）申请机动车转入：申请机动车转入的，应当填写《机动车注册登记/转入申请表》，提交机动车所有人的身份证明、机动车登记证书，并交验机动车。

（7）机动车变更备案：已注册登记的机动车，机动车所有人住所地址在车辆管理所管辖区域内迁移、机动车所有人姓名（单位名称）或者联系方式变更的，应当填写《变更备案申请表》，可通过邮寄、传真、电子邮件等方式向车辆管理所备案。

（8）机动车为两人以上所有要改为其他人所有：机动车所有人为两人以上，需要变更为其他所有人姓名的，变更双方应当共同到车辆管理所，填写《机动车变更登记申请表》，提交变更前和变更后机动车所有人的身份证明、机动车登记证书及行驶证、共同所有的公证证明，但属于夫妻双方共同所有的，可提供《居民户口簿》。

应该注意的是，有以下情形之一，在不影响安全和识别号牌的情况下，机动车所有人可以自行变更：小型、微型载客汽车加装前后防撞装置；货运机动车加装防风罩、散热器、工具箱、备胎架等；机动车增加车内装饰等。

机动车转移登记

已经注册登记的机动车所有权发生转移的，应当及时办理转移登记。

转移登记应当提交的证明和凭证

（1）机动车所有人的身份证明。
（2）机动车所有权转移的证明和凭证。
（3）机动车证书。
（4）机动车行驶证。

办理机动车转移登记的期限和内容

申请转移登记的，现机动车所有人应当于机动车交付之日起30日内，填写《机动车转移登记申请表》，提交法定证明、凭证，并交验机动车。属于海关解除监管的机动车，还应当提交海关出具的《中华人民共和国海关监管车辆解除监管证明书》。超过检验有效期的机动车应当进行安全技术检验。

不予办理转移登记的情形

有下列情形之一的，不予办理转移登记。

(1）属于不予办理注册登记情形的。

(2）机动车与该车的挡案记载的内容不一致的。

(3）机动车未被海关解除监管的。

(4）机动车在抵押期间的。

(5）机动车或者机动车挡案被人民法院、人民检察院、行政执法部门依法查封、扣押的。

(6）机动车涉及未处理完毕的道路交通安全违法行为或者交通事故的。

机动车注销登记

已注册登记的机动车，在达到国家规定的强制报废标准，或者机动车灭失的，或者因其他原因停止车辆使用的，车辆所有人应当向车辆管理机关中请办理注销该机动车的登记。

(1)车辆报废的注销登记：已注册登记的机动车达到国家规定的强制报废标准的，公安机关交通管理部门应当在报废期满的2个月前通知机动车所有人办理注销登记。机动车所有人应当在报废期满前将机动车交售给机动车回收企业，由机动车回收企业将报废的机动车登记证书、号牌、行驶证交公安机关交通管理部门注销。

(2）车辆灭失的注销登记：因机动车灭失申请注销登记的，机动车所有人应当向车辆管理所申请注销登记，填写《机动车停驶、复驶/注销登记申请表》，并提交有关灭失证明。车辆管理所应当收回机动车登记证书、号牌和行驶证。对因机动车灭失无法交回号牌、行驶证的，车辆管理所应当公告作废。

机动车办理停驶和复驶手续

已注册登记的机动车因某种原因需要停驶或者停驶后恢复行驶的，应当填写《机动车停驶、复驶/注销登记申请表》，并提交机动车所有人的身份证明，申请停驶的交回号牌和行驶证。车辆管理所应当自受理之日起一日内，收回或者发还号牌和行驶证。

机动车号牌的领取

机动车号牌是指在法定机关登记的准予机动车在中华人民共和国境内道路上行驶的法定标志。号牌一般在机动车辆的特定位置悬挂，其号码是机动车登记编号。

（1）正式号牌的领取：对新购买的机动车，车主应到当地车辆管理所办理注册登记手续，并领取机动车号牌和行驶证。

（2）临时号牌的领取：新购买的机动车未取得正式号牌或转籍车辆正式号牌被收缴，需驶往本地车辆管理所辖区以外的地区时，或外地车辆号牌丢失的，须申请临时行驶车号牌。

（3）移动证的领取：未领取正式号牌的车辆，在本地车辆管理所管辖范围内，由出发地到车辆管理所、修理厂、检测机构等处移动时，必须申领移动证后方准行驶。申请移动证时必须提交车辆来历证明、车辆整车合格证等。移动证只在本车辆管理所的辖区内、移动证注明的时间内有效。

（4）试车号牌的领取：机动车科研、制造、改装、维修销售单位或个人需要试车的，应当申请试车号牌。申请试车号牌时，需提交车辆来历证明、试车驾驶人驾驶证等凭证。符合要求的，根据试车数量由车辆管理所发给试车号牌和行驶证。试车号牌必须按规定悬挂，在规定的时间和路段上试验车辆，不准载人和载货。

牌证的补领和换领

（1）机动车登记证书的补领及换领：机动车登记证书灭失、丢失或者损毁的，机动车所有人应当向车辆管理所申请补领、换领机动车登记证书。申请时应当填写《补领、换领机动车牌证申请表》，提交机动车所有人的身份证明。

（2）机动车号牌、行驶证的补领及换领：号牌、行驶证灭失、丢失或者损毁的，机动车所有人应当向车辆管理所申请补领、换领号牌、行驶证。申请时应当填写《补领、换领机动车牌证申请表》，并提交机动车所有人的身份证明。

车辆管理所应当自受理之日起一日内补发、换发行驶证。自受理之日起 15 日内补发、换发号牌，原机动车登记编号不变。补发号牌期间，应当给机动车所有人核发临时行驶车号牌。补发、换发号牌或者行驶证后，收回未灭失、丢失或者损毁的号牌、行驶证。

机动车安全技术检验

按照车辆检验的目的和要求，机动车安全技术检验可分为注册登记检验、定期检验、临时检验和特殊检验。

（1）注册检验是指车辆所有人在购买车辆以后，申请办理牌证时的初次检验。

（2）定期检验是对已领取正式号牌和行驶证上道路行驶的车辆，按照法律、法规的规定，根据车辆用途、载客载货数量、使用年限等不同情况，定期进行的安全技术检验。

（3）临时检验是指因临时性需要对机动车进行检验，主要是对车辆的安全技术性能进行检验。

（4）特殊检验是指根据特定目的和特殊需要或配合司法部门对机动车进行的检验，范围包括改装车的检验，肇事车辆的检验，外事活动中外宾、首长用车的检验等。

机动车上路行驶应当悬挂和携带的牌证

上道路行驶的机动车应当悬挂机动车号牌、车辆检验的合格证、机动车交通事故责任强制保险的保险标志，并随车携带行驶证。如果是尚未办理机动车注册登记的机动车要通行道路，也必须有合法有效的临时通行证件，即移动证、临时号牌或试车号牌。

驾驶机动车上道路行驶，应当具有机动车检验合格标志和保险标志。机动车检验合格标志、保险标志应当粘贴在机动车前窗右上角不影响安全驾驶的地方。

悬挂机动车号牌的规定

机动车的号牌是该机动车取得上道路行驶权利的标志，也是发生道路交通违法行为或者发生交通事故后最好的确认违法者或者肇事车的证据线索。因此，机动车号牌应当按规定悬挂，并保持清晰和完整，不得故意遮挡和污损。

（1）按照规定悬挂机动车号牌。机动车生产时都留有悬挂号牌的固定位置，前后各一处，机动车号牌应当悬挂在车前、车后指定位置。重型、中型载货汽车及其挂车，拖拉机及其挂车的车身或者车厢后部应当喷涂放大的牌号，字样应当端正并保持清晰。

（2）号牌要清晰和完整。清晰，就是要求号牌要保持清洁，不得污损。清晰的要求，以一般人在正常范围内可以清楚分辨号牌的内容为标准；完整，就是要求号牌上记载内容的完整性，不得故意遮挡。

管理机动车号牌

《中华人民共和国道路交通安全法》规定，任何单位和个人不得收缴、扣留机动车号牌。任何单位是指机关、企事业单位和其他组织，包括道路交通执法部门在内。作为车主，一定要管理好自己的车辆号牌，明白任何单位和个人都不得收缴、扣留。不过，必须说明的是，如果机动车悬挂的是伪造、变造或者挪用的其他车辆的号牌，公安机关交通管理部门应当依法予以收缴。

查阅机动车档案

按照规定，车辆管理所应当给每辆登记注册的机动车建立档案，一车一卷。机动车档案按照车号牌种类分类，案卷编号是按机动车登记编号进行的。因故需了解机动车的原始资料，可到机动车登记注册的车辆管理所申请查阅该车的档案。人民法院、人民检察院、公安机关或其他行政执法部门、纪检监察部门，以及公证机关、仲裁机构、律师事务机构因办案需要，到车辆管理所查阅机动车档案的，应当出具公函和经办人的工作证。机动车所有人需查阅本人机动车档案的，应当出示身份证和《机动车登记证书》，车辆管理所档案管理人员报经业务领导批准可进行查阅。查阅档案在档案查阅室进行，档案管理人员应在场，需要出具证明或者复印档案资料的，经批准后才可进行。

第10章

汽车保险与理赔

汽车投保条件

参加保险的机动车辆，必须具备一定的条件：首先，投保人对投保车辆有保险利益，即合法拥有或使用该车辆；其次，按照国家有关规定，必须强制淘汰的车辆和套牌车一律不予承保。另外，经罚没、拍卖的走私车在办理合法牌照之前不能投保。

参加保险的机动车辆还必须具备以下条件。

（1）领有车辆牌照：就是经公安交通管理部门审核和检验合格后，发给车辆的正式或临时牌号，挂在车前车后。

（2）领有行车执照：就是经公安交通管理部门检验合格后填发的机动车行驶证，证上填写有车辆号牌号码、车辆类型、车主及其地址、发动机号、车架号、厂牌型号、初次登记日期等。

（3）具有年检合格证：新车应有制造厂出具的合格证，旧车必须有车辆年检合格证明。

未办理车辆牌照的新车，可以携带购车发票和车主证明到保险公司投保出具临时保单，等办好车辆牌照和行车执照后必须回原来的保险公司办理保险单的批改手续。

选择保险的基本原则

机动车辆保险的科学选择，是购买和消费保险的前提和基础，选择好的过程就是通过了解、搜集信息资料、进行投保决策的过程。能否挑选到信誉度最好的保险公司、适合自身需要的优质险种，以及最佳投保方式将直接关系到保护的切身利益。因此，投保前进行科学选择，对投保人具有极其重要的意义。

（1）国内投保的原则：我国境内的法人和其他组织需要办理境内机动车辆保险业务的，应当向我国境内开办机动车辆保险业务的保险公司投保。当然，国外的保险公司以独资或合资方式进入中国保险市场，并经保监会批准的“有权经营车险业务”的也可以承接车险业务。

（2）信誉第一、服务便捷的原则：要想得到可靠的经济补偿和完善的保险服务，就要坚持信誉第一、服务便捷的原则，到资产雄厚、经营稳健、信誉好、服务体系完善的保险公司去投保。

（3）性价比最佳的原则：目前，各保险公司已经开办的车险险种较多，投保人选择的空间也很大，投保时要精心选择，挑选具有最佳性价比的产品。所谓性价比最佳，是指所选的保险产品交费较少而保障范围较大，既能充分满足风险保障的需要，又不会造成经济上的浪费。

保险公司的选择

一般来说，只有优秀的保险公司才能提供优质的保险产品和服务。在竞争激烈的机动车辆保险市场上，如何选择一家合适的保险公司，对投保人来说是获得良好保险保障的关键。

（1）投保的公司应该是在中国境内依法成立、守法经营、有车险业务经营权的保险公司。

（2）投保的公司应该经营稳健、财务状况良好、偿付能力充足、信誉良好。

（3）投保的公司应具有健全的组织机构、完善的服务体系，尤以机构网点遍布全国的大公司为佳，以便将来一旦在异地出险，能够得到保险公司在现场查勘及理赔等方面的及时处理。

（4）投保的公司专业技术力量强大，服务内容丰富和质量好。

投保险种的选择

对投保险种的选择，是在广泛搜集各保险公司营销的机动车辆保险条款费率及宣传资料的基础上，按照选择保险的基本原则及自身风险转嫁的需要，通过分析对比而挑选优质险种的过程。

（1）投保人首先应弄清楚自己可能面临着哪些风险，可能导致什么不良后果，最终自己会承担多少风险等问题。例如，新车被盗抢的风险较大，老旧车发生自燃的火灾损失的概率较高。

（2）向保险公司或其代理人（机构）索要有关保险条款和费率表，仔细阅读保险条款。投保人应当特别关注保险产品的保险责任、责任免除和特别约定，被保险人权利和义务，免赔额或免赔率的计算，申请赔款手续，退保和折旧等规定。如果对保险条款和费率表有疑问，投保人可以要求保险公司或代理人对条款和费率表进行解释说明或与保险公司咨询部门直接联系，以切实保障自己的利益。

（3）进一步了解和比较各保险公司的具体机动车辆保险产品，看看哪一种更适合自己的特殊需求。需要注意的是，选择的机动车辆保险产品的保障范围，一定要把容易发生的相对可能性大的风险包括进去。否则，未得到保障的风险事故发生导致的损失将得不到保险赔偿。

购买保险渠道的选择

上门投保

上门投保就是指投保人与所选择的保险公司联系，保险公司派业务员前往投保人处，提供风险分析、解释条款、设计投保方案、指导投保人填写投保单等服务。

柜台投保

柜台投保就是到保险公司营业部门投保，即投保人亲自到保险公司的办公地点办理投保手续。

优点：

（1）可享受最低折扣。

（2）从保险公司直销中心拿到的价格是最便宜的，也是最可靠的，不仅能节省中介费用，而且还可以就相关事宜向业务人员详细咨询。

缺点：

（1）事事需要自己动手。

（2）保险公司员工也可能不诚信展业。

4S 店投保

优点：

到 4S 店投保，省时省力，后续服务好。在出险和赔偿时，不仅可以通过拨打保险公司的出险电话，还可以通过 4S 店的保险顾问进行。

缺点：

保费折扣低，一般只能得到规定的 30%的折扣优惠。

电话投保

电话投保，就是指通过保险公司开通的服务电话办理投保业务。

网上投保

网上投保，就是指利用网络完成投保业务。

优点：

（1）效率很高。

（2）操作简单，车主可以随意挑选并购买。

缺点：

（1）理赔不便。

（2）打电话或上网购买车险有一定的风险性。就网上购买来说，它并不被众多购买者认同，上网购买者依然寥寥无几。

车险中介投保

通过保险代理人投保，即保险代理人根据保险人的委托，在保险人授权的范围内代为办理保险业务。

通过保险经纪人投保，即保险经纪人基于投保人利益，为投保人与保险人订立保险合同提供中介服务。

优点：

（1）可以货比三家。

（2）中介公司的服务态度通常比较好，在投保和理赔时可免去不少麻烦。

缺点：

（1）容易上当受骗。

（2）如果中介公司没有取得中介资格，或中介公司开具假保单，都容易给客户造成不必要的风险损失。

（3）由于存在中介环节，保险费稍高。

交强险VS商业险

交强险

我国于2006年7月1日开始施行交强险。如果机动车所有人、管理人未按照《道路交通安全法》、《机动车交通事故责任强制保险条例》等法律规定投保交强险，则公安机关交通管理部门可以扣留在道路上行驶的机动车，并通知机动车所有人、管理人依照规定投保，同时处以依照规定投保最低责任限额应缴纳保费的2倍罚款。因此，交强险作为车辆上道路行驶的必备条件，是必须购买的险种，这也是车主遵守法律的良好表现。

商业险

交强险的保障总额为12.2万元，其中，死亡伤残赔偿限额11万元，医疗费用赔偿限额1万元，财产损失赔偿限额0.2万元。这就是说，交强险只是体现了对第三者损害的基本保障，许多情况下不能完全补偿第三者的损失。而车辆所有者或使用者除面临第三者赔偿的风险外，还面临着车辆自身因交通事故、火灾、水灾、盗窃、雹灾、泥石流等意外事故遭受损失的风险，车上人员、车上货物等同样也面临多种风险，这些都需要车辆所有者或使用者进行风险转嫁，即购买第三者责任险、车辆损失险、车上人员责任险等商业保险。由于商业保险险种丰富并以营利为目的，且坚持自愿购买原则，所以车主应根据自身风险状况和经济能力综合考虑购买相应的险种和额度。

车险保障方案

（1）最低保障方案。

险种组合：交强险。

保障范围：只对第三者的损失负基本赔偿责任。

特点：只有最低保障。

优点：只是完成了法律规定，费用低。

缺点：一旦撞车，对方的损失能得到保险公司的部分赔偿。如果对方伤害严重，自己负担的部分可能不少，而自己车的损失只有自己负担。

适用对象：只想完成法律规定的人，以及很少使用车辆或驾驶技术非常熟练的人。

（2）基本保障方案。

险种组合：交强险＋车辆损失险＋第三者责任险

保障范围：只投保了交强险和最主要的主险险种。

特点：费用适度，能够提供基本的保障。

优点：必要性最高。

缺点：不是最佳组合，汽车损失保险中有许多车辆的损失不予赔偿，车上人员得不到保障，且车辆损失保险和第三者责任保险都有免赔率。

适用对象：经济实力不强的车主。

（3）经济保障方案。

险种组合：交强险＋车辆损失险＋第三者责任险＋全车盗抢险＋车上人员责任险＋不计免赔特约险。

特点：投保了交强险和 4 个最必要、最有价值的主险险种及一个不计免赔特约险。

优点：投保最有价值的险种，保险性价比最高，人们最关心的车辆丢失和 100% 赔付等大风险都有保障，保费不高但包含了比较实用的不计免赔特约险。当然，这仍不是最完善的保险方案。

缺点：车身划痕、新增设备等仍无法得到保障。

适用对象：这是个人精打细算的最佳选择。

（4）最佳保障方案。

险种组合：交强险＋车辆损失险＋第三者责任险＋全车盗抢险＋车上人员责任险＋玻璃单独破碎险＋车身划痕险＋不计免赔特约险。

特点：在经济投保方案的基础上，加入了车身划痕险和玻璃单独破碎险，使车辆的一些非碰撞损坏部分得到安全保障。

优点：投保价值大的险种，不花冤枉钱，物有所值。

缺点：对新增设备、自燃危险等没有保障。

适用对象：一般公司或个人及多数新手。

（5）完全保障方案。

险种组合：交强险＋车辆损失险＋第三者责任险＋全车盗抢险＋车上人员责任险＋玻璃单独破碎险＋车身划痕险＋新增加设备损失险＋自燃损失险＋不计免赔特约险。

特点：保障全面，常见风险的对应险种全部投保。

优点：几乎与汽车有关的全部事故损失都能得到赔偿，投保人不必为少保某一个险种而担心。

缺点：险种数量多，保费高，某些险种出险的概率可能比较小。

适用对象：经济充裕的车主。

不同车辆投保的注意事项

（1）家庭自用汽车的投保。家庭自用汽车，是指家庭或个人所有，且用途为非营业性的客车。

① 选择险种：对家庭自用的新车来说，新车新手上路出险率相对较高，容易剐擦，且新车丢失的概率大，因此在投保交强险的基础上，最好首选投保汽车损失保险、第三者责任险、车身划痕损失险、盗抢险和不计免赔特约险。如果没有固定的停车地点，最好投保盗抢险。

② 选择责任限额：如果喜欢开快车、夜车，或出车率较高，建议第三者责任险的责任限额最好买到20万元作为机动车交强险的补充。

③ 选择保险公司：如果经常跑长途，或经常到所在地以外的地区，建议选择服务周到、信誉优良的保险公司投保。因为，信誉优良的公司的营业网点多，且在全国范围内推行“异地出险，就地理赔”服务网络，对客户来说投保和索赔都很方便。

（2）非营业用汽车的投保。非营业客车，就是指从事公务或在生产经营活动中不以直接或间接方式收取运费或租金的客车，包括党政机关、企事业单位、社会团体、使领馆等机构为从事公务或在生产经营活动中承租且租赁期限为1年或1年以上的客车。非营业货车，就是指党政机关、企事业单位、社会团体自用或仅用于个人及家庭生活，不以直接或间接方式收取运费或租金的货车（包括客货两用车）。

① 选择险种：作为党政机关或企事业单位，在投保机动车交强险之后首选的险种是汽车损失保险、第三者责任险、盗抢险、车上人员责任险和不计免赔特约险，以保证基本风险的转嫁。

② 选择责任限额：作为单位用车，第三者责任险的责任限额最好选择50万元，以获得更多的保障。

③ 选择保险公司：大的保险公司信誉好，理赔的标准比较高，很多情况下能按照4S店的维修费用赔给客户，比如国内的三大保险公司中保、平安保险和太平洋保险。但是大的保险公司保费相对高一些。因此，对于新车、中高挡车或者对于维修质量有比较高的要求的车辆，建议选择大的保险公司。

（3）营业用汽车的投保。营业客车，就是指用于旅客运输或租赁，并以直接或间接方式收取运费或租金的客车。营业货车，就是指用于货物运输或租赁，并以直接或间接方式收取运费或租金的货车（包括客货两用车）。

① 选择险种：作为营业用车，使用频率较高，并且经常跑长途，出险率比家庭自用车要高得多。因此，在投保机动车交强险的基础上，建议首选险种为汽车损失保险、

第三者责任险、火灾、爆炸、自燃损失险、车上人员责任险、车上货物责任险、车辆停驶损失险、不计免赔特约险。这样，如果车辆发生保险事故，就可转嫁由此导致的风险。

② 选择责任限额：一般情况下，36座以下的客车或10吨以下的货车，其第三者责任险的责任限额最好选择20万元或50万元；而36座以上的客车或10吨以上的货车，其第三者责任险的责任限额最好选择50万元或100万元。

③ 选择保险公司：各公司都对营业用汽车保险的保险费做了调整，适度提高了保险费。建议选择服务网点较多的公司投保，这样就能满足跑长途的客车或货车的特殊要求。

（4）特种车辆的投保。特种车一：装载油料、气体、液体等的专用罐车；特种车二：专用净水车、特种车以外的罐式货车，以及用于清障、清扫、清洁、起重、装卸（不含自卸车）、升降、搅拌、挖掘、推土、压路、冷藏、保温等的各种专用机动车；特种车三：车内装有固定专用仪器设备，从事专业工作，如监测、消防、运钞、医疗、电视转播、雷达、X光检查等的各种专用机动车；特种车四：专门用于牵引集装箱箱体（货柜）的集装箱拖头。

① 选择险种：特种车行驶区域比较固定，且一般用于工程施工，出现率相对较低，但出险后造成的损失较大。因此，对于这类车建议投保汽车损失保险、第三者责任险，附加起重、装卸、挖掘车辆损失责任扩展条款，以及不计免赔特约条款。特种车使用频率不是太高，但车内装有特殊仪器，且价值都较高，一旦发生保险事故将损失巨大。因此，建议投保汽车损失保险、第三者责任险，附加特种车辆固定设备、仪器损坏扩展条款和起重、装卸、挖掘车辆损失扩展条款，不计免赔特约条款。

② 选择责任限额：特种车的出险率相对低一些，但不出险则罢，一旦出险即为大险，损失非常大，因此第三者责任险最好选择50万元或50万元以上的责任限额。

③ 选择保险公司：对于特种车来说，最大的风险就是操作过程中造成的损失和车内仪器的损失。中国人保的特种车辆保险条款和两个扩展条款，涵盖了特种车所能发生的各种风险，对特种车的保障很全面。

（5）二手车投保。二手车要注意办理车险过户，一般有两种方式：第一种主要进行保单要素的一些批改，关键是批改被保险人与车主；第二种方式，就是申请退保，即把原来那份车险退掉，终止以前的合同，这时只需要缴纳从投保开始到退保这期间的保费，其他的保费保险公司会相应退还，这时新车主就可到任何一家保险公司去重新办理一份车险。买二手车最好办理保险过户。如果车是在旧车交易市场购买的，这辆车上一年已购买了汽车保险，且保险随车转让给新车主，应注意要求卖车一方将保险单正本、保险证转交，同时要求旧车主到保险公司变更被保险人或过户后退保。但是，一般情况下，过户对新车主更实惠一些，因为过户后新车主可以接着享有此车的保险保障直到保险期满，而且在下一年度投保时，如果符合保险公司无赔款优待的条件，还可以用本年保单申请10%的无赔款优待。

（6）租车投保。目前，各家保险公司都有自驾车旅行保险，这类保险保费低、保障期间短、保障责任具有针对性，总体性价比较高。但是，针对租车出行的保险则比较少。

① 租车者一般需要支付租车费用和保险费。根据车型不同，目前租车的基本保险费用为每天20～50元不等，基本保险包括车辆损失险、第三者责任险、车上人员责任险（驾驶人）、车身划痕险、全车盗抢险、玻璃单独破碎险、自燃损失险等。另外，还可选择性地购买不计免赔险，每天40元左右。

② 除了租车公司附带的车险外，租车者为防范意外，可再增加一份保障自身安全的保险。比如，天平车险推出的“租车出行自驾保险”，为临时租赁车辆的被保险人提供驾车途中意外伤害身故、残疾保障，持有有效驾驶证、年龄在18周岁至60周岁的驾驶租赁车辆的人员都可适用。该险种可灵活选择期限，其意外身故、残疾保额最高为30万元。

投保注意事项

投保前

（1）投保人应了解保险公司财务状况。投保人投保的目的是当保险合同约定的保险事故发生时保险公司能补偿自身的经济损失，而保险公司的财务状况是否良好决定着其偿付能力是否充足。所以，投保人在投保前应了解保险公司的财务状况。

（2）投保人应详细了解保险条款的准确含义。汽车保险条款是保险合同的组成部分之一，由保险公司单方面制定，因此，投保人应详细了解条款的含义，确切知晓所购买的保险保障的内容。由于保险条款使用了大量专业术语，投保人可以就其不明白的地方询问展业人员，展业人员应据实回答。

（3）比较保险公司的服务。主要考虑其网点分布、售后服务及附加服务等。保险公司的网点分布决定了投保、理赔的方便程度。保险公司的售后服务包括：业务人员是否热情周到、是否及时送达保险单、是否及时通报新产品、是否及时赔付、是否耐心听取并真心解决顾客的投诉，以及是否注意与顾客的沟通等。保险公司的附加服务是提高公司形象的重要手段，也是其提供的延伸产品，如持保险单在日常生活中享受消费优惠、经常召开联谊会、对故障车辆免费施救、给客户免费洗车等。

（4）比较保险产品的内容。主要考虑其保险责任、保险费用。目前，各保险公司非常重视车险产品的开发，使保险产品的品种和类型越来越丰富。面对不同的车险产品，投保人应根据自身情况，挑选自己最为适合与满意的产品。挑选保险产品时，首先要明确所选险种的保险责任与自己的风险是否对应，因为保险公司只负责赔偿保险责任范围内的事故损失。其次，车险产品的价格也是大多数投保人的考虑因素，对此，投保人可根据公司提供的费率规章和各种优惠政策进行简单的费用计算，然后比较其价格高低，争取以较少的投入获得适合自身风险的较大保障。

（5）比较并选择投保方式。常见的投保方式有上门投保、到保险公司营业部门投保、电话投保、网上投保、通过保险代理人投保、通过保险经纪人投保等。多种投保方式的费率优惠程度不同。一般，通过保险代理人、保险经纪人投保的，保费较贵，网上投保费率优惠较大。

投保时

（1）投保时应如实告知。投保人无论投保交强险还是投保商业机动车保险都应当如实告知。否则，当机动车辆发生保险事故时，保险公司将不负责赔偿。

（2）应及时交纳保险费，以保障自身权益。根据规定，交纳保险费一般是保险合同生效的前提条件，而保险费交付前发生的保险事故，保险人不承担赔偿责任。

（3）不重复投保。构成重复投保的车辆出险时，各保险公司一般是按其保险金额与保险金额总和的比例承担赔偿责任，不存在重复保险重复赔偿的问题，只能是多付保费。

（4）不超额投保。在超额保险中，其超出部分无效，其赔偿效果等同于足额保险。因此，投保人不要超额投保，以避免浪费金钱。

投保后

（1）了解保险责任开始时间。保险责任开始时间应由双方在保险合同中约定。如果没有约定，保险实务中规定，于次日零时生效。投保人必须清楚合同生效时间，只有合同生效才对自己有保障，否则，保险公司不承担赔偿责任。

（2）注意对保险车辆的安全维护。对车辆的安全维护，既是被保险人应尽的义务，也是享受保险合同保障的前提条件。

（3）对保险公司服务不满意的，投保人具有随时退保的权利。退保时，保险公司应收取自保险责任开始之日起至合同解除之日止的保险费，退还剩余部分的保险费。

警惕汽车保险免赔条款

买汽车保险图的就是省心，万一有什么意外，能够理赔，减少车主损失，的确是件好事。但是，保险理赔过程中涉及一些免赔条款，车主一定要提高警惕。

（1）未年检。保险只对合格车辆生效，对于未年检的车辆只能视为不合格车辆，在这种情况下即使买了保险也无济于事。措施：按时年检。

（2）未年审。驾驶人没有年审，所驾驶车辆属于不合格车辆，保险公司可以根据保险合同拒赔。措施：该年审时去年审。

（3）无牌照。车辆在出险时，保险车辆理赔必须具备两个条件：一是保险车辆须有公安交通管理部门核发的行驶证或号牌，二是在规定期间内经公安交通管理部门检验合格。措施：最好买车后立即上牌，如果确实无法做到，一定要保护好自己的车不要被盗和被撞。

（4）无过错。《保险法》规定，“必须有责任认定”时保险公司才能赔付。即使被保险人有一定过错，也必须先向第三方索赔，才有可能获得保险公司的赔偿。一旦放弃了向第三方追偿的权利，也就放弃了向保险公司要求赔偿的权利。措施：一旦出险且责任在对方，一定要先找对方赔，未果时才可找保险公司赔偿。

（5）自家人。第三者责任险中的第三者排除四种人：保险人、被保险人、本车发生事故时的驾驶人及其家庭成员、被保险人的家庭成员。措施：千万别跟自家人过不去。

（6）收费停车场。凡是车辆在收费停车场或营业性修理厂中被盗，保险公司一概不负责赔偿。措施：保管好每次停车时的停车费收据。虽然很多收费停车场的相关规定中写着“丢失不管”，但这属于单方面推卸自己应负的责任。如果无法协商解决，就诉诸法律。

防范保险陷阱的注意事项

（1）“指定保险”陷阱：目前，一些汽车经销商向买车人推销指定保险公司的保险，往往是因为这些保险公司违规给予其高额手续费的缘故。因此，消费者在投保时，一定要先对要投保的保险公司有一定了解，并积极和保险公司联系。另外，如果通过保险公司投保，价格上往往要比通过车商投保更便宜。以购置价为 13 万元的私家车为例，一般会少交数百元甚至近千元。

（2）“私人投保”陷阱：目前，一些机动车交易市场专门有人销售假保单。这种人手里掌握着一些有效保单的编号，他们给投保人提供的假保单上的编号往往是这些有效保单的编号，这相当于投保人只拿到一个编号有效的假保单，因为这个编号对应的真保单的受益人、投保人都是其他人。持有假保单的投保人的资料并没有真正在保险公司记录，如果投保人到保险公司核查，由于编号已输入电脑，得到的回答是“保单已生效”。只有在理赔时，投保人才会发觉保单投保人和受益人不是自己。因此，尽量不要从个人手中购买保险，尤其是对在车市中认识的一些神通广大的“朋友”更要提高警惕；拿到保单后，要及时查询保单是否生效，同时除了保单编号外，还要逐一核对投保人、受益人、投保险种等细节。

（3）“鸳鸯保单”陷阱：“鸳鸯保单”又称“阴阳保单”，是指保险业务人员或保险机构在打印保单时，人为地将保单各联分开打印，保单的客户联、业务留存联、财务留存联等各联的内容不一致。一般情况是客户联的保费金额比较大，保险责任比较全，而保险公司留存的业务联、财务联保费金额比较小，保险责任较窄。由于客户按照客户留存联缴费，保险公司根据业务、财务留存联入账，业务人员就可以将多余的保费截留做他用。投保人为防止被“鸳鸯保单”欺骗，应尽量直接到保险公司业务窗口或通过合法的保险中介机构投保。投保人拿到保单后，最好拨打保险公司的客户服务电话进行查询，核实保险单证真伪或该保单是否进入该公司核心业务系统。一旦发现异常情况，应及时向当地的保险行政监管部门投诉。

（4）“中介投保”陷阱：如果条件许可，投保时直接到保险公司的营业网点；出险后，直接找保险公司。虽然交给代理人或经销商做这些事情省时省力，但在目前的市场环境中，不排除有些代理机构和个人做出损害投保人利益的事情。为了以防万一，最好在手边留一份保单的复印件，尤其是在把保单交给中介办理相关理赔时。

（5）“车险团购”陷阱：现在，不少团购平台打着“不以营利为目的”的旗号，吸引大家加入团购车险队伍。可天下没有免费的午餐，这些团购平台也需要盈利，他们会以人多为由向保险公司开出条件，以低价“批发”到车险，然后以高一点的价格卖给团购者，赚取其中的差价。由于目前组织车险团购的这些网站、团体和个人，从事车险团购的时间短，普遍缺少保险知识，在实际操作中只认价格，谁的便宜就选谁，并不考虑具体保险责任和售后服务等关键性的问题，这样很难帮大家买到合适的保险。

（6）“全险不全”陷阱：有的消费者反映车辆在路上行驶时被飞来的石头砸坏了车窗玻璃，向保险公司申请理赔时，却因未投保玻璃单独破碎险而遭到拒赔。消费者认为自己买车时明明投保了“全险”，但是并不能保障全部的风险，对此提出了质疑。其实，所谓的“全险”在保险行业并不存在，仅仅是保险销售人员的不规范用语，既不代表投保了全部险种，也不等于保障了全部风险。目前，市场上的商业车险种类繁多，包括主险和附加险两大部分。其中主险可以单独投保，一般包括车辆损失保险、商业第三者责任保险、车上人员责任保险等。常见的附加险种包括玻璃单独破碎险、车身划痕损失险、自燃损失险、新增设备损失险、发动机涉水损失险等。种类繁多的附加险种主要是为了满足不同消费者多样化的保险需求，并不一定适合所有的消费者，投保时应根据自身实际情况合理地选择搭配险种。

（7）“身兼数职”陷阱：当购车者在进行投保时，有时就会发现，为自己办理保险的人员身兼数职，他们既负责拉拢客户，同时又是定损员，并且服务还非常好。如果出现这种情况，可能这时车辆投保者已经上了“贼船”，而且现在就已经被这个保险人利用了。为什么会这样说？因为一般出现这种情况，往往代表保险工作人员与修理厂有利益关系，有可能他就是修理厂的合伙人，他的利益和修理厂已经捆绑为一体，表面上他是保险公司的车险定损员，暗地里却是自己定损自己修。车主如果不幸通过这类人员上了车险，自己的实际利益已经受到了损害，自己却仍还被蒙在鼓里。因此，车险投保者对这些一人身兼数职者，一定要小心，以防让自己成了这些人暗中牟利的“标靶”。

（8）“钓鱼网站”陷阱：网络渠道销售的车险因省去了代理人等中间交易环节，大幅降低了保险公司的成本，因此投保费用更低。在网购过程中，车主一定要避免在非官方认定的网络渠道购买保险，以免落入钓鱼网站的陷阱，同时还要避免通过保险代理人的个人网络渠道购买保险，警惕被不规范的个人销售行为误导。

① 车主要有品牌意识。在选择车险产品时，不要以价格作为唯一的选择标准，一定要选择正规保险公司的官方网站、官方投保热线或官方授权的兼业代理网站，以防落入钓鱼网站的陷阱。

② 仔细阅读保险条款。保险公司在网上销售车险，一般都会把各险种的保障范围、保额和保费等相关信息罗列清楚，如果有不明白的地方可以拨打网站上的客服热线进行咨询。

③ 核对保单关键内容。网购车险的一个最重要步骤是车主在收到车险保单后，应该立即通过保险公司公告的服务电话和门户网站，查询保单是否真实有效。

（9）“潜在规则”陷阱：保险公司的潜规则就是“高保低赔”。事实上，保监会已下发通知，要求规范车险投保理赔，消除这类“高保低赔”的“行规”，实现“实保实赔”。但绝大多数保险公司仍采用“高保低赔”，监管新规很难落实。如今，既然监管部门指导性意见已出，消协理应站在消费者立场上，及时维护市场秩序。

（10）“电话车险”陷阱：保险条款复杂，一般人很难吃透，电话车险更是难以让车主深入了解各种细则，风险较大，购买时要格外当心。因此，建议车主尽量选择“线下交易”，以免因小失大。

投保误区

（1）买保险是浪费资金。有的车主对交通事故存有侥幸心理，认为只要小心开车就不会发生事故，买保险就是浪费资金。如果不买保险，如果再不幸发生交通事故，造成重大人员伤亡和财产损失，而责任人家境贫寒，又没有参加任何保险，致使无力对受害的第三者进行赔偿，就会成为一种影响安定的社会现象，人们称呼这种情况为“穷肇事”。“穷肇事”对社会的危害性巨大，由于事故赔偿经费没有着落，善后事宜久拖不决，首先是延误了受害人的救治和赔付工作；其次是诱发肇事逃逸案件的发生。事故发生后，肇事驾驶人自知罪责难逃，又没有买保险，害怕承担赔偿责任，于是就悄悄弃车逃离事故现场，长时间下落不明，让受害人百般无奈；第三是没有及时得到救助的受害人及其家属到处上访或闹事，给政府和事故处理部门增加了工作难度，给社会带来了不安定因素。

（2）忽视第三者责任险。有的驾驶人对自己的车技过分自信，认为投保了交强险就行了，不需要再购买商业第三者责任险。其实，这种侥幸心理不可取，一旦发生重大交通事故或者造成较大损失，仅仅靠交强险的赔付是远远不够用的，这是因为交强险对于财产损失的赔偿最高限额只有 2000 元。如果碰撞了豪华轿车，连对方一个车轮也赔不起。而商业第三者责任险的最高赔付限额在 5～100 万元之间，分为几个挡次，车主大多会选择 10～20 万元，就一般情况而言已经足够了。如果车主是新手，对自己的驾驶技术不太自信，可以选择 50 万元的保额，不过相应的保费要增加不少。

（3）保险等于包赔。有的车主认为，买齐了车险就万无一失，出了事故就能得到与投保额相同的赔偿。其实，保险公司的定损尺度与交警部门的责任认定息息相关。例如，一起事故的损失在 30 万元左右，交警认定双方负同等责任，那么各负担 50%的责任。保险公司在交强险赔付之外，最多只会赔偿 15 万元的第三者责任险。因此，保险不等于包赔。只有依法和安全地驾驶汽车，才能避免承担较多的事故责任。

（4）全险等于全赔。有的车主认为购买了“全险”，那么发生事故自然会得到全赔。其实，所谓的“全险”在法律上和保险公司中都不存在，它只是一些保险营销人员迎合车主的“全保”概念，为了吸引客户而杜撰出的一个模糊概念。车险销售人员向车主推荐的“全险”，只包含了汽车损失保险、第三者责任险、盗抢险、玻璃险、划痕险、车上人员险及不计免赔等几个主要险种，与是否“全赔”没有任何关系。因此，“全险”并不是“全部保险”。有的保险公司往往是在车险中属于不重要的方面给予全额保障，车主还是应该根据自身需要选择关键险种为妥。

（5）保得多等于赔得多。有的车主在购买车险时，认为保得越多就会赔得越多。事实上，保险公司的赔偿数额最多也不会超过机动车本身的实际价值。例如，一辆价值 10 万元的汽车，投保了 15 万元的汽车损失保险和盗抢险，即使发生了全车盗抢事故，保险公司也只会按照机动车折旧后的实际价值赔付，最高不会超过 10 万元。因此，车主在购买保险时应当仔细了解保险合同，特别是合同中的“重要提示”部分必须加以注意。如果有不明白的地方，应当让保险公司人员解释清楚，以便更好地维护自己的合法权益。

(6)曲线投保。有的保险代理人为了获取更多提成，拼命向车主兜售“私车公保”，这种“曲线投保”方式虽然保费便宜几百元，但是风险倍增。对于这种“曲线投保”，即使保险代理人拍胸膛保证“没问题”，也不宜投保，其理由如下。

① 索赔时，车主向保险公司提交的材料上必须要有挂靠单位的印章，车主能够轻易搞到挂靠单位的盖章吗？

② 理赔时，保险公司必然要查验《机动车行驶证》，如果机动车登记上户时不是挂靠在该单位的名下，“索赔人”与行驶证上的车主名称不一致，“私车公保”很难获得正常的赔付。特别是大额赔付时，保险公司甚至会以“投保人伪造事实”为由加以拒绝。

③ 保险合同的有效期一般为 1 年，在保险有效期内存在大量不确定因素，例如保险代理人与接头的企事业单位的关系搞僵或跳槽等，如果车主遇到这些情况就只能哑巴吃黄连。

④ 保监会已经有规定，被保险人为团体或单位的，赔款只能转到单位账号上。有的车主对挂靠单位一个人也不认识，要想从该单位把保险公司的赔款领出来，需要找财务科会计和出纳，还必须领导人签字，这其中会增加许多麻烦事。

如果车主已经做了“曲线投保”，最好尽快到保险公司去修改相关资料，以免后患无穷。

(7)重复投保。有的车主想要获得全方位的保险保障，就干脆多买几款同类产品，认为可以获得更多理赔金。同类保险产品叠加购买，并不能获得更多理赔金，这就是浪费钱的表现。比如，如果被保人同时购买了 4 份 50 万的意外保险，出险后治疗费用为 40 万元，则四家保险公司各理赔 10 万元即可。因此，一份保险就完全足够了。

(8)超额投保。有的投保人由于对保险知识不了解或听信不良代理人的劝说，将投保的机动车辆的汽车损失保险的保险金额定得很高，不但高于保险车辆的实际价值而且高于投保时的同类型新车市场购置价，以为一旦保险车辆发生保险事故而造成全损，保险公司就会按照保险金额进行赔偿。我国《保险法》第 55 条规定：“保险金额不得超过保险价值；超过保险价值的，超过部分无效，保险人应当退还相应的保险费。”另外，各保险公司的机动车辆保险合同均明确规定为不定值合同，而不定值合同是按照保险事故发生时保险标的的实际价值确定保险价值的保险合同。因此，保险公司只会按保险事故发生时保险标的的实际价值进行赔付，投保人不会按照保险金额得到赔偿，反而会因此多付保险费。

(9)意外险能赔任何意外。有的车主认为只要买了意外险，任何意外都能赔，可以高枕无忧。其实，购买意外险时，一定要注意意外险的责任范围，并不是所有意外都能赔付。普通的意外险不能包括高风险运动等带来的意外伤害，如蹦极、攀岩、骑马等。

（10）贪大求全买车险。有的车主为了图方便，买车险时贪大求全，以为保额越大越好，看重保费价格而忽视具体条款等。其实，即使保了“全险”，像车灯、后视镜单独破碎及爆胎、轮胎丢失等，许多保险公司都是不赔的。因此，买车险时千万不能为省事“贪大求全”，应根据自己的实际情况，把条款分析清楚，选择最可能用到的险种酌情购买。

（11）大龄车无须投保。有的车主认为自己的汽车老旧了，也不怎么爱惜了，每年投入几千元的保险费划不来。其实，车主的这种无奈并非没有由头。各家保险公司对于老旧车辆，尤其是车龄超过10年的汽车会选择性拒保，主要是因为老旧车辆各零件部位老化，容易发生事故，投保后风险会很高，所以出于对利润的考虑会拒绝承保。不过，这绝对不是车主放弃商业险的理由，在保险公司承保年限内，老旧车辆更应该用保险来保障使用。

投保省去冤枉钱的注意事项

新买的汽车需要投保，以便在发生问题时能得到最合理的保证。可是，多数车主在第一次为爱车投保的时候，在不经意间已经花掉了不少“冤枉钱”。

（1）新手新车，全面保险。除新车发生自燃的可能性较小，可以不予投保外，其他险种是新手新车所必须考虑投保的内容，尤其是“第三者责任险”最好投保较高的赔偿限额。建议的投保险种有：车辆损失险、第三者责任险、全车盗抢险、不计免赔特约险、车上责任险、玻璃单独破碎险、新增加设备损失险、无过失责任险。

（2）老手新车，适当投保。车辆是否被盗不取决于驾驶技能，而在于窃贼是否对你的新车感兴趣，所以投保盗抢险时千万别犹豫。不过，由于老手有熟练的驾驶技能，出险概率降低，可以不投保“无过失责任险”，但“不计免赔特约险”还是建议投保，以提高保障程度。建议投保险种有：车辆损失险、第三者责任险、全车盗抢险、玻璃单独破碎险、新增加设备损失险、不计免赔特约险、车上责任险。

（3）摸清市价，能省就省。车损险保额一般是根据新车购置时的价格确定的，而新车的市场价格目前呈逐年递减的趋势。因此，在每年投保的时候，查询一下你所驾驶车型的市场价格，并根据当前市场价格进行投保，这样就可以节省一部分保费。

（4）两挡之间，尽量上浮。第三者责任险的限额一共有6个挡次，尽管相应保费的差距不大，但不同挡次的赔偿限额却有很大差距。因此，如果需求在两挡保额之间的话，应尽量上浮一个挡次投保。要知道，如果你同时投保车损险和第三者责任险的话，第三者责任险的保费可以优惠。

（5）重复投保，尽量避免。如果车上一般乘坐的都是家人，且他们都已投保过人寿保险中的意外伤害保险和意外医疗保险，那么你就没有必要再投保车上责任保险了；如果家人没有投保意外和意外医疗保险，那么你最好还是选择投保意外保险，因为这样不仅所需交纳的保费远远低于车上责任保险，还可以保障交通事故以外发生的其他意外事故所造成的损失。

（6）玻璃投保，首选国产。玻璃是易碎品，所以投保玻璃险就很有必要。在投保时，一定要注意是进口玻璃险还是国产玻璃险。如果你买的车是进口的或国内组装的，在进行玻璃投保时可以考虑选择国产玻璃，因为国内汽车玻璃质优价廉，这样你将节省约一半的保险费。

（7）免赔特险，考虑选择。在车辆损失险和第三者责任险中，保险公司都会按照你在事故中的责任，只赔偿你实际损失的80%，这可能使你将来在实际获得赔偿方面产生比较大的损失。而通过投保不计免赔特约险，在这两个险种上你就可以得到你所应该承担损失的100%赔偿。

（8）足额投保，足额赔付。由于汽车保险费的费率是固定的，交费多少取决于汽车自身保险金额的高低。有的人为了节省保险费而不足额投保，或者想在车辆出险后多获得赔偿而去超额投保，这样的“小聪明”实不可取。明智的选择是足额投保，也就是说车辆价值多少就保多少。因为车辆出险后，保险公司在确定损失时是按汽车出险时车辆的实际损失赔钱，而不是按保额来计算。

（9）鸡毛蒜皮，自行解决。投保后，不要出了任何鸡毛蒜皮的小毛病，如刮、蹭等，就去找保险公司赔偿，一来可以省去很多烦琐的手续，二来因为在保险条款中有规定，如果是一年内不出险的车辆，在第二年续保时可获得保险公司10%的投保优惠，而在两年内没出新理赔情况的则可获得20%的优惠。因此，如果出险后的赔偿数额比较小，还是自掏腰包比较划算，这样可以直接省下第二年的部分保费。

（10）保险过后，记得年检。买了新车，车主的第一件事就是要为轿车上份保险，以图个心里踏实。但随后的时间里，一定要记得给轿车年检，否则一旦出车险，即使买了全险，保险公司也是不赔的；也不要把日期拖后，省得索赔时遇到麻烦。

理赔流程

整个保险理赔过程一般包括：接受报案、现场查勘、确定保险责任、立案、定损核损、赔款理算、缮写赔款计算书、核赔、结案处理、支付赔款等。对个别案件来说，可能保险事故是由第三者引起的，当保险人向被保险人赔款后，可以获得向第三者进行追偿的权利，而被保险人应协助保险人追偿。

被保险机动车出险后，被保险人向保险公司索赔时应按如下程序进行。

（1）出险通知。

（2）配合查勘。

（3）提出索赔。

（4）领取赔款。

（5）权益转让。

理算赔款的方法

理算交强险赔款

交强险实施后，赔偿的原则是由交强险先进行赔付，不足的部分再由商业第三者责任险来补充。因此，交强险的赔款计算将影响到商业机动车保险的赔款计算。交强险将被保险人在事故中承担的责任分为有责和无责两级。如果有责，不管责任大小，其赔款在死亡伤残、医疗费用、财产损失三个限额内进行计算赔偿；如果无责任，赔款在无责任的伤亡伤残、无责任医疗费用、无责任财产损失三个赔偿限额内进行计算赔偿。

（1）基本计算公式：

总赔款＝Σ各分项损失赔款＝死亡伤残费用赔款＋医疗费用赔款＋财产损失赔款

各分项损失赔款＝各分项核定损失承担金额，即

死亡伤残费用赔款＝死亡伤残费用核定承担金额

医疗费用赔款＝医疗费用核定承担金额

财产损失赔款＝财产损失核定承担金额

各分项核定损失承担金额超过交强险各分项赔偿限额的，各分项损失赔款等于交强险各分项赔偿限额。

（2）当保险事故涉及多个受害人时，基本计算公式中的相应项目表示为

各分项损失赔款＝Σ各受害人各分项核定损失承担金额，即

死亡伤残费用赔款＝Σ各受害人死亡伤残费用核定承担金额

医疗费用赔款＝Σ各受害人医疗费用核定承担金额

财产损失赔款＝Σ各受害人财产损失核定承担金额

各受害人各分项核定损失承担金额之和超过被保险机动车交强险相应分项赔偿限额的，各分项损失赔款等于交强险各分项赔偿限额。

各受害人各分项核定损失承担金额之和超过被保险机动车交强险相应分项赔偿

限额的，各受害人在被保险机动车交强险分项赔偿限额内应得到的赔偿为

被保险机动车交强险对某一受害人各分项损失的赔偿金额＝交强险各分项赔偿限额×[事故中某一受害人的分项核定损失承担金额/（Σ各受害人分项核定损失承担金额）]

（3）当保险事故涉及多辆肇事机动车时，各被保险机动车的保险人分别在各自的交强险各分项赔偿限额内，对受害人的分项损失计算赔偿。

各方机动车按其适用的交强险分项赔偿限额占总分项赔偿限额的比例，对受害人的各分项损失进行分摊。

某分项核定损失承担金额＝该分项损失金额×[适用的交强险该分项赔偿限额/（Σ各致害方交强险该分项赔偿限额）]

注意：肇事机动车中的无责任车辆，不参与对其他无责车辆和车外财产损失的赔偿计算，仅参与对有责方车辆损失或车外人员伤亡损失的赔偿计算。无责方车辆对有责方车辆损失应承担的赔偿金额，由有责方在本方交强险无责任财产损失赔偿限额项下代赔。

初次计算后，如果有致害方交强险限额未赔足，同时有受害方损失没有得到充分补偿，则对受害方的损失在交强险剩余限额内再次进行分配，在交强险限额内补足。对于待分配的各项损失合计没有超过剩余赔偿限额的，按分配结果赔付各方；超过剩余赔偿限额的，则按每项分配金额占各项分配金额总和的比例乘以剩余赔偿限额分摊；直至受损各方得到足额赔偿或应赔付方交强险无剩余限额。

（4）受害人财产损失需施救的，财产损失赔款与施救费累计不超过财产损失赔偿限额。

（5）主车与挂车在连接使用时发生交通事故，主车与挂车的交强险保险人分别在各自的责任限额内承担赔偿责任。如果交通管理部门未确定主车、挂车应承担的赔偿责任，主车、挂车的保险人对各受害人的各分项损失平均分摊，并在对应的分项赔偿限额内计算赔偿。主车与挂车由不同被保险人投保的，在连接使用时发生交通事故，按互为第三者的原则处理。

（6）对被保险人依照法院判决或者调解承担的精神损害抚慰金，原则上在其他赔偿项目足额赔偿后，在死亡伤残赔偿限额内赔偿。

理算车辆损失险赔款

机动车损失保险（简称汽车损失保险）的合同为不定值保险合同。不定值保险合同是指双方当事人在订立保险合同时不预先确定保险标的的保险价值，而是按照保险事故发生时保险标的的实际价值确定保险价值的保险合同。

保险责任

在保险期间内，被保险人或其允许的合法驾驶人在使用被保险机动车过程中，因保险条款保险责任部分列明的意外事故和自然灾害等危险发生，造成被保险机动车的损失，保险人依照保险合同的约定负责赔偿。另外，为贯彻积极的防灾防损政策，减少事故损失，保险人对事故发生后必要的、合理的施救与保护费用一般也负责赔偿。

责任免除

（1）不可保风险造成的车辆损失不负责赔偿。车辆损失险的不可保危险与第三者责任险规定的不可保风险相同。

（2）不属于可赔偿范围的损失和费用。

保险金额

汽车损失保险保险金额由投保人和保险人从下列三种方式中选择确定，保险人根据确定保险金额的不同方式承担相应的赔偿责任。

（1）按投保时被保险机动车的新车购置价确定。

（2）按投保时被保险机动车的实际价值确定。

（3）在投保时被保险机动车的新车购置价内协商确定。

赔偿处理

（1）赔偿方式：因保险事故损坏的被保险机动车，应当尽量修复。修理前被保险人应当会同保险人检验，协商确定修理项目、方式和费用。否则，保险人有权重新核定；无法重新核定的，保险人有权拒绝赔偿。

（2）赔偿比例：保险人依据被保险机动车驾驶人在事故中所负责任比例，承担相应的赔偿责任。有关被保险机动车驾驶人在事故中所负的事故责任比例的规定同第三者责任险。

保费计算

按照投保人类型、车辆用途、座位数/吨位数/排量/功率、车辆使用年限、所属挡次查找基础保费和费率。

保费＝基础保费＋实际新车购置价×费率

赔款理算

（1）全部损失的赔款理算。全部损失是指保险车辆在保险事故中发生整体损毁或受损严重已失去修复价值，即形成了实际全损或推定全损。

（2）投保时按照被保险机动车新车购置价确定保险金额的汽车损失保险赔款理算。

① 保险金额高于保险事故发生时被保险车辆的实际价值时，则赔款＝（实际价值－残值－交强险赔偿金额）×事故责任比例×（1－免赔率之和）。

② 保险金额等于或低于实际价值时，则赔款＝（保险金额－残值－交强险赔偿金额）×事故责任比例×（1－免赔率之和）。如果保险金额低于实际价值，因总残余

价值里有一部分是属保户自保的，所以在计算残值时应予以剔除，即残值应计算为：残值＝总残余价值×（保险金额/实际价值）。

(3)投保时按机动车实际价值确定保险金额或协商确定保险金额的汽车损失保险赔款理算。

① 保险金额高于保险事故发生时被保险机动车的实际价值时，则赔款＝（实际价值－残值－交强险赔偿金额）×事故责任比例×（1－免赔率之和）。

② 保险金额等于或低于车辆实际价值时，则赔款＝（保险金额－残值－交强险赔偿金额）×事故责任比例×（1－免赔率之和）。

施救费赔款＝实际施救费用×事故责任比例×（保险金额/实际施救财产总价值）×（1－免赔率之和）

部分损失的赔款理算

部分损失是指保险车辆在汽车损失保险项下的赔偿金额不超过车辆的保险金额。

（1）投保时按照被保险机动车新车购置价确定保险金额的汽车损失保险理赔理算。

赔款＝（实际修理费用－残值－交强险赔偿金额）×事故责任比例×（1－免赔率之和）。如果赔款大于等于实际价值，则按照实际价值赔付，即赔款＝实际价值；如果赔款小于实际价值，则按照实际计算出的赔款赔付。

(2)投保时按机动车实际价值确定保险金额或协商确定保险金额的汽车损失保险赔款理算。

赔款＝（实际修理费用－残值－交强险赔偿金额）×（保险金额/投保时保险车辆的新车购置价）×事故责任比例×（1－免赔率之和）。如果赔款大于等于实际价值，则按照实际价值赔付，即赔款＝实际价值；如果赔款小于实际价值，则按照实际计算出的赔款赔付。

施救费赔款＝实际施救费用×事故责任比例×（保险金额/投保时保险车辆的新车购置价）×（1－免赔率之和）

理算第三者责任险赔款

机动车第三者责任险中的第三者，是指因被保险机动车发生意外事故遭受人身伤亡或者财产损失的人，但不包括被保险机动车本车上人员、投保人、被保险人和保险人。

保险责任

保险期间内，被保险人或其允许的合法驾驶人在使用被保险机动车过程中发生意外事故，致使第三者遭受人身伤亡或财产直接损毁，依法应当由被保险人承担的损害赔偿责任，保险人依照本保险合同的约定，对于超过交强险各分项赔偿限额以上的部分负责赔偿。

（1）合法驾驶人是指持有效驾照，且所驾车辆与驾照规定的准驾车型相符；驾驶出租车或营业性客车的驾驶人还必须具备交通运输管理部门核发的许可证书或其他必备证书。

（2）使用保险车辆过程中是指保险车辆被运用的整个过程，包括行驶和停放。

（3）意外事故是指不是行为人出于故意，而是行为人不可预见的，以及不可抗拒的，并造成人员伤亡或财产损失的突发事件。

（4）人身伤亡是指人的身体受伤害或人的生命终止。

（5）财产直接损毁是指保险车辆发生意外事故，直接造成事故现场他人财产实际损毁。

（6）依法应由被保险人支付的赔偿金额是指依照有关法律、法规应当由被保险人支付的赔偿金额。

责任免除

（1）不属于第三者范围的人身伤亡或财产损失不负责赔偿。被保险机动车造成不属于第三者范围的对象的人身伤亡、所有或代管的财产的损失，不论在法律上是否应当由被保险人承担赔偿责任，保险人均不负责赔偿。以下三类对象不属于第三者范围：

① 被保险人及其家庭成员。

② 被保险机动车本车驾驶人及其家庭成员。

③ 被保险机动车本车上其他人员。

（2）不可保风险造成的第三者责任不负责赔偿。

① 地震。

② 战争、军事冲突、恐怖活动、暴乱、扣押、收缴、没收、政府征用。

③ 竞赛、测试、教练，在营业性维修、养护场所修理、养护期间。

④ 利用被保险机动车从事违法活动。

⑤ 驾驶人饮酒、吸食或注射毒品、被药物麻醉后使用被保险机动车。

⑥ 事故发生后，被保险人或其允许的驾驶人在未依法采取措施的情况下驾驶被保险机动车或者遗弃被保险机动车逃离事故现场，或故意破坏、伪造现场，毁灭证据。

⑦ 驾驶人不合法：无驾驶证或驾驶证有效期已届满；驾驶的被保险机动车与驾驶证载明的准驾车型不符；实习期内驾驶公共汽车、营运客车或者载有爆炸物品、易燃易爆化学物品、剧毒或者放射性等危险物品的被保险机动车，实习期内驾驶的被保险机动车牵引挂车；持未按规定审验的驾驶证，以及在暂扣、扣留、吊销、注销驾驶证期间驾驶被保险机动车；使用各种专用机械车、特种车的人员无国家有关部门核发的有效操作证，驾驶营运客车的驾驶人无国家有关部门核发的有效资格证书；在依照法律法规或公安机关交通管理部门有关规定不允许驾驶被保险机动车的其他

情况下驾车。

⑧ 非被保险人允许的驾驶人使用被保险机动车。

⑨ 被保险机动车转让他人，未向保险人办理批改手续。

⑩ 发生保险事故时被保险机动车无公安机关交通管理部门核发的行驶证或号牌，或未按规定检验或检验不合格。

⑪ 被保险机动车拖带未投保机动车交强险的机动车（含挂车）或被未投保机动车交强险的其他机动车拖带。

（3）不属于可赔偿范围的损失和费用。

① 被保险机动车发生意外事故，致使第三者停业、停驶、停电、停水、停气、停产、通信或者网络中断、数据丢失、电压变化等造成的损失，以及其他各种间接损失。

② 精神损害赔偿。

③ 因污染（含放射性污染）造成的损失。

④ 第三者财产因市场价格变动造成的贬值、修理后价值降低引起的损失。

⑤ 被保险机动车被盗窃、抢劫、抢夺期间造成第三者人身伤亡或财产损失。

⑥ 被保险人或驾驶人的故意行为造成的损失。

⑦ 仲裁或者诉讼费用及其他相关费用。

⑧ 应当由机动车交强险赔偿的损失和费用。

⑨ 依据保险合同约定的免赔率应当免赔的费用。

⑩ 其他不在保险责任范围内的损失和费用。

责任限额

目前我国第三者责任险采取责任限额方式。责任限额是保险人计收保险费的依据，也是承担每次第三者责任险事故赔偿的最高额度。第三者责任险的责任限额分为5万元、10万元、15万元、20万元、30万元、50万元、100万元、100万元以上等挡次。责任限额为100万元以上时，必须是50万元的整数倍。责任限额由投保人和保险人在签订保险合同时协商确定。

主车和挂车的责任限额可以分别确定，但当它们连接使用时视为一体。发生保险事故时，由主车保险人和挂车保险人按照保险单上载明的第三者责任险责任限额的比例，在各自的责任限额内承担赔偿责任，但赔偿金额总和以主车的责任限额为限。

赔偿处理

（1）赔偿方式：因保险事故损坏的第三者财产，应当尽量修复。修理前被保险人应当会同保险人检验，协商确定修理项目、方式和费用。否则，保险人有权重新核定；无法重新核定的，保险人有权拒绝赔偿。

（2）赔偿比例：保险人依据被保险机动车驾驶人在事故中所负的事故责任比例，

承担相应的赔偿责任。

（3）赔偿项目和标准：保险事故发生后，保险人按照国家有关法律、法规规定的赔偿范围、项目和标准，以及保险合同的约定，在保险单载明的责任限额内核定赔偿金额。保险人按照国家基本医疗保险的标准核定医疗费用的赔偿金额。未经保险人书面同意，被保险人自行承诺或支付的赔偿金额，保险人有权重新核定。不属于保险人赔偿范围或超出保险人应赔偿金额的，保险人不承担赔偿责任。

（4）重复保险情况：重复保险的，保险人按照本合同的责任限额与各保险合同责任限额的总和的比例承担赔偿责任。其他保险人应承担的赔偿金额，保险人不负责赔偿和垫付。

（5）实行一次赔偿：保险人支付赔款后，对被保险人追加的索赔请求不承担赔偿责任。

（6）合同效力：被保险人获得赔偿后，本保险合同继续有效，直至保险期间届满。

保费计算

按照投保人类型、车辆用途、座位数/吨位数/排量/功率、责任限额直接查找保费。

赔款理算

第三者责任险的赔偿金额，按照道路交通事故处理办法规定的赔偿范围、项目和标准，以及保险合同中的约定进行确定和计算。

（1）当被保险人按事故责任比例应承担的赔偿金额超过责任限额时，则赔款＝责任限额×（1－免赔率之和）。

（2）当被保险人按事故责任比例应承担的赔偿金低于责任限额时，则赔款＝应承担的赔偿金额×（1－免赔率之和），其中，应承担的赔偿金额＝赔偿金额×事故责任比例。

理算车辆损失险及第三者责任险赔款的注意事项

车辆损失险及第三者责任险赔款计算，依据交通管理部门出具的《道路交通事故责任认定书》及据此做出的《道路交通事故损害赔偿调解书》。

（1）当调解结果与责任书认定书不一致时，对于调解结果中认定的超出被保险人责任范围内的金额，保险人不予赔偿；对于被保险人承担的赔偿金额低于其应按责赔偿的金额的，保险人只对被保险人实际赔偿的金额在限额内赔偿。

（2）对于不属于保险合同中规定的赔偿项目，但被保险人已自行承诺或支付的费用，保险人不予承担。

（3）法院判决被保险人应赔偿第三者的金额，如精神损失赔偿费等，保险人不予承担。

(4) 保险人对第三者责任事故赔偿后，对受害第三者的任何赔偿费用的增加不再负责。

(5) 车辆损失的残值确定，应以车辆损失部分的零部件残值计算。

理算盗抢险赔款

保险责任

(1) 被保险机动车被盗窃、抢劫、抢夺，经出险当地县级以上公安刑侦部门立案证明，满 60 天未查明下落的全车损失。

(2) 被保险机动车全车被盗窃、抢劫、抢夺后受到损坏，或车上零部件、附属设备丢失需要修复的合理费用。

(3) 被保险机动车在被抢劫、抢夺过程中，受到损坏需要修复的合理费用。

责任免除

(1) 在下列情况下，不论什么原因造成被保险机动车损失，保险人均不负责赔偿。

① 地震。

② 战争、军事冲突、恐怖活动、暴乱、扣押、收缴、没收、政府征用。

③ 竞赛、测试、教练，在营业性维修、养护场所修理、养护期间。

④ 利用被保险机动车从事违法活动。

⑤ 驾驶人饮酒、吸食或注射毒品、被药物麻醉后使用被保险机动车。

⑥ 非被保险人允许的驾驶人使用被保险机动车。

⑦ 租赁机动车与承租人同时失踪。

⑧ 被保险机动车转让他人，未向保险人办理批改手续。

⑨ 除另有约定外，发生保险事故时被保险机动车无公安交通管理部门核发的行驶证或号牌，或未按规定检验或检验不合格。

⑩ 被保险人索赔时，未能提供机动车停驶手续或出险当地县级以上公安刑侦部门出具的盗抢立案证明。

(2) 被保险机动车的下列损失和费用，保险人不负责赔偿。

① 自然磨损、锈蚀、腐蚀、故障。

② 遭受保险责任范围内的损失后，未经必要修理继续使用被保险机动车，致使损失扩大的部分。

③ 市场价格变动造成的贬值、修理后价值降低引起的损失。

④ 标准配置以外新增设备的损失。

⑤ 非全车遭盗窃，仅车上零部件或附属设备被盗窃或损坏。

⑥ 被保险机动车被诈骗造成的损失。

⑦ 被保险人因民事、经济纠纷而导致被保险人机动车被抢劫、抢夺。

⑧ 被保险人及其家庭成员、被保险人允许驾驶人的故意行为或违法行为造成的损失。

⑨ 被保险机动车被盗窃、抢劫、抢夺期间造成人身伤亡或本车以外的财产损失，保险人不负责赔偿。

⑩ 依据保险合同约定免赔率的免赔部分。

⑪ 其他不属于保险责任范围内的损失和费用。

保险金额

保险金额由投保人和保险人在投保时被保险机动车的实际价值内协商确定。

赔偿处理

(1) 索赔资料：索赔时须提供保险单、损失清单、有关费用单据、机动车行驶证、机动车登记证书、机动车来历凭证、车辆购置完税证明或免税证明、机动车停驶手续，以及出险当地县级以上公安刑侦部门出具的盗抢立案证明。

(2) 赔偿计算：全车损失，在保险金额内计算赔偿，但不得超过保险事故发生时被保险机动车的实际价值；部分损失，在保险金额内按实际修复费用计算赔偿，但不得超过保险事故发生时被保险机动车的实际价值。

(3) 损坏车辆的修复方式：因保险事故损坏的被保险机动车，应当尽量修复。修理前，被保险人应当会同保险人检验，协商确定修理项目、方式和费用。否则，保险人有权重新核定；无法核定的，保险人有权拒绝赔偿。

(4) 被保险机动车全车被盗窃、抢劫、抢夺后找回的，保险人尚未支付赔款的，被保险机动车应归还被保险人；保险人已支付赔款的，被保险机动车应当归还被保险人，被保险人应将赔款返还给保险人；被保险人不同意收回被保险机动车，被保险机动车的所有权归保险人，被保险人应协助保险人办理有关手续。

(5) 权益转让：保险人确认索赔单证齐全、有效后，被保险人签具权益转让书，保险人赔付结案。

保费计算

按照车辆使用类型分地区计算保费。

$$保费=保险金额\times费率$$

赔款理算

(1) 全部损失：赔款＝保险金额×（1－免赔率之和）。

(2) 部分损失：赔款＝（实际修理费用－残值）×（1－免赔率之和）。

赔款金额不得超过本险种保险金额。

部分零部件被偷不赔。如果不是全车被盗，只是零部件如轮胎、音响设备、车标等被偷，车主只能自认倒霉。保险公司通常规定“非全车遭盗抢，仅车上零部件或附属设备被盗窃、被抢劫、被抢夺、被损坏”为除外责任。

理算玻璃单独破碎险赔款

投保了机动车损失保险的机动车，可投保本附加险。

保险责任

被保险机动车风窗玻璃或车窗玻璃的单独破碎，保险人负责赔偿。

投保方式

投保人与保险人可协商选择按进口或国产玻璃投保。保险人根据协商选择的投保方式承担相应的赔偿责任。

责任免除

安装、维修机动车过程中造成的玻璃单独破碎。

保费计算

按照新车购置价进行计算，并根据车辆类型分为进口玻璃和国产玻璃。

赔款理算

赔款＝实际修理费用

理算火灾、爆炸、自燃损失险赔款

投保了营业用汽车损失保险的机动车，可投保本附加险。

保险责任

（1）火灾、爆炸、自燃造成被保险机动车的损失。

（2）发生保险事故时，被保险人为防止或者减少被保险机动车的损失所支付的必要的合理的施救费用。

责任免除

（1）自燃仅造成电器、线路、供油系统、供气系统的损失。

（2）所载货物自身的损失。

（3）轮胎爆裂的损失。

（4）人工直接供油、高温烘烤造成的损失。

保险金额

保险金额由投保人和保险人在投保时被保险机动车的实际价值内协商确定。

赔偿处理

（1）全部损失，在保险金额内计算赔偿；部分损失，在保险金额内按实际修理费计算赔偿。

（2）每次赔偿实行20%的免赔率。

保费计算

保费＝保险金额×费率

赔款理算

（1）全部损失：全部损失赔款＝（保险金额-残值）×（1-20%）。

（2）部分损失：赔款＝（实际修理费用-残值）×（1-20%）其中，赔款金额不得超过该险种保险金额。

（3）施救费用：赔款＝实际修理费用×（保险财产价值/实际施救财产总价值）×（1-20%）。

理算车身划痕损失险赔款

投保了机动车损失保险的机动车，可投保本附加险。

保险责任

无明显碰撞痕迹的车身划痕损失，保险人负责赔偿。

责任免除

被保险人及其家庭成员、驾驶人及其家庭成员的故意行为造成的损失。

保险金额

保险金额为 2000 元、5000 元、10000 元或 20000 元，由投保人和保险人在投保时协商确定。

赔偿处理

（1）在保险金额内按实际修理费用计算赔偿。

（2）每次赔偿实行 15%的免赔率。

（3）在保险期间内，累计赔款金额达到保险金额，本附加险保险责任终止。

保费计算

保险人根据车型分类和车龄计算相应保费。

$$保费＝固定保费＋新车购置价×费率$$

赔款理算

在保险金额内按实际损失计算赔款，并使用批单冲减保险金额，则赔款＝实际损失费用。

如果在保险期限内，赔款累计达到本险种保险金额，本险种保险责任终止。

理算新增加设备损失险赔款

投保了机动车损失保险的机动车，可投保本附加险。

保险责任

保险期间内，投保了本附加险的被保险机动车因发生机动车损失保险责任范围内的事故，造成车上新增加设备的直接损毁，保险人在保险单载明的本附加险的保险金额内，按照实际损失计算赔偿。

保险金额

保险金额根据新增加设备的实际价值确定。新增加设备的实际价值是指新增加设备的购置价减去折旧金额后的金额。新增设备的折旧率以本条款所对应的主险条款规定为准。

赔偿处理

每次赔偿的免赔率以本条款所对应的主险条款规定为准。

其他事项

本保险所指新增加设备，是指在被保险机动车出厂时原有各项设备以外，被保险人加装的设备及设施。投保时，应当列明车上新增加设备明细表及价格。

保费计算

保费＝约定保险金额×相应汽车损失保险费率

赔款理算

车上新增设备的直接损毁，保险人在保险单该项目所载明的保险金额内，按实际损失计算赔偿。

理算发动机特别损失险赔款

投保了家庭自用汽车损失保险或非营业用汽车损失保险的机动车，可投保本附加险。

保险责任

在保险期间内，投保了本附加险的被保险机动车在使用过程中，因下列原因导致发动机进水而造成发动机的直接损毁，保险人负责赔偿。

（1）被保险机动车在积水路面涉水行驶。

（2）被保险机动车在水中起动。

（3）发生上述保险事故时被保险人或其允许的驾驶人对被保险机动车采取施救、保护措施所支出的合理费用。

赔偿处理

（1）在出险时被保险机动车的实际价值内计算赔偿，但不超过被保险机动车的保险金额。

（2）本保险每次赔偿均实行20%的免赔率。

保费计算

保费＝新车购置价×费率

赔款理算

（1）全部损失：赔款＝（保险金额-残值）×（1-20%）。

（2）部分损失：赔款＝（实际修理费用-残值）×（1-20%）。

（3）施救费用：赔款＝实际施救费用×（保险财产价值/实际施救财产总价值）×（1-20%），赔款金额不超过保险金额。

理算车辆停驶损失险赔款

投保了机动车损失保险的机动车，可投保本附加险。

保险责任

保险期间内，因发生机动车损失保险的保险事故，致使被保险机动车停驶，保险人在保险单载明的保险金额内承担赔偿责任。

责任免除

下列情况导致被保险机动车停驶的，保险人不承担赔偿责任。

（1）被保险人或驾驶人未及时将被保险机动车送修或拖延修理时间。

（2）因修理质量不合格重新返修。

保险金额

保险金额按照投保时约定的日赔偿金额乘以约定的赔偿天数确定；约定的日赔偿金额最高为 300 元，约定的赔偿天数最长为 60 天。

赔偿处理

全车损失，按保险单载明的保险金额计算赔偿；部分损失，在保险金额内按约定的日赔偿金额乘以从送修之日止的实际天数计算赔偿，实际天数超过双方约定修理天数的，以双方约定的修理天数为准。

保险期间内，累计赔款金额达到保险单载明的保险金额，本附加险保险责任终止。

保费计算

保费＝合同约定赔偿天数×日赔偿金额×费率

赔款理算

（1）全部损失：赔款＝保险合同中约定的日赔偿金额×保险合同中约定的最高赔偿天数减一天。

（2）部分损失：在计算赔偿天数时，首先比较《机动车辆保险车辆损失情况确认书》中约定的修理天数和实际修理天数，两者时间以短者为准。即《机动车辆保险车辆损失情况确认书》中约定的修理天数大于或等于实际修理天数，以实际修理天数为计算基础；《机动车辆保险车辆损失情况确认书》中约定的修理天数小于实际修理天数，以《机动车辆保险车辆损失情况确认书》中约定的修理天数为计算基础减一天。

① 赔偿天数未超过保险合同中约定的最高赔偿天数，则赔款＝保险合同中约定的日赔偿金额×赔偿天数减一天。

② 赔偿天数超过保险合同中约定的最高赔偿天数，则赔款＝保险合同中约定的

日赔偿金额×保险合同中约定的最高赔偿天数减一天。

赔偿后，使用批单批改保险合同中约定的最高赔偿天数。在保险期限内，赔款金额累计达到保险单载明的保险金额，本附加险保险责任终止。保险期限内发生保险事故时，约定赔偿天数超出保险合同终止期限部分，仍应赔偿。

理算车上人员责任险赔款

车上人员责任险是机动车商业险的主要保险，它的主要功能是赔偿车辆因交通事故造成的车内人员的伤亡。这个保险对于车主很重要，因为在车内的人员一般都是自己身边重要的人。

保险责任

保险期间内，被保险人或其允许的合格驾驶人在使用被保险机动车过程中发生意外事故，致使车上人员遭受人身伤亡，依法应当由被保险人承担的损害赔偿责任，保险人依照保险合同的约定负责赔偿。

责任免除

（1）被保险机动车造成下列人身伤亡，不论在法律上是否应当由被保险人承担赔偿责任，保险人均不负责赔偿。

① 被保险人或驾驶人的故意行为造成的人身伤亡。

② 被保险人及驾驶人以外的其他车上人员的故意、重大过失造成的自身伤亡。

③ 违法、违章搭乘人员的人身伤亡。

④ 车上人员因疾病、分娩、自残、斗殴、自杀、犯罪行为造成的自身伤亡。

⑤ 车上人员在被保险机动车车下时遭受的人身伤亡。

（2）不可保风险造成的对车上人员的损害赔偿责任，保险人均不负责赔偿。车上人员责任险的不可保风险与第三者责任险的规定基本相同。

（3）下列损失和费用，保险人不负责赔偿。

① 精神损害赔偿。

② 因污染（含放射性污染）造成的人身伤亡。

③ 仲裁或者诉讼费用及其他相关费用。

④ 应当由机动车交强险赔偿的损失和费用。

⑤ 依据保险合同约定免赔部分。

⑥ 其他不属于保险责任范围的损失和费用。

责任限额

驾驶人每次事故责任限额和乘客每次事故每人责任限额由投保人和保险人在投保时协商确定。投保乘客座位数按照被保险机动车的核定载客数（驾驶人座位除外）确定。

赔偿处理

每次事故车上人员的人身伤亡按照国家有关法律、法规规定的赔偿范围、项目和标准，以及保险合同的约定进行赔偿。驾驶人的赔偿金额不超过保险单载明的驾驶人每次事故责任限额，每位乘客的赔偿金不超过保险单载明的乘客每次事故每人责任限额，赔偿人数以投保乘客座位数为限。保险人按照国家基本医疗保险的标准核定医疗费用的赔偿金额。未经保险人书面同意，被保险人自行承诺或支付的赔偿金额，保险人有权重新核定。不属于保险人赔偿范围或超出保险人应赔偿金额的，保险人不承担赔偿责任。

保险人支付赔款后，对被保险人追加的索赔请求，保险人不承担赔偿责任。

被保险人获得赔偿后，保险合同继续有效，直至保险期间届满。

保费计算

（1）按选择座位投保的保费计算：保费＝赔偿限额×费率。

（2）按核定座位投保的保费计算：保费＝核定座位数×每座赔偿限额×费率。

赔款理算

（1）当被保险人按事故责任比例应承担的每座车上人员伤亡赔偿金额未超过保险合同载明的每人责任限额时，每人赔款等于应承担的赔偿金额扣除免赔部分。

（2）当被保险人按事故责任比例应承担的每座车上人员伤亡赔偿金额超过保险合同载明的每人责任限额时，每人赔款等于责任限额扣除免赔部分。

若赔款等于每人陪款之和，则赔偿天数以投保座位数为限。

理算车上货物责任险赔款

投保了机动车第三者责任保险的机动车，可投保本附加险。

保险责任

保险期间内，发生意外事故致使被保险机动车所载货物遭受直接损毁，依法应由被保险人承担的损害赔偿责任，保险人负责赔偿。

责任免除

（1）偷盗、哄抢、自然损耗、本身缺陷、短少、死亡、腐烂、变质造成的货物损失。

（2）违法、违章载运或因包装不善造成的损失。

（3）车上人员携带的私人物品。

（4）应当由机动车交强险赔偿的损失和费用。

责任限额

责任限额由投保人和保险人在投保时协商确定。

赔偿处理

被保险人索赔时，应提供运单、起运地货物价格说明等相关单据。保险人在责任限额内按起运地价格计算赔偿，每次赔偿实行20%的免陪率。

保费计算

保费＝赔偿限额×费率

注：最低责任限额为人民币20000元。

赔款理算

(1)当被保险人按事故责任比例应承担的车上货物损失金额未超过保险合同载明的责任限额时，则赔款＝应承担的赔偿金额×（1-20%）。

(2)当被保险人按事故责任比例应承担的车上货物损失金额超过保险合同载明的责任限额时，则赔款＝责任限额×（1-20%）。

理算代步机动车服务特约条款赔款

投保了家庭自用汽车损失保险或非营业用汽车损失保险的9座以下客车，可附加本特约条款。

保险责任

保险期间内，被保险机动车因遭受机动车损失保险合同约定的保险事故而修理，且被保险人在修理期限内需要代步机动车并提出请求的，保险人依照本特约条款的约定提供代步机动车。

责任免除

具有下列情形之一的，保险人不负责提供代步机动车。

（1）被保险机动车处于查封、扣押期间的。

（2）被保险机动车因修理质量不合格，处于返修期间的。

（3）被保险人或驾驶人未及时将被保险机动车送修或拖延修理时间的。

（4）被保险机动车发生全部损失或推定全损的。

（5）机动车损失保险合同约定的保险事故以外的原因造成被保险机动车损失的。

服务期限

(1)被保险人依照本特约条款要求提供代步机动车服务的，应当在保险事故发生后及时向保险人提出请求，与保险人协商确定事故机动车的修理期限。

(2)保险人提供代步机动车服务的期限与修理期限一致。实际修理期限少于协商确定的修理期限的，以实际修理期限为准；实际修理期限超过协商确定的修理期限的，以协商确定的修理期限为准。

(3)保险人的每次提供代步机动车服务的期限进行累计计算，累计服务期限最长为60日。

责任终止

具有下列情形之一的，本特约条款的保险责任终止。

（1）机动车损失保险合同终止的。

（2）保险人提供代步机动车的累计期限达到60日的。

（3）本特约条款依照法律、行政法规规定或投保人与保险人的约定终止的。

其他事项

（1）保险人提供的代步机动车仅满足被保险人基本的日常代步需要，具体机动车的品牌型号由保险人确定。

（2）被保险人使用保险人提供的代步机动车期间，除代步机动车租金以外的一切费用、责任或损失，保险人均不负责承担。

保费计算

代步机动车服务特约条款为固定保费，无须计算。

赔款理算

（1）保险人提供代步机动车服务的期限与修理期限相同，即以实际修理期限和协商修理期限短者为准。

（2）保险人每次提供代步机动车服务的期限累计计算，累计服务期限最长为60天。

理算更换轮胎服务特约条款赔款

投保了家庭自用汽车损失保险或非营业用汽车损失保险的机动车，可附加本特约条款。

保险责任

在保险期间内，在约定区域内被保险机动车因轮胎损坏而无法行驶，经被保险人请求，由保险人或其受托人提供更换轮胎服务，因此产生的服务费用由保险人依照本特约条款的约定承担。

责任免除

（1）非保险人或其受托人提供更换轮胎服务所产生的费用，保险人不负责赔偿。

（2）所更换的轮胎的成本费用，保险人不负责赔偿。

（3）对于法律或国家有关部门规定不允许进入的区域，保险人不提供服务并不承担相关费用。

（4）其他不属于第一条约定保险责任范围内的损失和费用，保险人不负责赔偿。

保费计算

更换轮胎服务特约条款为固定保费，无须计算。

赔款理算

赔款＝服务费用

理算送油、充电服务特约条款赔款

投保了家庭自用汽车损失保险或非营业用汽车损失保险的机动车，可附加本特约条款。

保险责任

在保险期间内，在约定区域内被保险机动车因缺油、缺电而无法行驶，经被保险人请求，由保险人或其受托人提供送油（每次以10升为限）、充电服务，因此产生的服务费用由保险人依照本特约条款的约定承担。

责任免除

（1）非保险人或其受托人提供送油、充电服务所产生的费用，保险人不负责赔偿。

（2）油料的成本费用，保险人不负责赔偿。

（3）所更换的蓄电池或其他零部件的成本费用，保险人不负责赔偿。

（4）对于法律或国家有关部门规定不允许进入的区域，保险人不提供服务并不承担相关费用。

（5）其他不属于本特约条款第一条约定的保险责任范围内的损失和费用，保险人不负责赔偿。

保费计算

送油、充电服务特约条款为固定保费，无须计算。

赔款理算

赔款＝服务费用

理算拖车服务特约条款赔款

投保了家庭自用汽车损失保险或非营业用汽车损失保险的机动车，可附加本特约条款。

保险责任

保险期间内，在约定区域内被保险机动车因发生意外事故或故障而丧失行驶能力，经被保险人请求，保险人或其受托人向被保险人提供将被保险机动车拖至上述约定区域内修理场所的拖车服务，因此产生的服务费用由保险人依照本特约条款的约定承担。

责任免除

（1）非保险人或其受托人提供拖车服务所产生的费用，保险人不负责赔偿。

（2）对于法律或国家有关部门规定不允许进入的区域，保险人不提供服务并不承担相关费用。

（3）其他不属于本特约条款约定的保险责任范围内的损失和费用，保险人不负责赔偿。

保费计算

拖车服务特约条款为固定保费，无须计算。

赔款理算

赔款＝服务费用

理算附加换件特约条款赔款

投保了家庭自用汽车损失保险或非营业用汽车损失保险的使用年限在3年以内、9座以下的客车，可附加本特约条款。

保险责任

保险期间内，因发生机动车损失保险的保险事故，造成被保险机动车的损坏而需要修复时，对受损零部件维修费用达到该部件更换费用20%的，保险人按照保险合同的约定对应予修理的配件给予更换。

赔偿处理

（1）被保险机动车遭受损失后，受损零部件按最小可分解件进行更换，被更换的零部件归保险人所有。

（2）车身的漆面损伤不做换件处理。

保费计算

保费＝投保汽车损失险表定保费×费率

赔款理算

赔款＝更换零件费用

理算随车行李物品损失险赔款

投保了家庭自用汽车损失保险或非营业用汽车损失保险的机动车，可投保本附加险。

保险责任

在保险期间内，投保了本附加险的机动车因发生机动车损失保险责任范围内的事故，造成车上所载行李物品的直接损毁，保险人在保险单载明的本附加险的保险金额内，对实际损失依据被保险机动车驾驶人在事故中所负责任比例，承担相应的赔偿责任。

责任免除

下列财产的损失，保险人不负责赔偿：

（1）金银、珠宝、钻石及制品、玉器、水晶制品、首饰、古币、古玩、字画、邮票、艺术品、稀有金属等贵重财物。

（2）货币、票证、有价证券、文件、书籍、账册、图表、技术资料、电脑资料、枪支弹药，以及无法鉴定价值的物品。

（3）电话、电视、音像设备及制品、电脑及软件。

（4）国家明文规定的违禁物品、易燃、易爆，以及其他危险物品。

（5）动物、植物。

（6）用于商业和贸易目的的货物或样品。

行李物品丢失、被盗窃、抢劫、抢夺，以及因丢失、被盗窃、抢劫、抢夺受到的损坏，保险人不负责赔偿。

保险金额

本附加险的保险金额由保险人和投保人在投保时协商确定，并在保险单中载明。

赔偿处理

（1）被保险人向保险人申请索赔时，应提供证明损失物品价值的相关凭据和残骸，以及其他与确认保险事故的性质、原因、损失程度等有关的证明和资料。

（2）每次赔偿的免赔率以本条款所对应的主险条款规定为准。

（3）在保险期限内，累计赔款金额达到保险单载明的本附加险的保险金额，本附加险保险责任终止。

保费计算

保费＝约定保险金额×费率

赔款理算

（1）全部损失：赔款＝赔偿限额×事故责任比例。

（2）部分损失：赔款＝实际损失×事故责任比例。

理算不计免赔特约条款赔款

经特别约定，保险事故发生后，按照对应投保的险种规定的免赔率计算的应当由被保险人自行承担的免赔金额部分，保险人负责赔偿。

责任免除

在下列情况下，应当由被保险人自行承担的免赔金额，保险人不负责赔偿。

（1）机动车损失险中应当由第三方负责赔偿而无法找到第三方的。

（2）根据有关法律法规规定选择自行协商方式处理交通事故，但不能证明事故原因的。

（3）因违反安全装载规定而增加的。

（4）投保时指定驾驶人，保险事故发生时为非指定驾驶人使用被保险机动车而增加的。

（5）投保时约定行驶区域，保险事故发生在约定行驶区域以外而增加的。

（6）因保险期间内发生多次保险事故而增加的。

（7）发生机动车盗抢保险规定的全车损失保险事故时，被保险人未能提供机动车行驶证、机动车登记证书、机动车来历凭证、车辆购置税完税证明或免税证明而增加的。

（8）可附加本条款但未选择附加本条款的险种规定的。

（9）不可附加本条款的险种规定的。

保费计算

$$保费＝相应险种表定保费×费率$$

赔款理算

赔款＝一次赔款中已承保且出险的各险种免赔额之和。

异地出险理赔

异地报案

各家保险公司已经开通了全国统一的报警电话，例如，人保财险的95518、平安财险的95512、中华保险的95585等。车主在外地出险，可以拨打这些报警电话。但是，各家保险公司服务平台的运作模式不完全相同，案件的受理方式和流程存在较大差别。以人保财险公司为例，客户在异地出险报案，都由当地的分支机构直接受理；平安财险公司的客户在任何地方拨通报案电话，都被转接到上海的全国后援中心处理。

异地定损

目前，有两种定损方式可供车主选择：一种是在出险地就近定损，另一种是回保单所在地定损。就地定损是异地出险机动车选择比较多的定损方式，由受理报案的分公司完成查勘和定损工作。然而，在节假日，保险公司的定损人手不足，车主只能选择耐心等待，往往一等就是好几个小时，于是不少车主选择回到保单所在地后再定损。如果选择回来定损，必须事先报案，并且征得保险公司的同意，否则可能会被保险公司按照错过报案期限处理。另外，并不是所有的交通事故都能采用回保单所在地定损的方式，如果事故损失较大或者发生了人员伤亡，事故车就必须在当地完成查勘工作。

异地修理

有的车主驾车在外地出险，在没有经过定损的情况下就先行修理，往往无法得到理赔。在机动车损坏不影响正常行驶的情况下，不推荐车主就近进行修理，这是因为外地的汽车维修质量难以保证，一旦需要重复修理，车主可能需要往返于两地之间，这是很麻烦的。

异地理赔

车主领取赔款有两种方式，一种是申请就地领取，另一种是回保单所在地领取。据了解，大多数车主为了不影响旅程，选择了后者。按照车险全国通赔规则，车主回到承保地后，可以凭理赔材料到分公司索赔。如果车主急需这笔赔款，也可以申请在出险地领取赔款，但是必须属于快速理赔的范围。

异地理赔往往只限于全国统一销售的保险品种。如果某险种只是在个别地区销售，恐怕难以做到异地理赔。

车辆在异地出险，保险公司会让车主选择在事故发生地或者保险购买地进行维修。一般来说，如果车辆的问题不会影响到行车安全，建议车主还是回保险购买地修车。毕竟中国人爱“欺生”，很多维修店，甚至是4S店看到事故车挂的是外地牌，明白这是一次性生意，就会产生“挣一把”的心理，而就算车主吃了亏，但考虑到来回的路费及异地维权的艰难，也很难去跟奸商较真。

实行简易赔案

在实际工作中，很多案件案情简单，出险原因清楚，保险责任明确，事故金额低，可在现场确定损失。为简化手续，方便客户，加快理赔速度，根据实际情况可对这些案件实行简易处理，称之为简易赔案。

实行简易赔案处理的理赔案件必须同时满足以下条件。

（1）车辆损失险列明自然灾害和被保险人或其允许的合格驾驶人或约定的驾驶人单方肇事导致的汽车损失保险案件。

（2）出险原因清楚，保险责任明确，损失容易确定。

（3）车损部分损失可以一次核定，已损失金额在5000元以内。

（4）受损零部件可以准确容易地确定金额。

简易赔案处理的程序是：接受报案→现场查勘、施救，确定保险责任和初步损失→查勘定损人员定损填写《简易赔案协议书》→报相关处理中心→办理赔款手续→支付赔款。

防止出险后保险公司拒赔的注意事项

俗话说：“买的没有卖的精。”买保险也是如此。一不小心，就会让保险公司找到拒赔的理由。因此，出险后，一定要对细节多加注意。

（1）汽车抛锚后应迅速报案，请保险公司派专业施救员救险。如果车主擅自通过人力推车，可能发生再次撞击甚至翻车，这类损失保险公司不赔。

（2）修车一定要到指定地点。定损单上的维修价是保险公司依据汽车修理完好所需要的合理市场均价而定的，如果车主去达不到标准的维修站保养或修车，保险公司将会根据市场价格进行核价。因此，最好请当地保险公司的定损员推荐修理水平高，并且与保险公司有合作协议的修理厂。

（3）投保车上人员责任险。车险的汽车损失保险和第三者责任险这两个主险，都没有涵盖驾驶人责任，车主应补充投保人身意外伤害保险或车上人员责任险，这对于经常跑长途的车主有不少好处。

（4）不超出保险车辆行驶区域。投保车险时，一定要看清楚保险条款中有没有对行驶区域的限制。行车区域比较广的车主，在选择车险时要特别注意保险公司的服务网络，如果超出保险公司保障的行驶范围，就不能得到理赔。

（5）出车祸不要私了。如果私了，没有保险公司的定损证明，即使当地交警部门能给予事故证明，保险公司也不能全面了解事故详情，无法计算理赔额。但是，如果事故中理赔额较小，车主完全可以自行协商解决，因为保险期内无理赔记录的在续保时可享受保费优惠。

出险后理赔的注意事项

（1）出事故后，及时报案。出现交通事故后，首先要及时报案。除了向交通管理部门报案外，还要在48小时内向保险公司报案。超过48小时的话，保险公司可能会拒赔。

（2）单方双方，确定责任。对于单方事故来说，可直接拨打报案电话，也可以到有定损资格的汽车定损中心或维修厂报案和定损。对于双方事故来说，目前已可以自行协商确定事故责任，只要双方签署交通事故自行解决协议书即可，在对事故责任确定无法达成一致的情况下可由交警处理，出具事故责任认定书后再到保险公司进行定损。

（3）证明单据，提供齐全。报案后应当提供以下证明或单据：在有效期限内的保单正本；被保险人身份证；经过年检合格的被保险车辆行驶证；发生事故时驾驶人的驾驶证，此驾驶证必须经过年审合格并确定在准驾车型范围内；属于道路交通事故的应提供交管部门出具的事故证明；属于非道路交通事故的应提供相应的事故证明；因事故而产生的损失清单，以及有关的费用单据。

（4）先行定损，后修车辆。以上所提的单据齐备后，即可到车辆的承保公司或有定损资格的维修厂进行拍照、定损、理赔。所有损失在修复前，必须经过定损这一环节，以核定损失项目及金额。定损完毕后，方可修理受损车辆。事故处理完毕 10 日内，将索赔单证交给保险公司，由保险公司计算赔款，而后保险公司会通知领取赔款。需要注意的是，有些汽车 4S 店或维修厂与保险公司为合作关系，可以进行车险直赔业务，即发生事故后只要事故责任明确，那么车主只需将车辆开到该场所维修，其他的工作都可由该场所人员代为完成。

（5）异地出险，注意理赔。车辆在异地出险后，首先要及时报案，如果是轻微事故，事故双方可以协商处理，投保人也可及时联系保险公司，在保险公司的协助下由双方协商处理。如果事故造成了严重的损失、人员伤亡或者事故双方不能调解，则需要保护现场，及时报警，而后立即联系保险公司。通常情况下，保险公司会安排当地分支机构赶赴现场查勘定损，协助客户处理问题。注意，异地出险造成车辆的损伤需要维修时，车主可根据当地保险公司推荐，前往指定维修点维修，也可自行选择维修点，但必须及时通知保险公司前来定损。

理赔误区

（1）出事当然要全赔。有的车主认为，我买了保险，出了事故就得全赔。其实，根据保险条例，并非所有的事故都能得到全额赔偿。通常投保人在买保险时，往往只投有风险和强制购买的保险，一旦出现全责理赔，保险都要扣除 20%的不计免赔率，即只赔 80%，其余归投保人承担。投保人要想得到全额赔偿，前提条件是只有购买“不计免赔附加险”。实际上投保了不计免赔附加险，也不是一定就可以获得全额理赔。保险公司为了防范“道德风险”，会对一些特定的事故定出单独的免赔率，这些免赔率是不属于不计免赔范围的。比如，多次出险、超范围行驶、理赔证件不全等，会加扣免赔率。对于找不到第三者的事故，保险公司通常认为难以客观判定当事车主的实际事故责任，其理赔标准无法将车主事故责任作为理赔参考依据，所以设定了特殊的加扣免赔率。

（2）对事故责任大包大揽。有的车主认为反正有保险公司赔付，事故中的责任认定并不重要，在进行认定时“不怕”承担责任，这是很危险的。保险公司的理赔依据是交警出具的责任认定书。对于第三者责任险，保险公司根据车主承担的责任轻重，制定了不同的赔付比例。因此，在责任认定中，车主一定要明确责任，不是自己的责任一定不要承担，以免留下后患。

（3）定损、修理、理赔不分家。有的车主认为，和4S店联合定损就是实际的维修费，也是保险理赔的金额。实际上，定损是保险公司的程序，之所以和修配厂联合定损是因为保险公司不是全能的，它要听取4S店的意见。4S店不能左右定损额度，保险公司会综合各方情况后给出合理的定损额度，定损一旦完成，理赔额度也基本确定了。至于如何修理，已与保险公司无关，由车主和修配厂来决定，实际修车费用视车主要求可能高于或低于定损额度，甚至修车地点也可能不是协助定损的厂家。

（4）先修理后报销。有的车主在车辆出险后，并不是立刻向保险公司报案，而是先找修理厂，修完车后再找保险公司报销费用。如果车主不向保险公司报案，而是先修理车辆，若在理赔时保险公司认为修理费用高出定损的费用，差额部分将可能由车主自己承担。因此，先定损后修车，这是对被保险人自身利益的保护。

（5）委托修理厂理赔。有的车主为了避免麻烦，发生事故后不与保险公司直接联系，就将理赔全权委托给较为熟悉的修理厂。这样做虽然挺简单，但也存在不小的风险。一些规模小和资质差的修理厂往往利用客户的信任，用便宜的零部件为客户修理，以高价的零部件向保险公司索赔，这样修理厂就可以获取不同零部件之间的差价。如果这样做被保险公司查实，车主不但需要自己承担责任，还会在保险公司留下不良的记录。就算没有被保险公司发现，在续保时车主也会由于事故记录增多而得不到费率上的优惠。

（6）擅自放弃向第三者追偿权利。《保险法》规定，“必须有责任认定”时保险公司才能赔付。即使被保险人有一定过错，也必须先向第三方索赔，才有可能获得保险公司的赔偿。一旦放弃了向第三方追偿的权利，也就放弃了向保险公司要求赔偿的权利。因此，一旦出险且责任在对方，一定要先找对方赔，未果时才可找保险公司赔偿。

第11章

交通事故处理与伤员救护

路遇交通事故

毫无疑问，谁也不愿意交通事故发生在自己身上。可是一旦发生，还须镇定下来，及时采取正确的措施，最大限度地减小事故损失。

（1）遇到交通事故时，不提倡舍己救人，而是首先保护好自己，因为你的存在对需要被急救的伤员更为有利。

（2）及时报警并联络120。

（3）在车祸现场后方50米开外竖立三角警示牌，防止二次车祸的发生。

（4）无法自行处理时，一定要向他人求救。

（5）尽量不要移动伤者。

事故现场报警

在道路上发生交通事故时，驾驶人要立即停车，保护现场；在确保安全的原则下，立即组织车上人员疏散到路外安全地点，避免发生次生事故。因抢救受伤人员变动现场的，要标明位置。

（1）发生交通事故造成人员死亡、受伤或碰撞建筑物、公共设施或者其他设施时，要保护现场并立即报警。

（2）发生交通事故，驾驶人有饮酒、服用国家管制的精神药品或者麻醉药品嫌疑时，要保护现场并立即报警。

（3）发生交通事故，驾驶人使用无效机动车驾驶证或者驾驶无号牌、无检验合格标志、无保险标志机动车的，要保护现场并立即报警。

（4）发生交通事故（高速公路上）无法正常行驶时，用救援车、清障车拖曳、牵引。

自行协商事故处理

在道路上发生仅造成轻微财产损失、未造成人身伤亡的交通事故，当事人对事实及成因无争议时，可以即行撤离现场，将车辆移至不妨碍交通的地点，恢复交通，自行协商处理损害赔偿事宜。移动车辆时，当事人要在确保安全的原则下对现场拍照或者标划事故车辆现场位置。

事故现场的强制撤离

交通警察适用简易程序处理道路交通事故时，在固定现场证据后，责令当事人撤离现场，恢复交通。对应该自行撤离现场而未撤离的当事人，可责令其撤离现场，对造成交通堵塞的驾驶人处200元罚款。

伤员急救的基本要求

（1）在事故现场抢救伤员的基本要求是先救命，后治伤。

（2）遇重、特大事故有众多伤员须送往医院时，处于昏迷状态的伤员，首先送往医院；颈椎受伤的伤员，最后送往医院。

（3）受伤者在车内无法自行下车时，可设法将其从车内移出，尽量避免二次伤害。

（4）遇伤者被压于车轮或货物下时，应设法移动车辆或搬掉货物，根据伤势采取相应的救护方法，切忌拖曳伤者的肢体。

昏迷不醒伤员的急救

（1）抢救昏迷失去知觉的伤员，首先要检查伤员的呼吸，再进行救护。

（2）搬运昏迷或有窒息危险的伤员时，要采取侧卧的方式。

失血伤员的急救

（1）抢救或处理失血伤员，首先是利用外部压力，将伤口流血止住。

（2）采用指压止血法为动脉出血伤员止血时，拇指压在伤口的近心端动脉，然后用绷带进行包扎。在没有绷带的情况下，可用毛巾、手帕、床单、长筒尼龙袜子等代替。

（3）救助失血过多出现休克的伤员，要采取保暖措施，防止热损耗。

烧伤者的急救

（1）救助全身燃烧的伤员，要采取迅速扑灭衣服上的火焰、向全身燃烧伤员身上喷冷水、脱掉烧着的衣服、用消过毒的绷带包扎伤口等措施。

（2）用沙土覆盖会造成伤口感染，甚至危及生命。

（3）烧伤伤员口渴时，可喝少量的淡盐水。

中毒伤员的急救

救助有害气体中毒伤员时，要在第一时间迅速将伤员移到有新鲜空气的地方，以防止继续中毒。

骨折伤员的处置

抢救骨折伤员时，为防止骨折伤员休克，不要移动伤员身体的骨折部位。对无骨端外露骨折伤员的肢体，用夹板或木棍、树枝等固定时要超过伤口上、下关节。伤员大腿、小腿和脊椎骨折时，一般就地固定，不要随便移动伤者。

（1）伤员骨折处出血时，应先止血消毒并包扎伤口，然后再固定。

（2）伤员四肢骨折有骨外露时，不要还纳，可用敷料包扎。

（3）伤员脊柱骨折时，要用三角巾固定，移动时切勿扶持伤者走动，要用硬担架运送。

（4）伤员骨折后在抬上担架时，要遵循医护人员的指导，由3名救护人员把手托放在伤员身下，一起将伤员抬上担架。

伤员的常用止血方法

伤员较大动脉出血时，可采用指压止血法，用拇指压住伤口的近心端动脉，阻断动脉运动，达到快速止血的目的。

（1）颈总动脉压迫止血法，常在伤员颈部动脉大出血而采用其他止血方法无效时使用。在紧急情况下急救伤员时，须先用压迫法止血，然后再根据出血情况改用其他止血法。

（2）伤员上肢或小腿出血，且没有骨折和关节损伤时，可采用屈肢加垫止血法止血，不可采用加压包扎止血法止血。

（3）伤员前臂或小腿出血，可在腋窝或肘窝加垫屈肢固定。

第12章

新手安全通行

执行新的实习期管理规定

按照新交规，只有在2013年1月1日后申请或增驾取得驾驶证的，才执行新法规有关实习期的管理规定。对之前已取得驾驶证，到2013年1月1日后实习期未结束的，仍执行原实习期管理规定。

车身后粘贴实习标志

机动车驾驶人初次申领机动车驾驶证后的12个月为实习期。在实习期内驾驶机动车的，应当在车身后部粘贴或者悬挂统一式样的实习标志。张贴实习标志，表明自己是新手，以便取得其他车辆的关照，提醒过往车辆和行人注意避让。因此，新手上路前，应在车身后部粘贴上实习标志，可能的话也要在车身的前面贴上实习标志，以利于其他驾驶人及行人的识别，减少危险。

防止在实习期被注销驾驶证

在新交规中，除第一次领取驾驶证的人以外，增驾新取得大型客车、中型客车、牵引车等驾驶证的驾驶人一并纳入实习期管理。在实习期内违法记6分以上的，实习期限延长一年，再次记 6 分以上的取消其实习车型的驾驶资格。而实习期内有记满12分记录的，将被注销实习车型的驾驶资格。

上高速公路要选对陪驾

实习期驾驶人驾驶机动车上高速公路行驶，应当由持相应或者更高准驾车型驾驶证三年以上的驾驶人陪同。驾驶残疾人专用小型自动挡载客汽车的，由持有小型自动挡载客汽车以上准驾车型驾驶证的驾驶人陪同。

（1）实习驾驶人驾驶证为A1的，陪同人员驾驶证为A1。

（2）实习驾驶人驾驶证为A2的，陪同人员驾驶证为A2。

（3）实习驾驶人驾驶证为A3的，陪同人员驾驶证为A1、A3。

（4）实习驾驶人驾驶证为B1的，陪同人员驾驶证为A1、A2、B1。

（5）实习驾驶人驾驶证为B2的，陪同人员驾驶证为A1、A2、B2。

（6）实习驾驶人驾驶证为C1的，陪同人员驾驶证为A1、A2、A3、B1、B2、C1。

（7）实习驾驶人驾驶证为C2的，陪同人员驾驶证为A1、A2、A3、B1、B2、C1、C2。

（8）实习驾驶人驾驶证为C5的，陪同人员驾驶证为A1、A2、A3、B1、B2、C1、C2、C5。

违反实习期管理规定的处罚

实习期驾驶人违反实习期管理规定的情形主要有以下三种。

（1）在实习期内驾驶公共汽车、营运客车或者执行任务的警车、消防车、救护车、工程救险车，以及载有爆炸物品、易燃易爆化学物品、剧毒或者放射性等危险物品的机动车，或者驾驶机动车牵引挂车。这些车辆有的属于公共交通工具，有的属于特种车辆、危险品运输车辆，公共安全责任重大，《道路交通安全法实施条例》规定实习期驾驶人不得驾驶。

（2）在实习期内驾驶机动车上高速公路行驶时，没有持相应或更高准驾车型驾驶证三年以上的驾驶人陪同指导。

（3）未按规定粘贴、悬挂实习标志。

如果实习期驾驶人有上述情形之一，公安交管部门将处以20元以上200元以下罚款。

选好陪练

新手选择陪练方式，可以根据自己的具体情况来确定，选择亲朋好友来陪自己上路练车，或者通过驾驶陪练公司选择一位专职陪练员来指导自己练车。如果在亲戚朋友中有一位开车技术和口头表达能力都很好的人，而且还能抽出空来一起出游练车，那是最好不过的。这样随车练习，气氛相当宽松，练车时间和路线的选择也可以随意安排。

（1）选择汽车驾驶陪练机构。现在许多地方都成立了汽车驾驶陪练公司，不少驾校也开展了陪练业务，有专门的陪练师傅对取得驾驶证不久的新手进行道路驾驶技术的指导。你只需出钱，陪练机构就会根据你交纳费用的不同，既可以指派不同类型和挡次的陪练车辆及陪练人员，也可以只出陪练人员，用你自己的车辆进行道路驾驶练习。

（2）选择陪练车辆。如果你已经有车或有自己能支配的汽车，只是担心自己单独驾车上路技术水平还不行，那么最好用自己的汽车进行练习，这样不仅可以减少陪练的开支，也有利于更快地适应所要单独驾驶的车辆。如果自己没车，又需要巩固和提高驾驶技术，以便买车或配备汽车后就能顺利上路使用，这就需要租用陪练机构的车辆了。选择陪练车型时，要根据自己的爱好和购车愿望来确定。比如，选择手动挡汽车还是自动挡汽车，选择大款的车型还是小款的车型。从操作的难易程度来讲，大款车型要比小款车型的驾驶难度大，如果能熟练地掌握车身宽阔的汽车，其他车型驾驶起来也就比较轻松了。

制订一个练车计划

无论是由亲戚朋友陪练，还是请陪练机构的专职陪练员进行指导，都应该事先制订一个练习计划，确定练习项目和应达到的目标。陪练内容的确定应当有针对性，选择那些自己认为应该进一步体验或提高的项目。

以下内容可供新手制订练习计划时参考。

（1）熟悉车上各操纵机件和仪表、开关按钮的使用。

（2）熟练地进行起步和换挡操作。

（3）正确地使用转向和制动。

（4）倒车和坡道起步的操作。

（5）车辆运行中后视镜和各种灯光信号的使用。

（6）跟车距离、变更车道、超车、会车、让车的体验。

（7）通过立交桥、有信号灯和平面交叉的路口。

（8）通过繁华路段、狭窄路段、凸凹不平路面的驾驶。

（9）急弯路驾驶、高速公路或快速公路驾驶。

（10）夜间驾驶。

和陪练师傅沟通交流

在陪练过程中，新手要注意和师傅沟通交流，主动征求师傅对自己驾驶动作和对道路情况处理的评价，对师傅提出的意见要进行分析，有针对性地进一步练习和提高。要知道，陪练中的师徒关系与驾校中的师徒关系是有所不同的，练车中的学习是自发的、能动的、查漏补缺的实战性的练习，驾校中的学习是强制统一的、被动的、模拟性的训练。通过驾校的学习，主要是为了最终取得驾驶证，通过陪练的学习是为了取得单独驾驶车辆的技能。因此，在陪练过程中，新手既要随时主动向师傅讨教，又要发挥主观能动性，放开手脚来练习。

观察他人驾车动作

新手在驾驶车辆上路的初级阶段，可以采取陪练的方法来提高保险系数，但这也只是短暂的补救防患措施。驾驶技能的提高和巩固，还要靠自己的主观努力，这样才能尽快适应单独驾驶车辆的需要。在上路的初级阶段，新手还要时常重温在驾校学到的规范操作，并在日常生活中注意观察他人的驾车动作，以及对各种道路交通情况的处理方法，不断把这些知识融会到自己的车辆驾驶技术中去，以便巩固和提高自己的驾驶技能。

不断积累驾驶经验

新手从单独驾车上路到驾驶习惯的养成，以及达到得心应手地驾驶车辆，要经过不同道路、不同气候、不同季节的驾驶磨炼，少则一年半载，多则两年以上。在这一过程中，除了要不断地提高对车辆自身操纵机件的熟练程度，更多的是对道路情况应变能力的培养，这中间可能会有许多需要牢记不忘的经验甚至是教训。在新手驾车阶段，应当经常与有驾驶经验的人进行交流，并结合自己的驾车体验，采取写日记的方法来帮助自己总结和积累驾驶经验，还可以利用电视、广播、书刊、网络等来充实自己的驾驶阅历。

培养对外界感知能力

新手由于缺乏对车体的感知能力，在超车、会车、穿越障碍、倒车或转弯时容易发生事故，所以新手驾车应当有意识地培养自己对外界情况的感知能力。所谓感知能力，包括感觉能力和知觉能力。感觉能力是指驾驶人在驾驶车辆时，借助感觉器官发现和捕捉道路交通信息的能力；知觉能力是指驾驶人对感觉的道路交通情况，经过大脑的分析判断所做出的反应能力或应变处理能力。

新手驾车培养感知能力，应注重以下方面。

（1）对道路线形的感知能力，包括对道路转弯半径、坡度大小的判断能力；对道路空间的感知能力，包括对道路宽度、净空高度的判断能力；对路面的感知能力，包括对路面附着力、平整度的判断能力。

（2）对车体的感知能力，是指驾驶人在车辆处于动态时，对车体所在空间与路面及障碍物之间位置关系的判断能力，以及对车辆通过性的判断能力。主要包括对所驾驶车辆的长度、宽度、高度、离地间隙、轮胎位置，以及车辆的动力性能、转向性能、制动性能等与车辆行驶有关的一系列问题的综合反应能力。

（3）对距离的感知能力，是指行驶中驾驶人对本车与其他车辆、行人，以及障碍物之间距离的判断能力。对距离的估测不准，会造成车辆追尾或超车、会车时机选择不当，因而发生车辆的剐蹭、碰撞、颠覆等行车事故。

（4）对速度的感知能力，是指对自己所驾驶车辆的行驶速度，对周围其他车辆的行驶速度，以及相对移动速度的判断能力。对速度的感知能力，直接关系到跟车、会车、超车、减速、停车等方面的驾驶操作。

在各种环境下练习驾驶

驾驶汽车的技能要在各种环境中运用，无论条件好坏，只要必须去的地方就得驾驶汽车去。可是在驾校学习时，是不可能经历各种驾驶环境的。例如，秋天去驾校学车，经历的是秋天的驾驶环境，而春、夏、冬天的驾驶环境你就经历不了；又如路况，学车时在水泥路、沥青路上驾驶，而乡村的土路、石子路，就不可能去驾驶。高速公路更是禁止教练的，高速公路的行车方法你自然就体会不到。因此，新手练车时，不能光在好路面上和好天气里驾驶，而要根据需要，无论什么路面上和天气里都得练一练。

克服恐慌、急躁、侥幸心理

克服恐慌心理

有的新手在行车中，过于小心谨慎而导致恐慌心理，尤其是在看到惨重的伤亡事故时，心理上就会产生一种恐惧感。在随后驾驶车辆的时候，心理上的恐惧感难以消除，当遇到意外险情时就手忙脚乱，惊慌失措。因此，新手驾车前，应做好心理准备，尽量放松，不要紧张。紧张容易造成心慌，使该做的动作不敢做，该走时不敢走，该停时却停不了，容易引发事故。

克服急躁心理

有的新手驾驶技术本来就不过硬，遇上堵车，停停走走，起步熄火，停车溜滑，发动机高温，后面再有人用喇叭催促，心里就会心急火燎的。如果再遇到那些抢行的车辆或乱穿车道的行人，那新手的心里就会越发急躁不安了。因此，新手驾车要胆大心细，急躁不得。情绪急躁，容易顾此失彼，造成操作失误。应该不急不躁，看清情况，能走时不延误，不能走时不乱来。

克服侥幸心理

新手在开车过程中，有时偶然的违反交通规则没有被交警发现，这会助长新手的违章心理。因此，新手不要心存侥幸，很多事故都是在心存侥幸的瞬间发生的。作为新手，千万别违章，哪怕给自己破例一次也不行，出了事后，责任全由违章车承担。

避免长时间练车

新手初学驾车时往往兴致极高，经常长时间练车，这可以理解。可是，驾车时间过长没有好处，一是心理紧张造成血压升高，身体疲劳；二是过度兴奋造成脑中一团糨糊，分不清驾驶行为的正确与否。因此，新手练车，只有在开一段后停下来分析分析，这样才能提高驾驶技能。当然，最好有人在旁边辅导，能结合驾车讲解要领。

用二手车练车比较划算

对于刚拿到驾照的新手来说，在拥挤的城市道路上开车常常手忙脚乱，磕磕碰碰在所难免。但不管有多生疏还是得开车，要做到驾轻就熟，这些都是必须经历的。但买辆新车来练手的话，刮了蹭了真的觉得可惜，所以新手一般会先买辆二手车练练手。对新手来说，最理想的状态就是能够找到一辆知根知底的二手车。由于是熟人的车，车辆是怎么保养的，有没有出过事，车况怎么样，哪些部位容易出问题等都清楚，降低了购买二手车的风险。毕竟，现在二手车市场太复杂了，不要说对车几乎不了解的新手不会选车，就是那些有多年驾龄的老手在二手车市场被忽悠也不奇怪。

了解自己座驾

新手独立驾车前，要对自己的座驾有所了解。了解座驾时，可以找一个比较空旷人少的地方练习一下，主要是熟悉一下座驾的脾气。比如，座椅的调整，加速踏板、制动踏板、离合器踏板的控制感觉，手动挡或自动挡的感觉，后视镜的观察等，这是对车的一种了解。

初次上路最好有人陪同

新手最初上路，最好能有人陪同。有会开车的朋友坐在身旁，新手就像是吃了定心丸，一旦驾驶中出现什么差错，也会得到及时的提醒和帮助。朋友同车上路还有一个好处，就是新手实在无法开车时，朋友还可以下车为你“客串”一把交警，给你专门指挥一下交通，在你的车前面为你和车开出一条通道来。

保持正确的驾驶姿势

很多新手初次上路之后，往往感到腰酸背痛，这主要是因为坐姿不对，身体过分紧张，这样全身僵直着与车较劲，腰酸背痛就在所难免了。因此，新手坐在驾驶位上，首先应该将座位调整到适合自己的位置和角度，做到舒服和安全。有了舒适的驾驶座位，就可以更有效地保证各项操控动作的正常。出于安全的考虑，当加速踏板和制动踏板踩到底时，腿部应仍有弯曲，以利于紧急情况下腿部及时施力。需要注意的是，在行车过程中，不要始终保持一个姿势，要适当调整坐姿，以消除疲劳。

找准自己在公路上的位置

有的新手认为在只划有中心线的马路上行车，只要车辆在中心线的右侧就是靠右，因为这个认识上的偏执，往往把那些车速稍快的需要超越的车辆忘在了脑后。那些被迫跟在你车后缓行的车辆，大多会以为你是在专门压车，这样他们就会强超，甚至在强超后还会别你一把进行报复。本来你就是个新手，招来这些麻烦肯定会惊出一身冷汗。因此，新手刚刚上路，车速一般不快，那么就要有意为后面跟进的车辆让出超车的路面，在不影响骑车人和行人的前提下，尽可能驱车靠近公路右侧边缘。随着技术慢慢熟练，车速慢慢提高，将行车位置慢慢左移。

找到一个适宜自己的速度

有的新手往往找不到适宜自己的速度，十有九快，看似洒脱，其实自己的综合能力根本承受不了，这就是一种技术透支和安全透支，是万万不可取的。新手所要找的这个理想速度，就是在这个速度下可以充分应对各种情况的出现，在处理这些情况时游刃有余，感觉不慌不忙，那么这时的行驶速度就是最适合你的速度。在行进中，只要感觉慌张忙乱，就要明白现在的速度已经偏高了，已经超过了你现在的心理承受力，应该赶快减速才是。

学会忍让其他驾驶人的骚扰

新手由于操作还不够熟练，在道路上有时会遭到一些素质不高的驾驶人的骚扰。比如，在车后面不停地按喇叭，或者跟车太近，便感到自己受了欺负，于是怄气之下非要加速追上对方来“讨个公道”，这是非常危险的举动，很多车祸就由此而生。作为新手，开车首先要学会忍让，多向有经验的同行学习安全文明驾驶方面的经验，绝不能拿车怄气。

上路前必须先熟悉挡位

绝大多数新手初次上路，所驾车型（以手动挡为例）与学车时开的车不同，所以常常对挡位很陌生。因此，新手初次上路前，必须先熟悉挡位。通常挡位的位置分配，都会清晰地印在变速杆的手柄上，当你坐进自己不熟悉的车时，熟悉不同的挡位是第一步。

（1）原地不着车熟悉挡位：先看着变速杆手柄顶端的挡位示意图，将离合器踏板踩到底换挡，注意有无倒挡锁。在对挡位相对熟悉之后，让视线离开变速杆，使用正常行驶时的换挡方式熟悉挡位。需要注意的是，原地换挡时如果挂不上挡，可在一次踩下离合器踏板后，再次踩下离合器踏板换挡，一般会顺利地挂入挡位。

（2）行进中熟悉挡位：在空旷的地带或车流量很小的路面上行驶，在行进中熟悉挡位，这时要坚持不看变速杆换挡，同时在换挡时要顺序加挡，并注意练习“油离”配合。需要注意的是，在着车时，要牢记将变速杆置于空挡。

学会观察交通标志

新手虽然学过交通法，但由于对交通标志没有切身感受，最容易发生违反交通法规的行为，同时由于对交通标志不理解或未及时发现，还容易发生走错路或走冤枉路的情况。

（1）新手在开车时，为了便于观察交通标志，要注意路边和路上方设置的指示牌，视野要远要高，在弄清交通标志指示的含义后再行车。

（2）行至路口前方时，要提前减速，注意观察路面和前方路口处的交通标志，正确选择自己的行车路线。

通过所有的路口时都要提前减速

一般情况下，新手不但手生而且路也生，对道路不熟悉，在路口处左顾右盼，无所适从。有的新手在路口前不提前并线，非要等到到了路口时才恍然大悟，然后紧急打转向盘，这样非常危险。因此，新手一定要提前想好怎么走，在路口处注意观察路标指示牌。此外，在长直路面上行驶，新手要养成眼界开阔的习惯，不要紧盯着车辆前方几十米远的地方，也不要边开车边观景。需要注意的是，经过所有的路口时，都要提前减速，是绿灯也要减速，以防横向来车高速闯红灯。尤其是夜间闪烁红黄灯的路口，更是一个危险区域，在行经这种路口时一定要停、看、听。

摸索并线动作和时机

对新手来说，在川流不息的车流中，要想从一条车道顺利并向另一条车道，并不是一件很容易的事。

（1）新手应从实际情况出发，在没有完全掌握通过后视镜观察后方路况、跟车距离等基本技能时，就尽量老老实实地开车，不到万不得已时不要轻易并线。

（2）并线要提前准备，一定要将车道前后的状况都看清楚，重点应看要并入车道里车的行驶情况，诸如该车道内车辆的速度、前后是否有拥堵或有减速情况、两车之间是否有足够的距离供你并线、后视镜盲区内是否有车辆等。

（3）并线时一定要把握好时机，并线动作要干净利落，一气呵成。

（4）并线时先打转向灯，然后加速驶入要并入的车道，完全进入车道后回正转向盘，并将转向灯回位。

（5）并线不能影响其他车辆的正常行驶。

充分利用后视镜

新手由于熟练程度的原因，常常忘了打转向灯就超车、并线，很容易诱发事故，也很容易被其他驾驶人骂得狗血淋头。

（1）行车中要充分利用后视镜及侧视镜，了解左右和后面的车辆状况。

（2）要提前打转向灯。一般来讲，打左转向灯时主要观察左侧视镜，打右转向灯时主要观察右侧视镜，还要时常地用后视镜观察车后面的情况。

（3）新手在利用后视镜和侧视镜时，常常会判断不出后面物体的距离。需要说明的是，距离感和路面经验是要有一个积累过程的，新手不要太着急。有一种练习方法，就是把车停在车流量较少的路边，通过后视镜或侧视镜确认一个目标，然后再回头用眼睛直接确认其距离，这样反复练习，就可以尽快提高利用后视镜的判断能力。

（4）并线和超车前，一定要通过后视镜仔细观察相邻车道的车流情况，不仅要判断距离，而且还要判断后车的速度，要与后车保持一定的距离，并尽量使自己的车速比后车快些；打转向灯后，看准安全的空当，稍微提速同时平稳打转向盘，驶入目标车道。

治疗“会车恐惧症”

很多新手恐惧会车，特别是在曲狭路面上会车时，常常会产生紧张情绪，一阵手忙脚乱之后会出现熄火、停车让行，甚至造成两车相互刮擦、相撞，或碰刮路旁非机动车辆、行人，以及路侧隔离设施等。为了避免这些情况的发生，新手首先要在心理上克服紧张害怕的情绪，轻松面对会车。正确会车要提前做好准备，避免会车时心理上的慌乱和操作上的忙乱。为此，会车前要做到一看二算三慢：一看，即看对向来车的车型、速度和装载情况，前方道路的宽度、坚实情况，路旁行人、车辆情况，路旁停驶的车辆，以及障碍物情况等；二算，通过观察和比较估算出两车交会时的大致位置和占路情形，以留出合适的横向安全间隔；三慢，即会车时要放慢车速，临近交会时条件不良，更应控制车速，不能盲目交会，必要时应先停车，以达到两车顺利交会的目的。

转弯前一定要减速行驶

高速转弯时，驾驶人身体容易倾斜，同时导致对转向盘的控制力不够，失去平衡。车辆在转弯时都会出现侧倾，而且侧倾幅度会随着车速的增加而加大。新手由于对车辆性能了解不够，不知道车速和道路弯度如何匹配，所以在转弯前一定要减速行驶。一般情况下是弯前减速，弯过半加速，又快又稳。如果入弯过急，然后再踩制动，就很容易失去平衡，造成车辆甩尾或侧倾等事故。

倒车时要瞻前顾后

倒车时，由于视线受到一定限制，不容易看清车后道路和障碍情况，加上倒车时后轮变为前导，前轮变为后跟，主观感觉上发生差异，控制转向的位置也发生了一些变化，所以倒车行驶要比前进行驶困难些，没有前进时操作顺手和准确。新手倒车时，更是容易犯顾前不顾后的毛病，在倒车时经常发生刮蹭事故。

（1）新手在倒车时不要心急，一定要慢。

（2）倒车前，要观察后视镜并转头透过后风窗玻璃观察车后和车辆左右两侧的情况，根据观察到的情况和汽车的外廓及装载的宽度、高度缓慢倒车。

（3）倒车时注意前后有无来车和行人，发出倒车信号，鸣喇叭，以提醒其他车辆和行人。

（4）在车身停稳的情况下，将变速杆挂入倒挡。

（5）倒车时，要稳踩加速踏板，车速不超过 5 千米/小时，不要忽快忽慢，并防止熄火或因倒车过猛而造成危险。

（6）要实时通过后风窗玻璃和后视镜观察进展情况，并注意修正方向，防止车头和车尾发生刮蹭。

别忘了危险警告灯

新手路边停车或发生紧急情况及前方堵车时，不要忘记使用危险警告灯警示后车："此车出现意外情况，请注意！"危险警告灯在仪表控制盘上是一个带有红色三角形标志的按钮，按下即可。尤其是在高速路上，不但要打开危险警告灯对后车进行警示，还要在车后 150 米的地方放置三角警示牌，防止后车追尾等事故。

学会记路

开车记路，这是一个合格驾驶人应具备的基本条件。可是，新手因为驾驶技术不够熟练，坐在驾驶座上常常手忙脚乱，更不要说记熟道路了。其实，开车记路并不是什么难事，只要用心，谁都能够把道路记得清楚。

（1）在路上开车时，驾驶人在观察路况的同时，还应多留意路旁的交通标志。在一些交叉路口和立交桥的附近都有交通提示标志，这些都要有意识地记在脑海中。

（2）如果怕记不住，就用笔记录下来，一旦重新经过此路就会有似曾相识的感觉。

（3）当同车人给你带路时，也要多加小心，不要只是机械地按照别人的指引走。

摆脱"停车恐惧症"

很多新手都有"停车恐惧症"，而且由于不经常停车，锻炼的机会也少，停车技巧提高得很慢，所以新手停车时常常发生刮蹭事故，这更增加了新手的停车恐惧心理。怎么办呢？办法只有一个，那就是专门练习各种停车方式。练习时，要着重练习两种新手认为比较难的停车位，一种是前后有车，中间留有停车位；另一种是左右有车，中间留有停车位。

练好常用的制动技术

新手刚开车上路的时候，更关心的不是技巧有多么熟练，而是能把车开得有多么快。但老手们都知道，制动水平的高低才是技术的体现，会制动才叫会开车。练好常用的制动技术并不太难，关键是要做个有心人，克服心理障碍，做到收放自如。为了自己和他人的安全着想，新手先练好制动吧！

（1）制动前，应提前从加速踏板上收脚，制动时不要猛踩，可以第一脚踩得略深一点，让速度迅速降下来，在车辆停住之前微放制动踏板，汽车就不会向前“冲”了。

（2）制动前，尽可能利用后视镜观察一下后车情况。现在，大多数城镇的道路上车辆拥挤，车距都比较近，所以制动时要顺带注意一下后车距离。如果距离太近，并且自己与前车还有一定的距离，就稍微松一点制动踏板，避免追尾。

停车后别忘了拉起驻车制动器手柄

新手停车后，不要忘记拉起驻车制动器手柄，这样做是为了防止溜车，特别是在坡形路面。老驾驶人常讲，开车首先要从停车开始。对于新手来说，“停车拉起驻车制动器手柄”是养成合理用车习惯的第一步。对自动挡车来说，停车动作要正确，当车辆停止时要将挡位放入 P 挡位，再拉起驻车制动器手柄。

车辆初次出现故障时

新手面对初次出现故障的车辆，常常束手无策，因为自己对故障症状毫不知情，往往就给救援服务带来很大的困难。因此，新手要对驾驶中的细节问题多加留意，并能对故障的严重程度有所了解，以便及时采取应对措施。因此，新手行车时，最好随身携带修理厂的救援电话，如果忘带也不要着急，可拨打 122 求助。此外，新手要想确定故障症状，除了要在驾驶中对车辆在各种工况下的情况解清楚外，一般还可以采取以下几种办法。

（1）眼看：对仪表指示、油液状态，以及零部件的外观等进行观察，看是否有异常之处。

（2）耳听：对发动机、底盘的工作声响进行仔细听辨，确定响声类型和特征。

（3）鼻闻：用鼻子闻是否有制动器拖滞和离合器打滑的焦臭味、汽油味，以及电线胶皮糊味等。

正确认识自身的驾驶能力

新手刚拿到驾驶证时，大多都会慎重稳妥地驾驶，但是随着道路经验的增加和驾驶技术的提高，就会觉得自己的驾驶技术已经很高明，不会出什么问题了，变得信心过强，这时也是一个危险时期。因此，在驾驶生活中，新手要对自己的驾驶技术有一个真实的了解，千万不能骄傲自满，麻痹大意，自欺欺人。一定要经常保持冷静，坚持刚刚开始驾驶时的谨慎心态，就像老师傅说的那样："要把每一次行车都当作第一次上路！"

新手常见难题的解决方法

（1）常被前照灯晃。新手经常被别人用前照灯晃，这几乎成了家常便饭，因此感觉夜间开车很辛苦。这主要有两种可能，第一种是自己开远光灯在先，第二种是开车尤其是上高速路之后喜欢长期霸占超车道行驶。

（2）车后门打不开。后座乘车人下车时发现车门打不开，用门外把手一拉就开了，新手会猜测是门锁坏了。其实，这多数是因为乘车人不小心扳动了儿童安全锁，并不是门锁坏了。为了防止儿童乘坐时乱按开关从车内打开车门，很多车辆都装备了儿童锁。儿童锁启动后，后车门就只能从车外打开。遇到这种情况，只要关闭儿童锁就可以了。多数车将儿童锁位安排在后门侧边的位置，只有打开门才能调节。

（3）空调不冷。在夏天，将车刚一起动，新手就顺手把空调打开，将冷风调到最大，可结果冷气久久不见，这并不是空调的制冷效果不好，而是方法不对。在曝晒下启动空调的正确方法是，先把所有车窗都打开，启动外循环，把热气排出去，等车厢内温度下降后再关闭车窗，开启空调。

（4）变线时别人总不让路。新手每次想变线时，总要费好大的力气，好像没有人愿意让他变线似的，产生变线费劲、开车真累的感觉。这时，应该检讨一下自己，变线时打转向灯了吗？如果没有，你就会给人留下强行变线的印象，自然从心底里就不愿意让你。你是跨实线变线了吗？很多新手没有提前变线的概念，往往都是到了停车线前才意识到要变线，但这时已经属于实线变线了，别人当然不愿意再让你插进来，而且这时如果发生擦碰，由于你违章变线在先，承担事故责任的还是你自己。如果你有意识地在这两方面留意一下，并且通过后视镜准确地判断旁边车道车辆与自己的间距，并判断变线时机，其实变线也就不那么难了。

（5）自动挡车起动不了。有的新手初开自动挡车时，有时会在“D”等前进挡位、“R”倒挡位上熄火，马上又在这些挡位上起动车辆，却发现怎么都起动不了。其实，这是车辆的安全设置，自动挡车一定要将挡位放在停车挡位“P”或空挡位“N”上，并踩下制动踏板才能起动。还有，通常自动挡车不将挡位挂在 P 挡位是无法拔出车钥匙的。如果出现上述情况，就要看一下挡位有没有挂错。

（6）转向盘转动不了。新手在起动车辆时，惊讶地发现车钥匙拧不动，或者是转向盘卡住了，用尽九牛二虎之力也拧不动。这不是故障，而是转向盘锁起了作用，主要作用是防盗。一般情况下，在用钥匙起动车辆后，转向盘会自然解锁。但有时停车后，当转向盘摆放在某一个角度，而这个位置既不能扭动钥匙点火又不能解锁，这时应轻推拉转向盘，再轻拧钥匙，转向盘就自然解锁了。

（7）新车很快没电。新手在早上起动车辆时打不着火，经过检查发现竟然是蓄电池缺电。其实，蓄电池一出厂就坏的可能性不大，操作不当造成问题的可能性倒是居多。仔细回想一下，自己是不是习惯了一上车就开空调，停车等人时也不关空调，从来不给蓄电池充电的机会，经常在停车时忘记关车灯，这些情况都容易造成蓄电池亏电，轻则难以起动汽车，严重的甚至造成蓄电池永久性失效。因此，既要给蓄电池充沛的充电时间，也要尽量减少蓄电池的消耗。

（8）悬挂感觉太硬。新手在买车时感觉挺舒服，结果一开起来却感觉悬挂非常硬，而坐别人和自己同款式的车就没觉得有那么不舒服。这是因为把轮胎气压充至 3.0 兆帕以上的水平了，这时不仅车辆舒适性大大下降，就连轮胎也更容易损坏。因此，新手应该自备一个胎压计，每个月自己测量一下各个轮胎气压，不足标准时要及时充气，超量了要放气，直至符合标准为止。

（9）油耗过高。新手经常头痛的一个大问题就是油耗，油耗是区分新手和老手最重要的一个标准。作为一个老手，知道什么时候换挡，什么时候提前减速，选择哪条路线行驶最顺畅等。而新手不仅对路线了解不够，对车辆脾性认识也不够，油耗居高不下也就不足为奇了。

（10）总觉得制动有异响。新手开新车挂 D 挡位起步时，制动总有“咔咔”的声音发出来，这时新手常常会怀疑制动系统出了问题，可回到保养店检查后，什么问题也没有。其实，这完全不是什么毛病，再高档的车也会遇到。因为，碟式制动的自动挡车与手动挡车有一些不同，当挂 D 挡松开制动踏板时，即使不踩加速踏板也会缓慢地向前溜。而这时如果未完全松开制动踏板，则制动卡钳与制动盘之间必然产生摩擦，发出“咔咔”的响声。

（11）挂不进挡。有的新手驾驶手动挡车时，会遇到挂不上挡的情况。导致挂不上挡的原因有很多，主要是机械磨损的原因，包括离合器片磨损、同步器磨损等，也有变速器拨叉脱位等故障。遇到挂不上挡时，千万不要使劲挂挡，这样有可能损坏变速器或变速杆。对于新手来说，遇到这种挂不上挡的情况，只有等待救援。但是，如果在偏僻的山区没法救援的时候，就要掌握一定的技巧，可通过以下办法进行尝试。

① 把离合器踏板踩到底，并停留 10 秒以上，再挂挡，对于因离合器片磨损而挂不上挡的情况会有帮助。

② 熄火后，踩离合器踏板，挂上 1 挡，然后踩着离合器踏板起动车辆，慢慢松离合器踏板起步。

③ 以上办法都不奏效时，把车辆熄火，踩离合器踏板，挂上 1 挡，然后带挡起动车辆。

以上操作必须在道路平坦及前面没有障碍物的情况下进行。目前，手动挡车均可在一定速度条件下松加速踏板而不踩离合器踏板进行挂挡操作，但必须在有熟练的操作技能和对车辆的技术性能比较熟悉的前提下进行。

（12）上坡跟车时发动机熄火。跟车对于新手来说，可不是一时半会就能练好的技能，尤其在城区车辆较密集的地方，对新手来说更是一个严峻考验。平路还好，上坡跟车时发动机熄火是新手经常遇到的情况。发动机熄火后，应首先将驻车制动器手柄拉起，之后启动发动机，利用驾校中所学的“坡起”技术，不慌不忙地重新起步。记住，一定要及时拉驻车制动器手柄，否则容易溜车。起步时，加速踏板不妨踩深些，以防发动机再次熄火。

（13）停车磕头。在路上行驶时，如果看见哪辆车制动时“点头”的幅度大，那么这辆车的驾驶人很可能就是新手。新手停车时，控制不好车速是很普遍的问题，总是让坐在车里的人有坐船的感觉。为了避免紧急制动或制动力度过大，新手应该在到达停车目的地之前进行预先制动，可以采取“点制动”的方法缓慢降低车速。在踩制动踏板时，力量应适中，慢慢地踩下，切不可用力过大使车速降得过快。

（14）冷天洗车后打不开车门。冷天洗车后车门打不开，原因主要有两个：一是钥匙孔里因洗车而进了水，遇冷又冻住了，发生这个问题时不要用钥匙硬拧，以免损坏钥匙；二是门框与门封条之间被冰冻住，这时不可硬拽，最好在暖和的环境里再次打开，如果硬拉容易扯破车门密封胶条。如果轿车配有电动门锁，可用遥控打开车门，这样也可以解决钥匙孔冻住的问题。如果洗车后车门或车窗被冻住打不开，不用着急，最简单的办法是用嘴对着锁眼吹气，多吹一会儿锁就能开了。如果是车窗冻住了，可调大暖风，等车内温度上升些后再尝试开窗。千万不可强行开窗，以免损坏橡胶条等密封件。

（15）冬季无法快速提升车内温度。有的在冬季怕冷的新手，车辆一起动就把空调开到暖风，想快点提升车内温度，可事与愿违。这不是空调出了问题，而是驾驶人出了问题。因为，冬天发动机刚刚启动时，散热器温度还很低，如果立即开空调，不仅不能快速提升车内温度，而且还会增加发动机负担，延长发动机温度正常提升的时间。正确的做法是，先启动发动机预热，5 分钟后再打开暖风开关，并把空气循环设置为内循环即可。

（16）无法把车从紧密停放中开走。新手在路边停车，经常发现后来停的车辆离自己的车很近，有时甚至很难把车开出去。这种要在很短距离内把车开出去的操作，会使很多新手望而生畏，因为他们主要是不能预测到自己的车前面或后面还有多少距离。

① 在停车时，一定要为自己的位置留有余地。例如，为了避免在自己车后停的车离得太近，就在自己车的前面多留位置，让自己仅利用前面的空间就可以把车开出去。

② 当出现别人把车停得离自己的车很近的情况时，就要原地打转向盘，向前、向后一步步地移动位置。还有一个窍门，就是打尽转向盘后，当车辆快碰到前车或后车保险杠时及时向反方向打转向盘，这样可以提高操作效率。

③ 借助倒车雷达，特别是可视倒车雷达，但一定要非常熟悉自己的倒车雷达所提示的距离和显示的图像与实际距离的差距。例如，保险杠离前、后车辆保险杠 5 厘米实际距离时所显示的标记或视频图像，要通过反复实践来熟悉这种操作。

④ 如果无法通过打转向盘把车开出去，那么只有等待前、后车主回来。

（17）感觉不好车身宽度。在狭窄的道路上会车或有障碍物时，新手对自己的车辆能不能过去常常犯嘀咕，这主要是因为对自己所驾车辆最宽处有多大心中没数。

① 平时要对自己车辆最宽处有多大做到心中有数，这个最宽的长度一定要包含外后视镜的距离。

② 不管驾技多么熟练，在狭窄的道路上会车或遇到障碍物时，一定要减速。如果车速过快，一旦观察不准确就来不及了。

③ 在驾驶人一侧的道路空间尽量减少，而副驾驶一侧的道路空间尽量多留。因为，驾驶人对车辆两侧道路空间的把握是有差距的，越靠近自己方位的观察就越准确。

④ 如果在狭窄道路上遇到会车，就要看自己前面道路剩余的宽度是不是来车的 1.3 倍，否则就要把车紧靠右边停下，让来车先过。在颠簸不平的道路上行驶，遇到这种情况还必须把这个距离加宽。

（18）前防撞保险杠老被撞。对于新手而言，追尾的事故很多，前防撞保险杠常常成了挡箭牌，要不了多久就会伤痕累累，这其实一点都不奇怪。

① 为了保证不追尾，一定要保持同前车的距离。

② 有时前面的车刚起步你就积极跟进，结果前车突然停下，你就撞上了。因此，一定要聚精会神地起步，这时候不可分神和分心，只要不是特别快，起步是不容易追尾的。

③ 高速时，更要保持行车距离，前面一有意外就马上点制动，还不行就紧急制动。

(19）侧车身被撞。对于新手而言，侧车身被撞大多有可能是与他车相撞，也可能是自己碰到障碍物。自己碰到障碍物是新手遇到最多的问题，大多是出位、入位、转弯和进入狭窄通道引起的。汽车在行驶中随时与来车相会，超越同向行驶的车辆或者避让障碍，必须保持适当的侧向安全间距。

① 确认安全间距。安全间距的大小应根据车辆的行驶速度确定，行驶越快，车辆的侧向摆动就越大，且视野会变小，对侧面距离判断误差会增大，这时应适当加大侧向安全间距，并与右侧路边保持一定的安全间距。遇到视线不清、道路狭窄或转弯的路段，以及路面附着力较小时，应适当加大安全间距。条件不允许留有较大的间距时，一定要降低车速，谨慎通过。

② 与障碍物的间距。在正常路面遇到静止障碍物时，可以保持较小的侧向安全间距通过；遇到运动的障碍物时，特别是运动不稳定的自行车、摩托车等，间距应大一些；在条件不允许保持足够的安全间距时，应减速，缓慢通过或停车，以保证安全。

(20）车顶受伤。道路上的限载限高标志，不仅是为了保护道路的安全，也是为了保护车辆的安全。有的新手在行车中，只想着注意车辆的前后左右，却忽视了道路上的限载限高标志，结果车顶老是受伤。

① 通过隧道、涵洞、立交桥时，应提前观察限制高度的标志，确定是否能够通过。当限制高度与装载高度相近时，应减速慢行，判断准确，必要时停车观察。

② 通过狭窄路段时，要注意路面是否倾斜，防止车辆上部与障碍物相撞。注意路边伸向路中的树枝、标志或广告牌、电线等，防止与之碰撞，必要时停车观察，谨慎通过。

(21）拖底。行车途中，马路牙子、限速带、陡坡都会成为新手的“绊马索”，稍有不慎就会造成车辆“拖底”。“拖底”的后果是对悬挂系统、排气管路、供油及润滑系统、变速器和传动系统造成伤害，继而引发车辆的跑偏、异响、振动、漏油等故障。更严重的“拖底”会导致发动机或变速器烧毁，甚至底盘零件损坏，导致失控酿成车祸。

① 清楚自己所驾车辆的最小离地间隙。最小离地间隙是指汽车最低的部分和路面的最小间距，一般大型车辆为250毫米，小型车辆为130毫米。

② 遇到有可能拖底的地段时应慢行，一旦听到底盘有动静就退回或者换个地方过，不要强行通过。万一把机油底壳、散热器、油箱或者水管等碰裂，那麻烦可就大了。

③ 在可能拖底的泥泞路段，车上人员可先下车，让底盘提高，等过了烂路后再上车。

④ 在遇到石块等凸起的障碍物时，在道路交通条件允许的情况下最好绕行通过。遇到无绕行条件的障碍物时，也要降低车速，仔细观察，小心通过。

⑤ 如果“拖底”了，但不漏油（机油和燃油）、不漏液、没有突然的异常响声、行车不跑偏、没有异常振动，就可以认为“拖底”不严重，只需及时到专业维修店检查，确认后即可安心行驶。如果出现上述任何一种情况，应立即停车，与专业维修店联系尽快检修，以免出现不必要的车辆和人身损害。

理解交规死角

每一位有驾驶证的朋友都曾经在驾校里学过交规，但真到了情况错综复杂的道路上，大部分新手还是会茫然。新手上路爱犯什么错误呢？交规里有什么新手不知道的“死角”呢？

（1）注意别“闯绿灯”。所谓闯绿灯，是指在堵车、行车缓慢的情况下，即使绿灯亮了，车也不能停在人行道上，因为人行道等同于禁停线。

（2）注意红灯下可右转。在十字路口，如果没有箭头指向右方的灯，那么不管是红灯绿灯都可以右转。我们日常观念里的“红灯停绿灯行”，在这里有所不同。如果红灯上有向右指的箭头，那就说明是限制右行的，就必须等绿灯变亮后才能右行。

（3）左转红灯、无禁掉头标志可掉头。在没有禁止掉头标志的路口基本上都可以掉头，当然这也要视马路的宽度而定。很多马路虽然没有禁止掉头的标志，但路面过窄，掉头容易造成交通堵塞，这种情况下是不能掉头的。如果在这种情况下，发生了与对面来车或过马路行人相撞的事故，掉头车辆要负全责。

（4）紧急停车带禁止行车。路边有紧急停车带，如果车辆出了事故的话可以把车停在这条车道里等待救援，但紧急停车带是禁止行车的。

（5）跟大车闯红灯不追究后车责任。如果因前车比较高大，挡住了后车视线而造成后车闯红灯的话，执法人员是不追究后车责任的。但是为了安全考虑，驾驶人也不要钻这种空子。

（6）并线时，左车道的车要让右车道的车。

（7）连续并线属违章。

成为一名合格驾驶人

新手实习期满，如果没有发生严重的交通事故或违章的，就可以自动成为正式驾驶人，驾驶证也自动转为正式驾驶证。驾驶证有效期分为 6 年、10 年和长期 3 种，全国通用。

要想成为一个合格的驾驶人就应做到以下几点。

（1）要对汽车了如指掌。

（2）要有法制观念。

（3）要文明驾驶，不开“霸王车”，不当“霸路军”，不强行超车、并线。

（4）要充分照顾交通弱势群体的利益。

（5）要有平和的驾驶心态，学点阿 Q 的精神胜利法。

第13章

轻松守住12分

新交规的记分规则和记分分值

记分规则

道路交通安全违法行为累积记分周期（简称记分周期）为12个月，满分为12分，从机动车驾驶证初次领取之日起计算。依据道路交通安全违法行为的严重程度，一次记分的分值分为12分、6分、3分、2分、1分五种。

（1）机动车驾驶人一次有两个以上违法行为记分的，应分别计算，累加分值。

（2）机动车驾驶人对道路交通安全违法行为处罚不服，申请行政复议或者提起行政诉讼后，经依法裁决变更或者撤销原处罚决定的，相应记分分值予以变更或者撤销。

（3）公安机关交通管理部门应当向社会公布机动车驾驶人违法行为记分查询方式，提供查询便利。

（4）机动车驾驶人在一个记分周期内累积记分达到12分的，应在十五日内到机动车驾驶证核发地或违法行为地公安机关交通管理部门接受为期七日的道路交通安全法律、法规和相关知识的教育。机动车驾驶人接受教育后，车辆管理所应当在二十日内对其进行科目一考试。

（5）机动车驾驶人在一个记分周期内两次以上达到12分的，车辆管理所还应当在科目一考试合格后十日内对其进行科目三考试。

（6）机动车驾驶人在一个记分周期内未达到12分的，且没有违法未处理的记录（一般指C1），在下一个记分周期开始时将会把原先的记分清零。如果有违法未处理的记录情况，那么此次记录所扣的分值将积累到下一年，直到违法记录消除。

（7）记分周期是以取得驾驶证的日期开始计算的。例如，2013年1月2日取得驾驶证，那么2013年1月2日至2014年的1月1日是一个记分周期。

记分分值

一次记 12 分的违法行为

（1）驾驶与准驾车型不符的机动车的。

（2）饮酒后驾驶机动车的。

（3）驾驶营运客车（不包括公共汽车）、校车载人超过核定人数 20%以上的。

（4）造成交通事故后逃逸，尚不构成犯罪的。

（5）上道路行驶的机动车未悬挂机动车号牌的，或者故意遮挡、污损、不按规定安装机动车号牌的。

（6）使用伪造、变造的机动车号牌、行驶证、驾驶证、校车标牌或者使用其他机动车号牌、行驶证的。

（7）驾驶机动车在高速公路上倒车、逆行、穿越中央分隔带掉头的。

（8）驾驶营运客车在高速公路车道内停车的。

（9）驾驶中型以上载客载货汽车、校车、危险物品运输车辆在高速公路、城市快速路上行驶超过规定时速 20%以上或者在高速公路、城市快速路以外的道路上行驶超过规定时速 50%以上，以及驾驶其他机动车行驶超过规定时速 50%以上的。

（10）连续驾驶中型以上载客汽车、危险物品运输车辆超过 4 小时未停车休息或者停车休息时间少于 20 分钟的。

（11）未取得校车驾驶资格驾驶校车的。

一次记 6 分的违法行为

（1）机动车驾驶证被暂扣期间驾驶机动车的。

（2）驾驶机动车违反道路交通信号灯通行的。

（3）驾驶营运客车（不包括公共汽车）、校车载人超过核定人数未达 20%的，或者驾驶其他载客汽车载人超过核定人数 20%以上的。

（4）驾驶中型以上载客载货汽车、校车、危险物品运输车辆在高速公路、城市快速路上行驶超过规定时速未达 20%的。

（5）驾驶中型以上载客载货汽车、校车、危险物品运输车辆在高速公路、城市快速路以外的道路上行驶或者驾驶其他机动车行驶超过规定时速 20%以上未达到 50%的。

（6）驾驶货车载物超过核定载质量 30%以上或者违反规定载客的。

（7）驾驶营运客车以外的机动车在高速公路车道内停车的。

（8）驾驶机动车在高速公路或者城市快速路上违法占用应急车道行驶的。

（9）在低能见度气象条件下，驾驶机动车在高速公路上不按规定行驶的。

（10）驾驶机动车运载超限的不可解体的物品，未按指定的时间、路线、速度行驶或者未悬挂明显标志的。

（11）驾驶机动车载运爆炸物品、易燃易爆化学物品，以及剧毒、放射性等危险物品，未按指定的时间、路线、速度行驶或者未悬挂警示标志并采取必要的安全措施的。

（12）以隐瞒、欺骗手段补领机动车驾驶证的。

（13）连续驾驶中型以上载客汽车、危险物品运输车辆以外的机动车超过 4 小时未停车休息或者停车休息时间少于 20 分钟的。

（14）驾驶机动车不按照规定避让校车的。

一次记 3 分的违法行为

（1）驾驶营运客车（不包括公共汽车）、校车以外的载客汽车载人超过核定人数未达 20%的。

（2）驾驶中型以上载客载货汽车、危险物品运输车辆在高速公路、城市快速路以外的道路上行驶或者驾驶其他机动车行驶超过规定时速未达 20%的。

（3）驾驶货车载物超过核定载质量未达 30%的。

（4）驾驶机动车在高速公路上行驶低于规定最低时速的。

（5）驾驶禁止驶入高速公路的机动车驶入高速公路的。

（6）驾驶机动车在高速公路或者城市快速路上不按规定车道行驶的。

（7）驾驶机动车行经人行横道，不按规定减速、停车、避让行人的。

（8）驾驶机动车违反禁令标志、禁止标线指示的。

（9）驾驶机动车不按规定超车、让行的，或者逆向行驶的。

（10）驾驶机动车违反规定牵引挂车的。

（11）在道路上车辆发生故障、事故停车后，不按规定使用灯光和设置警告标志的。

（12）上道路行驶的机动车未按规定定期进行安全技术检验的。

一次记 2 分的违法行为

（1）驾驶机动车行经交叉路口不按规定行车或者停车的。

（2）驾驶机动车有拨打、接听手持电话等妨碍安全驾驶的行为的。

（3）驾驶二轮摩托车不戴安全头盔的。

（4）驾驶机动车在高速公路或者城市快速路上行驶时，驾驶人未按规定系安全带的。

（5）驾驶机动车遇前方机动车停车排队或者缓慢行驶时，借道超车或者占用对面车道、穿插等候车辆的。

（6）不按照规定为校车配备安全设备，或者不按照规定对校车进行安全维护的。

（7）驾驶校车运载学生，不按照规定放置校车标牌、开启校车标志灯，或者不按照经审核确定的线路行驶的。

（8）校车上下学生，不按照规定在校车停靠站点停靠的。

(9）校车未运载学生上道路行驶，使用校车标牌、校车标志灯和停车指示标志的。

(10）驾驶校车上道路行驶前，未对校车车况是否符合安全技术要求进行检查，或者驾驶存在安全隐患的校车上道路行驶的。

(11）在校车载有学生时给车辆加油，或者在校车发动机熄火前离开驾驶座位的。

一次记1分的违法行为

(1）驾驶机动车不按规定使用灯光的。

(2）驾驶机动车不按规定会车的。

(3）驾驶机动车载货长度、宽度、高度超过规定的。

(4）上道路行驶的机动车未放置检验合格标志、保险标志，未随车携带行驶证、机动车驾驶证的。

防“无证驾驶”

新交通法规规定：驾驶与准驾车型不符的机动车的，一次记12分。

防扣分技巧

申请机动车驾驶证，应当符合国务院公安部门规定的驾驶许可条件；经考试合格后，由公安机关交通管理部门发给相应类别的机动车驾驶证。驾驶人需要驾驶某种类型的机动车，必须取得相应的准驾车型资格，驾驶车辆与准驾车型不符等同于无证驾驶。因此，开车上路，驾驶人要随身携带机动车驾驶证，按照驾驶证载明的准驾车型驾驶机动车。

新案例警示

南阳现准驾不符被重罚并记24分第一人

2013年1月29日上午9时许，青华派出所交巡防大队民警在卧龙区潦河交通检查站开展交通整治时，一辆无牌照三轮摩托车自西向东行驶至检查站被执勤民警当场拦住，执勤民警发现该驾驶人梁某持有的驾驶证是C4E证，而驾驶三轮摩托车必须持有D证，梁某的行为属于准驾不符，依法对其进行记24分、行政拘留3天并处罚款500元的处罚。这是南阳自“新规”出台实施后因“准驾不符”被重罚并记24分的第一人。

防“酒驾”

新交通法规规定：饮酒后驾驶机动车的，一次记 12 分。

防扣分技巧

俗话说：“无酒不成席，无酒不成欢。”“酒文化”在中国传统文化中占有独特的地位。不过，如果因为饮酒过量酒后开车被扣 12 分，或者发生事故，就成了不好的事情。小心驶得万年船。如同哲学上定义喜剧和悲剧的区别：喜剧跌倒了，就成了悲剧。

（1）如果想开怀畅饮，不喝不足以尽兴，那么酒后就要严禁驾驶，或打车或找代驾。

（2）有些饭局如果知道喝酒无法避免，就提前把车放好，打的或搭车前往。

新案例警示

重庆首例酒驾致死案

2013 年 1 月 1 日，长寿区龙河镇王某的一名亲戚的小孩出生，摆宴庆贺，王某应邀参加。中午，他在亲友劝说下喝了点酒，大家怕出事，就没有让他走，说是等晚上吃了饭酒也醒了，再上路，哪知道晚上他又喝了几杯，然后在 6 点左右出发了。出发时，王某的小轿车载了他的妻子、岳父，还有 79 岁的远房亲戚张志明。途经龙河汽车站附近一座桥时，王某的轿车突然失控，跌到桥下河沟里，他的妻子溺水身亡，张志明送医后身亡，他和岳父被送往医院治疗。因涉嫌酒后驾车致人死亡，王某被警方依法采取了强制措施。从权威渠道获悉，从元旦期间重庆市统计的事故伤亡数据看，这是新交规施行后重庆首例酒驾致人死亡案。

防“超员”

新交通法规规定：驾驶营运客车（不包括公共汽车）、校车载人超过核定人数 20%以上的，一次记 12 分；驾驶营运客车（不包括公共汽车）、校车载人超过核定人数未达 20%的，或者驾驶其他载客汽车载人超过核定人数 20%以上的，一次记 6 分；驾驶营运客车（不包括公共汽车）、校车以外的载客汽车载人超过核定人数未达20%的，一次记3分。

防扣分技巧

客车超员的危害极大：一是会加重车身，使车辆安全性降低；二是会让车内人员拥挤，不仅通风通气存在问题，一旦发生事故，加大了乘客逃生难度；三是车辆自身的机械性能也会因超员而增加损耗。因此，客车超员是十分严重的交通违法行为，很容易引发群死群伤的严重后果，驾驶人应自觉遵守规定，按核定乘员数载客。

新案例警示

瑞安首例大客车超员被记12分并降级

2013年1月1日9时49分许，交警塘下中队民警巡逻至104国道塘下镇新渎啤酒厂路口时，发现一辆自塘下驶往温州方向的大客车有超载嫌疑，于是将该车拦下检查。经查，该车核载25人，实载41人，其中包括一名儿童，该车驾驶人查某实施了公路客运车辆载客超过额定乘员20%的交通违法行为，被处以罚款1500元、记12分。由于查某持有准驾车型为A1、A2、E的驾驶证，查某到交警部门接受处罚后，交警部门将注销其A1的驾驶资格，这意味着查某在今后的一年内不能驾驶大型客车。他如果要继续驾驶该类型的车辆，需要在一年后才可以增驾A1类准驾车型。据了解，这是新交规施行后瑞安市查获的首例大中型客货车驾驶人因一次被记12分驾驶证被降级的案例。

防“肇事逃逸”

新交通法规规定：造成交通事故后逃逸，尚不构成犯罪的，一次记12分。

防扣分技巧

交通肇事逃逸是指在交通事故发生后，当事人明知自己发生了交通事故，为逃避事故责任，故意逃离事故现场，不向公安机关报案的一种违法行为。

肇事逃逸有两种情况：

（1）人和车都在事故发生后逃离事故现场。

（2）弃车逃逸，即当事人将车留在现场，人逃离事故现场。

交通肇事后逃逸是一种性质十分恶劣、情节非常严重的违法行为，为此当事人要承担对自己不利的严重后果。新交规规定：造成交通事故后逃逸的，由公安机关交通管理部门吊销机动车驾驶证，终生不得重新取得机动车驾驶证，也就是通常所说的终生禁驾。因逃逸致使受害人死亡的，依据刑法规定处7年以上有期徒刑。新交规加大了对交通肇事逃逸的处罚力度，就是提醒广大驾驶人在发生交通事故后，要立即停车、抢救伤员、保护现场并立即报警，千万不要选择逃逸！

新案例警示

深圳首例肇事逃逸者自首

2013年1月1日15时42分许，粤BE26××号奔驰车在太白路与一辆电动车发生碰撞后，再度与粤BB2J××发生碰撞，致使电动车驾驶人王某、乘客郭某受伤及3车损坏，之后粤BE26××奔驰车逃逸。案发后，深圳交警微博挂上了通缉令，标题是“粤BE26××驾驶人，自首吧！你可是新年第一宗肇事逃逸！”罗湖交警追查线索并访问大量证人，确定肇事驾驶人为广东廉江人杨某，事故发生后已返回老家。罗湖交警通过杨某的哥哥与其取得联系并做了劝解工作。1月2日上午11时，杨某到罗湖交警大队投案自首，将被处以行政拘留15天、记12分、罚款2万元、吊证6个月的处罚，杨某就这样在深圳新年新交规交通肇事逃逸者名单上留下第一个名字。

防“涉牌”

新交通法规规定：上道路行驶的机动车未悬挂机动车号牌的，或者故意遮挡、污损、不按规定安装机动车号牌的，一次记12分。

防扣分技巧

涉牌车，就是在牌照上动手脚，违反交通法规的车辆。

机动车的号牌是该机动车取得上道路行驶权利的标志，也是发生道路交通违法行为或者发生交通事故后最好的确认违法者或者肇事车的证据线索。因此，机动车号牌应当按规定悬挂，并保持清晰和完整，不得故意遮挡和污损。

新案例警示

武汉首例号牌污损被记12分并降级

2013年1月1日0时，武昌区交通大队民警刘五桥来到武昌火车站附近的航海客运站门前例行检查。时间刚到0时01分，一辆大型渣土车呼啸而来，刘五桥和同事立即将其拦下，这辆车后面的车牌已不见了。民警仔细查找，才发现其后的车牌不但没有悬挂在规定部位，而且还从中间折弯，有一半看不清楚。交警用手擦拭车牌时发现，该渣土车牌号为鄂AH62××，但H中间的一横杠却没有了，看上去像两个1。经查，这名渣土车驾驶人姓余，他将被记12分，罚款200元，是武汉市交管部门实施新交规严处的第一人。按照新交规，中型以上客货车驾驶人一次记满12分要被处以降级的处罚，而余某的驾驶证是B2，这就意味着他的驾证将被降到C1，也就是不能再开大货车了。

防“涉证”

新交通法规规定：使用伪造、变造的机动车号牌、行驶证、驾驶证、校车标牌或者使用其他机动车号牌、行驶证的，一次记12分。

防扣分技巧

涉证车，就是在行驶证、驾驶证及检验合格标志上动手脚，违反交通法规的车辆。

现在，有的驾驶人不规范自己的驾车行为，反而为逃避处罚在号牌和证件上动歪脑筋。交警对识别假号牌和假证件有高超的技能，所以驾驶人不要抱侥幸心理企图蒙混过关。

新案例警示

襄阳首个驾驶证被降级的驾驶人

2013年1月10日上午10时许，枣阳交警在值勤中发现，一辆黑色本田轿车无检验合格标志和保险标志。经查，该车车牌系伪造，民警将车辆暂扣。根据新交规，交警对驾驶人程某进行了记12分、罚款5000元的处罚，他的准驾车型由B2降为C1，成为新交规施行以来襄阳首个驾驶证被降级的驾驶人。

防“随意掉头”

新交通法规规定：驾驶机动车在高速公路上倒车、逆行、穿越中央分隔带掉头的，一次记 12 分。

防扣分技巧

在高速公路上行驶的驾驶人都知道，车辆都是顺着同一个方向行驶的，如果你掉头或倒车，其他的驾驶人没有准备，就很容易发生事故。一旦发现走错路口，不要慌张，应保持速度继续前行，在前行中找一个最近的出口或者服务区。在出口收费站几十米之前，有一个专供走错路口汽车掉头的口，可从这里返回高速公路，找到要去的出口。如果就近进入服务区内，一般服务区为左右对称布局，中间有一个联络隧道，只要开车穿过联络隧道进入对面服务区，就可以驶出该服务区，沿路返回自己要去的出口。

新案例警示

汉中：首例高速公路倒车被记 12 分

2013 年 1 月 8 日上午 11 时许，汉中高交大队 3 名交警在高速路上执行巡逻任务，在西汉高速汉中东出口匝道，发现一辆拉着钢材的牌照为陕 E843××的半挂车在倒车，便立即上前进行阻止。驾驶人徐某对交警称，他是渭南人，自己本来要在勉县下高速，错下到汉中东出口，就想将车倒回去。根据新交规，交警在进行了调查取证后，给予驾驶人徐某记 12 分、罚款 200 元的处罚，并暂扣驾驶证。同时，要求驾驶人徐某返回驾驶证登记地进行七天学习，经考核合格后才能领回驾驶证。另外，为了不影响该货车的营运，交警联系了该车辆所属的公司，让其调来另一名驾驶人将车辆开走。据悉，这是汉中市在高速公路上查处的首例因违反新交规被记 12 分的案例。

防“高速车道内停车”

新交通法规规定：驾驶营运客车在高速公路车道内停车的，一次记 12 分；驾驶营运客车以外的机动车在高速公路车道内停车的，一次记 6 分。

防扣分技巧

营运客车在高速公路上随意停车，极易引发群死群伤的重大交通事故。特别是在夜间，受视线等因素的影响，事故的发生率比白天要更高一些。而下车的乘客在穿越高速公路时还有可能引发二次事故，这时营运客车驾驶人也要承担相应的责任。此外，营运客车由于停车仓促，容易发生追尾等交通事故，而未能正确及时摆放警示标志，还易引发连环事故。营运客车在高速公路上停车，还有可能是因为存在其他违法行为，比如超员等，在半路停车卸客以逃避执法部门的检查。因此，客车驾驶人驾驶车辆在高速公路行驶中，除遇到故障、发生事故等必须停车的情况外，不准随意停车。

新案例警示

福银高速上违法停车摘梅子被记6分并罚款200元

2013年6月12日下午14时许，高警随州大队民警在福银高速随州均川段巡逻时，发现应急车道上停靠着8辆轿车，10余人正在护栏外忙着摘梅子。民警当即停车，上前制止这一违法停车行为。据了解，福银高速随州均川路段的梅子树为公路养护部门种下的景观树，长的果子比樱桃稍大，并且很酸，不宜食用。按照交规，驾驶营运客车以外的机动车，非紧急情况下在高速公路应急车道上停车的，应罚款200元并记6分。

防“超速”

新交通法规规定：驾驶中型以上载客载货汽车、校车、危险物品运输车辆在高速公路、城市快速路上行驶超过规定时速20%以上或者在高速公路、城市快速路以外的道路上行驶超过规定时速 50%以上，以及驾驶其他机动车行驶超过规定时速 50%以上的，一次记 12 分；驾驶中型以上载客载货汽车、校车、危险物品运输车辆在高速公路、城市快速路上行驶超过规定时速未达20%的，一次记6分；驾驶中型以上载客载货汽车、校车、危险物品运输车辆在高速公路、城市快速路以外的道路上行驶或者驾驶其他机动车行驶超过规定时速 20%以上未达到 50%的，一次记 6 分；驾驶中型以上载客载货汽车、危险物品运输车辆在高速公路、城市快速路以外的道路上行驶或者驾驶其他机动车行驶超过规定时速未达20%的，一次记3分。

防扣分技巧

俗话说："十次事故九次快。"超速行驶是机动车安全事故的罪魁祸首之一。

（1）超速行驶时，驾驶人注视点前移，视野变窄，清晰度不良，对道路交通情况辨认不准确，而且在复杂路段超速行驶时，驾驶人更难以及时观察各种动态，无法对路面情况做出准确判断，导致发生事故时不能及时采取措施应对。

（2）车辆的制动距离主要受车速制约，由于惯性作用，车速越快制动距离就越大，制动非安全期就越长。超速行驶使制动非安全期延长，容易发生追尾或刮碰事故。

（3）超速行驶造成超车的机会增多，路面情况变化频繁，行驶间距缩短，驾驶人心理和体力消耗增加，容易产生疲劳，导致疲劳驾驶。同时，超速行驶影响车辆的操作稳定性，特别是在弯道处行驶，由于离心力的作用，容易使车辆驶向回转中心外侧发生侧滑或倾斜。

（4）驾驶人在超速行驶中，如果突然遇到意外情况，心理就会极度紧张，慌乱之中根本无暇冷静思考、准确判断，采取的紧急措施常常是顾此失彼、欲避却趋，交通事故往往就在这时发生了。

因此，驾驶人开车时一定要遵守交法，尤其是雨雪天气，千万不要超速抢行。超速不但可能被交警处罚，更重要的是不安全。

新案例警示

天津首例高速公路飞车超速被记 12 分

2013 年 1 月 1 日上午 9 时 25 分，交警把监控大屏幕切换至京哈高速公路距北京方向 80 千米处，画面突然报警，监控该路段电子眼捕捉到牌号为津 HFY5××的白色小客车疾驶而来，路边电子警察设备迅速连续"闪拍"3 次，并上传至监控系统，显示该车车速达 178 千米/小时，超速 50%以上。交警立即打开话筒，通过监控系统对该小客车所在路段喊话提示："牌号为津 HFY5××的白色小客车严重超速，请立即减速并在下一收费站接受交警教育！"随后，在收费站值守的交警拦检白色小客车，还没等交警开口，驾驶人徐某立即下车频频认错："我知道错了！几个朋友定好 10 时在京哈高速公路宝坻北站集合，眼瞅时间就到了，我一着急就超速了！"交警对其进行了教育，依据新交规记 12 分。徐某成为新规实施首日首位因超速 50%以上交通违法一次记

12分的驾驶人，交警通过全程电子监控在京哈高速开出了全市首张超速交通违法罚单。

防“疲劳驾驶”

新交通法规规定：连续驾驶中型以上载客汽车、危险物品运输车辆超过4小时未停车休息或者停车休息时间少于20分钟的，一次记12分；连续驾驶中型以上载客汽车、危险物品运输车辆以外的机动车超过 4 小时未停车休息或者停车休息时间少于20分钟的，一次记6分。

防扣分技巧

疲劳驾驶是指驾驶人在长时间连续行车后，产生生理机能和心理机能的失调，而在客观上出现驾驶技能下降的现象。驾驶人睡眠质量差或不足，长时间驾驶车辆，都容易出现疲劳。疲劳驾驶会影响到驾驶人的注意、感觉、知觉、思维、判断、意志、决定和运动等诸方面。疲劳后继续驾驶车辆，会感到困倦瞌睡，四肢无力，注意力不集中，判断能力下降，甚至出现精神恍惚或瞬间记忆消失，出现动作迟误或过早，操作停顿或修正时间不当等不安全因素，极易发生道路交通事故。因此，驾车时要注意合理休息，不要疲劳驾驶。

新案例警示

父亲疲劳驾驶撞石墩致儿身亡

2013年2月14日，在广东老家过完春节的植某，开车和家人一同回昆明。他从上午8点多一直开车到凌晨1点多，开了10多个小时的车，疲惫不堪。在车快行至汕昆高速一匝道口时，他想停车休息一下。当时他的车速有100千米/小时，还没等他反应过来，车就撞在了匝道口的大石墩上，他的车直接被撞得飞了起来。植某从车里爬出来，把受伤的妻子和女儿从车里拉了出来，这时他发现儿子被甩出车外，摔在路边。他赶紧拦住路上的一辆车，让驾驶人报警和打“120”，救护车赶到后将其儿子送往医院抢救，可惜最终因伤势过重身亡。因为涉嫌交通肇事，植某要被追究刑责。

防“无证驾驶校车”

新交通法规规定：未取得校车驾驶资格驾驶校车的，一次记12分。

防扣分技巧

根据新规定，校车驾驶人必须要取得校车驾驶资格。那么，校车驾驶证具体该如何申领，需要哪些手续材料？

（1）申请人先到所属辖区交警大队法宣室领取三张申请表格，分别是校车驾驶资格申请表、市校车驾驶申请人身心健康证明、市校车驾驶申请人相关记录查询函。

（2）分别在学校盖章、指定医院体检和所属派出所出示盖章证明。

（3）到交警大队的法宣室查询：是否取得相应准驾车型驾驶证并具有三年以上驾龄，年龄在25～60周岁之内；最近连续三个记分周期内是否有被记满分记录；是否有致人死亡或者重伤的交通事故责任记录；是否有饮酒后驾驶或者醉酒驾驶机动车记录；最近一年内是否有严重交通违法行为记录。

（4）上述步骤都合格，就可由交警部门的民警带材料到车管所办理发放。

新案例警示

湘乡交警查获一无证驾驶校车案

2013年1月9日上午8时许，湘乡市公安局交警大队二中队民警在S311线壶天镇潭溪村地段巡逻时，一辆悬挂号牌为湘KC××××的微型面包车不听民警指挥，民警拦截后发现车内挤满了学生。经查，驾驶人廖某57岁，湘乡市壶天镇人，系无证驾驶校车，于是将其口头传唤至二中队，并带回大队调查。经询问，该车接送的是湘乡市南岳坪小学学生。目前，廖某已被行政拘留。

防“扣证后驾车”

新交通法规规定：机动车驾驶证被暂扣期间驾驶机动车的，一次记6分。

防扣分技巧

根据有关法律法规规定，无证驾驶是指没有依法取得驾驶资格或已取得驾驶资格被依法剥夺期间继续驾驶车辆的行为。因此，驾驶证被暂扣期间驾驶机动车的，仍属于无证驾驶。因此，希望广大驾驶人在驾驶证暂扣期间不要继续驾驶车辆。

新案例警示

驾驶证被扣仍开车遭“数罪并罚”

2013年3月8日，南昌交警在车辆检查登记中发现，一辆商务车的驾驶人俞某在出示驾驶证时只出示了复印件。民警遂将其证件进行网上比对，发现该证件当前状态是违法未处理、超分、暂扣、逾期未审验。俞某承认2012年6月因酒后驾驶证件被暂扣，但自恃是老驾驶人，开车技术好，所以在暂扣期间仍一直驾驶机动车。根据新交规，交警对俞某“数罪并罚”，罚款1200元，并记6分。

防“闯灯”

新交通法规规定：驾驶机动车违反道路交通信号灯通行的，一次记6分。

防扣分技巧

交通信号灯分为机动车信号灯、非机动车信号灯、人行横道信号灯、车道信号灯、方向指示信号灯、闪光警告信号灯、道路与铁路平面交叉道口信号灯。交通信号灯从出现的那一天起，就对疏导交通流量、提高道路通行能力、避免发生交通事故起着重要作用。红灯、绿灯、黄灯，都是生命警示灯！遵守交通信号灯，就是尊重自己和他人的生命。

新案例警示

天津首例闯红灯被记12分

2013年1月1日上午9时58分，牌号为津DVD3××的福克斯车沿宾水西道延长线由西向东行至外环线交口时，遇红灯排队等候，该车没制动停车并在距停止车辆5米时向右打转向盘并入右转车道后前行闯红灯而过，该车闯红灯过程被正在交口检查的交警用执法记录仪记录下来并拦检:“您闯红灯交通违法了!”交警说着将拍摄记录的该车闯红灯交通违法全过程拿给驾驶人杜某观看，杜某承认了闯红灯事实，交警按新交规给予杜某罚款 200 元、记 6 分的处罚。没想到，刚受到交通违法记 6 分的杜某，驾车驶至不远的宾水西道延长线华苑路交口时，绿灯还没亮，就按捺不住闯过最后 5 秒红灯，再次受到因闯红灯交通违法罚款 200 元、记 6 分的处罚。驾驶人杜某因两次闯红灯交通违法累计 12 分，成为新交规正式施行以来天津首位闯红灯受罚者。

防“超载”

新交通法规规定：驾驶货车载物超过核定载质量 30%以上或者违反规定载客的，一次记 6 分；驾驶货车载物超过核定载质量未达 30%的，一次记 3 分。

防扣分技巧

货运车辆超载运输造成的破坏与损失触目惊心，有关部门不断强调严加管理，但就是屡治不愈，时至今日超载状况未见根本性好转，有些地方还愈演愈烈，成为公路运输的一种癌症。据有关部门调查，载重 2500 千克（2.5 吨）的各类货运车辆，超载超限比例高达 30%～85%，这些超载车最大装载率都在 300%以上，最高达 760%，即一辆额定载重 2000 千克（2 吨）的货车，实际运载量达到 15000 千克（15 吨）。如此超载，就是用钢板铺设的路面也要沉陷和断裂。因此，作为货车驾驶人，注意不要超载行驶或违反规定载客，一来危险，二来很容易被扣分罚款。

新案例警示

瑞安首例新手驾驶证被注销

2013 年 1 月 5 日 15 时 30 分许，交警塘下中队民警巡逻至罗梅线塘下镇上叶村路口时，发现一辆挂湖北牌照的工程车有严重超载嫌疑，依法将该车拦下检查。经过磅检查，该车核载 12470 千克，实载 61190 千克，民警开具强制措施凭证依法扣留了该车，交警部门将对该违法行为做出罚款 2000 元，记 6 分的处罚。1 月 6 日上午，湖北籍的工程车驾驶人雷某到交警塘下中队处理，民警发现雷某所持的准驾车型为 B2 的驾驶证在实习期内，经调查发现，雷某驾驶工程车于 1 月 2 日 21 时 20 分，途经瑞枫线 9 千米+700 米处因严重超载曾被交警陶山中队民警查获，被罚款2000元、记6分。雷某由此成为瑞安市第一个持实习驾驶证在一个记分周期内被记12分，驾驶证被注销的驾驶人。今后，雷某想要继续驾驶机动车，必须在驾驶证被注销之日起一年后重新申领驾驶证。

防“占用应急车道”

新交通法规规定：驾驶机动车在高速公路或者城市快速路上违法占用应急车道行驶的，一次记6分。

防扣分技巧

应急车道主要是在城市环线、快速路及高速路两侧施划，专门供工程救险、消防救援、医疗救护或民警执行紧急公务等处理应急事务的车辆使用，任何社会车辆禁止驶入或者以各种理由在车道内停留。如果确实遇到故障等无法解决的问题，应将车停在紧急停靠带内，开启危险警告灯，在车后方150米处摆放警告标志，夜间、雨、雾等天气还应当同时开启示宽灯、尾灯和后雾灯。其他人员一定要要撤到安全区域内，必要时及时拨打高速公路报警电话，请求援助。

新案例警示

成都首例越野车侵占应急车道被记7分

2013年1月1日上午9时30分许，成雅高速交警一大队民警巡逻至黄甲出口时，发现一辆号牌为川AU77××的越野车停放在应急车道上，未设置任何警示标志。民警上前检查发现，该车并未出现紧急情况，驾驶人张某称未携带行驶证，同时民警在其车内发现了非法安装的警灯警报。张某因为非紧急情况占用应急车道、未带行驶证、非法安装警灯警报这3项违法行为，收到了新年来最重的一张罚单——合并处以罚款1250元、记7分。

防“坏天气里乱行车”

新交通法规规定：在低能见度气象条件下，驾驶机动车在高速公路上不按规定行驶的，一次记 6 分。

防扣分技巧

在高速公路上行车，如果遇到雾、雨、雪、风等恶劣气候，应集中精力，注意路况，降低车速，谨慎驾驶。如果有限速提示，应按提示速度行驶。路面行车没有安全保障时，应驶入服务区暂避或听从交警指挥驶离高速公路。

新案例警示

驾驶人不顾危险高速上扯皮

2013 年 2 月 7 日，一场大雪侵袭湖北高速。在随岳高速京山段一座高架桥上，两车发生了擦碰事故。发生事故后双方驾乘人员不是赶紧撤离现场，而是在打滑的高架桥路中间扯起皮来。就在双方争论不休时，惨剧发生了：一辆路过该处的大货车因高架桥上结冰失去了控制，朝发生擦碰事故的两车撞来，并将 3 人撞倒，造成 3 人全部死亡。这名肇事驾驶人在下车察看了一下后，竟逃离了现场。事故发生后，湖北警方长途跋涉 1500 余千米，赶赴辽宁锦州，于除夕夜当晚擒获嫌疑人。

防“超限”

新交通法规规定：驾驶机动车运载超限的不可解体的物品，未按指定的时间、路线、速度行驶或者未悬挂明显标志的，一次记 6 分。

防扣分技巧

超限是指货运车辆的载货长度、宽度、高度和载货质量超过规章制度规定的限度。为加强对超限运输车辆行驶公路的管理，维护公路完好，保障公路安全畅通，《超限运输车辆行驶公路管理规定》明确规定了运输车辆的长度、宽度、高度和车货总重量，在车辆超过此标准时称之为超限。超限车辆上路前，应在当地交通局办理《超限运输通行证》并悬挂明显标志，按公路管理机构核定的时间、路线和速度行驶。承运人不得涂改、伪造、租借、转让《超限运输通行证》。每张通行证只适用于一次运输，当本次运输结束时通行证即作废。

新案例警示

扬中路政查获首例特大超限运输车辆

2013 年 5 月 23 日凌晨，扬中公路处路政执法人员查获一辆特大超限运输车。经查该车为六轴重型半挂牵引车，装载 7 个大型钢卷，每个钢卷净重达 20000 千克（20 吨）以上，经过现场称重仪检测，该车车货实际总重为 181300 千克（181.3 吨），超限 126.3 吨，超限率高达 229.6%，为 2013 年扬中路政大队查获的首例特大超限运输车辆。

防“危险物品”

新交通法规规定：驾驶机动车载运爆炸物品、易燃易爆化学物品，以及剧毒、放射性等危险物品，未按指定的时间、路线、速度行驶或者未悬挂警示标志并采取必要的安全措施的，一次记 6 分。

防扣分技巧

危险品运输是特种运输的一种，是指专门组织或技术人员对非常规物品使用特殊车辆进行的运输。一般只有经过国家相关职能部门严格审核，并且拥有能保证安全运输危险货物的相应设施设备，才能有资格进行危险品运输。因此，从事运输危险品的驾驶人必须具有高度的责任感和事业心，牢固树立对国家企业和人民生命财产负责的责任心，在必须持有公安消防部门核发在有效期内的“危险运输证”时才能从事危险品运输。

新案例警示

和龙—危险品运输车辆超载被交警处罚

2013 年 5 月 14 日，和龙大队宣教中队中队长刘国欣带领民警，在货运机动车比较集中的老松线城标路口向过往货运车辆分发《至全国机动车驾驶员的一封信》，进行交通安全宣传。当把宣传单递给一辆车身印有中国石油字样的油罐车驾驶人时，细心的民警发现驾驶人神情不自然，同时发现这辆危险品运输车的前后车轮比平常车辆的车轮略显凹陷，根据经验，这辆车存在超载迹象。民警立即将车辆带至和龙市检斤站进行检斤确认。经查，这辆车行驶证核定载质量为 11075 千克，实载 17465 千克，超载 6390 千克，超过核定载质量的 50%以上，属严重违法行为。依据新交规，和龙交警依法对违法驾驶人陈某进行了驾驶证记 6 分、罚款 2000 元的处罚。

防“骗补驾照”

新交通法规规定：以隐瞒、欺骗手段补领机动车驾驶证的，一次记 6 分。

防扣分技巧

机动车驾驶证遗失的，驾驶人应当向机动车驾驶证核发地车辆管理所申请补发。申请时应当填写申请表，并提交以下证明、凭证：

（1）机动车驾驶人的身份证明。

（2）机动车驾驶证遗失的书面声明。

符合规定的，车辆管理所应当在一日内补发机动车驾驶证。机动车驾驶人补领机动车驾驶证后，原机动车驾驶证作废，不得继续使用。机动车驾驶证被依法扣押、扣留或者暂扣期间，机动车驾驶人不得申请补发。

新案例警示

男子恶意骗补驾照被记 6 分

2013 年 4 月 18 日晚，槐荫交警大队民警在纬十二路路口开展对酒后驾驶的交通违法行为集中查处时，查到一名驾驶人辛某饮酒（酒精含量 58 毫克/100 毫升）后驾驶机动车。槐荫交警大队根据相关法律法规，对其开出强制措施凭证，并告知驾驶人辛某 24 小时内到槐荫大队交通科接受处罚。按照相关规定，酒后驾驶应被吊扣驾驶证半年，记 12 分且罚款 2000 元以下，也就是意味着辛某半年内不能驾驶机动车。不料辛某却钻了驾驶证暂扣有一天的缓冲期的空子，于 4 月 19 日上午在接受饮酒后驾驶机动车处罚之前，先到槐荫大队车管所补领驾驶证，告知车管所业务窗口工作人员由于驾驶证丢失补领驾驶证。当时，因机动车驾驶证没有任何异常，业务窗口工作人员正常办理了补领驾驶证业务。然而，4 月 20 日档案室办理复核归档业务时，却发现辛某驾驶证的状态为违法未处理、暂扣状态。原来，辛某知道自己因为酒后驾驶半年的时间不能开车，所以想钻空子在交警部门对其驾驶证暂扣之前先行补办一个。辛某在车管所办理补领驾驶证时存在侥幸心理，因恶意骗补驾驶证，被处以记 6 分、罚款 200 元、收回补领的机动车驾驶证的处罚；酒后驾驶则处以记12分、罚款1000元、暂扣驾驶证6个月的处罚，两项处罚内容合并执行。

防“不让校车”

新交通法规规定：驾驶机动车不按照规定避让校车的，一次记6分。

防扣分技巧

《校车安全管理条例》第三十三条规定：校车在道路上停车上下学生，应当靠道路右侧停靠，开启危险警告灯，打开停车指示标志；校车在同方向只有一条机动车道的道路上停靠时，后方车辆应当停车等待，不得超越；校车在同方向有两条以上机动车道的道路上停靠时，校车停靠车道后方和相邻机动车道上的机动车应当停车等待，其他机动车道上的机动车应当减速通过，校车后方停车等待的机动车不得鸣喇叭或者使用灯光催促校车。

校车具有特殊性，具有绝对优先权，很多学生自控能力差，如果处理不好就容易造成事故，因此驾驶人要自觉避让校车。

新案例警示

宁夏首张“故意阻挡校车行驶”罚单

2013年5月16日下午，宁夏中卫市交运集团的一辆校车行驶到该市一座仅一辆车宽度的平板桥上，小汽车驾驶人在看到校车已行驶到桥上后，强行上桥，造成两车相堵。小汽车驾驶人拒不让行，将车横停在校车前方。交警赶到现场后，依据新交规对小汽车驾驶人处以罚款200元并记6分的处罚。据了解，这是宁夏开出的首张“故意阻挡校车行驶”罚单。

防“高速路上太低速”

新交通法规规定：驾驶机动车在高速公路上行驶低于规定最低时速的，一次记3分。

防扣分技巧

我国高速公路对最低车速有规定，在正常行驶时，最低车速不得低于

60 千米/小时，正常情况下驾车低于此车速也是被严格禁止的。但是，在遇有大风、雨、雪、雾天或者路面结冰时，应当减速行驶，在这些情况下以保证行车安全为主，可以低于规定最低车速行驶。

新案例警示

男子嫌女友唠叨低速驾驶被罚 200 记 3 分

2013 年 3 月 9 日下午 15 时许，商丘高速交警大队一中队民警自西向东巡逻到连霍高速公路豫皖界服务区东侧时，发现一年轻女子边走边哭。民警询问得知，该女子姓王，山东荷泽市人，和男友曹某一起打算到徐州市办事，途中因意见不合发生争执，不料男友恼怒至极，在豫皖界服务区将她撵下轿车，被民警发现时，女子已行走了一千米。民警当即让王某坐上警车追赶其男友。很快，民警发现曹某驾驶的挂鲁 R 牌照的福特轿车如蜗牛一般缓慢前行，车速不足 30 千米/小时。民警让曹某跟着警车开到豫皖界收费站。曹某称，他将女友丢下后，害怕女友发生意外，就放慢车速，想让女友步行到前方收费站后再让她上车，以此“治治”她的唠叨。曹某因超低速行驶，被处以罚款 200 元、记 3 分的处罚。

防“非法上高速”

新交通法规规定：驾驶禁止驶入高速公路的机动车驶入高速公路的，一次记 3 分。

防扣分技巧

《道路交通安全法》第六十七条规定，行人、非机动车、拖拉机、轮式专用机械车、铰接式客车、全挂拖斗车，以及其他设计最高车速低于 70 千米/小时的机动车，不得进入高速公路。对于禁止上高速公路行驶的车辆进入高速公路的，公安交管部门将根据《道路交通安全法》和新交规，对违法当事人处 20 元以上 200 元以下罚款，一次记 3 分。

新案例警示

残疾人无证驾驶伪造号牌车上高速

2013 年 5 月 8 日，高速交警石家庄支队高邑大队三中队赵利军中队长与民警董刚在栾城收费站口执勤检查时，发现一中年男子驾驶的白色小奥拓悬挂的车辆号牌比较独特，民警及时拦下该车。检查时，民警发现该车车牌照居然是用一张打印纸制成的，且该车车牌号为冀 D238H。当两民警要求坐在驾驶座的中年男子下车接受检查时，只见车门缓缓打开，一副双拐先着地，一中年男子吃力地拄着双拐走出来。驾驶人赵某称，因为自己双腿残疾，无法考取驾驶证，买上车后就自己设计了这么一个号码。随后，民警对赵某讲解了其无证驾驶、伪造号牌等行为的违法性，以及其残疾人开车的危险性，教育其可以通过正规驾校考取驾驶证，并驾驶残疾人专用车辆。

防“不行其道”

新交通法规规定：驾驶机动车在高速公路或者城市快速路上不按规定车道行驶的，一次记 3 分。

防扣分技巧

道路划分为机动车道、非机动车道和人行道的路段，机动车、非机动车和行人实行分道行驶。在没有划分车道的道路上，机动车在道路中间通行。

（1）道路上划有专用标线的路段，在专用车道内只准许规定的车辆通行，其他车辆不准进入专用车道行驶。比如，公交专用道。

（2）道路同方向划有两条以上机动车道的路段，左侧为快速车道，右侧为慢速车道。在快速车道行驶的机动车，按照快速车道规定的速度行驶，未达到快速车道规定的行驶速度的车辆，在慢速车道行驶。

新案例警示

大巴车隧道内随意变道被记 3 分罚 200 元

2013 年 2 月 21 日晚 19 时 41 分，一新浪微博用户举报车牌为渝 BQ67××的大巴车在成渝高速中梁山隧道内随意变道。接到举报后，重庆高速执法一支队一大队立即指派专人调查核实。2 月 26 日，大巴车驾驶人张某到一大队接受调查。面对执法人员调取的违法图片、视频等相关证据，张某承认开车变道时心存侥幸，却没料到高速执法部门会通过一条微博就查到了他。按照新交规，执法人员对张某在高速公路上不按规定车道行驶的违法行为给予记 3 分、罚款 200 元的处罚。据悉，张某也成为新交规实施以来，重庆高速执法部门首例通过微博举报查处的驾驶人。

防“争速抢道”

新交通法规规定：驾驶机动车行经人行横道，不按规定减速、停车、避让行人的，一次记 3 分。

防扣分技巧

交通法规就是生命之友，在路口抢灯争道的后果是非常危险的。驾驶机动车，一定要注意在人行横道处保护行人和非机动车的安全。

（1）接近人行横道线时，提前减速观察，注意观察人行横道左右两侧是否有行人通行，随时准备停车礼让行人。遇行人或非机动车通过人行横道时，及时停车让行，不得抢行或绕行。右转弯通过时，更要注意礼让通过人行横道的行人。

（2）如果看到人行横道前有停止的车辆，一定要停车，不要盲目通过，前车可能是停车避让行人。不要在人行横道及附近直行超车和变向超车，尤其要提防有些行动缓慢的人可能还滞留在人行横道上。

（3）不要在人行横道或人行横道前超车、加速。

（4）即使交通灯已经转变为绿色，只要有行人过马路，就不要和其抢道。

（5）在有信号灯的路口，严格遵守交通规则，等候时不要将车停在人行横道线上，以免给行人带来不便。在没有信号灯的路口，应注意观察，主动让已经在车辆前方的行人通过，不要从行人前方绕行抢越。

新案例警示

南京首例斑马线不避让行人被记 3 分

2013 年 1 月 3 日下午 14 时 30 分许，一辆南京牌照的起亚轿车从中山北路驶入热河南路，看到准备过斑马线的行人后，该车没有减速或是停下，而是打了把转向盘试图加速通过，结果刚越过斑马线就被交警拦了下来。驾驶人纳闷不已，不停向交警强调自己没有违法行为。随后，交警对驾驶人进行了罚款 50 元、记 3 分的处罚，这名驾驶人成为南京因斑马线不避让行人而被记 3 分的第一人。

防“违反禁令”

新交通法规规定：驾驶机动车违反禁令标志、禁止标线指示的，一次记3分。

防扣分技巧

违反禁令标志、禁止标线指示，往往是部分驾驶人不经意的“小毛病”，也是交巡警部门取证处罚较为困难的一种频繁交通违法行为。为了加大对这些交通陋习的处罚力度，新交规将一次记3分。因此，机动车驾驶人在驾驶过程中要随时留意相关道路交通信息，严格按照交通标志标线行驶，进入路口要提前选择好车道，不要乱挤乱插和违法借道通行。

新案例警示

福州3渣土车被记3分罚150元

2013年5月15日晚上21时许，福州台江区交巡警在江滨西大道和白马南路路口靠近三县洲大桥处设卡检查，对夜间城市道路工程运输车违法行为进行重拳整治。9时30分许，江滨路上，一辆车牌号为闽AC20××、所属公司为“福建原展恒渣土运输公司”的渣土车，因违反禁令标志闯禁行被苍霞派出所民警拦下，驾驶人被处以150元罚款并记3分。同时，民警还对驾驶人进行了安全宣传教育，强调渣土车违法的严重危害。当晚，警方又查获两辆违规行驶的渣土车，车牌号分别为闽AB63××、闽AC23××，并查处了其他交通违规行为十余起。

防“违规超车”

新交通法规规定：驾驶机动车不按规定超车的，一次记3分。

防扣分技巧

（1）驾驶机动车超车时，提前开启左转向灯，变换使用远、近光灯或者鸣喇叭提示前车。在确认有充足的安全距离后，从前车的左侧超越。在与被超车辆拉开必要的安全距离后，开启右转向灯，驶回原车道。

（2）不得在铁路道口、交叉路口、窄桥、弯道、陡坡、隧道、人行横道、市区交通流量大的路段等没有超车条件的路段超车。

（3）在慢速车道内行驶，需要超越同车道行驶的前车时，可以借用快速车道行驶。但不能超越正在左转弯、掉头、超车的前车。

（4）从左侧超车时，无法保证与正常行驶前车的横向安全间距，或发现对面来车有会车可能时，要主动放弃超车。

（5）遇到前方同车道行驶的执行紧急任务的警车、消防车、救护车、工程抢险车时，不得超车。

（6）在没有道路中心线或者同方向只有一条机动车道的道路上，遇后车发出超车信号时，在条件许可的情况下，应降低速度，靠右让路。

新案例警示

湖南永州市宁远县“2013.2.23”8人死亡的较大事故

2013年2月23日7时20分，刘利明驾驶湘M24973重型仓栅式货车从北往南行驶至216省道87千米加816米（宁远县仁和镇李家铺村）路段时，因违规超车，与相对行驶的湘E8TS98（核载8人，实载8人）小型普通客车正面碰撞，造成湘E8TS98小型普通客车上搭乘的6人当场死亡，2人经医院抢救无效死亡。

防“该让不让”

新交通法规规定：驾驶机动车不按规定让行的，一次记3分。

防扣分技巧

开车时，多一分谦让，少一分争抢，不仅会让自己的形象更加文明，交通也会因此变得畅通。如果你争我抢，互不相让，结果是欲速则不达，甚至还会造成事故。

新案例警示

成都首例闯生命通道罚单

2013年4月23日上午，在成都市成雅高速零千米处的进城方向，10多辆社会车辆强行进入生命通道，后面的两辆运送地震伤员的救护车被挡住了去路。整个上午，驶入生命通道的车辆在30辆左右。这些车辆侵占专用车道的行为属于违反禁令标志，民警对这些占道车辆开出了震后首例闯生命通道罚单——罚100元并记3分。

防"逆行"

新交通法规规定：驾驶机动车逆向行驶的，一次记3分。

防扣分技巧

逆向行驶是严重的主观交通违法行为，引发的事故不在少数。逆向行驶等交通陋习之所以屡禁不止，主要是由于一些驾驶人交通安全意识淡薄，抱有侥幸心理，贪一时方便，为走近路无视交通法规。从安全角度讲，逆向行驶存在很大的安全隐患，干扰和破坏正常交通秩序，极易发生交通事故。同时，实施单行道的路面一般较窄、交通拥挤，车辆逆行容易造成交通堵塞，甚至引发事故。根据《中华人民共和国道路交通安全法》规定，机动车、非机动车实行右侧通行。一旦在路面发现逆向行驶的机动车，根据规定将依法处以罚款200元、记3分的处罚。因此，驾驶人不要贪一时方便，为走近路无视交通法规而逆行。

新案例警示

深圳首个被吊销驾驶证的驾驶人

2013年1月1日0时30分，在龙华布龙路与梅龙路路口，一辆墨绿色皮卡车在看到交警查车时掉头就跑。警车在追赶中，车速达到了80千米/小时，但即便如此，也在追逐了3千米左右才将这辆夺命狂奔的车辆拦停。警车一路上碰到五六个红灯，可被拦停后，"逃跑哥"却表示自己一路上只闯了一个红灯。对于逆行闯红灯，他淡定地表示，自己一路上也是开得很慢，并且强调刚才是因为看到路上没有车才闯的红灯，车速不快，还是故意让着警方。现场交警表示，车主连闯三个红灯加上逆行，记分超过12分，已足够吊销驾驶执照了。这位"逃跑哥"成为新交规实施首日，深圳被吊销驾驶证第一人。

防“违规牵引”

新交通法规规定：驾驶机动车违反规定牵引挂车的，一次记3分。

防扣分技巧

机动车牵引挂车应当符合下列规定：

（1）载货汽车、半挂牵引车、拖拉机只允许牵引一辆挂车，挂车的灯光信号、制动、连接、安全防护等装置应当符合国家标准。

（2）小型载客汽车只允许牵引旅居挂车或者总质量 700 千克以下的挂车，挂车不得载人。

（3）载货汽车所牵引挂车的载质量不得超过载货汽车本身的载质量。

（4）大型、中型载客汽车、低速载货汽车、三轮汽车，以及其他机动车不得牵引挂车。

新案例警示

拖挂车连撞4车致4人受伤

2013年5月21日早上7时许，裴某租了一辆牵引挂车，从大竹林出发，准备把挖掘机运往渝北模具园。牵引车从大竹林出发时，裴某坐在副驾驶座的位置。行驶到渝北区兰馨大道时，这里有一段长约三千米的长下坡。牵引车速度很慢，后在兰馨大道体育馆旁的转盘遇到红灯，准备停下。就在牵引车差不多停定的时候，驾驶人突然对裴某说：“这个车子的制动好像有点不对！有点刹不住，一会儿回去要检查下。”就在这时，大货车突然失控，向转盘方向滑了出去，紧接着车就挂到了一辆小轿车，后又挂到了一辆正常行驶的摩托车。当撞上准备靠站停车的619公交车时，牵引车的风窗玻璃就碎掉了，接着又撞翻了一辆长安车，之后又是一声响亮的碰撞声，在这之后才停了下来。8点左右，渝北交巡警支队双龙大队周大队长接到指挥中心报警后，带领所有值班民警第一时间赶赴事发现场。这次事故有4人受伤，多人有擦挂轻伤，伤员已全部送到医院治疗。事故初步判定是由牵引车制动失灵所致，属于违反规定牵引挂车。

防“违停”

新交通法规规定：在道路上车辆发生故障、事故停车后，不按规定使用灯光和设置警告标志的，一次记3分。

防扣分技巧

车辆在道路上发生故障、事故停车后，应在离车后至少20米远的地方摆放一个三角危险警告牌。如果在高速公路上，警告牌离车后至少应是60米左右。如果没有三角危险警告牌，应及时将汽车的行李箱盖和发动机盖打开，同时打开危险警告灯，示意过往车辆减速避让。如果是在夜间，必须将危险警告灯（牌）放在车顶上，向道路其他行驶车辆警示。

新案例警示

昆明两货车随意停放罚150元记3分

2013年5月29日9时40分，昆明市公安局交警支队二大队交警将2辆停放于东风西路省博物馆路段的搬家车轮胎锁住。过了10多分钟，2辆小货车的驾驶人才发现车辆被锁，他们指着放置于驾驶室的“2013年全日通行证”对交警说：“我们的搬家车已经办理了通行证，为什么还要锁我们的车？”交警解释说：“锁车与全日通行证无关，而是你们把车停放在了全线禁停的东风西路上。”按照规定，搬家公司的2位驾驶人被交警分别处以150元罚款、记3分的处罚。

防“不安检”

新交通法规规定：上道路行驶的机动车未按规定定期进行安全技术检验的，一次记3分。

防扣分技巧

对登记后上道路行驶的机动车，应当依照法律、行政法规的规定，根据车辆用途、载客载货数量、使用年限等不同情况，定期进行安全技术检验。

机动车应当从注册登记之日起，按照下列期限进行安全技术检验。

（1）营运载客汽车 5 年以内每年检验 1 次，超过 5 年的每 6 个月检验 1 次。

（2）载货汽车和大型、中型非营运载客汽车 10 年以内每年检验 1 次，超过 10 年的每 6 个月检验一次。

（3）小型、微型非营运载客汽车 6 年以内每 2 年检验 1 次，超过 6 年的每年检验 1 次，超过 15 年的每 6 个月检验 1 次。

（4）摩托车 4 年以内每 2 年检验 1 次，超过 4 年的每年检验 1 次，超过 8 年的每 6 个月检验 1 次。

（5）拖拉机和其他机动车每年检验 1 次。

新案例警示

青岛“牛司机”一次被记 39 分

2013 年 3 月 14 日上午，一辆青岛牌照的 11 座面包车来到高速公路青兰高速辛兴收费站前。当诸城大队民警例行要求驾驶人出示驾驶证、行驶证时，发现驾驶人崔某的驾驶证为 C1 证，并不能够驾驶只有 A1、A2、B1 证才能够驾驶的 11 座中型客车。在随后的检查中，民警又发现该车使用了可拆卸牌架，随即查出该车正悬挂的车牌并不是原车牌，并且该车已经年审脱审了近一个月。担心崔某使用别人的车牌后，可能会产生很多违法记录，但民警查询后发现，崔某平时驾驶套牌车十分小心，被套车牌一条违法记录也没有。崔某未按规定年检，需要罚款 200 元，记 3 分；不按规定安装号牌，罚款 200 元，记 12 分；驾驶与准驾车型不符的车，罚款 2000 元，记 12 分；使用其他车辆号牌，罚 2000 元，记 12 分。驾驶人崔某因此被记 39 分、罚款 4400 元，创了诸城大队的查处“纪录”。

防“交叉路口乱行乱停”

新交通法规规定：驾驶机动车行经交叉路口不按规定行车或者停车的，一次记 2 分。

防扣分技巧

交叉路口附近是重大事故的多发地点，在通过交叉路口时，驾驶人一定要集中注意力并保持安全速度，不得违规停车。

新案例警示

一周同一地点同一违法 4 次被记 8 分

海口市民曹某曾有过仅在海口海甸岛五东路与和平大道交叉口同一个地点，共有四次同为“不按导向车道行驶”的违法记录。不按导向车道行驶罚款 200 元，记 2 分。按照规定，车辆在进入实线车道后是不能够随意变更车道的，否则这些车辆就可能会被判定为不按导向车道行驶。

防“开车接打电话”

新交通法规规定：驾驶机动车有拨打、接听手持电话等妨碍安全驾驶的行为的，一次记 2 分。

防扣分技巧

驾驶汽车是一项较为复杂的工作，而且同时还要密切观察周边环境，这同样是需要全神贯注的复杂工作。人在开车的时候要同时进行两项复杂工作，大脑已经满负荷运转了。如果在这个时候拨打、接听电话，负责思维和控制语言系统的大脑额叶部分将“超载”，在这种状态下驾驶车辆，发生车祸的风险会成倍增高。因此，驾驶人开车时不要接打电话、收发短信，如果有急事一定要打电话，请在安全和不影响交通秩序的情况下，靠边停稳后再打电话。

新案例警示

北京首例警察开车抽烟打电话被记分罚款

“一手电话，一手烟卷，没系安全带，如此执法者，如何执法？”微博用户“KHAKI_Liv”于 2013 年 1 月 5 日 14 时 57 分发了一条微博，图片中一名开着警车的民警，右手夹着香烟单手掌握转向盘，左手正持手机接听。细心的“KHAKI_Liv”还发现，这名一心多用的民警还没有系安全带。微博显示，这辆警车当时正行进在海淀区西四环主路。2013 年 1 月 9 日下午，北京市公安局官方微博发布处理结果称：经市公安局督察部门证实，网友反映的在行车过程中接打电话、未系安全带的民警，已到交管部门接受了扣分、罚款的处罚，并被通报批评。

防“忽视安全带”

新交通法规规定：驾驶机动车在高速公路或者城市快速路上行驶时，驾驶人未按规定系安全带的，一次记2分。

防扣分技巧

安全带是系在驾乘人员胸前或腰部，用于防止身体前冲的安全用品。当汽车遇到意外情况紧急制动时，它可以将驾乘人员束缚在座椅上以免前冲，从而保护驾乘人员免受二次冲撞造成的伤害。未系安全带时，仪表盘上的安全带指示灯点亮，注意观察。

新案例警示

穿“安全带T恤”上路遇交警被处罚

2013年5月18日上午，铁岭交警在执勤过程中，发现一名驾驶人在开车时系的“安全带”有些异样，便示意驾驶人停车接受检查。当时，这名驾驶人已经来不及系上安全带，交警发现，原来这名驾驶人穿着一件普通白色圆领T恤，胸口部多出一条斜线，从视觉效果上与安全带极其相似。根据新交规，驾驶人上路不系安全带不但要罚款，还要扣分。

防“加塞”

新交通法规规定：驾驶机动车遇前方机动车停车排队或者缓慢行驶时，借道超车或者占用对面车道、穿插等候车辆的，一次记2分。

防扣分技巧

车辆“加塞”的现象，就是占用其他车道变道插队超车的情况。车辆拥堵我们常称为“塞车”，有的驾驶人没有车德，在排队等候通行时，逆行占用来车车道，导致道路堵塞，让本来拥堵的道路更堵。因此，对驾驶人来说，勿以恶小而为之。现在为了加大对这些交通陋习的处罚力度，新交规将对“加塞”

记2分，意味着6次“加塞”很可能就会让喜欢加塞的人重回驾校。

新案例警示

两个月宁波城区查处加塞行为15万起

2013年5月9日，宁波市交警对加塞行为进行大整治，海曙、江东、江北、鄞州共查获机动车各类交通违法行为572起，其中加塞行为356起。

5月9日早上7时40分，江北康庄南路与丽江西路口，一辆红色小车在非机动车道行驶，影响非机动车通行。民警上前示意小车停车接受检查，小车驾驶人一见民警要拦他，就向旁边打了一把转向盘。由于此处非机动车道比较窄，民警不慎被车子擦到，所幸没受伤。参与整治的其他民警看到后，拦下该车，并将驾驶人带往辖区派出所接受处理。

7时50分左右，海曙长春路共青路交叉口，一辆银色小车借直行车道加塞到左转弯车道也被民警拦下。驾车男子称自己送孩子上学，一时心急才做出这样的举动。“早高峰，其实所有人都在赶时间，大家都遵章依次通过才是最快的。”机动大队尹警官表示，换位思考就知道加塞有多招人厌了。

8时45分，江东世纪大道与兴宁路路口，其中一个车道有多辆车待转，出租车驾驶人失去耐心，从边上一个车道穿插。驾驶人的理由是乘客上班快要来不及了。结果“求快”的心理让出租车驾驶人受了罚，乘客上班也受到了严重影响。

防“校车隐患”

新交通法规规定，驾驶校车有以下行为之一的一次记2分：

（1）不按照规定为校车配备安全设备，或者不按照规定对校车进行安全维护的。

（2）驾驶校车运载学生，不按照规定放置校车标牌、开启校车标志灯，或者不按照经审核确定的线路行驶的。

（3）校车上下学生，不按照规定在校车停靠站点停靠的。

（4）校车未运载学生上道路行驶，使用校车标牌、标志灯，以及停车指示标志的。

（5）驾驶校车上道路行驶前，未对校车车况是否符合安全技术要求进行检查，或者驾驶存在安全隐患的校车上道路行驶的。

（6）在校车载有学生时给车辆加油，或者在校车发动机熄火前离开驾驶座位的。

防扣分技巧

近年来，接送孩子上下学成为家长的烦心事，而校车的出现让家长们看到了新的希望。但是，不少校车存在没有营运执照及超载严重等许多安全隐患，以致事故频发。新交规的施行，让专业校车成为大家心目中的“安全保证”。因此，作为校车驾驶人，应做到坚决杜绝不安全因素与不法行为，真正为广大中小学生系上“安全带”，让校车“跑”得更安全。

新案例警示

3 岁幼童被遗忘校车窒息死亡

2013 年 5 月 23 日，邓州市汲滩镇金贝贝幼儿园私自租用车辆接送幼儿入园，不慎将 3 岁幼儿李鑫（女）遗忘在车内窒息死亡。经调查，涉事幼儿园为民办。死亡幼儿在学校早上接学生上学时被遗忘在车中，下午送学生回家时才被发现，这时孩子已窒息死亡。事发后，涉事幼儿园已被停业，幼儿园内其他学生被分流安置到其他学校管理。幼儿园负责人、负责接送的老师和校车驾驶人已被警方刑拘。

防“乱用灯光”

新交通法规规定：驾驶机动车不按规定使用灯光的，一次记 1 分。

防扣分技巧

灯光既是车辆的照明设备，又是信号设备。前照灯主要以照明为主，示宽灯则主要作为信号来使用。安全使用灯光就是指在特定环境下充分利用灯光性能，让其为安全行车服务。

新案例警示

出租车夜晚不开灯被罚 100 元记 1 分

2013 年 4 月 10 日晚 21 时 30 分，交警拦下了一辆出租车。这辆出租车只有车顶的顶灯亮着，车头的两个前照灯都没有一丝亮光。出租车驾驶人对交警解释，没有开灯，是因为他能看清道路，而且还能省电。交警说，即使驾驶人能看清楚道路情况，夜间开车不开灯，对别人还是有影响的。比如说，前车通过后视镜观察后方情况，开灯的车辆要比不开灯的车辆显眼得多。最终，这名出租车驾驶人因不按规定使用灯光，被罚100元，记1分。

防“违规会车”

新交通法规规定：驾驶机动车不按规定会车的，一次记1分。

防扣分技巧

会车是驾驶中发生最为频繁的事情，同时也是最易发生侧碰、侧刮事故的驾驶环节。

（1）在没有中心隔离设施或者没有中心线的道路上，遇相对方向来车时，要减速靠右行驶，并与其他车辆、行人保持必要的安全距离。

（2）在有障碍的路段遇对面来车时，有障碍一方让无障碍一方先行；但下坡一方已行至中途而上坡的一方未上坡时，下坡的一方先行；在没有道路中心线的狭窄山路会车，不靠山体的一方先行。

（3）夜间遇对面来车时，在距相对方向来车150米以外改用近光灯；在窄路、窄桥与非机动车会车时，使用近光灯。

新案例警示

两男子相互占道会车致4人死亡12人受伤被捕

2013年2月27日，四川省乐至县检察院以涉嫌交通肇事罪批准逮捕了邓海军。29岁的邓海军是安岳县人，2月15日14时许，邓驾驶五菱牌小型普通客车由乐至向安岳方向行驶，途经国道319线乐至回澜与东山交界处，与相对行驶的姚海军（因伤住院被取保候审）驾驶的相同客车相撞，致吴某等4人死亡，姚海军等12人受伤，两车严重受损，造成特大交通事故。经交警部门认定，邓海军、姚海军会车时操作不当，相互占道，是造成此事故的主要原因，应负同等责任。检察机关据此做出了批准逮捕邓海军的决定。

防“载货违规”

新交通法规规定：驾驶机动车载货长度、宽度、高度超过规定的，一次记1分。

防扣分技巧

这个规定，不仅仅是针对货车，家用车也会出现此违章问题。例如，用家用车顶着一个双人床床垫、行李箱拉一个大尺寸的货物造成盖不上行李箱盖等都是违章行为。因此，机动车驾驶人载货时应合理装载，长度、宽度和高度不要超过规定。

新案例警示

三轮汽车超高被罚 100 元记 1 分

2013 年 4 月 23 日 8 时许，南昌市公安交管局青云谱大队三中队民警在南昌市第五医院正常执勤时，发现一庞然大物向前驶来，近看才发现原来是一辆满载废旧货物的三轮汽车。因该车涉嫌超载超高，民警立即上前对其进行拦截，但三轮汽车驾驶人立马加速往井冈山大道包家花园方向逃窜。民警驾驶摩托车追赶，在火电路北院门口，终于将这辆“巨型金刚”拦下。原来，在此处有一个限高 2.3 米的限高架，三轮汽车因“长得太高”无法过去。据目测，该车载货高度约为 4.5 米，宽度 2 米左右，驾驶人无法出示该车的驾驶证和行驶证等。民警在对该车进行扣留时，发现该车没有车钥匙，驾驶室加速踏板处散落一堆电线。据驾驶人称，该车需要手动接线才能发动。根据《道路交通安全法》相关规定，机动车载货长度、宽度、高度超过规定的，处以罚款 100 元，记 1 分。

防“证件不全”

新交通法规规定：上道路行驶的机动车未放置检验合格标志、保险标志，未随车携带行驶证、机动车驾驶证的，一次记 1 分。

防扣分技巧

为了使出行安全、顺利，驾驶人在出行前应做好必要的检查。

（1）做好出行前的车辆安全检查。

（2）检查各证件是否携带齐全。

（3）检查随车附件，包括备胎、千斤顶、灭火器、随车工具等是否齐备、完好。

（4）检查号牌是否清晰，有无遮挡。

新案例警示

未按规定放置检验合格标志被罚款50元记1分

2013年3月18日上午，济南市历下交警大队的民警就针对车辆年检标志进行了集中整治。整治刚一开始，一辆小轿车就被民警拦了下来。这辆车已经参加了年审，审到2013年的11月，但是车主没有按规定把年检合格标志粘贴到车辆的前方风窗玻璃上，被处以50元罚款，记1分。

记满12分怎么办

不少驾驶人担忧，新交规记分这么严格，一不小心就可能记满12分了，记满12分该怎么办呢？根据《道路交通安全法实施条例》，交警部门对机动车实行违法行为累积记分制度，记分周期为12个月。在一个记分周期内，首次记满12分的，由交警部门扣留其机动车驾驶证，驾驶人应当前往所在区县（市）公安局交警大队参加道路交通安全法律、法规的学习并接受考试。考试合格的，记分予以清除，发还机动车驾驶证；考试不合格的，必须继续参加学习和考试。

（1）如果机动车驾驶人在一个记分周期内记满12分，那么处理起来就不仅仅是交罚款那么容易，需要进行科目一考试。

（2）如果在一个记分周期内记满两个12分或者累计记分到达30分以上，那么还得去考科目三，就等于重考一次驾驶证，这也是提醒驾驶人珍惜分数，注意安全文明驾驶。

第14章

汽车磨合

仔细阅读汽车使用说明书

不少驾驶人，特别是驾龄较长的驾驶人在买回新车后，常常既不认真阅读说明书，也不细看相关技术手册，这是极不可取的。现代汽车技术日新月异，许多高科技都被应用到了汽车生产过程，用传统的驾驶和保养方法往往会适得其反。因此，你必须认真熟读车辆使用说明书，充分理解车辆的技术指标、驾驶和养护要求等，按说明书的指引对汽车进行自我养护。毕竟，汽车是个结构复杂的技术含量较高的物品，仅从外表看不出它的内在结构和性能。通过阅读说明书和相关技术手册，即使你不能亲手操作些什么，也能对汽车有更深的了解，也容易和维修工进行沟通，至少可以描述故障现象及故障所在吧！所以，要想让爱车达到最佳运行状态，就尽量和爱车做到知己知彼，那首先就要认真阅读说明书和相关技术参数表，以及技术说明等内容。

新车保守磨合

新车的磨合，不单是指发动机的磨合，而是包括发动机在内的动力系统、传动系统、行驶系统、制动系统等所有部件的整车磨合。新车需要经过合理而适当的磨合以后，才能达到最佳的工作状态。如果新车一落地就野蛮驾驶，短时间内可能不会出现故障，但随着时间的推移，很多零部件的早期损坏都是没有磨合引起的。为稳妥起见，车主还是应该按照保守方法进行新车磨合，这对于延长汽车使用寿命和提高汽车整体性能，都有很大的帮助。

零千米新车磨合前的检查

国际工业协会规定，新车下线后，行驶记录不超过50英里的车才算新车。目前，各制造商均对新车采用集装箱形式的运输，以满足用户对车零千米的要求。零千米新车应注意磨合前的检查和保养工作，其中有些项目要重点检查。

（1）检查汽车各部件的紧固情况，检查和紧固各连接部位的螺栓、螺母等连接件。

（2）检查发动机、变速器、后桥、转向器的油面高度，检查冷却液、制动液，以及各润滑点的注油情况是否达到规定的要求。

（3）检查全车有无漏油、漏气、漏液、漏电现象。

（4）检查底盘的技术情况。检查变速器各挡位能否正确变换，检查转向器有无松旷和发卡现象，检查轮胎气压是否正常。

（5）检查电气设备、灯光和仪表的工作是否正常。

（6）检查蓄电池电解液的液面高度。

（7）试车检查制动系统的制动距离，有无跑偏和制动发咬等现象。

新车进磨合期的检查

新车进入磨合期后，应进行阶段性能检查维护，检查维护的内容包括磨合前期、30～50千米、150千米、500千米、1000千米。

（1）磨合前期：清洁全车；紧固外露的螺栓、螺母；添加燃油、机油；补充冷却液；检查变速器、轮胎的气压；检查灯光仪表；检查蓄电池；检查制动。

（2）30～50千米时：检查变速器、前后驱动桥、轮毂、传动轴等是否有杂音或有无发热现象；检查制动系统的制动能力及紧固性、密封效果。

（3）150千米：检查全车外露螺栓、螺母的紧固情况。

（4）500千米：更换发动机机油，并用煤油清洗油底壳；更换机油滤芯；将前、后轮毂螺母进行紧固。

（5）1000千米：国产车需更换变速器、主减速器和方向机内的齿轮油；检查调整离合器踏板自由行程。

新车初驶的注意事项

新车初驶前期

初驶前期是指初驶之前及初驶开始后前 200～300 千米这个阶段，这个阶段的初驶里程正是制动系统磨合所需要的里程。因此，老师傅们也称这个阶段为制动磨合期。

（1）新车使用前，必须对全车各种重要油液的液位要求做全面了解，并知道怎样选择、检查和加注。

（2）新车上路前，必须对全车进行清洁；对外露的螺栓、螺母做一次全面紧定；加足冷却液；各润滑部位按照要求加足润滑油和润滑脂；检查各轮胎气压及固定情况，必要时进行充气；对蓄电池充电量、电解液密度进行检测，必要时充电、添加蒸馏水；检查各灯光、信号设备，以及喇叭、刮水器、驻车制动器的工作情况，并进行必要调整。

（3）新车上路后，要特别注意机油压力和发动机温度，经常检查变速器、减速器、轮毂、制动器温度。如果发现异常发热，应及时查找原因，并予以调整和维修。

（4）新车行驶中，要时刻注意掌握车速，在各个挡位都不要让发动机高速运转。

（5）新车行驶时，最好减载或空载行驶，并选择平坦道路低速运行，尽量避免急加速、急制动、急转弯。

（6）新车每次出行时，都应进行清洁、检查、紧定等例行维护。

新车初驶中期

初驶中期是指初驶车行驶 500 千米这个阶段，这个阶段轮胎胎面与路面附着本趋于正常，制动距离逐渐符合要求。因此，老师傅们也称这个阶段为轮胎磨合期。

（1）初驶汽车行驶 500 千米左右时，应按规定力矩和顺序，紧定缸盖、进排气歧管的螺栓和螺母；紧定发动机与离合器、变速器连接部位的紧定螺栓；紧定轮胎及所有外露的螺母，并使各锁销工作可靠。

（2）在发动机热状态下，更换一次机油并更换机油滤清器。

（3）按照汽车润滑点润滑各部位。有润滑脂嘴的地方，应用润滑脂枪注入新油，将已被污染的润滑脂挤出。

（4）放出汽油滤清器中的污物，必要时进行更换。

（5）检查转向机横直拉杆各球头关节是否松动，必要时进行调整。

（6）检查制动系统各管线连接处是否有松动漏油现象，并加以紧定。

新车初驶后期

初驶后期是指初驶路程已满及以后的一段里程时间，这个时期发动机的磨合已经基本完成。因此，老司机们又称这个阶段为发动机磨合期。

（1）初驶结束后，应在热车状态放出油底壳、变速器、减速器、分动器和转向机体内的机油，进行彻底清洁后，再按规定要求进行加注。

（2）清洗燃油箱，将沉积物彻底清理干净。

（3）保养维护各轮胎轴承，清洗轮毂，并对轴承、轮毂加注新鲜润滑脂。

（4）清洁空气滤清器，更换其润滑油；清洗或更换汽油滤清器和机油滤清器。

（5）检查前束，按标准值进行必要调整。

（6）经全面检查，确认汽车已达到良好的磨合状态后可拆除限速片，投入正常使用。

（7）拆除限速片后约 1000 千米内，每遇运输重物或长距离行驶，应适时地进行途中休息，注意检查底盘各总成有无异常发热现象，并保持正确驾驶和中速驾驶。途中，一旦发现异常，应及时查明原因并予以排除。

新车一定要坚持例行检查

新车一定要坚持例行检查，提前发现和排除问题，以防后患。

（1）检查油、液、气（机油、制动液、蓄电池液、冷却液、轮胎气），一旦发现亏欠应及时补充，发现跑、冒、滴、漏就及时检修。

（2）检查汽车各部位有无不正常的响声，发现异响及时检修。

（3）检查汽车仪表盘，行驶中发现报警灯亮或电脑有提示，应及时检修。

新车首次清洗

第一次清洗爱车不能马虎，如果清洗不当就会损伤外层的亮油部分，那车就不是越洗越亮而是越洗越暗了。最好在新车出厂后的两个月内，在室内进行无尘手工洗车，并选用中性温和的洗净剂，把车漆表面的沙粒、污物清除干净。有些污物是肉眼看不见的，像飞漆、树胶、碱、酸等化学成分，都应当彻底清除。清除时，只是简单地用洗净剂是去不掉的，必须用专用去污黏土一点点地擦拭。

新车首次保养

首保是指新车行驶后第一次保养。首保的时间因车而异，通常是行驶1000～3000千米后进行。首保的主要项目如下。

（1）更换发动机机油和机油滤清器。

（2）检查制动系统的运行情况，如制动片与制动碟的间隙及磨损情况等。

（3）紧固各系统的螺栓。

（4）检查和调整传动带。

（5）检查和调整轮胎平衡和定位情况。

（6）检查和补充各种油液。

（7）检查灯光、蓄电池、减振器等部件的运行情况。

按时参加首保，不要提早或推迟。完成首保，表示车辆磨合期已经结束，可以按车辆规定的标准载重和正常速度行驶。

新车首次出现故障

初驶车极易出现故障，特别是初驶前期的200～300千米这个里程段，这就要求驾驶人每次起动后或在行驶中，都要仔细倾听发动机及底盘各总成发出的声音。途中休息时，要逐个检查它们的机体温度，一旦发现异响或过热现象，应立即熄火或停驶，等查明原因和排除故障后再重新起动和上路。

（1）在新车初驶期发现问题后，应迅速熄火或停车，避免小问题引发大故障。

（2）先找位有经验的老师傅来协助诊断。

（3）如果老师傅在检查后也很难找到原因，车主应迅速跟厂家取得联系，听听厂家的意见再做决定。一般情况下，厂家会让你到就近的他们所设立的专修点去维修。如果经专修点断定确是主要总成，如发动机、变速器、分动器等出现故障，就可向厂家提出换车要求。

新车磨合的注意事项

新车买回来第一步就要面临着磨合期，磨合期的好坏直接关系到汽车以后的使用状况。

（1）中速低速，严禁高速。初驶阶段的车速，国产车规定为 40～70 千米/小时，进口车一般规定为 80～100 千米/小时。新车初驶期内，严禁车速超过上述规定。实际行车时，要注意观察发动机转速表和车速表，使发动机转速和车速都在中速下工作。

（2）限制载重，严禁满载。新车在初驶期内，严禁满载或超载运行。一般在规定内，国产车的载负量不超过额定载负量的 75%～80%，进口车载负量不超过额定载负量的 90%。

（3）短途行驶，严禁长途。新车如果跑长途，发动机连续工作时间较长，容易出现超负荷运行，从而使机械负荷增加，机件磨损加剧。因此，新车还是尽量别跑长途为好。

（4）起步 1 挡，及时换挡。新车起步应用 1 挡，以减轻发动机负荷。行驶中，应及时换挡，不能高速低挡或低速高挡行驶，也不要长时间使用一个挡位，这样才能让车辆在初驶期内使变速器各挡齿轮得到良好而均匀的磨合，同时避免增加发动机的负荷。

（5）均匀减速，不急制动。紧急制动不但使磨合中的制动系统受到冲击，而且加大了底盘和发动机的冲击负荷，所以新车在初驶期内应避免使用紧急制动。如果确有突发情况需要紧急制动，要尽量先踏下离合器踏板，以减少对发动机及传动系统的冲击。

（6）操作规程，严格遵守。车辆初驶期要严格按操作规程操作，做到先预热再起动，起动后原地升温，等冷却液达到起步温度（40～60℃）后再起步；行车时注意选择良好路面，保持中速行驶，尽量避免急加速、急制动及长时间连续制动；严格控制加速踏板行程，并轻柔操作；随时注意发动机的温度和声音，也随时注意变速器、后桥、轮毂的工作温度。

（7）使用油料，符合规定。新车使用的机油和燃油，应严格符合厂家规定的标号并按要求使用。

（8）新车磨合，别做他用。新车在磨合期内，最好别做他用，如担任教练车，这样对新车是种致命的摧残，直接影响到汽车以后的驾驶性能，贻害无穷。

（9）日常维护，经常检查。新车日常维护要做到经常检查、紧固各部外露螺栓、螺母，注意各总成运行中的声响和温度变化，及时进行调整。磨合期完成后，一定要到定点的维修服务站严格按要求和规范进行一次彻底的维护。

（10）磨合期内，不可极端。磨合期的“轻拿轻放”固然很重要，但也没必要因噎废食。在确保安全的基础上，应以各个挡位从低速至高转速往复运转一段时间，但转速不能超过 5000 转/分，而且各挡位的各转速都要用到，这样可以更好地磨合变速器。

新车误区

（1）提前换掉磨合期机油。有的车主为了尽早使用优质机油，会提前把磨合期的机油换掉，这是个误区。因为，汽车生产厂在装车的机油中，通常都添加了一定量的增磨剂，使发动机内各部件顺利磨合，无论提前还是推后更换机油，都不利于发动机的正常磨合，所以各品牌车辆都规定了首保的时间。首保的第一件事，就是把磨合后的机油换掉，这时就可以更换优质的全合成机油。

（2）擅自修理新车。新车初驶期出现故障后，有的车主随便乱拆乱卸地进行处理，或者自行随便找一个修理厂去修理。如果修理时真的发现存在较大机械故障，车主将失去要求厂家更换新车的机会。因此，如果新车出现小问题，一定要到经销商指定的修理厂进行修理，并认真做好修理记录。如果车辆日后屡修不好，可据此向经销商或厂方索赔。如果你擅自修理，那么对车辆所存在的问题就无法确认责任方，商家会以此为由认为是你自己修理坏的，从而拒绝赔偿要求。

（3）新车养护过头。有的车主拥有新车后，对新车可谓是宠爱有加，三天两头“洗刷刷”，整天把车擦得油光可鉴。其实，这样养护新车未必就对车好。要知道，洗车犹如洗澡，人洗澡过于频繁就会导致皮肤干燥和老化，汽车“洗澡”过多就容易让车漆“早衰”，一段时间后甚至会引发车厢底板、车门底部等部位锈蚀腐烂。因此，对新车的养护要适可而止，小心宠过了头。

第15章

文明驾驶礼仪

让灯光有礼

灯光不同的亮法表示不同的含义，如果使用不当就可能会失礼。通常来说，一声鸣喇叭一下远光，表示我有急事，请让一让；一声鸣喇叭三下远光，表示车有问题，请停车检查；两声鸣喇叭两下远光，表示祝福你；三下危险警告灯或三下远光，表示对不起、没关系，谢谢你、不客气；三下远光三下危险警告灯，表示紧急求助；长按远光3秒，表示请注意您的行为。

文明使用灯光的要求如下。

（1）车辆灯光照射方向应准确，不能故意调高，对准对方人员眼睛。

（2）夜间会车时，应在150米的距离上互闭远光灯，开近光灯，以免造成对方驾驶人目眩看不清路面情况发生危险。

（3）夜间超车时，应适当跟近前车，变换远近光示意，等前车减速让路后迅速超越。

（4）夜间通过视线不良的交叉路口时，应提前变换灯光，以提醒来往人、车注意安全。

（5）雨雾天气下，能见度较差时，不但要开防雾灯，还应视情况开启示宽灯、危险警报信号灯以提醒来往行人和车辆。

让喇叭有礼

汽车喇叭不同的按法表示不同的含义，如果使用不当就可能会失礼。通常来说，一声短“嘀”，表示打招呼，如“谢谢！您好！我先走了！”，用于别人在路口礼让你、在停车场里看到熟人、门口的保安给你敬礼等场合；一短一长“嘀、嘀——”，表示紧急提醒别人，“看着点！靠边！危险！”；一声长“嘀——”，表示催促别人让路或骂人。

文明鸣喇叭的要求如下。

（1）汽车喇叭常用按法是一声短和两声短，一短一长要尽量少用，一声长不能使用。

（2）在禁止鸣喇叭区域严禁使用喇叭。比如，在学校、医院等场所不得使用喇叭，以免影响学生学习和病人休息。

（3）控制喇叭次数和时间，连续使用喇叭不得超过三次，每次不得超过 3 秒。

（4）遇到交通堵塞时，应耐心等待，不得使用喇叭催促。

（5）不得擅自安装使用警报器和其他非正常的高音喇叭。

（6）如果有人挡在你车前就是不走，可以轻按喇叭提示他。如果车前有无人看管的小孩、宠物等，要耐心等待，狂按喇叭不能有效解决问题。

（7）在居民楼下等人时，不要按喇叭，特别是休息时间。你可以打个电话上去，并且在等人时不要把音响声音开得太大。

（8）夜间驾车时，尽量不按喇叭。

（9）遇到前面是新手驾驶的车辆，或后面贴着“实习”标的车辆，或女性驾驶的车辆，在后面就不宜鸣喇叭催促。他们在熄火、起步太慢或行驶不畅的情况下，如果一听到车后有喇叭响就心急发慌，常常会出现“油离”配合不好、换挡失误或多次熄火等现象。

（10）前面有行人或非机动车正在横穿公路，不宜鸣喇叭。否则，他们可能听到鸣喇叭后突然站着或后退，反而更加危险。

（11）如果前方车辆正在从车上下人，也尽量稍微等待，这时鸣喇叭最让人讨厌，有些人反而会故意放慢速度。

（12）鸣喇叭时不要时间太长，只按一下即可。如果长鸣喇叭，表示你已经生气了，这可能还会影响到你开车的情绪。

会车有礼

驾驶人在会车时必须遵守交通法规，自觉做到礼让“三先”，即“先让、先慢、先停”，千万不要争道抢行。遇到难行之处，要“宁停三分，不抢一秒”。

文明会车的具体要求如下。

（1）在划有道路中心线的路面上行驶，应自觉靠右行驶；在无中心标线的道路和窄路、窄桥上行驶，须减速靠右通行，尽量给对方提供良好的会车条件。严禁在会车时占道不让甚至抢道行驶。

（2）在有障碍的路段会车时，无障碍的一方先行，但当有障碍的一方已驶入障碍路段而无障碍的一方未驶入时，有障碍的一方先行。靠近障碍物的车辆，不要争先抢道或超越障碍物通过。

（3）在狭窄的坡道会车，一般下坡车应让上坡车先行，但如果下坡车已行至中途而上坡车未上坡，应让下坡车先行。

（4）在傍山险路会车时，靠山壁一侧车辆应给外侧车辆留有足够的安全距离并让其先行。

（5）雾天会车时，应开闭灯光示意，听到对方鸣喇叭时应鸣喇叭回应。

（6）车辆载重、载人会车时，应充分考虑人员、物资安全，不可过分靠近路边，以免被路面的树枝或电线刮伤、刮坏，并与路边的行人保持一定距离。

（7）会车时，遇到对方占道不让或不守规章，应主动停车，等对方通过后再继续行驶。不要意气用事，抢道通过。

超车有礼

超车一般是在高速行驶的情况下进行。如果不能做到文明、安全超车，随时都可能发生交通事故。

文明超车的具体要求如下。

（1）超车前，先观察路况和行车环境，判断是否具备超车条件。当不具备超车条件时，不可强行超车。

（2）超车中，要严格按照超车规定进行超车，打开左转向灯，适当鸣喇叭，向前车示意，当前车减速让行后，应果断地从左侧超越。如果前车对自己意图不明，仍然占道不让，切不可强行超车，甚至从右侧超车，更不可超越后故意猛打转向盘或踩制动踏板惊吓对方。

（3）超车后，应当鸣喇叭，对被超车辆的让行表示谢意。在与被超越车辆之间拉开一定的距离后，开启右转向灯逐渐驶回原车道，不要急打转向盘驶回原车道。

让车有礼

让车是让超车的简称，即让后面车辆超越。车辆在行驶中，应做到安全和文明礼让。

文明让车的具体要求如下。

（1）当后车示意超车时，应观察道路及交通情况，掌握好让车时机，主动让车。

（2）给后车留出足够的超车空间，减速慢行，靠右行驶，不得让道不让速或让速不让道。

（3）主动避让执行任务的特殊车辆。

（4）不得强占道路，故意不让。

停车有礼

车辆停放应严格遵守有关规定，不得随意乱停乱放，妨碍交通。否则，不仅失礼，而且也不利于安全。

文明停车的具体要求如下。

（1）车辆在道路上临时停放，应紧靠道路右侧边线，不得影响其他车辆正常通行，也不要堵住行人和骑车人的正常通道，不要堵在别人和商铺的门口。

（2）车辆因故障停在道路中央时，应设法将车辆移至道路右侧，不得阻碍交通。如果车辆不能迅速推移，应在车前后 50～100 米以上的地方设置危险警告标志并开启危险警告灯，天色昏暗或夜间应打开示宽灯、尾灯，以引起其他车辆的注意。

（3）在交通流量大、人员稠密的地方，应避免停车。

（4）停车时，注意给后来的车留出车位。如果实在没有车位，可在车上贴个条写上自己的电话。

（5）车辆停放要与其他车辆保持适当间距，以方便其他车辆驶出。

（6）尽量把车停在停车场或划线的停车位中，防盗防贴条，而且不幸被剐碰后有人负责。

（7）在停车场内，要首选容易进出的地方停车。

（8）进出停车场时，必须缓慢行驶，动作细腻，不能高速进出，大手大脚。

（9）在暂时没有停车位时，要注意观察车辆动向，留心那些准备驶离停车场的车辆。

（10）在没有固定停车位的情况下，一定要选择平坦、开阔、没有任何环境威胁且对他人、他车影响很小之处。不要停在其他车辆行驶的盲区，要让其他车辆在行驶中能够看到你的车。

进出小区有礼

小区不同于公路或街道，有行人较多、宠物较多、盲区较多的不利因素。因此，在小区行车，一定要小心谨慎，注意安全和文明礼貌。

（1）小区门口一般都有提醒减速慢行的限速牌，一般是5千米/小时。

（2）进出小区时要集中精力，尤其是上下班时。

（3）小区内有很多视线死角，弯道也较多，骑车人或行人有时突然从车前横冲猛拐，驾驶人应预测种种可能性，及时放慢车速，并做好随时制动停车的准备。

（4）小区儿童较多，宠物也不少，车辆起步时一定要绕车辆观察，检查是否有儿童、宠物或其他物品，确认没有危险时再上车起动车辆。

（5）进出小区时，如果前面有行人正在道中行走，不宜鸣喇叭催促。看到有老人在车前行走时，更不要鸣喇叭，以防吓到他们。

（6）看见有儿童在车旁奔跑时，要通过车内、外后视镜观察车辆四周情况。

（7）如果在小区内洗车，一定要找个合适的地方，避免冬天结冰一大片，夏天污水遍地流，让别人走路不安全。

第16章

城区驾驶

心里要有“电子警察”的存在

在城市行车时，别以为没有亲眼看见警察在值勤就轻举妄动，要记住有“电子警察”在24小时眼睛不眨地盯着呢，千万别心存侥幸。

（1）驾驶人要时刻在心中装着交通警察，提醒自己不违法。

（2）出车前，对自己所经过的地方有一个基本的了解，在脑子里勾勒出一张行车路线图，心里有谱才会减少许多违法行为，比如哪儿是单行线、禁行线等。

（3）不要因小失大。比如，为了省几元钱存车费而将车停在路边，被抓住就会被罚款，被拖走就要交拖车费和停车费，算来算去都是得不偿失。

（4）不要怕麻烦。例如，走错路后为了省去必须到前面掉头或绕圈子的麻烦，强行转弯或直行，结果被“电子警察”捕捉到，扣分又罚款，还要跑交通队和银行，这麻烦就大了。

（5）安装电子导航仪。当路过有“电子警察”值勤的路段时，它会提醒你注意安全。

不抢2秒

由于绿灯将要亮时，“电子警察”会提前2秒关闭系统，防止误拍，因此在红灯最后2秒内闯红灯不会被拍到。一些自作聪明的驾驶人，常常利用这2秒提前过路口，这样非常危险。因为，另一个方向可能也有车正在抢这最后的时刻而不管不顾地快速通过路口，很容易和你的车辆发生碰撞，那时候就不是罚款和扣分所能解决的了。因此，驾驶人不要心存侥幸，牢记抢2秒的后果很严重。

防止被“电子眼”误拍

电子眼采用感应线来感应路面上的汽车传来的压力，通过传感器将信号采集到中央处理器，送寄存器暂存，而且该数据在一个红灯周期内有效。在一个红灯周期内，如果同时产生两个脉冲信号，这时就会启动摄像机。也就是说，在红灯期间，如果你的汽车前轮过线了就产生了一个脉冲，等后轮再压线时就会产生第二个脉冲信号，摄像机便会启动拍摄。如果只有前轮压线，而后轮没有过线，在一个红灯期间只产生一个脉冲，那么电子眼就不会拍摄你。因此，在路口如果前轮过线了，而后轮没过，电子眼通常会睁只眼闭只眼的，这时你只需保持不动就不算违法。如果前轮过线了，你怕被电子眼拍到，又倒一下车让前轮回到线内，结果产生了两个脉冲信号，电子眼反而会“无情”地把你拍到。

逃避“电子眼”行车的小聪明不可取

有的驾驶人利用没有交警执勤的机会，看到直行红灯时，就将车驶入右转弯车道，右转弯进入交叉路口后，估计已驶出“电子警察”对准直行路口的区域后，又向左转向进行直行，以此逃避“电子警察”闯红灯。要知道，多数备有“电子警察”的路口均是交通要道，在这些要道口也有整个道口的监控探头。这种逃避“电子警察”行车的做法极易引起监控人注意，一旦查证后将会重罚。

提前规划行进路线

城市地大面广，大路小路纵横交错，胡同小道拐弯抹角。开车前，驾驶人要想好自己去的目的地，先在脑海里规划好最佳线路，免得绕冤枉路。

（1）对道路比较生疏时，要提前向熟悉的人员请教。

（2）最好找一张城市的道路交通图，预先规划好到达目的地的快捷路线。线路的注意重点，应放在几个必经的交叉路口上并且对路口的去向、地名做出标注，以免在大方向上出现问题。

（3）进入城市后，要注意交通指挥信号和各种标志、标线，防止闯入单行线。对不熟悉的地方，再看看地图，免得绕路，也为缓解城市拥堵做出一份贡献。

（4）临近目的地时，注意重点就放在小街路口和胡同口上，以便找准位置。

随流而行的技巧

在城市，随着交通事业的发展，汽车密度越来越大，常常形成车流。

（1）保持与车流相同的车速，避免出现超越车流和被车流超越的现象。

（2）与前车保持好车距，时刻注意前车动态，密切注视与前车间距的变化和制动灯、转向灯的指示情况，并做好随时迅速停车的准备，防止前车突然停车而自己措手不及。

（3）会车时，与前车保持相同的避让程度和范围，当失去会车机会时不可抢行。

（4）行驶中，注意车流变化和道路情况的改变，以适应新的车流和道路条件，避免掉队断流。

（5）随时观察后视镜，注意后车的情况，发现有车要超时应及时采取措施或避让。

巧妙防追尾

在城区行驶，汽车追尾现象比较常见。要想防止自己遇上追尾事故，应注意以下几点。

（1）在车流中，在不压分道线的前提下，和前车稍微左右错开一点，这样你就容易看到前面车辆的动态，你后面的车辆也很容易看到你前方车辆的动态，因此降低了被追尾的风险。

（2）制动不及是追尾的一个主要原因，所以保持合理的安全车距就显得尤为重要。宁愿让其他车辆“有机可乘”地钻进来，也不能跟车太近。

（3）当前车制动灯亮时，表明前车开始制动了，你至少也要松开加速踏板，把脚放在制动踏板上并观察前车情况，准备随时制动。

（4）从后视镜得知跟行车跟得过近时，应采取轻点制动踏板的方法进行提醒。

（5）如果自己的车需要紧急制动，应想到会不会对跟行车造成威胁。踩下制动踏板的右脚，在还未吃力时迅速抬高一下，随之再用力踏下，如此操作会使制动灯二次闪亮后车速才开始骤减。就是这样一个“举脚之劳”的小动作，却能给跟行车提供提前反应的机会。

防止碰擦的技巧

城市道路交通流量大、密度大、新手多、红绿灯多，路况比较复杂，很容易发生碰擦小事故。为了减少这类小事故的发生，驾驶人应注意以下三点。

（1）用眼活络，加强观察。有的驾驶人开车时只盯着前方，视线变化不灵活，视域范围窄，前后左右扫视少且慢。正确的方法是眼观六路，既要注意十字路口的车道分道线的指示标志，确定自己行车的车道，同时也要注意路旁的警告、指示标志，还要观察前方车辆、行人的距离和动态，并通过后视镜观察后面车辆的动态距离等。

（2）变道技巧，一定学会。城市道路驾驶最常用的驾驶技巧就是变道，不要临近十字路口时才选择车道变换，这样势必造成大角度强行变换车道，酿成车祸。正确的办法是，在距红绿灯200米外时，要有意识地观察前方的车道指示标志，然后打转向灯，再从后视镜中观察后面来车的距离、动态，在确保安全的前提下采取斜线变换车道。一定要杜绝想转就转、连续变道、急打转向盘或开转向灯与打转向盘同时进行的危险动作。走稳定的行车轨迹，不随意变换车道，这是城市道路安全行车的前提之一。

（3）预见制动，尽量采取。在城市交通事故中，追尾事故占较大比例，除了追尾的驾驶人有不可推卸的责任外，被追尾车的驾驶人操作不当也是造成事故的原因之一。因此，驾车中跟车距离不能太近，不到万不得已时不要紧急制动。绿灯时，通过十字路口的原则是不快不慢，稳定前行，太慢会影响通行率，太快的话当变灯时容易因紧急制动导致后车追尾。

把握安全跟车距离

开车时要保持一定的距离才能安全，很多车祸都是由于行驶间距控制不当。车辆在行驶中，如果前面距离过小，容易造成追尾事故；如果前面距离过大，又会引发后面或侧面车辆的不断超越和穿插，同样容易引发事故。从理论上讲，安全的跟车距离相当于反应距离加制动距离。

（1）在市区道路上正常行驶时，应和前车保持在20米以上的距离。

（2）在繁华街道上，可与前车保持5米以上的安全距离。

（3）在一般道路上正常行驶时，可采用“2秒跟车法”，即与前车保持2秒的行驶间距。在路旁找一参照物，当前车通过后你数2秒，然后确定跟车距离。

（4）在高速公路上行驶时，跟车距离可适当加大，一般可按照车速的“千米”数对应的"米"数来确定跟车距离。例如，以 90 千米/小时的车速行驶，那么跟车距离最好不要低于 90 米。

（5）在排车队、堵车或其他非正常情况下，可灵活掌握跟车距离。

发现对向车道塞车时

当对面车道堵塞时，从车辆之间杀出个程咬金的可能性不大，但却很容易钻出个行人，让驾驶人防不胜防。

（1）当发现对向车道上停驶几辆大车时，应将车速放慢。

（2）当对向堵塞的车辆"长龙"停止往前挪动时，应放慢车速，小心观察是否会有人从车辆间隙钻出来。

（3）当看到没有中间隔离带的对向车道严重堵车以至于静止不动时，要小心谨慎，放慢速度，防止有人从静止的车队中神出鬼没地钻出跑到你的车前。

（4）当看到没有中间隔离带的对向车道堵塞时，即使自己所在车道上非常空旷，很想快速行驶，也要学会忍耐，放慢速度，防止有人猝不及防地突然钻出。

（5）即使对向车道没有堵塞，如果有大货车或大客车停在对向车道或自己车道的路边，也要防止突然钻出的行人或骑车人。因为，大车阻挡了你的前方视线，看不到来自大车后面的行人，虽然你前方道路上没有情况，但隐患还是存在的。

遇放行信号快速起步

在有交通信号灯的路口等待绿灯通行，或因故停车等候放行时，都应做好快速起步的准备，以便遇放行信号出现时排在第一辆的车能立即起步运行，以免压住后续的车辆，同时跟停的车辆能立即起步与前车同行，以免造成压车停顿。

（1）快速起步应在黄灯一亮时就开始操作，将变速杆挂入到适当的前进挡，踩下离合器踏板，右脚同时踩下制动踏板，防止车辆挂挡移动。

（2）当一看到绿灯亮时，就立即松开制动踏板，踩下加速踏板，同时松抬离合器踏板，使车辆前行。如果等绿灯亮时再进行挂挡起步，动作就迟缓了。

（3）快速起步不可抢黄灯，不可绿灯未亮时就起步。

（4）防止跟停车辆过早起步，避免前车还未起步而发生追撞。

（5）不得快速起步后就高速通过交叉路口，防止与交叉方向抢黄灯通行的车辆在路中相遇而发生碰撞。

遇红灯准确停车

驾驶人要想遇到红灯能准确停车，就应提前观察指挥灯信号。一般指挥灯下方都有表示灯信号转换的倒计时间显示屏，显示屏上所示数是以秒为单位。驾车驶近指挥灯 100 米左右时，就应判读显示屏，观察本车道绿灯还有多少放行时间。如果时间不够通过交叉路口时，就应降低车速，选择好自己行车道，做好停车准备。当车驶近停车线 10 米左右时，便可做出精确判断是停车还是继续行进。当黄灯亮时，如果所驾车还未通过停车线应及时停车，停车时车前保险杠应在停车线内。遇到没有电子显示屏的信号灯，可从交叉路口两边通行和停车的数量情况大体做个判断，提前做好准备，保证在驶近停车线时车辆在滑行，以防突然灯色变换造成紧急制动才可停在停车线内的情况发生。

避免抢黄灯

根据新交通法规规定，闯黄灯属于不按交通信号灯指示通行的违法行为，一次记 6 分。

黄灯亮时，只要机动车车身任何一部分已越过停止线的，车辆可继续通行，不认定为闯黄灯。已越过停止线的车辆可继续通行，未越过停止线的车辆要停止通行。在车辆正常行驶过程中，只要驾驶人注意力集中，与前车保持安全距离，行经交叉路口时减速慢行、谨慎驾驶，“抢黄灯”是可以避免的。

安全通过立交桥

立交桥就是将平面道路交叉利用桥体设施改变为立体交叉，通过上跨或下穿、匝道分流、环形连通，将行至路口的车辆按照各自去向进行疏导，避免和减少平面交叉时的交织与冲突，从而提高通行速度，加大交通流量，是当今城市缓解交通压力普遍采用的一种手段。

（1）行至立交桥路口时，在距路口 200 米处就要减缓车速，注意观察路标指示并确认自己要驶入的车道。

（2）进入匝道时，按所要求的速度行驶。没有限速要求时，以 40 千米/小时的车速行驶。

（3）爬越较长的立交桥坡道时，为了保持足够的动力迅速而稳妥地上坡，必须注意观察坡道的交通情况。如果条件允许，可提前在100米左右处采用高速挡加速上坡，或提前换到低一挡位并加速上坡。上坡时，设法与前车保持30米以上距离，以防前车倒退时发生冲撞。

（4）在下立交桥坡道时，一般应将车速控制在30千米/小时以内。如果下较陡而长的坡道，应先在坡顶踩制动踏板，检查制动作用是否良好，确认情况正常时再与前车保持安全距离缓缓行驶。

（5）在立交桥上禁止倒车和停车，尤其是在立交桥的坡道上更严禁停车。如果遇到车辆发生故障必须停车时，应做到：挂上低速挡或倒挡，拉紧驻车制动器手柄，垫上三角木，示意警告信号。

（6）如果路线选择有误，应将错就错，将车驶出立交桥后再重新选择道路返回。

（7）如果在桥上抛锚，要设法将车移走。无法可使时，可报告交通管理部门，用清障车将车拖走。

安全通过环岛

环岛就是为了减少车辆行驶冲突，在多个交通路口交会的地方设置的交通设施，多为圆形。它使车辆按同一方向行驶，将冲突点转变为通行点，能有效地减少交通事故的发生。

（1）进入环岛前，不需要开启转向灯，但应把速度控制在适当范围内。

（2）从右侧进入环岛时，应把注意点放在车辆左侧，注意已在环岛内环行的车辆。如果与这些车辆存在交织时，应减速避让，等其顺利通过后自己再驶入环岛。

（3）驶入环岛后，应将注意点转移到车辆右侧。

（4）在通过环岛的各个路口，都要密切关注是否有直行的车辆进入车道。如果有车辆进入，并有可能与自己发生冲突，应主动避让。

（5）环行时，最好随流而行，不要慢行或超车。有车从两侧超越时，要进行避让。

（6）在面积较大的双车道环岛行驶时，进入环岛后应驶入里侧车道，在到达要去的路口时提前打开右转向灯，缓转转向盘，变道驶入外侧车道，然后再驶入要去的路口。

（7）一般驾驶人在驶入和驶离环岛时，常常会忽视两旁车辆动向，采用先到先走的规则来处理，从而导致车辆方向位置错误，互相争位夺路及在内围位置引起挤塞。驾驶人在接近时，应采取忍让等正确的处理方法，在离开时保持正确的行车位置并注意指挥灯信号。

安全通过高架桥

一些大城市在主要干道上架设有高架道路，有的将这种道路称为立体路、复合路，人们俗称其为高架桥。

（1）有的是在某个路段上单向建有高架桥，这种高架桥通常像单向立交桥似的，利用大跨度连续通过几个交叉路口后又回落到原主干道上。遇到这种高架桥时，驾驶人按道路标向驾车自然行进即可。

（2）有的高架桥是从交叉路的立交桥基础上延伸下去，在不同的高度上有不同方向的道路桥，向各方向道路延伸，给人一种错综复杂的感觉。遇到这种高架桥时，驾驶人要沿着右转向上路，并注意按照路面上或道路右侧出口指示牌行驶。由于这种高架桥均是单行道，只要记住出口名称，准确出入，一般也不会出错。

（3）有的高架桥是将整个干道相连，并自成环形体系。遇到这种高架桥时，驾驶人应事先了解高架桥所通方向及有哪些出入口。利用高架桥的目的，就是避开地面道路拥挤的路段，如果经了解所去目的地没有出入口，或上高架桥并不会省时间时，就不必上高架桥。一旦上高架桥就要记准出口，如果驶过出口可在下一出口驶下高架桥，最后在地面道路上返回。

（4）驶入高架桥时，应沿道路右侧的加速车道行驶，等车速提高到与行驶车流相近时，开启左转向灯，注意观察后视镜，确认安全后向左转动转向盘驶入行驶车道，汇入车流。不准未在加速车道加速而直接驶入行驶车道。

（5）驶入行驶车道后，应控制车速，并与前车保持安全距离。当轿车车速分别为50千米/小时、80千米/小时、100千米/小时时，其相应的间隔距离依次应为35米、80米、100米。

（6）行车时尽量避免超车。需要超车时，应选择视线良好的直线路段进行。

（7）驶离高架桥前，应注意交通标志提示的内容，并在距出口200米处开启右转向灯，驶入减速车道逐渐降速后，经匝道驶出。

（8）通过高架桥时，如果车辆发生故障，应利用惯性停在路肩上，在距车尾70～80米的地点放置三角形反光警告牌，并尽快修复车辆或用紧急电话请求援助。

（9）不要在高架桥上随意停车上下人员或装载货物。

（10）不要在紧急停车带和路肩上行驶。

安全通过有导向车道路口

在划有导向车道的路口，必须按行进方向分道行驶。导向车道，就是指从路口停止线向外用黄色实线施划的车道，并在两条黄线中间用白色实线划出指引方向的箭头。

（1）车辆行经路口遇有导向车道标志、标线时，必须按所要去的方向，在导向车道标志、标线处开始变更行驶位置进入导向车道。

（2）进入导向车道后，只准按车道内导向箭头所指方向通过路口。车辆进入车道内后，不得再另行变更行驶路线。

夜间行车防目眩

夜间行车时，总能遇到一些不遵守规矩者，在会车时还开着远光灯，尤其是大货车的远光灯强度更高，很容易导致目眩，让你一时看不清前方情况，这将是非常危险的。

（1）在会车前，就应时刻做好防目眩的准备，提前记住前方道路情况，一旦被远光灯照射而目眩，可凭记忆了解前方道路情况，不至于不知所措。

（2）在会车时，如果受到对面车灯光照射目眩，不要盯住对方车灯看，尽量往自己前方近处看，用遮光板遮挡也会有一定效果。

（3）被对面远光灯严重照射后，如果一时无法看清夜间路况，应立即选择停车休息。

（4）如果后方车辆开远光灯，会使你的车内后视镜发生反射光，也会导致目眩。这时为了避免光线刺激，可变换车内后视镜的角度，减小目眩感，等后方远光灯消失后再将车内后视镜角度调回来。

（5）车内光源，如前排阅读灯也是导致目眩的另一种原因。因此，行车中尽量不要开车内的前排阅读灯，否则很容易导致驾驶人看不清前方路况。

城区安全无忧的停车技巧

如果驾驶人随便将车停放在一个地方，门一锁就扬长而去，这样很容易影响交通，也是汽车最容易受伤的停车法。非法的破坏有顺手报复的，合法的破坏有被强制拖走的。因此，在城区一定要养成良好的停车习惯。

（1）去商场购物，应把车停在商场专门设置的地下或露天停车场。

（2）去车站接送人，应把车停进站点设置的停车处。

（3）去附近单位、部门办事，应与门卫协商将车开进院落。

（4）如果所去地点附近没有停车点，应将车停入较远一点的停车场，然后步行一段路程。

（5）在停车场停车时，要服从管理人员指挥，自觉交费，并使车头朝向驶出方向。

安全进出地下停车场

现在的地下停车场大多都像迷宫似的不好进出，有的车主在办完事后甚至连自己的汽车都不容易找到。

（1）地下停车场一般设有入口通道和出口通道，驾驶人出入要看清指示牌，既不要从出口处进入停车场，也不要从入口处驶出停车场。

（2）地下停车场一般都是收费的，入口处设有值班岗亭，有的还有红外线打卡机。进入时，要注意岗亭人员是否递交相关卡片。驾驶人接到卡片时，要注意阅读上面有关内容，如果标明了所驾车应停的位置号码，就应在指定停车号码处停车。

（3）地下停车场的进出口均是上下坡道，应降速缓行，禁止鸣喇叭。进入地下停车场时，听从停车场人员指挥，以防走岔路或造成逆行，甚至引发碰撞。

（4）进入地下停车场，要注意观察指示牌。如果标示第一层车位已满，就不要浪费时间，赶紧到下一层去找。

（5）停好车后，应记下停车位所在层数、区号及车位号，以便办完事后回来好寻找。

（6）如果在进地下停车场时，因光线不好打开了前照灯，停好车后要检查是否关闭。

（7）不要将贵重物品放在车中座椅上或行李箱中，以免招贼。在用中控钥匙锁车后，应再拉一下车门，检查是否真正锁上了。

（8）在不熟悉的地下停车场乘坐电梯进出时，除观察指示牌外，还要多向管理人员询问。

（9）在地下停车场停车，发动机要及时熄火。禁止停车时开空调，以免污染空气。

（10）地下停车场多数是根据停车时间收费的，驾车出库时要在交费处停车，将入口处的卡片交与收费员办理缴费手续。

第17章

高速公路驾驶

高速公路上也要防超速

在高速公路上发生的交通事故，70%以上是超速驾驶造成的，很多后果都非常严重。交通法规定，高速公路限速标明的最高车速不得超过 120 千米/小时，这种限定是一种安全限定。但有的驾驶人认识不够，过于自信地认为自己车况好，驾驶技术又高，能处理各种复杂情况，所以一上高速公路就将加速踏板一踩到底肆意地超速行驶，致使一发生意外情况便处理不及酿成事故。现在，新交规对在高速公路上超速驾驶制定了严格的记分规定。

（1）驾驶中型以上载客载货汽车、校车、危险物品运输车辆在高速公路上行驶超过规定时速 20%以上，驾驶其他机动车行驶超过规定时速 50%以上的，一次记 12 分。

（2）驾驶中型以上载客载货汽车、校车、危险物品运输车辆在高速公路上行驶超过规定时速未达 20%的，驾驶其他机动车行驶超过规定时速 20%以上未达到 50%的，一次记 6 分。

（3）驾驶其他机动车行驶超过规定时速未达 20%的，一次记 3 分。

在高速公路上行驶，绝对不要违章超速。应根据自己车况、气候和身体状况等因素，确定一个低于最高限速的速度行驶。一旦发现车速超过自己设定的界限，应及时回收加速踏板，确保行车安全。需要注意的是，最高时限速度，是在车况良好情况下的车速限制。如果所驾车辆技术性能较差，就不能按此速行驶，否则也叫超速。此外，有的高速公路设有可变限速交通标志，上面的限速千米数是根据当时天气和道路通行情况随时变化的。例如，在正常情况下，限速标志是 120 千米/小时，如果因下雨，该限速标志会变成 80 千米/小时，汽车行驶如果超过 80 千米/小时即为超速。驾驶人应根据限速标志提示的速度，合理地进行车速的调控。

行车前要做好准备

开车上路，计划充足才能一路顺畅。因此，上高速公路行车前，应做好充足的准备。

（1）注意收听天气预报和交通信息广播，及时了解道路情况。

（2）确定行车路线，熟悉沿途交通状况，正确掌握道路信息。

（3）保持饱满的精神状态。如果身体不适、患有疾病或疲劳困乏、精神不振时，最好不要驶入高速公路。

（4）随车携带紧急停车用警示标志和修车工具。

（5）上高速公路前，对车辆进行全面检查：检查燃料是否足够，冷却液是否充足，有无漏液情况，发动机、制动器的油量是否足够，风扇传动带的松紧程度是否适中、有无损伤，轮胎沟纹深度是否够，气压是否正常。

（6）在利用高速公路时，最好制订一个有余地的难度适中的驾驶计划。制订高速公路行车计划时，要根据自己到达目的地的距离、时间，详细了解高速公路沿途的有关情况，如出口地点、弯道、坡度、气象条件，以及加油站、维修站及其他服务设施的位置等，这样才能使制订的计划与行车实际相符，为安全行车提供指导。

通过收费站

收费站是汽车进出高速公路的唯一通道，车辆将在这里集结和疏散。因此，收费站来往车辆密度大，车辆速度变化快。

（1）驶进收费站时，要减速缓行。

（2）准备驶入高速公路的车辆，应依次排队，按次序交费通过，不要为了急于通过而争道抢行。驶离高速公路的车辆，要注意速度反应迟钝的影响，充分减速，平稳驶出。

（3）进入收费处前，应密切注视通道上方的灯光信号和控制入口前的情报标志板，了解哪个通道可以通行和前方道路上的通行情况，以确定是否进入或驶出高速公路。

（4）进入收费入口处时，尽量靠近收费亭，使驾驶室门窗对齐收费口，便于收费人员和驾驶人交换现金、票证或通行卡。

（5）在入口处领到通行卡或票证后，要妥善保存好，以备出口时交卡或验票。不要将通行卡或票证随手乱丢，以免到达收费口时为寻找通行卡或票证耽误时间而影响通过速度。

（6）出高速公路进入收费站时，应将进入高速公路的电子卡交给收费员进行刷卡，并通过电子显示屏公告收费额后予以收费。

（7）驾驶人缴过费并拿到收据后，应及时驶离收费站。

加速段要尽量加速

进入高速公路的主路前，都有一段用于加速的路段，这时不要像在城区驾驶那样缓慢行驶甚至停下来观察后面来车情况，然后直接进入主路，这样做非常危险。

（1）在进入加速段后加速前进，使车速迅速提高，并一边加速一边观察后面来车情况，在确认安全的情况下进入主路。

（2）尽量不要从匝道出口直接进入高速公路主路，那样后面来车很难发现突然进入主路的车辆。

（3）如果主路上车辆较多而一时无法进入主路，可减速等待时机再进入。如果是新手，最好等车流通过后再进入。

（4）在加速段行驶时，无论后面是否有来车，都要打转向灯示意后面。

（5）在加速过程中，要注意观察后方来车情况，当车速上来后还要选择合适时机并入行车道。

学会读懂汽车语言

在高速公路上，要想让其他车辆了解你的意图，或者你明白其他车辆的情况，这就需要与周围其他车辆交流信息。一般说来，汽车之间的交流手段只能利用转向灯、前照灯和喇叭等，尽量不要通过打手势或语言的方式跟其他车辆交流信息，以免分散注意力，对彼此造成危险。

（1）从后视镜中观察到有要超你的车辆时，如果前面路况比较适合其他车辆从左侧超越你车，应打右侧转向灯，表示前方安全，可以超车。

（2）如果想超越前方其他车辆，就在确认安全的情况下，打左转向灯提示前方和后方车辆注意，表示你准备超车了，请避让。

（3）如果是在夜间，还可通过不断闪动前照灯的方式，来强烈表达你的超车意图。

（4）在刚要超过去时，可以短鸣喇叭表达谢意。

（5）在准备并入原来车道时，还要打右转向灯来提醒被超车辆注意。

（6）当在高速公路上靠边停车时，要打开危险警告灯，提醒过往车辆注意避让。

使用转向盘要少打少回

有资料介绍，如果高速公路上的车速是一般公路的两倍，转向盘转动的角度为原来的 1/4 就足够了。如果转角过大，汽车就会脱离驾驶人预想的轨迹向别处驶去。因此，高速行驶时使用转向盘，一定要遵循少打少回原则，切忌转角过大。由于高速公路都是按大半径弯道设计的，一般情况下，稍微调整转向盘便可以顺利通过。如果转向角度旋转过大，很容易在高速作用下，出现比预想要快的“过度转向”现象。

安全并线和超车

高速公路上的车辆速度都非常快，稍有闪失就会酿成大祸。因此，在高速路上超车、并线的情况和在城区是不太一样的。

（1）并线时，通过后视镜观察，确认后方没有危险，并扭头观察自己车辆的盲区内没有车辆，也要确认前方所要并入的车道是安全的，再打左转向灯，稍转转向盘，圆滑地并入新车道。

（2）准备超车时，尽量让被超车和后方车辆看到你想超车的意图，可通过打转向灯、鸣喇叭的方式提醒前方车辆注意。在和被超车辆并行时，尽快提高车速，使并行时间更短。

（3）在高速公路上打转向盘，只允许转动较小的角度，不要大幅度去打，以防车辆失控。

（4）高速超车或变换车道时，最好能通过按喇叭或变换远近光灯的方法来提醒前车。如果前方或与自己并排的车辆突然减速时，要注意松开加速踏板，准备随时制动，这很可能是因为他们发现了前方的一些意外情况，比如行人或路障出现在道路上，千万不要趁机超车。

（5）在高速公路上开车，对于每个意图都应及早地对前后左右的车辆发出信号，而付诸行动却要晚一些。发出信号就立即行动的后果，不是造成事故就是干扰其他车辆的正常行驶。

（6）无论什么原因，都严禁从应急车道上超车。

遇到许多大车时要尽快远离

在高速公路上，经常会遇到一堆车辆挤在一起，这很容易出现事故甚至连环事故，这时比较安全的做法就是尽快远离。

（1）如果在高速路上遇到许多大车，不要轻易就钻入车堆中。一辆小车如果被裹在一堆大车中行驶，就好比一个小孩在拥挤的人群中行走一样，那将是很危险的事。

（2）遇到一堆车辆，最好的办法就是尽快远离。如果前方条件允许，就尽快超越这些车。

（3）在超越“成串”车辆时，如果有个别被超车突然进入前方的超车道，不要心慌，不要立即紧急制动或猛打转向盘，可审时度势地采取松加速踏板、降低挡位、缓慢制动来降低车速。一定要牢记，高速行驶时紧急制动永远是一件非常危险的事情。

（4）如果不能超越这些成串的车辆，前方空间距离不多，或这些车挤占车道，那么就稳稳地跟在这些车的后面，耐心地等待超越时机，不要头脑发热地贸然钻入车堆中。

遇到水坑时非常危险

雨中或雨后，公路上会有一些积水，这水虽然不深，但却非常危险，常常让许多路过这层浅水的车辆因处理不当而侧滑、翻车甚至车毁人亡。

（1）雨后或雨中行车，应注意观察前方道路是否有积水，以便提前采取措施。

（2）当突然发现前方有积水路面时，如果车速较低，可安全避让；如果车速较高，不要强行猛打转向盘避让，以防因此导致侧滑和失控。

（3）在高速公路上遇到水坑，尽量躲开或尾随一辆车过去。观察水坑的深度，如果躲不开，前面又没有车辆，就让车辆的两个前轮同时通过水坑。如果在高速行车时，只是单边车轮通过水坑，那很可能会因为轮胎瞬时失去抓地力而发生侧滑甚至翻车。

遭遇大风时的驾驶技巧

在高速公路上行驶，即使是大客车从车旁超过，都会让人感觉到气流对车辆的影响，何况刮大风时，往往逼迫驾驶人不得不用力握紧转向盘，并顶风转动转向盘，以消除大风对车辆行驶方向的影响。

（1）高速公路上遇大风时，不要慌张，先握紧转向盘，防止车辆被大风吹得偏离车道。

（2）在大风中行驶时，应以比平常更低的车速行驶，尽量不要超速。

（3）大风中容易有异物被吹到公路上，如果是较小的塑料袋、纸片等杂物，可直接压过去；如果是石块、树枝等大物品时，应提前避开。

（4）为了抵抗大风对车辆的影响，驾驶人掌握转向盘时会往一个方向用力，但当车旁有大客车或大货车通过时，或通过桥下、隧道时，大风对车辆的影响会短暂消失，如果还在用力"转动"转向盘，就很可能会让汽车跑偏。

遇到雾气时的驾驶技巧

在高速公路上行驶时，为防止大雾对行车安全的威胁，驾驶人应了解高速公路雾气的特点和危害。

（1）在行车中，特别是秋冬季节，驾驶人必须增强自我保护意识，了解和掌握气候变化，尽早听取高速公路所在地的气象预报，听取交通台的信息，并尽量避免每年3到6月、10到12月在早晨4到10点之间在高速公路上行驶。

（2）行驶中，应跟在前车后面缓缓而行，并加大车辆之间的安全距离，尽量避免超车。

（3）如果遇到大雾，就必须选择安全地带停车。

（4）雾中行车切忌高速。在雾气浓度不一的情况下，要以浓雾行车的要求为标准。

（5）秋冬季节，穿过水网地区的高速公路很容易发生雾气现象，经过时要提前做好心理准备。

防止"下坡错觉"

高速公路上较长的缓坡路段，一般不设路标，判断是否进入缓坡全靠驾驶人的感知。如果下坡感知出现问题，将会影响安全行车。

（1）行驶中，一旦发动机的声音突然变低，行驶感觉变轻松，加速踏板未曾踏下，车速却明显加快，就应立即判断车辆已驶入下缓坡路段。

（2）用余光扫视速度仪表，确认此刻速度究竟有多快，以消除下坡时的速度错觉。

（3）如果仪表指示速度超出高速公路所规定的最高时速，应将加速踏板缓缓抬起减少供油，或者用减挡的方法将车速控制在允许的范围。

防爆胎

在高速公路上，发生爆胎造成恶性事故的比例相当大。导致爆胎事故频发的原因，主要有以下三种：一是驾驶人对所驾车辆轮胎特性缺乏了解，驶上高速公路后盲目长时间地超速行驶，轮胎产生高热高压，导致突然爆裂；二是轮胎质量不高，有的是翻新胎，有的修补过，有的磨损程度不一；三是轮胎气压不符合规定，气压过高或过低。特别是左右轮胎成色不一，气压不一，高速行驶中最易造成爆裂。

（1）进入高速公路前，驾驶人应了解和掌握所驾车辆轮胎的质量和特性，判断是否符合高速行车的要求；检查4个轮胎的新旧程度是否一致；气压是否符合规定，且左右气压是否均匀。

（2）行驶中，不超速、不超载、不长时间高速行驶。

（3）行驶途中休息时，应检查轮胎工况，发现问题及时排除。

防疲劳驾驶

现在交通越来越发达，高速公路越修越多也越来越长。但是，由于高速公路一般都比较单调，两旁的景象变化较小，很容易使驾驶人感到疲劳和乏味。因此，在高速行驶时，驾驶人要注意克服疲劳。

（1）在高速公路行车时，每过一会儿就转动转动脑袋，看看远景。看远景归看远景，但不能全神贯注地盯着看，扫视一眼即可。

（2）看完远景，也可近看仪表、车内外后视镜、公路前方、两旁的景象。这样远近交替地随意观察，对消除视觉疲劳大有益处。

（3）打开车窗或天窗换换新鲜空气。

（4）活动手指和脚趾，慢慢伸展手臂，轻轻扭动扭动脖子。

（5）如果车上有同行人员，可以聊聊天，说说话。

（6）如果独自驾车，也可唱唱歌。

发生故障时的应对技巧

汽车在运行途中，常常会遇到一些故障，致使停驶或运行困难。车辆在高速公路行驶中，除遇到故障、发生事故等必须停车的情况外，不准随意停车。

（1）在高速公路上行驶时，一旦发生故障，应立即打开右转向灯，进入紧急停车带或路肩，同时松开加速踏板，使车辆逐渐减速并停车。不得在行车道上使用制动减速，不允许将车停在行车道上排除故障。

（2）停车排除故障时，应打开危险警告灯，并在车后150米以外处放置危险警告标志。夜间须打开示宽灯和尾灯，并打紧急报警电话通知高速公路管理部门处理。

（3）故障排除重新起步时，打开左转向灯，在路肩上提高车速，等本车车速与车流速度相适应后，看清车流情况，适时进入行车道。

（4）车辆因故障不能离开行车道，或者发生交通事故时，驾乘人员必须迅速转移到右侧路肩上，并立即用路旁紧急电话或其他通信设备报告交警。

（5）如果需要清除滚落、飞散在高速公路上的货物，要使用紧急电话请求有关部门协助清理。

夜间驾驶

在夜间驾车，驾驶人很容易疲劳，一旦长时间驾驶，加上又在高速公路，就很容易出事，所以首先应尽量避免长时间夜间驾驶。

（1）夜间行车，应提前检查车辆的技术安全状况，特别是电气电路部分，要确保无故障，灯光明亮，电能充足。

（2）在道路质量相同的条件下，适当降低车速，一般要比白天的车速降低10千米/小时。

（3）要善于根据灯光在地面上的反射和车速的变化，判断道路是否有坡度。比如，灯光照射距离变近，发动机有动力不足状况，就为上坡路段，反之，就为下坡路段。

（4）注意观察前车尾灯，及时做出正确判断。跟车行驶时，要选择跟随在自己车辆前方行驶速度与自己差不多的车辆，保持足够的行车距离。

（5）夜间高速公路上的车辆较白天要少得多，开车比较容易，但如果随心所欲地超高速行驶也是相当危险的。因为，夜间高速公路上大车多，车速快，这时发生危险的概率更高。

（6）夜间在高速公路上行驶时，由于能见度差，应注意路面上诸如石块、报废的轮胎等散落物。如果没有发现这些东西而高速撞上去，就很可能发生意外。

注意驶向出口的标志牌

高速公路出口的前方，在四个不同距离上分别设有 2 千米、1 千米、500 米和出口处预告标志。驶离高速公路时，要根据这些预告标志的指示距离，决定相应的行驶方法。

（1）当看到 2 千米预告标志牌后，如果准备在这一出口驶出高速公路，就要开始做驶出准备，尽可能不再进行超车。已经行驶在超车道上的车辆，要尽快返回行车道。

（2）当看到 1 千米的标志牌后，绝不可再进行超车。如果见到这块预告标志后还要进行超车，就有可能在到达出口处时来不及返回主车道，因而无法驶向出口。

（3）当看到 500 米标志牌后，应打开右转向灯，表示即将驶出高速公路的意图，做好进入减速车道的准备。

（4）在减速车道起点上设有出口标志牌，上面没有距离数字，但有一指向箭头。看到这个标志牌后，可平稳地向右转动转向盘进入减速车道。

（5）进入减速车道后，应关闭转向灯，利用行车制动并配合发动机牵引制动使车辆减速。在到达减速车道与出口匝道分流点的三角地带端部之前，将车速降低到 40 千米/小时左右，然后进入出口匝道。

防止走错出口

在高速公路上行车时，走错出口“一步”，就可能会给你带来许多麻烦。因此，防止在高速公路上行车时走错出口，就显得尤为重要。

（1）进入高速公路前，就要熟悉沿途出口的位置、名称和编号，并记住自己准备驶出的出口名称和编号。

（2）行车中，注意观察高速公路上的指示牌。在接近自己准备驶出的出口时，提前并入合适的行驶车道，适时切入自己要驶离高速公路的减速带进入出口。

（3）即将到达驶离高速公路的出口之前，不要在超车道上行驶，更不能连续高速超车，避免由于正常行驶车道和右侧车道车辆过多，自己无法向右变线，只能向前开，眼睁睁地错过驶离高速公路的机会。

（4）一旦发现走错路口，不要慌张，应保持速度继续前行，在前行中找一个最近的出口或者服务区。在距出口收费站几十米之处，有一个专供走错路口汽车掉头的口，可从这里返回高速公路，找到要去的出口。如果就近进入服务区内，一般服务区为左右对称布局，中间有一个联络隧道，只要开车穿过联络隧道进入对面服务区，就可以驶出该服务区，沿路返回自己要去的出口。

第 18 章

复杂道路驾驶

无管制交叉路口

在我国不少城镇的交叉路口，还没有实现规范的交通管制。驾车通过这些路口时，一定要记住“一慢二看三通过”。

（1）一慢：就是在距交叉路口 150 米处就要开始减速，将车速控制在 20 千米/小时以内，并根据去向，在减速的同时打开转向灯，以告知周围的行人和车辆。

（2）二看：就是要注意观察前后左右的来车动向，发现他们的动态意图并做出预见性综合判断，做好避让准备。

（3）三通过：就是判断和处置各种情况后，确认可以通行时才小心谨慎地慢速通过。

货场

货场，又称“露天仓库”，是用于堆放商品的场地。开车经过货场时，应首先注意场地货物运转情况和场地上的枕木、木料或铁器、铁钉、碎石、缆绳等障碍物。

（1）遵守货场的管理规定，尤其是防火和车辆运行规定。

（2）进入货场后，应根据场内道路和车辆情况确定车速。在车辆较少、道路宽敞的货场，可中速行驶；在车辆较多或空间狭窄的货场，应保持低速行驶。

（3）车辆密度较大或接近停靠货位时，驾驶操作要细腻，轻打转向盘缓慢加速。

（4）在行进、转弯、调整方向时，不要猛踩加速踏板，以防汽油燃烧不尽对货场造成火灾威胁。

（5）驶出货场后，如果需要停车办理有关事项，应注意停车安全，不可停在货场的出口处，也不可停在货场外的行车道上。如果在停车场内停车，应将车头调到便于驶出的位置，以便在遇到意外时及时驶离。

渡口

渡口指的是道路越过河流以船渡方式衔接两岸交通的地点，包括码头、引道及管理设施。驾车通过时，一定要小心谨慎。

（1）在有人管理的渡口上下船，要听从指挥，按顺序依次上下。

（2）在无人管理控制的渡口上下船，应先了解情况，确认具备上船条件后再开车上船。

（3）如果有人或非机动车同时上船，应让行人或非机动车先上，等拥挤的人群过去之后再开车上船。

（4）进出码头或渡口时，应低速驶入或驶出。行驶时把稳转向盘，控制好加速踏板，集中精力，随时注意车前发生的情况，以便在发生意外时能够及时处理。

（5）汽车待渡时，必须及早减速，并检验制动器的功能是否良好，以防发生意外。

（6）车辆开出码头或渡口时，车速要慢，同时应持续鸣喇叭，提醒行人或其他车辆。

（7）汽车上下渡船时，应使用 1 挡或 2 挡低速缓慢行驶，不可在跳板上停车，更不能加速猛冲。尤其是前轮已上了渡船，后轮还在跳板上，或前轮上了跳板而后轮还在渡船上时，更应谨慎驾驶，稳住加速踏板，平稳地上下。

（8）汽车在渡船上停稳后，要拉紧驻车制动器手柄，将变速杆挂 1 挡或倒挡，关闭发动机，用三角木或其他硬物塞住前后车轮，以防车辆移动。

（9）渡船靠码头后，岸上人员搭起跳板时，驾驶人应及时拆除自己车辆的三角木或其他塞车轮的物体，发动车辆，根据指挥人员的指示依次下船。下渡船时，驾驶人应细致耐心地驾驶车辆，把车辆调整到合适的位置，对准跳板，缓慢驶下。

（10）汽车在行驶上跳板和爬坡时，驾驶人要集中精力，与前车保持较大距离，防止前车后溜时发生追尾事故。如果坡度很陡，可以等前车驶上坡顶后，再加速爬坡，驶出渡口。

弯道

驾车通过弯道时，会有三种不利因素影响操作：一是弯道视觉盲区；二是存在离心力作用；三是车辆转弯时存在内轮差。由于受这三种因素的影响，驾车通过弯道时就要格外谨慎。

（1）进弯前一定要减速，在转弯时要按照“慢进快出”的原则控制车速。进弯前就完成减速和降挡操作，进弯后只管转向就行了。在车头对准出弯方向之前，不要急于制动或猛加速。当车头已对准出弯方向的道路且转向盘已回正时，最好尽快加速，快速驶出弯道。

（2）如果弯道足够宽，可以按照“贴外切内”的原则走线，这样可以更圆滑地转弯。如果是右转弯，在进弯前可以尽量贴路中间走，在弯中则尽量贴着路边走，当然前提是路边没有非机动车或行人。如果是左转弯，在进弯前可以贴着路边走，进入弯道时，可以贴着中间走，其前提也是路边没有非机动车或行人，出弯时则又靠右侧行驶。

（3）在无法确认安全的前提下，或弯道中间有禁止超车的实线的情况下，严禁借对方车道行驶。在视野开阔、前后都没有来往车辆的情况下，在通过中间没有实线的弯道时，可以借用对面车道迅速转弯。

陡坡

陡坡，就是急剧升高的斜坡。驾车遇到陡坡时，应注意以下几点。

（1）根据车辆爬坡能力，提前换中速挡或低速挡，使车辆有足够动力，平稳地上坡。

（2）当动力不足时，应迅速减挡，以防拖挡熄火。如果错过换挡时机，可越级减挡。

（3）如果遇到换不进挡或发动机熄火时，应使用行车制动与驻车制动强行停车，然后重新起步。

（4）下坡时，可利用发动机的牵阻作用和行车制动控制车速，禁止滑行并尽量避免使用紧急制动。

（5）对于下陡坡的车辆来说，如果不能及时停住，应将转向盘转向靠山一侧，用车尾抵在山体上，利用天然障碍使车停下。

桥洞

（1）驾车通过桥洞时，应首先注意限高。

（2）如果桥洞过短，就不必开灯，但要注意不要超车。

（3）如果桥洞下面有积水，要探明水的深浅，不可冒险通过。

涵洞

（1）驾车通过时，应首先注意限高。

（2）通过涵洞时，应在离洞口 100 米处减速，注意观察交通标志。

（3）注意车辆的装载高度是否在交通标志的允许范围内，必要时停车核实。有怀疑时，应下车察看，缓缓驶入。通过简易的陌生涵洞时，不能不查看涵洞前方和涵洞地面情况就贸然驾车通过。

（4）涵洞内一般潮湿路滑，路幅不宽，通视条件较差，应做好防滑措施，并随时注意前方来车和交通情况。

（5）一般的涵洞地面都较低洼，路面多坑洼不平，汽车通过时应注意躲避凹凸之处，防止凸起的路面擦伤车底盘。

（6）过涵洞时，禁止松开转向盘或轻握转向盘，以防止地面不平引起方向跑偏或转向盘自主转动时打伤手臂。

乡村土路

现在很多乡村集镇，一般土路较多，并且路面状况很差，路窄且坑洼不平，加上乡村集镇的小猫、小狗、儿童较多，经常会猝不及防地出现。因此，驾驶人在乡村集镇的道路上行车时要特别小心谨慎，确保行车安全。

（1）通过乡村公路时，车速不能过高，提防人畜突然横穿公路。

（2）雨后的乡村土路一般都很泥泞，要注意防滑。

（3）土路上，一般都坑坑洼洼，碎石、土块等障碍物较多。晴天，可能尘土飞扬，雨天，积水泥泞随处可见，甚至造成路肩塌陷。因此，行驶时要控制好车速，速度不能过快，并考虑车辆离地面的间隙，转动转向盘小心避让路面上的坑洼、乱石或积水，让车轮沿路面凸起部分行驶。尽量不要太靠路边行驶，防止掉下路基。

（4）在通过松软、泥泞的积水路段时，应特别谨慎，必要时下车观察。当判明车轮确实不会陷入泥土中时，方可挂低挡缓缓一气通过。

（5）对于新开通的土路，如果路面已有车辙，应尽量沿着车辙行驶。

（6）无论是晴天还是雨天，下坡时都应选择中低速挡位，轻踩加速踏板缓缓下坡，不得空挡溜坡。不要与前车跟得太近，以免在晴天被前车扬起的灰尘或在雨天被溅起的泥水遮挡视线。

（7）会车时，要注意观察路面，特别是久雨中不要太靠近路肩，以防塌方或车辆侧滑产生碰撞事故。当道路较狭窄时，更应避免靠边行驶。交会时不要乱转转向盘和踩制动踏板，以免车辆侧滑，必要时停车避让。

（8）在满是尘土的道路上行驶时，应关闭车窗，关闭空气外循环，打开空调或电扇，这样有助于车厢增压，阻止尘土进入。

有集贸市场的道路

我国很多城乡有定期集市的传统，城市设有农贸市场，这些地方的行人纷乱并挤满街道或公路，交通十分拥挤。

（1）行车中，如果能绕开集贸市场道路就设法绕开，无法绕开时应低速缓行。不可用车开道，强行挤开人群。

（2）如果遇到传统性的集会，要尊重当地群众的风俗习惯，不要贸然行事。

（3）如果判断高峰时间确实无法通过，可暂时停车等候，等高峰过去后通过。如果执行紧急任务必须通过，车前应有人员开道，引导汽车缓慢通过。通过时，应注意控制好加速踏板，使车辆处在一抬起加速踏板就停下的行驶状态，缓慢而耐心地通过。

（4）在人群中低速缓行时，有人可能会用手摸或拍打汽车，对此应平静对待，不要停车训斥或理论。否则，可能会引起围观和纠纷，不但妨碍交通，有时甚至会使车身受到更大的伤害。

（5）遇到人群较密集，通行道路摆满地摊的情况时，不要强行通过。

（6）途经小县城、集镇街道时，很多道路不设分道线，各种车辆和行人混在一起，行车时要主动减速礼让，尽量避免超车。

（7）行至拥挤街道，行车比较困难时，要鸣喇叭，减速行驶。

（8）在村、镇、小县城停车时，要遵守停车规定。没有停车规定设施的，要选择妥善停车地点，并向附近村民打招呼，以防阻塞交通或受刮碰，更防居心叵测的人搞破坏。

城乡结合部

在城市周围与乡村临近处，交通情况比较复杂的一些路段或路口，被称为城乡结合部，这里是道路交通事故的多发地段。

（1）驾车进入城市前，一旦发现前方道路的行人和车辆突然变得稠密，交通秩序变得混乱，就要更加警觉，这时应迅速减缓车速。

（2）密切注意车辆和行人动态，防范突然情况出现，随时准备制动和停车。城乡结合部的车辆组成复杂，汽车、农用车、三轮车、摩托车等车交杂在一起，行驶随意性较大。这里的行人组成多数是进城购物或办事的乡村农民，道路交通知识和安全意识相对欠缺。

（3）驾车时避免动作过急，不过急采取制动、不过急打转向盘，并不得随意掉头或转弯。

（4）不要在城乡结合部超速和超车。

（5）遇到违法违规车辆影响行驶时，要时刻把安全放在首位，不要与他们斗气较劲。

穿村而过的新路

穿村而过的新路因是新通的，当地村民道路交通安全知识欠缺，安全意识淡薄，行走习惯不适应突然改变的道路环境，给交通安全埋下了隐患。

（1）村口有限速标志的，按标志要求行驶。没有限速标志要求的，应以20千米/小时的规定车速通过。

（2）当地村民往往把道路作为家院使用，随时随地停放车辆且停放时间较长。因此，如果公路两侧有停放的车辆，一定要预防儿童突然从车前车后跑出，预防自行车、摩托车从停放的两车中间驶出等。遇此情况，要多用喇叭做出警示。

（3）村中临路巷子较多，自行车、摩托车出入频繁，加上驶入公路的车速较快，行驶没有可循规律。因此，通过巷口时，一定要放慢速度，提前鸣喇叭，做好制动准备。

（4）发现有行人横穿公路时，要提前减速，按响喇叭，不要与行人抢道从其前方通过，要有意从行人后方绕行。

（5）遇有晾晒的谷物时，要选择较薄的一侧通过，并放慢车速，防止晾晒谷物人员突然做出有碍通行的举动，或有小猫、小狗、儿童隐藏在谷草之中。

摆摊街道

城市摆摊的街道路面狭窄，行人众多，交通混乱，汽车通过时应注意以下几点。

（1）驾驶人要有正确的判断能力，准确估计车辆是否能够通过，同时还要注意前后的行人和车辆动态。

（2）在摆摊街道行驶时，一定要有耐心，不能急躁。

（3）降低车速，并随时准备停车。

（4）谨慎驾驶，正确操纵转向盘，不要猛打猛回，以免因为内轮差而造成刮碰事故。使用加速踏板时要平稳，防止因使用不当而造成冲撞行人事故。

（5）要文明行车，对于影响通过的摊位不要硬挤，必要时可下车帮助挪动，以便通过。

山区道路

山路行车，依山傍崖，沟深坡陡，弯多路险，崎岖不平，除要求车况良好外，驾驶人必须掌握一定的驾驶技巧，才能保证行车安全。

（1）注意观察沿路的各种标志牌，预先了解路况，提前判断山路走势。在山里开车，随着路面起伏不定，弯道也容易产生变化且存在盲点，这些都有可能会让驾驶人产生紧张情绪。面对这些路况，对地形陌生的驾驶人可根据环境来判别前方的路况，例如山壁的延伸方向或林木排列方式等，这样判断地形有时效果会比沿着路面标志线行驶还要保险。

（2）山路上的坡道较多，一会儿上坡一会儿下坡，还有可能是坡道与弯道相结合，路况比较复杂。在上坡时，应挂入低挡，以保证加速时的牵引力；在下坡弯路上，要做到充分减速，将挡位置于3挡或2挡，充分利用发动机制动降低车速。不宜猛踩制动踏板，更不能突然打转向盘，这些都是危险动作。

（3）山区有很多农用机动车、行人及牲畜等，要控制好车速，以防他们突然出现。

（4）车辆坏在山路上是件非常危险的事情，尤其是停在后车盲区中，应及时停靠在双向都容易看到的地方。

（5）在山路行驶时，尽可能保持良好的视线，视点要远，要尽量看清路面情况和路边环境，要尽量利用路面的宽度选择行驶路线。视线不好时应鸣喇叭，并打开车窗以听到车外的声音。

（6）在山路上会车时，要选择相对宽阔、平直的路面。如果在险要路段会车，傍山一侧行驶的车辆应主动让车，等他车通过后再前进，确保两车交会安全。

（7）在山路上应尽量避免超车。如果非超不可，要选择较好的路段，等前车让出道路后方可超越。在转弯时，严禁超越车辆。

（8）在山路会车或超车时，尽量不要让自己的车轮压到路肩。

（9）在山路上行车时，应尽量避免停车。非停不可时，应选择相对平直、视线好的安全地段。一定要拉紧驻车制动器手柄，最好用石块垫在车轮后，并在靠右侧路边远距离放置随车三角警示牌，在处于前后过往车辆视线盲点上的弯路上尤其必要。

傍山险路

傍山险路地势险，道路弯，弯道急，行车难度大，驾驶人必须认真掌握傍山险路的操作特点，谨慎驾驶。

（1）行驶中应多鸣喇叭，尤其是在弯道处，要时刻注意对面来车和路边的情况。

（2）尽量选择道路中间或靠山的一侧谨慎驾驶。

（3）在傍山险路上，尽量不要超车。

（4）行车中要重点观察靠山一边的路面，不要探视崖下深涧，以免精力分散和产生恐惧心理。

（5）在没有车辆交会时，可紧靠道路中心线的右侧行驶。

（6）对面来车时，尽快让开道路中央位置。会车时，右侧是山体时可紧靠右行，右侧是山涧时不要紧靠右行。

（7）下山通过急弯时，首先将车速降到最低，紧靠自己车道右侧行驶。临近弯道，要及时鸣喇叭，晚上用灯光示意，以告知对方来车，相互做好避让准备。如果所开车辆车身过长，应主动停车，让对方驶过后自己再通过。

有陷隙山路

山路行车，经常会出现很多意外，路面上突然出现的陷隙就是如此。因此，在山路行驶，突然遇到路面上有陷隙时，应及时判断陷隙的情况。如果在雨季期间，对道路上新出现的陷隙要格外注意，这往往是塌方或地陷的前奏。

（1）未观察清楚陷隙时，不要贸然通过。

（2）如果是安全且坚硬的陷隙，通过时不要以踩着制动踏板的状态使车前轮进入陷隙，因为这样车辆的前部分就会下沉，使车辆前悬架系统处于压缩状态，车辆就会像没有悬架系统一样产生剧烈的颠簸，使乘车人或货物受到损伤。正确通过这些陷隙的方法是，首先踩下制动踏板使车辆速度降下来，当前面的车轮快要驶入陷隙时松开制动踏板，避免车辆的前部下沉，使悬架系统处于松弛状态，这样车轮通过陷隙时悬架系统可正常工作，感觉要平稳得多。

（3）通过陷隙时，双手不要离开转向盘，并尽可能握稳转向盘，防止车轮在陷隙中受阻力影响造成方向的改变，使转向盘产生回转。

可能滑坡落石路段

在大风天气或大雨天在山区公路行驶时，滑坡落石的概率会相对增大。驾车通过可能滑坡落石路段时，驾驶人应注意以下几点。

（1）在最有可能出现落石的地段，每开一段路，都应把头探出车窗，看看山顶有没有将要坠落的石头。

（2）如果碎石落在车前，应立即停车，后倒避让；如果碎石落在车上或车旁，不要停车察看，应加速前进一段路程，选择安全地点停车处理。

（3）如果在雨天进入易出现塌方、滑坡或泥石流的危险地段，应认真观察，不要在可疑地段停车。

（4）如果车前突然遇到坍塌，应立即停车，后倒避让。如果遇到塌方严重，短时间无法排除，应及时掉头迂回或找安全场地停车等待。

砾石路

砾石，就是经水流冲击磨去棱角的岩石碎块。而我们通常所说的砾石路，就是石子较多的土路或柏油路面。

（1）汽车应尽量避免通过砾石路。

（2）如果非要通过砾石路，应先停车查看行驶路线，选择砾石较少或砾石较小的路线，并排除路线上有妨碍行驶或能损伤轮胎的砾石。

（3）在砾石路面起步时，轮胎会轻微打滑，可深踩加速踏板，尽快从石子上碾过，以获得较大的驱动力顺利前进。

（4）通过时，要用中速或低速，稳住加速踏板，保持匀速行驶。两手要紧握转向盘，防止前轮在砾石的作用下偏转，反带动转向盘转动而击伤手臂。

（5）行驶中，由于前两轮在砾石的作用下所受阻力不同，会产生突然的忽左忽右或偏侧滑移的现象，这时既要握紧转向盘，又不可将转向盘握得太死，应让转向盘在一定的范围能来回游动，以减少偏移和抖动。

（6）砾石路面会影响车辆的制动效果，紧急制动时轮胎会打滑，尤其是转弯时紧急减速更容易导致车辆侧滑。因此，砾石路面避免事故的唯一方法，还是降低车速。

（7）通过砾石路后，要下车检查轮胎情况。如果轮胎中嵌入砾石，应及时排除。

硬石路

硬石路是由许多大石头压入泥土后冒出的坚硬石尖形成的，汽车在这样的路面行驶时会弹动得异常厉害，绝对是对汽车悬挂系统最苛刻的考验。

（1）驾车驶入硬石路段时，一定要严格控制车速，最快不要超过20千米/小时。

（2）在硬石路段行驶时，除了照顾乘车人的感受外，更重要的是保护轮胎，防止报废。因为，许多石头都有尖锐的锋面，车轮驶过时极易被它们刺穿或划破，所以慢行为上。

翻浆路

春融时节，土基强度急剧降低，在行车作用下，道路表面出现不均匀起伏、弹晃或破裂冒浆等现象，这就是"翻浆路"。汽车在翻浆路上行驶，阻力大，车轮很容易下陷，因此一定要注意行车安全。

（1）通过翻浆路段时，一般不应循旧车辙行驶。

（2）通过较短的翻浆路段时，可根据情况加速通过。通过较长的翻浆路段时，应详细勘察行驶路线。

（3）行进时，为避免车轮下陷，应保持中等速度，避免中途变速和停车。

（4）如果车轮下陷，不能再继续行进，不可勉强频繁起步前进或后退，以免车轮越陷越深，增加处置困难和轮胎、传动机件的磨损。

干枯河滩

干枯的河滩地势复杂，高低不平，软硬不一，时而鹅卵石遍布，时而浅沟纵横，时而线路逶迤曲折，给行车带来危险。

（1）驾车通过干枯河滩时，应跟随已有的车辆印迹行车。

（2）如果没有机动车轮的印迹，可找畜力车辆的印迹。

（3）如果没有任何车辆行走过的痕迹，要尽量避开这些地方。

（4）在河滩上行车时，要保持中低速度，最好是低速挡加大节气门，平稳匀速地通过。

（5）在无车行走的河滩行车，尽量少逗留，尽快回到正常的公路上去，以防发生不测。

（6）雨季应避免进入河滩行车，以防突遇暴雨，遭受山洪袭击。

搓板路

“搓板路”就是那种有横沟的路面，由于很像洗衣的搓板而得名，驾驶人在这种路段行车一定要小心慢行。

（1）搓板路比较毁车，所以要小心慢行，就算你经受得起颠簸，车子也未必就经受得起。

（2）车辆在搓板路段行驶，常常会呈规律性的高频率小幅振动，车上的人如同坐按摩椅，所以要注意保护好自己。

（3）通过搓板路后，要对车辆各个系统进行检查，包括车身和灯光的紧固螺栓。

事故多发地段

在公路上，经常会看到“事故多发地段”的警告牌。为什么这些地段容易发生事故呢？据分析，主要有以下几方面的原因。

（1）驾驶人方面，没有重视这些地段，车速到此一般都较快，并且驾驶人经过相当一段路程和时间驾驶，到这段路程时都较有规律地出现疲劳松懈现象，从而发生事故。

（2）公路修造方面，有道路两侧视线不清、障碍物多、公路曲线不符合要求等原因。

（3）路面附着系数有突变，如被某些油污染得滑溜，某段浇注的沥青蜡的成分过高等。

（4）有特殊的地理环境，如某处磁场特别强烈，驾驶人和汽车到此往往出现反常现象等。

不管什么原因，驾车遇到“事故多发地段”警告牌时，一定要加倍注意，迅速降低车速并尽量少使用紧急制动，加强对公路两侧的观察，千万不可对警告牌视而不见。

积雪覆盖路段

（1）积雪覆盖路段的真实情况不易判断，汽车只好根据地形和路旁树木、标志、电线杆等进行公路方位的判断，同时适当地控制车速，把稳转向盘，沿路中心或积雪较浅的地方缓慢行进。

（2）如果积雪深至车轮轴，应将积雪铲除后再前进。

（3）在转弯、坡路等危险地段行驶时，路况稍有可疑就立即停车，等勘察清楚后再前进。

（4）如果积雪上已有车辙，应循车辙行驶。按车辙行进时，转向盘不得猛转猛回，以防偏出车辙打滑下陷。当车辙冻冰且较浅时，应骑跨车辙行驶。

（5）会车或让车时，如果对路面没有把握，应下车探试积雪下面的路面情况，等有把握后再将车靠边进行会车或让车。

（6）在雪地行车，应戴有色眼镜，避免雪光反射伤害眼睛，并注意适当休息。

高原道路

高原上的昼夜温差大，可达 15～30℃，而一年的温差却只有 25℃。在高原上行车，这是对人的体力、耐力、适应能力和车况的严格考验。由于氧气稀薄，驾驶人时常会有比较强烈的高原反应，甚至患上高山病。

（1）在高原上行车时，车况一定要过关，所以及时保养、检查、维护车辆就显得尤为重要。

（2）高原的道路状况常常十分复杂多变，通过时要注意选择道路，不要贸然离开主路。如果要在迫不得已的情况下走荒路，一定要时常下车察看路况。如果无法确定某些路段能否通过，那就最好绕行。

（3）在高原上，一定要安排好每天行程，在黑夜到来之前选择合适地点住宿，尽量减少在夜间行车的机会，以防迷路。万一迷路，一定要沉着冷静。如果是在夜间迷路，可以考虑在保证周围环境安全的前提下，就地等到天亮后再走。

（4）高原地区人烟稀少，途中救援条件较差，最好不要单车独行。结伴而行时，驾驶人或同车的人中，应该有熟悉汽车修理的。

草原道路

看似平坦的草原路，却处处藏有险情。在草原路行驶，对车辆和驾驶人的要求极高。因此，通过草原道路时，一定要注意行车安全。

（1）在去草原前要收听天气预报，尽量避免在恶劣的天气去草原。

（2）通过草原道路前，一定要熟悉路线，带好路线图。在草原行车时，对于不明路线，要及时向当地人问清，避免迷路。

（3）通过草原道路时要走硬路，最好依车辙道行驶。千万不要冒险走自己的路，以防陷入危险的水洼地或沼泽滩。

（4）雨后的草原上，如果前车留下的车辙很深，尽量骑着前车留下的车辙行驶或换条新路。

（5）如果草原上很久没下雨或下雪，草根就会很坚硬，这时最好不要轻易在草原上开车，以免草根扎坏轮胎。

（6）驾车途中遇到牧民的牲畜群，要绕道而行，不要从牲畜群中穿过，以防惊吓到它们，这也是对畜主的尊重。

（7）不要随意穿越茂密草丛，以防高温的排气管点燃草丛。

（8）自备一些食品和饮用水，以便在途中不能及时就餐时食用。如果不适应草原地区饮食，可以多备一些食品。

（9）春季的草原非常寒冷，要备好保暖的衣物防寒。夏季在草原上行车，要自备防蚊、防晒用品及常用药品。草原夏季夜间或下雨时比较凉爽，要带上长袖外套，以免着凉。

（10）通过积水的松软草地时，要快踩加速踏板，突然加速，然后突然放开加速踏板，所有这些动作要在尽可能短的时间内完成。当然，这样的动作可能要重复多次，才能脱离困境，虽然有点损车，但总比陷在泥里好些。

峡谷

汽车行驶在山区峡谷路段，可能会遇到塌方、泥石流、山洪及雪崩等自然灾害，驾驶人一定要谨慎驾驶，安全行车。

（1）通过峡谷前，首先选择安全位置，停车查明情况后，在确保安全的前提下开车迅速通过。在经常发生塌方的峡谷，更要加倍注意。

（2）如果发现路面上有滚动的砂石，应停车后退躲避。如果砂石已经落在车上或车后，就应迅速加速通过。

（3）当塌方造成路阻时，汽车应避免靠近出事地点。

（4）暴雨过后，峡谷中一旦出现隆隆的雷鸣声，很可能是山洪暴发或泥石流出现，应迅速将车开到安全位置，视情况迅速离开峡谷或让车上人员到峡谷中高处躲避。

（5）途中遇到大量积雪的峡谷时，应鸣高音喇叭，让声波振动坡上的积雪。如果没有积雪下滑，可驾车谨慎通过，通过时不可再鸣喇叭，同时避免发动机发出空转的吼声，防止产生共振，积雪下滑，致使汽车受阻。

林区道路

林区的道路大多狭窄难行，两旁树枝纵横，水洼凹坑也不少。驾车通过林区道路时，一定要注意行车安全。

（1）加强注意，防止道路两旁的树枝碰擦车厢、货物和驾驶室。

（2）如果林区道路是新开辟的，通过时应注意树木砍伐后的余根、树坑等障碍。

（3）如果地面有落叶，应注意防止落叶下遮盖的硬树桩扎坏轮胎，或水洼凹坑使车辆产生强烈颠簸。

（4）在森林道路上会车时，应选择在两树间隙。会车时，不但要注意与交会车的横向距离，而且要注意路旁树木障碍的侧向间距，以免刮碰车辆。

（5）通过陌生的森林时，应注意行进方向，做好路标，防止迷失方向。

（6）在不经常通车的森林内行车，还要警惕猛兽的伤害。

（7）如果在夜间宿营时，应紧闭驾驶室，尽量不要下车，以免发生意外。

（8）如果山路边没有护栏，或护栏很简陋，要小心驾车。

（9）湿润的草地很滑，特别是在转弯的路段，一定要小心车轮的侧滑。

（10）林区的道路一般都很窄，注意不要靠近路边。因为，路基的真实位置，有可能被冬天的积雪、秋天的落叶、春夏的蒿草所遮掩。

沙漠路

沙漠地区的自然环境，可概括为“二大二少”：温差大，风沙大；水源少，道路少。这些自然环境，对行车尤为不利。

（1）通过沙漠地带，应提前做好物质上的准备，带上足够的水、食物、通信工具、指南针、铁锹、木板、草袋、地图等。

（2）在沙漠路行车时，要选择正确的行车路线，尽量按旧车辙行驶，转向盘不要猛打猛回。无旧车辙时，应尽量沿直线行驶。

（3）转弯时，应增大转弯半径，以减少行驶阻力，防止车轮下陷。

（4）在沙漠地区行车时，因路面松软，变形大，车轮会遇到强大的阻力，车速明显降低，这时千万不要停车，稍微深踩加速踏板，试着提高车速，一定要保持车轮匀速转动。如果行驶中换挡不及时，或者方向操作不当，就容易使车轮下陷，后轮转空，甚至熄火。

（5）在沙漠路起步时，在放松离合器踏板后，半联动时间要比一般道路稍长，加速踏板要稍微深踩，但不可过深。如果过深踩加速踏板，起步过猛会使后轮空转下陷。

（6）穿越沙漠地带时，相当大的日夜温差会使金属变形，要密切注意油箱或散热器，防止因热胀冷缩而泄漏。晚上休息时，要不时地启动发动机热车。

（7）在沙漠里遇上因暴雨造成的沙漠洪水时，逃避是最佳的选择。在开阔地带，驾驶人应加快速度，尽力超过汹涌的洪水；如果不行，就闭紧窗户，把车迎着洪水开过去。需要注意的是，千万不要让洪水冲击车的侧面，这样很容易翻车。

（8）在沙漠中，如果汽车周围突然尘雾四起，那就有可能闯入了微型龙卷风中，应立即慢行，并打开前照灯，以免尘雾迷惑驾驶人的方向感。

戈壁

戈壁是沙漠边缘的一种地貌形态，地势起伏平缓，地面覆盖大片砾石。驾车在这种自然形成的原野地形行驶，应注意行车安全。

（1）行车前，应了解道路情况，准备冷却水、饮用水、木板、麻绳等物品。

（2）在乱石堆或干河床上行驶，避免底盘磕碰石头。

（3）行驶时，车速应尽量慢些。

（4）遇到20厘米以下石头时，可采用单侧车轮碾过石头通过。无法碾过的石头，小则下车设法搬移，大则在石头前放置小石块，使之形成台阶状驶过。需要注意的是，在石头的另一端也同样放置石块，否则，前轮过后底盘会碰到突起的石头。

（5）行驶时，要匀速行进，稳踏加速踏板，不要忽快忽慢，防止驱动轮突然变换转速而造成陷车。如果车轮被陷，首先要清除车轮周围沙石，用木杠撬起，在轮下垫上木板、树枝等材料，再用低速挡驶出。

（6）戈壁道路行车，要随时注意气候变化。夜间注意放水，采取保温措施；白天要防止发动机过热，采取适当降温措施。

（7）遇到暴风时，应立即停车躲避，防止车辆被吹翻或被沙石击坏。风沙过后，要察看车辆有无被风吹毁现象后再行车。

滩涂湿地

海滩、河滩、湖边等软质潮湿的泥沙地被称为滩涂湿地，这些滩涂湿地表面有一层硬皮，而底下则松软潮湿。

（1）为了安全，车辆应尽量避免进入或通过滩涂湿地。非要通过时，应用中速挡，稳住转向盘一气通过。

（2）不要在海滩和河滩潮湿的沙土上停车，防止下陷。如果非要逗留，可让车稳定在一种速度上，在滩中来回转圈，并且不要循辙行驶。

（3）在海滩和河滩上行驶时，转向不要过急，转向盘应缓打慢回。如果要换挡，应用抢挡方法，不可按部就班地换挡，以免造成车辆下陷。

（4）在海滩和河滩上起步时，应挂 2 挡，加速踏板踩得稍深点，离合器踏板抬得稍快点，使车有个“前冲”的动作，保证车轮冲出停车时形成的凹洼点。

暗冰路面

暗冰就是看不见的冰层，常常被称做黑冰。它是雨水或融雪冻结并在路面形成的看不见的薄冰层，很滑，但驾驶人又看不见，所以相当危险。

（1）在融雪天，尽量不要靠路边行走，应走前面车辆走过的车辙，这样可以更好地避开暗冰。

（2）如果在打转向盘时，突然感觉很轻，或车轮噪声突然消失，那就可能已经在暗冰上了，这时可轻抬加速踏板，扶稳转向盘，保持汽车行驶方向的稳定性，让汽车自然驶过。不可进行制动、转向等。

（3）如果在暗冰上发生侧滑现象，首先是消除引起侧滑的原因。如果是制动太猛，应松开制动踏板；如果是加速太猛，应抬起加速踏板，然后往侧滑方向稍打一点转向盘，等侧滑消失后再往安全方向打转向盘，驶出危险地带。

沟渠

（1）车辆跨越浅沟时，应低速慢行，并斜向交叉进入，使一轮跨离沟渠，同轴的另一轮进沟。

（2）跨越较深的沟渠时，应用 1 挡通过。车辆如果有全驱动装置，应将其启动。

（3）进入沟底时，应加速使车轮快速爬上沟顶。

（4）通过类似沟渠的溪谷和丘壑，应选择适当的位置通过。通过前，先停车观察，然后低速接近。到达岸边时，以制动控制车轮缓慢进入溪谷，让前轮同时落到谷底，随后加速到正常行驶速度。在前轮接触对岸时，加速爬上坡顶。

坑洼不平路面

驾车遇到坑洼不平的道路时，应仔细观察路面的坑洼程度。如果估计汽车离地间隙不能安全通过，就应绕行，不可抱着侥幸心理驾车通过。如果认为车辆能够通过，仍应谨慎慢行。

（1）通过时，应保持正确的驾驶姿势，上体紧贴靠背，两手握牢转向盘，尽量不使上身摆动或跳动。如果身体随车身的跳动而失去稳定性，便会影响均匀加速而使车辆行驶得忽快忽慢，失去对行车的控制能力。

（2）通过较短而小的坑洼路时，可用空挡滑行通过。

（3）通过连续的路面像搓衣板的凹凸路时，可保持适当的速度匀速行驶。

（4）在可能引起跳动的坑洼路上，应用低速挡均衡地迅速通过。在行车中，还要随时注意各部件的声响和装载物资的情况。听到部件的异响后，应立即停车，不可强行通过。

（5）遇到较大凸形障碍物时，先判断车辆能否通过。如果凸形障碍物超过本车的最大离地间隙，应设法绕行或消除凸形体的顶端部。如果车辆可以通过，应事先制动减速，在接近障碍物后再低速缓行通过。

（6）遇到较大的凹形横断路时，应先判断本车最大离去角能否保证通过。如果通不过，应设法填平或绕道行驶。如果能通过，应预先松开加速踏板，恰当使用制动减慢车速，等前轮进入沟底时再加速。

（7）通过较长的凹凸道路，应周密检查各部连接装置是否松脱和折断，有损坏之处应及时整修。

第19章

特殊环境驾驶

黎明行车

黎明时分，两种交接的光线会对驾驶人的视觉造成很大影响。据调查，高速公路上的大型载重汽车的翻车，以及在直线区间几十辆汽车的连撞等交通事故，大多发生在黎明时分。

（1）为了预防黎明事故，午夜后任务再急也要休息。不要熬夜开车，不要疲劳驾驶。

（2）黎明时分行车，车速不宜太快，保持中速即可。

（3）黎明时分是驾驶人觉醒度最低的时段，也是道路交通事故的多发时段，早起赶路时一定要小心谨慎，注意观察前后来车的行驶状态。

（4）行车时，如果发现有占道行驶或“蛇行”情况，就应怀疑来车驾驶人是在半梦半醒的状态下开车，应尽早将车停在路边让行，并用前照灯闪烁和长鸣喇叭的方法提醒对方。

（5）早起的人一般精神都不太好，有的甚至还处在迷迷瞪瞪的“梦游”状态，他们可能会横穿马路或在公路上随意行走，这时就要密切注意他们的行走动向，并采取灯光和喇叭并用的方法提醒对方。在通过他们时，一定要给足信号，等他们行走正常稳定时再谨慎通过。

（6）通过村镇街道时，要防止自行车、摩托车、农用车从小巷里突然驶出，可多转换远近光灯。

（7）通过小巷时，可用喇叭提前预示。

中午行车

中午 12：00—15：00 是驾驶人白昼知觉处于低潮的时段，这时应休息。如果勉强开车，精神往往不振，容易犯迷糊，对安全行车十分不利。

(1)如果任务不急或时间宽松，驾驶人不妨寻找一处比较安全的地方作短暂休息，喝点水补充补充，顺便检查检查车辆，也可趴在转向盘上打个小盹，略微休息休息。

(2) 夏季中午，最好避开高温时段行车。如果不能避开，就应小心驾驶，车速不宜太快，行车时间不宜过长，以防胎温、胎压增高引发爆胎事故。

(3) 驾车出现倦意，可将两侧前门玻璃打开，换换室内空气；如果车上有人相伴，可说说话，谈谈心，活跃车内气氛；还可以停车，在额头上涂些清凉油、风油精等进行提神。

(4) 中午行车时，车内休息的人员最好不要后仰睡觉，这样不仅容易勾出驾驶人的“瞌睡虫”，而且在车辆遇到险情紧急制动时，自己也会因为失去防范意识而发生车内撞伤事故。

(5) 在车内午休时，一定要保持车内空气流通。很多驾驶人喜欢在开着空调的车内休息，在密闭条件下，车内的空气通过空调进行内部循环，得不到更新，车内的一氧化碳浓度会越来越高，同时车内人员呼出大量二氧化碳，车内氧气也会急剧减少，会容易导致人窒息，严重者可导致心脏猝死。如果是心血管系统或呼吸系统不太健康的人，就更应该警觉。

(6) 到了中午，驾驶人如果有饥饿感，应尽快就餐，否则会影响驾车精力。需要注意的是，不要因为需要赶到某处就餐而高速行驶。

(7) 午餐后应进行适当休息，不要急于赶路。

(8) 中午途经学校附近时，要特别注意学生流，做到减速慢行，严密注视行人动态。

黄昏行车

太阳落山时人们思归心切，赶路的速度加快，冒失行为增多。因此，黄昏也是一天中交通秩序最为混乱的时候，驾驶人要特别注意安全。

(1) 黄昏时天黑得较快，驾驶人眼睛的暗适应视力尚未充分形成，视距缩短，视力变差，即使打开车灯也不能明显改善视力，一些色彩或亮度较弱的物体容易被漏看。因此，驾驶人要提高警惕，根据黄昏时道路交通特点，集中精力，仔细观察，并做好随时制动的准备。

(2) 少看天空，多看路面，减少眼睛明暗适应的调节次数。

(3) 如果是长途行车，可选择在黄昏时分进行休息，解决一下自己的吃喝拉撒，使暗视力形成至稳定水平，等待夜幕完全降临后再开车赶路。

(4) 进入黄昏阶段，可适当提前开示宽灯，以增强过往车辆对自车的注意。相反的是，打开前照灯的时间应适当推后，因为过早打开前照灯不仅起不到有助观察的作用，而且还会使对面来车的驾驶人感觉刺眼而影响视力。

（5）在黄昏时段开车，一定要克服急躁心理，严格限制车速，加大跟车距离，尽量避免超车。特别是在通过路口、集镇、街道及视线盲区时，更应注意减速、鸣喇叭，并提防穿浅灰色衣服或赤膊等不易看清的行人突然横穿公路。

（6）黄昏时，驶入小路的车辆和行人较多，而且大多数行进的速度较快。开车通过路侧的小路时，驾驶人要提前放慢速度，并用前照灯闪烁、鸣喇叭、声光并使的方法加以提示。如果提示没有效果，就要立即做好制动停车准备，等争速抢道的其他车辆或行人率先通过后自己再过。

夜间行车

对于驾驶人来说，晚上因为光线问题，会有一些盲区给驾驶带来一些困难，因此掌握在夜晚行驶的技巧就显得尤为重要。

（1）打算夜晚行车，驾驶人必须有充足的睡眠，休息好，以保证夜间驾驶时精力充沛。

（2）夜间出车前，要认真做好检查工作，制动系统、转向系统、制动灯、转向灯都要完好，确保车窗明净，车上还要备有手电筒，以便中途车灯发生故障时应急使用。

（3）行车时保持中速，集中注意力观察道路、地形及障碍物。特别是在通过村镇、窄路、弯道、交叉路口等复杂地段时，由于灯光照射范围有限，视线不良，行人、骑车人等随时都有横穿道路的危险。因此，一定要减速行驶，并随时做好处理突发情况的准备。

（4）从明亮的大街拐进幽暗的小巷，一定要提前减速，这时可先闪一两下前照灯，提醒巷内可能出现的行人和车辆。另外，进巷口后一定要缓行，给别人和自己以避让的时间。从幽暗的小巷拐上明亮的大街，还是要提前减速，及早给出转向灯光信号，不要高速入弯。

（5）夜间会车，首先要主动同对方变换灯光，利用变换远近光的间隙观察自己和对方前面的路况，决定是加速通过还是减速让行。在遇到对方不改变远光灯时，应立即减速并使用断续明暗灯通知对方变光。如果对方仍用远光灯行驶，应立即靠边停车让对方先行。

（6）夜晚驾驶最好不要超车，更不能强行超车。非超不可时，一定要选择道路平坦、视线开阔的路段实施超越。超车时，先用远近变光告知前车，等前车让路后再向左边打转向灯。超越后，在给被超车留一定的安全距离后再向右打转向灯，驶回原车道。

（7）天一黑随着路灯的开启就要主动打开灯光。没有路灯的地方，要根据车速和视距尽量早开灯。开灯不仅仅是为了照明看清前面的路况，更重要的是要让其他的车辆、骑车人和行人都能够观察到你的车。而车内灯尽量不要打开，以防适应了黑暗环境的视力突然下降。

（8）夜间行车时，要特别留意前方车辆灯光的异常情况。有时会遇到对方来车是“独眼龙”，容易导致对来车横向距离的判断失误；有时前方顺行车辆只有一只尾灯，有的车辆甚至尾部没有亮光，制动灯、尾灯全没有，这很容易造成追尾。

（9）夜晚较长时间停车时，最好将车驶离公路；短时间停车时，应开启示宽灯和尾灯；排除故障时，应在距车后 50 米处设置故障车警告标志；抛锚后等待救援时，人员应离开车辆。

（10）夜间在公路掉头，最好选择十字路口、环行路口或丁字路口，取顺向的方法进行。为安全起见，最好有人在车下指挥。遇有来车，应先让其通过。

（11）夜间遇有情况时，尽量不要倒车。非倒不可时，一定要下车实地考察，确认没有危险时，再按提前选好的线路慢慢进行倒车。

（12）夜间行车，应使驾驶室适当通风，以防行车中出现睡意。在夜间行车时，要对车辆本身的异常情况特别留意，如汽油味、机油味、橡胶味及其他各种特殊气味，因为这些往往是漏油漏液及电气设备损坏等故障的表现，一旦发现要及时采取措施加以排除。

（13）夜间高速行车特别是午夜以后，由于不能见到道路两旁的景观，对驾驶人兴奋性刺激小，最易产生驾驶疲劳。可以用改变远近灯光的办法，一方面提醒其他车辆的注意，另一方面也有助于减轻视觉疲劳。太疲劳时，应停车休息，不要强行赶夜路。

风天行车

在风沙天行车，驾驶人视线受到影响，周围环境、行人、非机动车随时都有可能出现意想不到的情况，很容易发生交通事故。因此，在风沙天气谨慎驾驶就显得尤为重要。

（1）大风中行驶时，尽量关严车窗，以防沙尘飞进驾驶室，影响驾驶人的呼吸和观察。

（2）大风天气时，道路情况也比较复杂。吹起的石块、瞬间的沙尘暴、路面遗留的物体等，都会影响车辆的正常通行。因此，驾驶人要密切注意路面的情况，把握好转向盘，坚持中低速度行驶。如果超速行车，就会增加翻车的可能性。

（3）大风对行人、骑车人、动物的影响比较明显，他们可能会突然失控。遇到这些情况，驾驶人一定要提前减速，多用喇叭提醒，谨慎避让，并随时做好制动停车的准备。

（4）经过路口或机动车、非机动车、行人混行的道路时，应及时减速，并提防行人、骑车人、动物等突然闯入自己的行车路线。

（5）在大风天气行驶时，应避免跟车过紧，尤其是避免长时间跟随在大型货车附近。因为，大风容易造成大型货车，尤其是超载货车失控或上面的货物倾覆，跟得过近会很危险。

（6）风天驾驶，驾驶人一般都关闭了车窗，加上风声影响，很难听见车后超车的喇叭声，这就需要每隔一段时间用后视镜观察一番车后。如果有来车要超，就应及时避让。不过，在风沙天气开车，自己应尽量少超车，最好不超，以确保安全。

（7）风沙特别大时，应将车停靠在道路上风处，车头背向风沙，防止细微沙粒被发动机吸入汽缸而加速机件磨损。

（8）为了避免出现高空坠物砸伤汽车，停车时最好远离楼房或枯树，不要溜边儿。实在没有地方停车，也要尽量远离阳台和窗户。

雨天行车

在雨天行车，雨水会遮挡视线，雨声会影响听力，加上雨水容易让车轮打滑，以及行人和车辆的动态异常，险情会增多。根据国际驾驶安全调查显示，雨天驾车的交通事故率比平常高出大约五倍，所以在雨天行车时一定要留神。

（1）开车时应降低车速，和前车保持与平日适当加长的距离。遇有情况时，不要急踩制动踏板，而应轻踩，以防车辆侧滑跑偏。在中雨时，车速应控制在 40 千米/小时为宜；小雨时，可适当提高车速；大雨时，以 20 千米/小时的车速行驶即可。需要减速时，应以加速踏板控制车速为主，慎用制动踏板。

（2）下雨出车前，应仔细检查刮水器是否灵敏有效，确保使用时万无一失。下雨时，天空比较阴暗，雨水落在风窗玻璃上会严重影响视线，应开启刮水器，及时擦净风窗玻璃上的雨水，保持良好的视线，并根据能见度的大小开启前照灯、防雾灯和尾灯。如果车内玻璃易起水雾，应打开暖气（冷天）或冷气（热天），出风口位置放在吹“风窗玻璃”挡，这样可以驱除水雾，保证视线清晰。这个时候不能开自然风，否则车玻璃上的水雾会更大。

（3）雨天需要转弯时，应提前鸣喇叭减速，然后再打转向盘。转向盘不宜打得太死，要利用车辆惯性缓缓通过，争取做到中途不加速、不制动。如果转弯时踩制动踏板，猛打转向盘，车辆就很容易失去控制。

（4）雨天行驶，因车辆转向盘比平日要轻要活，不易控制，所以应尽量在规定车道内行驶，减少来回并线。在较窄路面上应避免超车，以防汽车打滑驶出路面。如果需要超车，必须在视线清晰、路面宽阔、平坦无积水的条件下进行。否则，以跟行为宜。

（5）雨天开车遇到行人或骑车人时，应提前放慢速度，并鸣喇叭提示，尽量给他们留出便于行走的路面。遇到横穿公路的情况时，不要与他们抢道。在与行人交会时，要文明行车，防止甩出的脏泥污水溅到他们身上。

（6）雨天会车，来车往往因躲避积水而突然改变行驶路线，将车驶向路中，所以每次遇到会车时，就要提前用加速踏板控速，将车位调整到较为宽阔的路段上进行交会。交会时的横向距离应尽量拉大，防止溅起的水花泼向对方，或者因制动侧滑发生侧刮事故。

（7）遇到路面有低洼积水时，最好探明积水深浅，水深就绕路行驶，水浅就尽量放慢车速，谨慎前行，不要激起太大水花，防止点火系统被淹。对于比较容易判断的大水洼，不要加速通过，以免因雨水溅起而影响行车视线，造成危险。谨慎的办法，是沿着前车压下的轮迹通过；无轮迹可依时，应停车观察，选择积水较浅处通过。

（8）通过积水后，要及时检查制动效果。如果制动距离延长，说明制动鼓里进了水，应采用制动的方法让制动鼓升温，使制动效能恢复正常。

（9）雨夜行车，视线会更加模糊不清，应将远光灯改为近光灯，多使用示宽灯、防雾灯，并注意公路上的标线或路缘砖，沿标线行驶。在雨夜行车，一定要根据路面在灯光下的颜色判断路面和水面，避免发生事故。

（10）雨过后，路面仍然很滑，不可掉以轻心，仍应谨慎驾驶。

雾天行车

迷雾天气，能见度大大降低，雾霭弥漫，驾驶人视野模糊，看不清车辆和周围的情况，很容易发生交通事故。因此，雾天行车，应做到“小雾之中多留神，大雾当中莫强行”。

（1）出车前多留意天气预报，及时掌握天气情况，尽量避免在大雾天出行。如果非出不可的话，要特别注意检查车辆，尤其是检查灯光装置。

（2）开车时，如果发现对方来车亮着前照灯驶来，就应有前方可能有雾的思想准备。

（3）驶入起雾路段，应打开雾灯、尾灯、示宽灯和近光灯，但不要使用远光灯。开灯的目的不是看清道路，而是照亮自己，让别人看到你的存在，同时将左侧门窗玻璃落下 2/3，减速慢行。

（4）行进中，注意观察前后两方的来车，并多用喇叭警示行人和车辆。如果听到对方车辆鸣喇叭，无论你看没看到对方车辆，都要立刻鸣喇叭回应，告诉对方你的行车位置。

（5）雾天行车时，可以依靠路面的白色车道标线和前车的红色尾灯来引导视线。如果发现后车距离太近，可轻点几下制动踏板，用制动灯提醒后车保持车距。

（6）在大雾天，尽量不要超越正在行驶的车辆。如果非超不可，一定要在前车让超、前方可视距离足以满足超车时再迅速超越。如果发现前车靠右边行驶，不可盲目绕行，要考虑到此车是否在避让对面来车。当超越路边停放的车辆时，要在确认其没有起步的意图，并且对面无来车后，适时鸣喇叭，从左侧低速绕过。

（7）雾中会车时，应开启前照灯，用远近光灯互换的方法提示对方，并尽量选择宽阔平坦的路段和地点。注意关闭防雾灯，以免给对方造成炫目。

（8）如果已经感觉到大雾影响了视线，就得控制车速。当能见度小于500米大于200米时，车速不得超过80千米/小时；能见度小于200米大于100米时，车速不得超过60千米/小时；能见度小于100米大于50米时，车速不得超过40千米/小时；能见度在30米以内时，车速应控制在20千米/小时以下；一般视距在10米左右时，车速控制在 5 千米/小时以下。如果雾很大，能见度极低时，就应把车开到路边安全地带停下，并打开雾灯、尾灯和示宽灯，直到雾散或能见度改善后再继续行车。

（9）雾较大时，可间歇使用刮水器，把风窗玻璃上因雾气凝成的小水珠刮干净，以改善视线。如果想用手擦去风窗玻璃上的雾气，请停车后擦拭，不要边开车边擦。

（10）雾天跟行较为省力，但跟行车距要保持适中，跟行纵距太远便失去了跟行的意义，跟行距离太近又容易发生追尾。跟行时，应关闭前照灯，以防前车炫目。当前车有与自己换位的意图时，自己应主动引领，这样互相引领的效果最好。

（11）雾中行驶，需要停车排除故障时，可选择路侧的饭店、旅馆和加油站停车，不要将车停在公路上。如果是在高速公路上行车，可将车开入紧急避车道、生活服务区等场所进行停泊。

雪天行车

由于降雪，尤其是雨夹雪后气温较低，从夜晚到清晨，地面容易形成“地穿甲”，即在路面上结上一层薄冰，车辆压上后极易打滑，经常会出现后溜、侧滑、跑偏等现象。因此，在雪天和冰雪路面上行车时，一定要格外注意安全。

（1）出车前加强对汽车的检查，保证车况良好，特别是转向系、制动系应有效、可靠。轮胎气压应取规定值的下限，左右轮胎气压保持一致。如果轮胎花纹磨损，应及时更换。此外，还应携带必要的防滑和取暖用品。为了提高雪路与胎面的摩擦系数，可给轮胎安装防滑链。安装防滑链时宜紧不宜松，太松不仅起不到防滑效果，而且还会给行驶带来不便。

（2）雪地反光炫目，驾驶人应佩戴合适的有色防护眼镜，并注意适时休息。在雪花纷飞时，应降低车速，并使用刮水器改善视线。

（3）在雪中行车，应根据地势和行道树、标志、电线杆等进行判断，严格控制车速，沿路中心或积雪较浅的地方慢慢行进。在二级公路行驶，最高车速不宜超过 40 千米/小时；在一级专用公路或高速公路行驶，最高车速不超过 60 千米/小时；遇有超车或会车时，速度还要酌情减慢；在一些如弯道或桥梁等特殊路段行驶时，车速不宜超过 20 千米/小时；在繁华街道或窄巷时，保持怠速蠕行即可，遇见情况可立即停车。

（4）在雪地行车，应选择一个较低的挡位，稳住加速踏板，匀速前进。在调整车速时，加速要轻要缓，使驱动力小于路面的附着力，防止轮胎打滑和侧滑现象的发生。

（5）雪地起步时，如果轮胎已被冻结于地面，应先用十字镐挖开轮胎周围的冰雪、泥土再起动。起步时离合器可半联动，以免驱动轮滑转。如果发生打滑，应铲除轮下的冰雪，并撒些干沙、煤渣、柴草等物，或用铁镐将路面刨成“X”或“Y”形槽，以提高附着性。在已经被压实的雪地或冰面上起步，如果出现打滑的情况，要用 2 挡起步。

（6）积雪路行驶阻力大，道路不易辨别，尽量不要超车。如果非超不可，一定要选择宽敞、平坦、冰雪较少的路段。跟车前进时，应增大车距。会车时，选择平坦宽阔的安全地段，并保持两车旁边有足够的侧向安全距离。如果积雪较深，无法看清路面，应下车试探路况后再会车。停车时，应提早换入低速挡，降低车速，缓慢使用制动，以免发生侧滑。

（7）雪路行车，禁止采取紧急制动。如果需要使用制动停车，也要先用发动机制动将车速降下来，再轻踩制动踏板。

（8）开车途中突遇雨雪，必须减速慢行（城区在 30 千米/小时以下），并打开雾灯或近光灯，尽量跟着前车留下的车辙走。如果车辙沟已经冰冻，应选择错开车辙一个轮位慢速行驶。

（9）在雪后的寒冬里驾车，要密切关注路况，时刻观察前方道路有无冰冻，不要随意越过前方看似积水亮光的路面，那可能就是冰面。在结冰路面，附着力大为减小，容易发生空转和横滑，通过前要做好防滑准备，最好装上防滑链或在冰上撒层沙子，增大附着力。

（10）在雪天行驶，除了保证自己的安全外，还要充分顾及他人，尤其是骑车人、行人可能会突然因路滑而不慎摔倒，因冰雪作用常常会滑出很远。因此，驾车通过路口和人行横道时，要与行人、非机动车保持安全距离，不要争道抢行。

第20章

应急驾驶

应急处置的原则

驾车出行的频率越高，也就越容易发生交通事故，加上新手的增多以及驾车行为的不规范，我们驾车时常常会遇到各种险情。处理险情的时间，往往只有一瞬间，只有及时运用一些正确的应急处理方法和技巧，才能使汽车化险为夷，消灾避祸，或使车辆和人员在事故中的损失和伤害减小到最小限度。驾驶人遇有行车险情时，应遵循以下处置原则。

（1）要沉着冷静，不要惊慌失措，这是做好避险动作的先决条件。

（2）要先顾人后顾物，因为物资损坏可以补偿，而人的生命却毫无补偿办法。

（3）要避重就轻，就是“两害相衡取其轻”。

（4）要先顾他人后顾自己。

（5）要在低速时重方向轻减速，在高速时重减速轻方向。

汽车打滑

汽车打滑的应急技巧

车轮打滑，就是车辆轮胎减少了对道路表面的附着力，致使车辆偏离了原来的行驶方向。无论遇到哪种打滑现象，驾驶人都不能与车辆较劲硬别，否则极易造成车辆侧翻。

（1）想要减少发生车辆打滑的意外，就要遵守安全规则：行车要安稳，要观察路面情况。如果是下雨天，制动距离较长，路面如果湿滑或有冰雪，制动距离更长。在结冰、泥泞、碎石散布、满地湿树叶或干沙尘等会使车轮打滑的路面驾驶时，要提高警惕。持续干旱后下起雨来，路面很滑，要特别留神路上的油污及橡胶粉末，如果这些与雾气或雨水混合，路面会很滑。

（2）前轮打滑时，通常无法转动转向盘，车辆会向前直冲直至撞到障碍物，这时一定要保持冷静，轻收加速踏板，等车轮转动后再向打滑方向轻转转向盘，直到车辆恢复正常。

（3）遇到车辆后半部车身打滑时，无论车头往哪个方向滑，驾驶人都要将转向盘轻轻地往打滑的方向转动，这时千万不能制动，并且所有动作都要尽可能地轻柔。

（4）发生四轮打滑时，驾驶人会感到车辆向前猛冲的速度要比平时快，这时要轻收加速踏板，轻点离合器踏板，不踩制动踏板，让车辆慢慢前行直到打滑现象消失为止。

车轮被陷的自救

行驶中，常常会遇到一侧车辆陷入附着力很小的泥坑，出现空转打滑不能行驶的情况。这时，装有差速器锁止装置的汽车，可锁止差速器；无差速器锁止装置的车辆，可利用差速器平均分配转矩的原理，用扳手将打滑的车轮制动器调死，使车辆的驱动转矩分配给没有打滑的车轮，从而使汽车的牵引力增大，使车辆驶出泥坑。

车轮沙地打滑空转的自救

车辆通过沙地时，一旦操作不当而发生车轮打滑空转，应立即停车，不要勉强进退，更不可猛踏加速踏板，以免越陷越深。急救时，可用随车所带的木板、杂草等东西垫支，必要时还可以降低轮胎气压（一般可降低轮胎气压标准的20%～30%）通过。

汽车侧滑的应急技巧

汽车在冰雪、泥泞等附着力很小的路面上采取突然加速、减速、紧急制动或猛打转向盘，以及转弯不降速时，都很容易因为路面的滑溜导致汽车侧滑。

（1）如果是紧急制动引起侧滑，应迅速松抬制动踏板1/3～1/4行程，使车轮不发生抱死，减小车轮跑偏和侧滑的程度，同时把转向盘转向后轮侧滑的方向。转动转向盘时不能过急，否则，汽车会向相反的方向滑行。

（2）如果是转向或擦撞引起侧滑，不能踩制动踏板，应依上述方法利用转向盘制止侧滑。

（3）如果是弯道速度过快发生侧滑，应抓紧转向盘并迅速松抬加速踏板，进行快速点制动，尽快使车辆减速，同时要保证离合器处于接合状态，充分利用发动机对汽车的制动减速作用。

（4）汽车侧滑时，车的质量会把弹簧和减振器压紧，一旦汽车正了过来，绷得紧紧的弹簧和减振器会把所有的能量朝打滑的相反方向释放。因此，一旦后轮重新贴紧地面，应立即回正转向盘，以免造成新的反方向侧滑。

（5）在光滑的路面上行驶的汽车，起动、停车、转弯都必须缓慢，以减少侧滑的发生。

翻车

车辆侧翻甚至从悬崖上坠落下去，这都是经常能看到的事。那么，行驶中万一遇上翻车，怎样处置才能化险为夷或尽量减少损失呢？

（1）翻车前一般都有先兆，如急转弯时汽车急剧侧倾，车身会先向外侧飘起后才翻车。纵向翻车时汽车先有前倾或后仰，驾驶人有车头下沉或车尾翘起的感觉。掉沟翻车时车身先慢慢倾斜，然后才完全倾覆。作为驾驶人，应该有自我保护的意识和措施，尽量减少损失。

（2）翻车常常是由于侧滑、转向不足或过度等原因造成的。驾驶人感到车辆不可避免地要倾翻时，要全力保持镇定，在发生翻车的刹那间先把点火开关关到底，使转向盘处于锁止状态，以利于紧紧抱住转向盘。同时，将双脚钩住踏板或顶住底部，使身体固定随车体翻滚，避免身体在驾驶室内滚动时撞击到铁质器物而致伤。

（3）如果车辆翻向深沟，驾驶人应迅速趴到座椅下，使身体夹持在座垫和变速杆之中，避免身体在驾驶室内滚动受伤，同时应抓住转向盘或踏板。

（4）如果驾驶室是敞开式的，在预感要翻车时要抓紧转向盘，身体尽量往下缩，同时避免翻车时身体甩出车外。如果预感到不可避免地要被甩出车体，应在被抛出瞬间猛蹬双腿，加大向外抛出的力量，落地时要双手抱头顺势向惯性力的方向跑动或滚动一段距离，以减轻落地时的碰撞，同时注意躲开翻滚的车体。

（5）除非车辆即将冲出悬崖，留在车上必死无疑，否则不要企图从疾驶的车辆中跳下。万不得已需要跳车时，一定要在跳车前做好必要的准备：解开安全带，打开车门，头部紧贴胸前，脚膝并紧，肘部紧贴于胸侧，双手捂住耳部，腰部弯曲，就这样抱成一团从车上滚出。可以顺势滚动，不要与地面硬抗。切勿顺着翻车的方向跳车，而应向车辆运行方向或翻转方向的相反方向跳车，或向运行和翻转方向的侧面跳车，同时要注意落地时的自我保护。

（6）车辆半侧翻或侧翻后，应注意防止燃油外溢起火，然后设法将车身立正。如果车辆侧翻在路沟、山崖边上，要判断车辆是否还会继续往下翻滚。在不能判明的情况下，应维持车内秩序，让靠近悬崖外侧的人先下，从外到里依次离开。

途中抛锚

车辆抛锚的原因很多，较复杂的可能是发动机出了毛病，较简单的可能是风扇传动带断裂、蓄电池电不足或燃油耗尽。

（1）车辆在半路抛锚后，首先要保持镇定，然后迅速将车移至公路或高速公路的右边允许临时停车的地方。

（2）如果是在公路抛锚，应在离车后至少 20 米远的地方摆放一个三角危险警告牌。如果是在高速公路上抛锚，距离至少应是 60 米左右。如果没有三角危险警告牌，应及时将汽车的行李箱盖及发动机盖打开。

（3）打开危险信号警告灯，示意过往车辆减速避让。如果车辆是在夜间抛锚，必须将危险警告灯（牌）放在车顶上，向道路其他行驶车辆示警。

（4）为了安全起见，不要让乘客留在车内或站在故障车的四周。如果需要留下来帮忙，应站在距离来车较远的另一边（右边）。

（5）如果是在隧道抛锚，应立即向控制中心寻求支援，安排急救车将故障车迅速拖离隧道，到达安全地点。如果是在高速公路上抛锚，可打电话寻求支援。如果是在公路上抛锚，就拿出车辆使用手册中的故障排除指南，按抛锚症状从手册上找出排除故障的方法。如果故障依然不能排除，最好还是拖回修理厂修理。

(6)如果是在无人管理的铁路上抛锚，驾驶人可根据汽车的大小或其他客观条件，采用人力推、汽车顶的方法，使故障车尽快脱离危险区。万一没有任何外援而汽车又实在无法脱离危险区，应当设法以最明显的标志或通信方式告知火车或铁路有关部门，以便使火车提前制动停车，避免险情发生。

（7）半路抛锚，一定要警惕一些“热心人”。这些“热心人”拖车修理不但乱宰客，而且一般不给发票，就连修理厂名片上的电话号码也多为空号。因此，抛锚后可拨打品牌 4S 店电话联系拖车和维修。如果一时找不到电话或在外地发生故障，应拨打当地 110 电话求助。

陷入浅水沙滩中

（1）汽车陷在泥泽和浅水沙滩中时，应及时在车辆周围打一小堤坝，将坝内水抽净，然后清除轮胎周围泥沙。

（2）如果泥沙松散，应在离轮胎稍远的地方清除泥沙，使轮胎四周的泥沙流入稍远处。

（3）如果车轮在泥泽水滩中继续下陷，应用木板、备用轮胎横垫在前、后桥上，以增大车体触地面积，防止车体继续下陷。

（4）如果汽车陷在沼泽地带，下陷严重，不可晃动车辆或拖延时间，这时应果断拆抬发动机，将车辆化整为零地救出来，防止延误时间，致使车体全部沉入沼泽中。

爆胎

汽车跑长途、走高速，最令人担心也最常见的就是爆胎了。爆胎后，车辆会出现偏行现象，车速越高危险性越大。经验表明，轮胎突爆并不可怕，可怕的是驾驶人不知道如何正确排除险情。

（1）当确实意识到可能是爆胎时，驾驶人双手应紧握转向盘，用力抵住转向盘的自行转动，控制汽车沿直线方向行驶。

（2）慢慢松开加速踏板，让车速减慢。不要紧急制动，否则，方向可能会失控。

（3）打开危险警告灯，提醒其他车辆的驾驶人注意。

（4）控制方向，把车驶往路边安全的地带，轻踩制动踏板，把车停下来。

（5）停车后，按有关规定设置故障车警告标志，请求救援或更换备用轮胎。需要注意的是，在繁忙的公路边更换轮胎是很危险的。

风窗玻璃破裂

开车上路，前面车辆后轮扬起的飞石，或从前面载运砂石货车掉落的碎石，都有可能把尾随车辆的风窗玻璃击破。

（1）途中遇到风窗玻璃破碎的紧急情况时，驾驶人要保持镇定，并及时根据当时的交通情况，用适当的力踩下制动踏板，并尽快把车驶离车道，停在路边。千万不要突然转动转向盘或过分用力制动。

（2）把碎裂的风窗玻璃敲下来。敲击时要向外敲击，以免玻璃碎片溅到自己身上。

（3）如果有应急用的风窗玻璃，就尽快换上。

（4）如果要在没有风窗玻璃的情况下继续行驶，应把所有车窗关紧之后才可开车。但不要加快车速，否则车内气压太高，可能会把后窗玻璃压迫得飞脱出去。

转向失控

汽车在行驶中，需要经常改变行驶方向（转向），如果转向机构在途中遇到有机件破裂、脱落或卡住等，都会致使汽车方向失去控制。遇此情况，驾驶人唯一的办法就是尽快制动停车，排除故障。

（1）发现转向突然失控，首先不能慌乱。在空间和时间允许的条件下，应先向其他车辆发出信号，如打开危险警告灯、开前照灯、鸣喇叭并打手势等，然后再对车辆实施制动。

（2）立即抬起加速踏板，将变速器置于低速挡，均匀而用力拉紧驻车制动手柄。当发现车速明显减弱时，踩下制动踏板，使汽车逐渐停下。

（3）当汽车处于高速行驶时，如果转向失控且前后车轮并未完全处于一条直线时，使用紧急制动很容易造成翻车。因此，应先利用驻车制动减速，然后踩下制动踏板紧急制动。

（4）汽车偏离直线行驶方向时，事故已经无法避免，应果断地连续踩踏制动踏板，使汽车尽快减速停车，这样可以缩短停车距离，减轻撞车的力度。

制动失灵

制动失灵的汽车很危险，这是导致重大车祸的一个重要原因。万一出现这种情形，驾驶人应充分利用各种条件，使汽车减速停车。

（1）制动失灵后，头脑一定要冷静，不要慌张，集中注意力，注意前方的车辆、行人，以及障碍物，一边继续控制转向盘。

（2）查看是否有异物卡在了制动踏板的下面。如果有的话，就用脚将异物踢开。如果没有，那就及时把危险警告灯打开，并用喇叭提醒周围车辆的驾驶人和行人注意你车子的动向。

（3）注意观察有什么可以避让的地方，以及有什么方法可以减慢车速，例如支路、大片绿地、山体侧面等。

（4）反复快速地用力踩踏制动踏板，看是否可以恢复制动。

（5）调低挡位，利用发动机制动减慢车速。

（6）慢慢地拉起驻车制动手柄。

（7）如果上面的方法都不能使车辆减速，那么只好采用终极方式，就是利用一切可以利用的障碍使车辆停下来。在寻找能够阻拦车辆的障碍物时，要能够预估出碰撞的后果，这是迫不得已的办法，不到关键时刻绝不能使用。

上坡后溜

（1）尽快使用驻车制动和制动踏板停车，否则汽车越溜越快，将很难控制。

（2）停车后，在车轮下垫塞三角木、石块等物，再重新起步。

（3）如果制动无效，停不住车，汽车向后溜滑更危险，这时应注意控制方向，避开路上危险目标，使车尾向路边的山体、岩石、大树等天然障碍物靠拢，利用路边天然障碍物阻止汽车下滑。

（4）将汽车驶入路边的农田、沙地，以缓冲并消耗汽车的惯性能量，减小事故损失。

发生撞车

汽车碰撞有正面碰撞、侧面碰撞和追尾碰撞等几种形式，应区别情况，采取必要的应急措施。

（1）正面碰撞。正面碰撞，一般是与对面来车或障碍物相撞，相撞时力量较大，形成的破坏也大。行车时，驾驶人应注意观察前方，小心提防车辆进入你的车道，或因试图超车而冲进你的车道。如果出现这种情况，应将车驶向右方，不要驶向左方，因为迎面来车可能为了避免和你相撞而决定转向右边，反而会与你迎面相撞。同时，还应降低车速，必要时可将车驶出路面，把车道让给对方。

① 当无法避免与迎面来车相撞时，在即将撞车的瞬间，驾驶人应判明将发生撞击的部位和冲击力。如果撞击的部位不在转向盘前或冲击力不大，驾驶人应两臂伸直紧握转向盘，两脚蹬紧地板，身体向后倾斜，背部紧向后靠，低头收缩于两臂间，以此形成与惯性相反的力，保持身体平衡，这样可减轻撞车后头部和胸部撞到风窗玻璃和转向盘上的危险。

② 如果判断撞击的部位正在转向盘前或撞击力较大时，驾驶人应迅速躲开将受撞部位，同时迅速将两腿抬起，最好侧卧座位上，以免汽车受冲击变形造成腿部被压。

③ 坐在驾驶室内的乘客，应前臂半弯地撑在仪器护板上，头部前倾下压靠在护板上。坐在后排的乘客，应双手护头倾卧在座位上。

（2）侧面碰撞。侧面相撞多发生在交叉路上，如果事先估计要发生撞击，可立即顺车转向，争取使侧面相撞变成刮擦，以减少损坏的程度。

① 刮擦时车门最易脱开，这时身体应稍向右侧倾斜，双手握住转向盘，后背尽量靠住座椅靠背，稳住身体，避免被巨大的惯性甩出车外。

② 如果发现侧面来物可能会撞击驾驶人乘坐的部位，驾驶人应迅速往驾驶室另一侧移动，同时用手拉着转向盘，以便控制方向和借助转向盘稳住身体。

③ 如果碰撞部位在右侧且撞击力较小，应稍曲双臂紧握转向盘，身体向后倾斜紧靠座椅靠背，同时双腿向前挺直抵紧，使身体定位稳定，避免头部前倾撞击风窗玻璃和胸部前倾撞击转向盘。

（3）车后被撞。车后被撞一般是在停车或汽车减速行驶时，后随车辆停不住车而发生的撞击。这种撞车，驾驶人一般难以预料，发生得很突然。

① 一旦发生汽车追尾碰撞，驾驶人应挺直腰，双手紧握转向盘，防止惯性前冲将身体猛烈地抛离坐垫伤及颈腰，同时应立即采取相应的停车措施。

② 如果自车是在行驶中且前方无障碍物，应稍向前驶一段距离后再制动停车；如果自车是在紧随其他车辆，应立即制动以防发生连环撞车；如果自车被后面汽车追尾碰撞并推着向前或左右跑偏，应立即深踩加速踏板快速摆脱后面车辆，驶到安全地带后再停车。

③ 如果汽车已撞坏不能行驶，应保护好事故现场并报警。

（4）当撞车难以避免时。如果撞车已无法避免，驾驶人应保持冷静，掌握好转向盘，尽可能地将自己和他人的损失降至最低限度。

① 为了减速，可以冲向能够阻挡的障碍物。较软的篱笆和灌木丛比较好，它们可使你逐渐减速直至停车。撞墙和撞树都很可能是致命的，尽管它们可以使你猛然停车。

② 紧急制动时，安全带将阻止你冲向风窗玻璃。如果你没系安全带，最好不要试图硬撑着去对抗冲撞，这可能比顺其自然受伤更为严重。

③ 在倒向冲撞点的瞬间，应尽量早地远离转向盘，双臂夹胸，用手抱头。

将要发生刮擦

刮擦一般是指会车、超车或避让障碍物时，车体与其他物体相擦刮的现象，这种刮擦对乘坐在靠近车厢边上的人员有较大的危险性。

（1）发现车体要与其他物体相刮擦时，应迅速向车辆内侧挤靠，以防车壳变形挤伤身体。

（2）车辆碰擦的部位，多数发生在车头的两侧。发生刮擦时，驾驶人应迅速向外侧稍转转向盘，接着回一点转向盘，并立即将车与碰擦物分开，以免增大刮擦面积，更要防止因刮擦而造成侧滑，避免车与刮擦物撞咬在一起。

车辆将要爆炸

车辆爆炸的事很少发生，一旦发生就会造成较大的危害。爆炸的发生，一般是装运危险品不当或撞车碰到油箱，以及火灾中油箱燃烧时间过长所致。

（1）当汽车起火时，要在着火的初期迅速灭火。

（2）当汽车有爆炸危险时，人员应尽快离开危险区。

（3）当汽车将要爆炸时，人员应立即就地卧倒。卧倒的位置，应选在爆炸物迸飞出的死角，头部朝着与爆炸中心相反的方向，面朝下，两臂护在脑后。

（4）汽车一旦发生爆炸，往往不止爆炸一次，通常情况会因装载易燃易爆物品或汽油被燃烧发生第一波爆炸后，还会有后续爆炸。对此，驾驶人和乘车人要有充分准备，一次爆炸后不要立即接近车辆，而要在弄清情况后再接近，以防后续的爆炸。

车辆掉沟

如果汽车因行驶太靠近路边，或因侧滑等原因掉入沟底，驾驶人应采取必要的应急自救措施。

（1）汽车掉入沟底后，如果还有行驶能力，就对着公路或通向公路的地方挖一斜坡，使车辆沿斜坡驶上公路。

（2）如果斜坡的斜面较大，车辆行驶有危险，可在车体上栓根绳索，把绳索的另一端栓在公路上坚固的自然物或木桩上，使车辆上驶。上驶过程中，根据需要调整绳索的距离，以帮助车辆保持平衡，防止翻车。

（3）如果车辆掉入较深的沟里，无法自行驶出，可先在附近查看有无迂回道路。如果有就从迂回道路开车，也可用卷扬机或其他车拖救。拖救时，应顺着车头或车尾方向拖，必要时可用定滑轮或动滑轮，以改变拖曳的方向和增大牵引力。

发生坠落

汽车行驶在傍山险峻的道路，或通过桥梁时，由于事故碰撞或其他因素影响，一旦离开路面就会发生坠落。车辆坠落速度大小与降落高度有关，坠落越深，接地时的速度越快，撞击就越猛烈，汽车和人员的损坏伤亡就越严重。

（1）汽车出现坠落时，如果没有时间安全地离开车辆，在汽车落地瞬间要抓紧转向盘，让身体后仰紧靠座椅，随着车体翻滚，这样当车辆摔落到地面时身体有相应的缓冲空间。在翻滚中，一定要避免身体在驾驶室内滚动，防止身体撞击铁质器物而致伤。

（2）如果汽车在坠落过程中没有发生翻滚，应在下落过程中，看清坠落方向的环境特征，以便落地时采取适当的脱离措施。

（3）当看到汽车即将坠到地面时，应缩头弓背，双手抓紧车上固定物体，做好冲击的准备。如果来得及调整身体姿势，可让腿部朝着坠地方向，保护头部，以免受到致命创伤。

落入水中

当汽车突然冲出桥的栏杆或围堤落入水中，或突然被水淹没时，驾乘人员应沉着机智地采取应急措施。

（1）汽车刚落水时，驾驶人不要惊慌，保持头脑清醒，迅速辨明自己所处的位置，确定逃生的路线方案。刚落水时，车内还没有完全进水，这时调整自己的呼吸很重要。保持冷静，始终要将口鼻保持在水面之上，哪怕只有一点点空间，都会为自救和别人营救争取时间。

（2）在车辆落水后，要马上打开电子锁，以防失灵。在转向盘下面找到电子锁的熔丝拔掉即可。如果有时间，可打开前照灯和车厢照明灯，既能看清四周，也便于救援人员搜寻。

（3）汽车沉入水中时，发动机所在的一端首先下沉，另一端会形成一个气泡，这时如果驾驶人来不及逃出，可解开安全带，把头伸到气泡中。如果发动机在车头，可快速爬到后座。

（4）尝试打开车门，如果打不开可考虑从车窗逃生。如果入水后车窗车门都无法打开，就要将面部尽量贴近车顶上部，以保证空气充足，等待水从车的缝隙中慢慢涌入。

（5）汽车逐渐下沉中，车身孔隙不断进水，到内外压力相等时车厢内水位才不再上升。在这段时间里，一定要耐心等待。内外压力不等时，欲强行打开车门反而会方寸大乱。

（6）等到车厢内水位不再上升，深深地吸一口气，打开车门或车窗游出去。如果车门和车窗无法打开的话，也可采用尖嘴榔、高跟鞋或类似物品猛砸侧窗玻璃。砸碎侧窗玻璃时，碎玻璃会连水冲入车内，小心划伤自己。

（7）离开车时，尽量保持面部朝上。如果汽车有天窗，可选择砸碎或推开天窗逃生。特别是在车辆未沉没的时候，从天窗逃生是最好的路径。

（8）浮升时，要慢慢呼出空气，否则就会伤害肺脏。

（9）如果你不会游泳，离车前应在车内找一些能浮的物件抓住。如果有条件，可找一个大塑料袋套在头上，并在脖子处扎紧，塑料袋内的空气可以作为你上浮时需要的氧气。

（10）如果多人被困，逃生时大家要手挽着手，以防留下任何人。等到所有人都离开车后，才可以放手，必要时在安全到岸后再放手。

车轮悬空

由于驾驶人紧急避让或操作失误，使汽车的车轮驶离路面倾骑或悬空在路肩上，这时如果处理不当，处于不平衡状态的车身就很容易倾翻，随时都可能再次发生坠落，对车辆和人员造成进一步损伤。

（1）行驶中，当汽车车轮驶出路肩悬空停车后，驾驶人一定要头脑冷静，先设法使车身保持平稳，并根据具体情况小心处理险情。

（2）稍停片刻，等车辆稳住后，弄清安全的出口处，再小心地离开车辆。

（3）千万要防止人员向悬空方向移动，以免慌乱中加剧车辆的倾斜，甚至导致颠覆。

（4）如果有乘员，应组织好人员脱险，然后仔细观察车辆的险情并采取相应措施。如果道路边有树木、护栏等，应用绳索系住车身，并用坚硬物顶住汽车未悬空的车轮，防止滑移。

（5）如果车辆有倾覆、坠崖的危险，应用牵引绳等系住车身，并拴在路边树木或木桩上。如果路肩处坡度较缓，可挖掘路肩，使悬空车轮着地；如果悬空车轮下方很陡，可用木杠或跳板，以路缘为支点，一头伸到悬轮下，一头用力压下，使悬空车轮驶出。操作时，应时刻注意车辆的细微晃动，以防万一。

（6）人员离开车辆后，不要拥挤在行车道上，应靠路肩站好并利用电话与管理控制中心联系，请求派车辆和人员支援。

接触外电

汽车在进入或行经施工工地时，如果突然与外电接触而带上了电，驾驶人首先一定不要惊慌，而要老老实实地待在车里，然后再想办法。

（1）通过车外人员请电力部门停电，开车脱离电源，并保证电线不会甩到车外人身上或别的车上。

（2）如果汽车无法起动，可用另外一辆车顶走，但不能用钢丝绳拖拉。

（3）如果上述措施均无法实施，汽车不能摆脱电源，可双手不触及车体，双脚并拢着从车上跳下，跳下后继续双脚跳出一段距离。不到万不得已时，不要采取这种措施，因为跳不好就会发生危险。

突然熄火

手动挡汽车突然熄火

现在发动机的性能越来越可靠了，很少因车辆的原因而出现突然熄火的，一般都是由驾驶人操作不当引起的，尤其是手动挡车，如果“油离配合”不好，或者说动力不足时，就很容易被“憋灭”熄火。

（1）发动机突然熄火时，首先不要惊慌，以免导致更大错误。

（2）如果是在行车中突然熄火，千万不可完全关掉点火开关，否则转向盘会被锁死，不能再转动，而这时汽车还在前进，后果不堪设想。

（3）手动挡车在行驶中突然熄火后，可踩离合器踏板、换 2 挡，然后猛抬离合器踏板，发动机便会自动重新起动。

（4）如果是在过障碍、上坡、上马路牙子等低速行驶时突然熄火，一般是由于动力不足，这时最好将车停住，拉驻车制动手柄，挂空挡，重新起动。

自动挡汽车突然熄火

自动挡车没有离合器，因此很少发生自己突然熄火的情况，但不排除由于机械故障而导致中途意外熄火。驾驶人遇到这种情况时，一定要沉着冷静，按照正确的方法分别对付即可。

（1）如果是新手，或对此一点经验都没有，或一时不知道如何办才好，那就打转向灯、靠边停车。在靠边停车前，不要试图扭动钥匙重新起动，否则很容易导致转向盘锁死。

（2）如果前方道路没有情况，就可以在不停车的情况下重新起动。具体做法是：把变速杆迅速推入空挡（N），点火开关转到起动（START）位置，重新起动。起动成功后，再迅速把变速杆移入 D 挡位，即可正常行驶。这时需要注意的是，不要因惊慌导致用力过猛将变速杆推入倒挡位（R），那样将严重损害自动变速器。

（3）如果尝试两次后，发动机仍然无法起动，说明故障比较严重或由于车辆设计原因限制二次起动，这时就应该果断地靠边停车。

正确运用紧急避险的必要条件

行车途中，有时会遇见不可预见的突发性险情，如牵扯进交通事故或违章等。在万不得已的情况下，你应立即采取紧急避险措施。紧急避险虽然是一种合法行为，但是只有具备了以下 4 个必要条件，紧急避险才可以不负刑事和民事责任。

（1）必须是为了避免依法应予保护的国家或集体的公共利益、本人或他人的人身和权益遭受损害。

（2）必须是为了避免正在发生的危险，这时的危险迫在眉睫，对法律所保护的权益已直接构成了威胁。

（3）必须是在别无选择，即不牺牲一个合法权益就不能保护另一个合法权益的情况下，不得已而采取的紧急行为。

（4）因紧急避险所造成的损失，必须小于被保护的利益，即避险行为不能超过一定的限度，否则就没有意义，就要负避险过当的责任。比如，为了避免轧上一只鸭子，而让车撞上一头牛，或者为了避免撞上一头牛而让车撞上一个人，那就是不当的避险。

第21章

途中脱困

留意汽车故障征兆

汽车故障的症状，由于形成原因不同而各具特点，归纳起来大致有8种情况。

（1）工作状况突变：比如，汽车在运行中，发动机突然熄火或转速迅速下降，直至熄火后再起动困难，甚至不能重新起动，这种情况一旦发生就很恼火。

（2）异常声响：汽车在行驶过程中出现的非正常声响，是汽车早期故障的“报警器”。驾驶人在行车中突然听到汽车发出非正常声响，就应立即停车检查，不可带故障行驶。

（3）过热高温现象：通常出现在发动机、变速箱、驱动桥主减速器、差速器及制动器等总成上，有的可通过仪表直接反映出来，大多则需要平时注意观察，用手摸外表温度做简单测试。

（4）漏油漏气现象：指汽车燃油、润滑油、制动液、压缩空气等的渗漏，驾驶人应经常注意察看会漏油漏气的部位。

（5）排气颜色异常：经常观察发动机排出的废气颜色，有利于了解发动机的工作状况。

（6）燃油和润滑油消耗过量：这表明车辆技术状况恶化或产生故障。

（7）出现特殊气味：在车辆行驶过程中，一旦发觉有特殊异常的气味，应立即停车查明情况，以免引起更大的故障。

（8）汽车外观异常：在行驶中，总发觉汽车向一方跑偏，可将汽车停在平坦的场地上，如横向或纵向歪斜，原因多为车架、车身、轮胎、悬架异常。

常见故障的应急处理

汽车行驶途中发生故障，经常会遇到无备件和缺工具等不能进行正常修理的情况，这常常让我们束手无策。如果我们掌握了汽车常见故障的应急方法，就可使故障及时排除，让汽车继续行驶。

（1）多备配件，应急更换。出车时，尽量多带一些行车中最容易损坏的配件，以便应急处理时更换。

（2）就地取材，暂时代替。行车途中，某一部件损坏而导致不能正常行驶时，可用车上不影响行驶的部件代替，或就地取材自制零件来暂时代替。比如，用皮带、背包带来代替损坏了的冷却风扇传动带。

（3）遇到泄漏，堵塞应急。行车途中，遇到漏油、漏水或漏气时，都可采用应急堵塞的方法进行处理。比如，油箱渗漏可采用胶粘剂胶补或用肥皂涂抹，有穿孔可用木塞堵住再用胶粘剂胶补。

（4）利用调整，消除故障。当一些可调整的部件出现故障时，可利用调整的方法消除故障，恢复其性能。比如，离合器打滑、气门有异响、点火时间不对等，都可通过调整恢复工作性能。

（5）坚固复原，贴敷绑扎。行车途中，需要坚固和复原处理故障时，可用绳索、铁丝、木棒等贴敷绑扎。比如，转向横拉杆断裂，可用木棒或铁棒贴敷后用铁丝捆紧，并扎紧两端后维持使用。

（6）条件允许，修复使用。行车途中，对有故障的零件，只要有条件且修复后能可靠地工作，并能保证安全行驶，可用修复的方法进行应急处理。比如，曲轴烧坏，轴颈表面上形成烧痕，可先用油石细心修磨轴颈表面，再用与轴承宽度相同的细砂布拉磨抛光，最后用砂布背面在轴颈表面上反复打磨使表面非常光滑，就可暂时应急使用。

（7）损坏部件，拆下应急。行车途中，对损坏的部件，在不影响行驶的前提下可将其拆下。比如，发电机损坏，可将其拆下，将调节器与电源间的通路切断，只使用蓄电池向点火系统供电，以进行短时应急处理。

（8）影响使用，断开应急。行车途中，当某处导线搭铁放电，一时又无法排除，影响使用时，可将其电源线拆下，停止向该线路供电，只给点火系统供电。

（9）机件损坏，以补应急。行车途中，碰到机件部分损坏时，也可采取修补或用其他材料补充一部分进行应急修理的措施。比如，轮胎内胎被扎漏气，可采取粘补。

（10）电器元件，短接应急。行车途中，当电路中某个元件损坏，既不能修复又无新件更换时，在允许的情况下可将其短路进行临时处理（短路法）。比如，开关损坏使电器无法工作时，可将开关两接柱用导线短接，使电器能够应急工作。到达有条件的地方后，再及时更换损坏的元件。

途中故障急救原则

汽车在行驶途中，当零件损坏不能修复而又无新件更换时，原则上应到汽车维修站进行专业检修。高级轿车的驾驶人，不可随意拆检车上的零部件，更不可用其他配件代替。除非遇到特殊情况，必须进行急救时，方可采取一些临时措施，这时应沉着冷静，多想办法对故障进行急救。

采取急救措施时应注意以下原则。

（1）停车就地取材。

（2）简单易行，制作方便，耗时较短。

（3）保证行车安全。

（4）不损坏原有装置，不加速其他机件磨损。

（5）途中采取的急救措施，在车辆回场后必须及时更换或修理。

途中刮水器不刮水

下雨天刮水器不刮水，又必须得赶路，这时先停车，拿出肥皂，均匀地在风窗玻璃上涂抹一层，涂后前方能见度以保持较清晰程度为宜。行驶中，车速不宜太快。这个方法在途中可反复使用。事后，应及时对刮水器进行修复。

途中燃油不够

途中燃油烧完了，但你离目的地还有数千米，怎么办？其实，这时油箱底还存有一些汽油，只是油箱上油管够不到汽油平面了。

（1）可将油箱倾斜放置，垫上东西，使油箱上油管一侧处于较低位置，就可再行驶一段路程。

（2）可将油箱上油管拧下，找一段内径与上油管外径相同的塑料管或胶管套在上油管上（如连接很紧，就不必用金属丝缠绕；否则，应用金属丝缠绕两圈并扎紧)，按油箱高度剪掉剩余部分，将上油管重新插入油箱拧好，就可继续行驶 3～5 千米。

（3）可拦截过往车辆请求救助。拦车时，一定要注意安全。

自己更换轮胎

车主即使什么都不会修，也一定要首先学会自己更换轮胎。因为，只要你开车出门，就可能遇到换轮胎的情况，在没人帮你的情况下，如果不会自己换轮胎，那可能是件非常为难甚至危险的事情。

（1）靠边停车，打开危险警告灯。

（2）拉起驻车制动器手柄。如果汽车是停在桥上或坡道上，还应在车轮下垫石块或木块以防溜车。

（3）将警示牌放在车后方。如果是在高速公路上，至少应放置在车后 100 米远的位置，一般路面则需要放置在 50 米开外。

（4）车上所有人员应都下来，包括小孩子在内，都要在车外等候。

（5）各车门应都关闭，不能再进入车内取东西或做其他事情。

（6）发动机应完全熄火，在换好轮胎前不要启动发动机。

（7）取出随车工具，包括千斤顶和套筒扳手等。取出备胎，一般都在行李箱的下面夹层中，要松动螺钉才能取出。

（8）用螺钉旋具（改锥）将车轮饰盖板撬下，露出车轮螺栓，用扳手先将车轮螺栓松开（仅仅是松开），否则等车轮顶起来后就不容易再松开。

（9）在指定部位装置好千斤顶，把换胎部位的车身抬离地面。

（10）用扳手将车轮螺栓彻底松开，并将车轮卸下。

（11）装上备胎，将螺栓拧上（仅仅是拧上）。将车身慢慢放落于地面，再一次用扳手将车轮彻底拧紧。注意：在上拧螺栓时要先拧交叉方向的螺栓，这样才会使车轮安装最为牢固。

（12）将车轮饰盖板压入装好。

（13）将坏轮胎放入备胎座内，取回警示牌，整理好工具，重新上路。

（14）当换成“小号备胎”后，车速不要超过 80 千米/小时。这时汽车急制动时可能会跑偏，制动距离也会延长，转向特性也会有所变化，因此一定要谨慎驾驶。

（15）一定要注意，当车辆仅以千斤顶支撑时，车下不能爬入任何人，以防发生意外。

汽车失火

引起车辆火灾的原因是多方面的，有的属设计制造方面的缺陷，有的是机械故障造成的，更多的则属于人为的因素。一旦发生汽车火灾事件，轻则使车辆报废，重则造成人员伤亡。因此，驾驶人应具备一定的消防知识。

（1）当汽车在加油过程中发生火灾时，驾驶人不要惊慌，要立即停止加油，迅速将车开出加油站，在第一时间，拨打 119 报警，然后用随车灭火器或加油站的灭火器及衣服等将油箱上的火焰扑灭。如果地面有流散的燃料，应用灭火器或沙土将地面火扑灭。

（2）当车辆在行驶时不慎失火，驾驶人应马上停车熄火，切断电源，并立即设法离开驾驶室。如果驾驶室门无法打开，可从车窗玻璃处脱逃。灭火时，如果着火范围较小，可用车上现有的物品进行覆盖；如果着火面积大又无灭火器，应用路旁的沙土、冰雪进行覆盖或堵截过往车辆索取灭火器材。无论何种情况，都必须做好油箱的防火防爆工作。如果汽车失火危及周围群众或引起更大灾害，在灭火的同时必须把汽车驶到安全区域。

（3）当汽车发生碰撞、倾翻、坠落等事故后，车上人员应设法尽快离开车辆，以避开车辆着火进而引爆车辆及装载物品等。如果车门无法打开，可从车窗玻璃处脱离。如果火焰逼近自己无法躲避，应用身体猛压火焰冲出火区，冲出时要注意保护好暴露在外面的皮肤，也不要张嘴呼吸或高声叫喊。如果穿着尼龙等由化纤制品制成的容易燃烧的衣物，应及早脱去。如果车上装有易爆物品，应及时离开危险区。在爆炸前，应迅速就地卧倒，充分利用地形地貌，尽量选择爆炸物不易飞进的死角躲避，如凹地、土坡等。

（4）当汽车在隧道失火时，驾驶人应迅速将车驶出洞外，远离其他车辆和人群，然后再设法灭火，以免引起道路设施的毁坏，造成交通中断。灭火扑救时，如果燃油起火，不要用水灭火，只能用灭火器或篷布等蒙盖，断绝与空气的接触，使其熄灭。驾驶人在离开汽车时，应关闭点火开关和油箱开关，取走车上的燃油等。

（5）在汽车中被火烟包围辨别不清方向时，驾驶人应沉着冷静，注意倾听外面人们的呼救声以判别方位，并用身体接触周围物体，从物体位置上辨别方向和自己所在的位置。也可以蹲下身体，使头部尽量靠近地面，因为地面火势小，没有烟，便于辨别方向。一般来说，烟火的走向处便是一个出口，在弄不清方向时身体应顺着烟火的流动方向移动，寻找出口。

（6）由于翻车或撞车引起的火灾时，驾驶人应先将车上的伤员抬下抢救，然后再抢救汽车。如果起火部位火情加大或者有风，就赶紧收拾车内贵重物品远离起火车辆，并拦截路过车辆，避免爆炸伤人而引起连锁后果。

途中“开锅”

行驶中发现冷却液温度表指示非常高，发动机盖冒出热蒸汽并嗞嗞作响，这种现象就是俗称的“开锅”，就是冷却液的温度太高所至，冷却液温度表的指针可能指向“H”刻度，发动机动力也有所下降，这时请按照下列步骤处理。

（1）先靠边停车，自动挡挂入P位，手动挡挂入空挡，拉起驻车制动器手柄，关掉空调。

（2）如果打开机盖后发现冷却液从散热器中沸腾溢出，请立即将发动机熄火，并将车钥匙转到“ON”位置，切勿再启动发动机。车钥匙处于“ON”位置，是为了让散热器的电扇能自动运转以利于散热。如果这时电扇没有工作，就可将车钥匙转到“OFF”位置。

（3）检查储液罐内的冷却液面高度，如果液面较低或没有冷却液了，就再检查上下水管及其接口是否有漏液现象，或检查是否有风扇传动带断裂现象。

（4）如果什么问题都没发现，就可能是冷却液太少造成的，想法添加冷却液到储液罐半满状态，启动发动机怠速运转试试，看储液罐中液面是否下降很快，如果是，就表示冷却系统有泄漏现象，只能等待救援了。如果怠速运转一会儿后冷却液温度恢复正常，就继续上路。

需要注意的是，停车后如果发动机盖仍不断冒出热蒸汽，切勿立刻打开发动机盖，以免发生意外。当发动机和散热器在高温时，绝对不能试图打开散热器盖或储液罐盖，因为高温高压沸腾的冷却液可能会从加水口处喷出，从而导致烫伤。

途中无法起动车辆

转动车钥匙起动车辆，发动机毫无反应，一点动静也没有，怎么办？

（1）如果是自动挡车，这时首先要检查变速杆是否在P挡位位置，如果在其他位置，即使踩着制动踏板也无法起动。这时把变速杆前后拉动几次，然后再挂到P挡位上，再踩着制动踏板启动发动机。一般新手或对自动挡不太熟悉的驾驶人，都可能犯这样的错误。

（2）如果仍然起动不了，这时检查蓄电池是否有电或电压过低。检查方法就是：

首先打开前照灯，如果前照灯根本不亮或极暗，就表明蓄电池没电了，或者是蓄电池接头被拆下了；如果前照灯亮度正常，但转动钥匙启动发动机时前照灯的灯光也跟着钥匙的转动而一暗一暗的，就表明蓄电池电力不足，或接头腐蚀严重，可拆下接头用螺钉旋具或砂布清理接头上的腐蚀物。拆蓄电池时一定要先拆负极，再装上时要先接正极线，以免产生火花。

（3）如果清理后，仍然显示电力不足，那就地找其他车来救援了。

（4）当车辆一旦起动成功后，最好直接开到汽车配件商店或修理厂去更换蓄电池，途中千万不可熄火。

用推车法起动手动挡车

如果你的车是手动挡车，如果你确认蓄电池只是电量不足，但仍能接通车上各个电路，也就是仪表灯可以全亮，那么你就可以找人推车起动了。

推车起动的具体操作步骤如下。

（1）确认车辆处于平缓路面的安全地带，以免推车中妨碍他人或出现意外。

（2）将钥匙拨到接通电路的位置（ON），仪表灯全亮。

（3）踩下离合器踏板，挂 2 挡或 3 挡（离合器踏板不要松开）。

（4）车速起来后快而平稳地松开离合器踏板，一般就能重新起动车辆。

（5）如果起动失败，可能是车速较低造成的，可再尝试。

用“救命线”跨车起动

如果蓄电池没电了，只能依靠他人汽车上的蓄电池来帮助起动。

（1）将救援车的车头尽量靠近被救车的车头，使这两车的蓄电池尽量靠近些，自动挡车挂入 P 挡位，手动挡车挂入空挡，并都拉上驻车制动器手柄。

（2）打开发动机盖，再次确认两车蓄电池的电压是一样的，轿车一般都为 12 伏。

（3）用其中一根救命线将两车蓄电池的正极连接起来，再用另一根救命线将救援车蓄电池的负极和被救车的发动机缸体（或发动机吊钩等）连接起来。

（4）先起动救援车，让发动机运转数分钟后，使其发动机转速维持在 2000 转/分左右，以提供充沛的电力输出。

（5）起动被救援车辆，并在起动成功后稍踩加速踏板维持 2000 转/分左右运转数分钟，补充电量。

（6）按照连接救命线的相反顺序，将连接线拆开，即先拆负极连接线，再拆正极连接线。

（7）千万不可将两车蓄电池的负极相连。

（8）在跨车起动时，不要让手和连接线接触到传动带轮、传动带或电扇等。

（9）蓄电池产生可燃的氢气，要让明火远离蓄电池，否则可能发生爆炸。在蓄电池附近工作时请不要抽烟。

（10）一旦起动就不要熄火，而应直接驶往能更换蓄电池的地方。

第22章

汽车节油

选择一辆“小胃口”车

如果你是一位普通员工等“经济型”人士，要想避免成为“车奴”，就得关注用车成本，还是实际一点买辆“小胃口”的节油车吧，免得以后养起车来感到力不从心。

（1）在满足动力性和加速性要求的同时，尽量选择排量偏小的车型。

（2）从节油的角度，选择柴油发动机车要节约得多。

（3）选择压缩比低一些的发动机，使用的是较低标号的汽油，也就节省了油钱。

（4）在其他条件相同的情况下，小型车行驶时要克服的阻力就小些，因而也就节油。

（5）汽车的自重一般与油耗成正比，小型车自重每增加 40 千克要多耗燃油 1%。

（6）尽量选择款式新一些的车，一般越新款的轿车发动机节油性能越好。

（7）选车时要考虑汽缸数，同排量发动机缸数越多，燃烧越充分，也就更节油一些。

（8）在其他条件相同的情况下，一般是手动挡车比自动挡车节油。

（9）采用子午线轮胎的汽车节油。

（10）节油口碑好的品牌和车型，基本“胃口”都小。

保持良好车况

保持良好车况是节省燃油的基础。如果汽车技术状况不好，就会增加燃油消耗。汽车的技术状况是随着使用里程而变化的，运行时间越长，技术状况越差。因此，要及时对汽车进行调整和维修，以保证它始终处于良好的技术状况，为节省燃油奠定可靠的基础。

随车附带的汽车使用说明书，都是厂家根据此车型的具体情况所做的一个非常有针对性的用车指导。把车买回家后，首先就要认真阅读车辆使用说明书。它上面一般都列有保养时间表及相关保养项目，作为车主一定要遵照执行，否则就很容易导致车辆出现故障。据美国联邦贸易委员会公布的数据，超过保养期仍在使用的车辆，其燃油消耗平均增加 4%。

掌握一种熟练驾驶技术

驾驶人在驾车中起步、停车、加速、换挡等各个环节的操作习惯、熟练程度不同，油耗也不一样。要想做到节油，就必须准确熟练地操作，掌握节油技巧，只要这样才能取得较好的节油效果。

（1）起步时要平稳。急速起步 10 次，浪费燃料 120 毫升以上。

（2）尽量少踩制动踏板，要利用放松加速踏板的方法来减速。

（3）汽车出发或到达目的地，要尽可能选择有利的地点顺车掉头，避免倒车掉头，特别要避免几退几进的倒车掉头。

（4）装载货物或上下乘客时，尽量找路面坚硬的略有溜坡和顺风的方向停车。

（5）在路况不熟悉的地方开车时，要事先打听好路线和地点，避免走冤枉路。

（6）处理好道路上的各种交通情况，如跟车距离、路口红绿灯、上下坡、会车、超车、越过障碍物等。

（7）避免行车中突然加速。

（8）行车时挡位要适当，不能在挂低速挡的情况下仅用加速踏板来加速。

（9）避免空踩加速踏板。空踩加速踏板 10 次，浪费燃料 60 毫升。

（10）该快时不慢，特别是在高速公路上行车时，如果情况允许，将车速保持在 90 千米/小时左右最节油。

改掉一些驾驶恶习

有的驾驶人车技不错，驾龄也不短，可是开同样的汽车，装同样的载重量，跑在同样的道路上，耗油量却跟别人有着天壤之别，相差很大。因此，从某种意义上讲，决定油耗的关键不是车，而是驾驶人自己，及时纠正不利节油的恶习，对人对己对车都有好处。

（1）改掉“有事没事总喜欢猛踩加速踏板”的费油恶习。

（2）改掉“开车时不停乱转转向盘”的费油恶习。

（3）改掉“喜欢开飞车”的费油恶习。

（4）改掉“喜欢争速抢道”的费油恶习。

（5）改掉“急起步”和“快制动”的费油恶习。

（6）改掉“盲目涉水”和“险路瞎冲”的费油恶习。

（7）改掉“把左脚长时间放在离合器踏板上”的费油恶习。

（8）改掉“喜欢将油箱加得满满的以图省事”的费油恶习。

（9）改掉“长时间堵车时也不熄火”的费油恶习。

（10）改掉“长时间挂低速挡行驶”的费油恶习。

带上一颗平常心出车

良好的驾驶心态，对油耗的影响绝对超过 80%。特别是交通不畅、等红灯或变更车道时，不少人喜欢见空就抢，见缝就钻，频繁地急加速和急制动，油耗自然比匀速时增加 2～3 倍。开车上路，驾驶人就得不管在何时何地都能保持心态平衡。

（1）不急躁，提早几分钟出门。做到早睡早起，避开路上车多人多的拥挤高峰期，因为走走停停比正常行驶多耗油 50%。

（2）不逞强，逞强会使驾驶人做出无谓的加速、超车、并线等动作。这种不良情绪不但影响驾驶习惯，更会影响驾驶安全，而且还耗油。

（3）不超速，车速过慢或过快都会使汽车所消耗的燃油增加。一般情况下，60～80 千米/小时的车速是最节油的。时速继续提高，油耗也在不断提高。

（4）不时常变道，变道会比直线多耗油 25%。这是因为要不停地加速和不停地制动，而且路线弯弯曲曲，路程就远了，显而易见要更耗油。

（5）不瞎等。途中遇到堵车时，与其停停走走，不如改走支线，可以减少堵车。

（6）不空踩加速踏板。在行车中遇到阻碍时，一定要平心静气地控制好自己的脚，不要用猛踩加速踏板的方式来发泄自己的不满，这样只会大大增加耗油量。

（7）不娇气，合理使用空调。尽量少开空调，尤其是在堵车或停车等待时；在不太冷不太热时，尽量利用汽车的通风系统及风扇，或多开窗而不用空调；需要开空调时也要调到适当温度，不要过高或过低；争取做到低速开窗不开空调，高速再开空调。

（8）不空转，停一分钟就熄火。在堵车或等人时，尽量避免使车辆处于发动机空转的状态。

建立一个油耗档案

汽车用油，一定要做到心中有数。将油耗记录下来，然后对比一下，看看每个月油耗是多了还是少了，及时分析一下油耗变多或变少的原因，以便总结经验，这样“算计”虽然辛苦却对节油大有帮助。如果有可能，可以根据用车记录，计算出每月每季或每年的平均燃油消耗。经常计算油耗还有个好处，如果发现油耗增加了，可以先分析原因，如果是因开空调或暖风造成的还可以理解；如果是最近驾驶习惯有问题就应改进；如果实在找不出原因而油耗又增加很多，就要到4S店去检查，因为有可能是汽车出了毛病。下面介绍一种谁都能马上学会的简单油耗测量法。

（1）到一个好加油站加满油箱。观察里程表，记下此时的里程数A。

（2）在你经常行驶的路面跑上大约100千米时，再到同一个加油站去加满油，这时要记录好总里程数B，记录下新加油数量C。

（3）做一道算术题：百千米油耗=（实际燃油消耗量/行驶里程）×100=100C/（B−A）。

（4）如此记录，三四次之后取平均值就得出车辆的实际百千米油耗了。

规划一条便捷行驶路线

选择合理的、智慧的行车路线，这是节油的最直接体现，因为多走哪怕是一千米的路，也是需要燃油来提供能量的。

（1）每次开车出门前，最好计划一下行驶路线，尽量避开堵车地点。

（2）多留意交通广播，注意每次所经路线的路况。

（3）行驶在路上时，要注意交通标志的更改，留意修路改道情况。只有做到心中有数，才能既减少路程，减少油耗，同时也极大地争取了时间。

（4）在路线控制上，尽量走直线。

（5）在选择路线时，应遵循以下原则：多环路（高架桥），少城路；多右转，少左转；多大路，少小路。

选择一个安全加油站

加油时，最笨也最实用的方法，就是选择中石化和中石油的星级固定加油站，这样油品质量有保证。

（1）尽量选择一些规模大的管理正规和信誉度较高的加油站。

（2）加油时，注意检查加油机显示面板上是否贴有强检合格标志，标志是否在有效期内。

（3）加油前后要多留心，宁可多花几分钟时间，睁大眼睛紧盯住加油枪，注意观察加油机上的回零装置回零后再加油。有些加油站使用“障眼法”，在不回零的情况下给车主累计加油，蒙骗车主，有的加油工甚至刚给前车加完油就直接给后车加。

（4）加油时除了注意观察加油机视油器中有无气泡，还要注意观察加油机流速是否正常，正常加油机的流速均匀（匀速跳字），约在 45～55 升/分钟之间。如果是加装了附加脉冲发生器等作弊手法的加油机，常常流速不均匀，跳字忽快忽慢，一般比正常加油机的流速要快，大约在 80 升/分钟左右。

（5）如果能在加油前记住油箱最大容量和加油时的剩余油量，一般加多少就心中有数了。如果油机显示屏的数字与估计的相差太大，说明这个加油站就极有可能存在猫腻。

（6）加油快结束时，要特别留意加油工是否提前收枪。

（7）如果对加油站不放心的话，可以在油箱上做记号，每 10 升画一个格，随时检测油站是否偷了油。

（8）如果对加油站的计量器具有怀疑，可要求加油站工作人员用“公平罐”现场测试。

（9）加油后要索取发票，保留好相关的票据和资料，以利事后监督和作为追究的佐证。

（10）如果当时发现问题，可在不离开加油站的情况下向质监和工商部门举报投诉。

养成一个合理用车习惯

有的车主去一个非常近的地方，也就是骑自行车五六分钟的路程，也要开着车去；有的车主没事就驾车闲逛，这种常把汽车当作自行车的用车习惯，还谈何节油？因此，在每次计划驾车出门前应思考再三，权衡一下利弊。如果是去一个公共交通非常方便而对自驾车反倒不很方便的地方，那还不如劝自己别开车去，直接乘坐公共交通。据调查，一辆普通私家车，每天的使用成本至少 50 元，这其中只包括燃油费、存车费、过路费、维护费等。

（1）能不开车时就尽量不开车。

（2）避免没有必要的超短途用车。超短途用车，发动机温度还没上来就到目的地了，这样的行驶模式是很费油的。

（3）避免驾车闲逛。驾车漫无目的地闲逛时，每升汽油行驶的有效距离为零。

（4）出车前要例行检查，不开“带病车”。

（5）收车后要及时补充燃油和核算油耗，然后做好以检查、紧固、润滑、清洗、调整为内容的例行保养，发现故障及时报修排除，做到不养“病车”。

丢掉一些不必要负重

降低汽车的行驶阻力，这是提高燃油经济性的有效手段之一，所以在行驶中应尽量减少无关紧要的装载物。如果放置10千克无用的物品随车行驶1000千米，就会白白浪费400毫升燃油。作为车主来说，首先能做到的就是减轻汽车自身的质量，多余的东西会增加汽车的负重，从而也就增加油耗。

（1）行驶中，尽量减少无关紧要的物品。

（2）定期清理行李箱。除了应急工具外，其余可要可不要的杂物最好都清理出去。

（3）尽量减少汽车上一些不必要的好看但不实用的附加装置，减轻汽车的自重。

绷紧一根“安全弦”

驾驶人节油，一定要取之有道。如果为了节省一点燃油而放松了那根“安全弦”，那就得不偿失，甚至危及自己和他人的生命安全。毕竟，行车安全，永远是最重要的因素。

（1）行车中遇到危险情况，必须果断地采取紧急制动，确保安全。

（2）汽车下长而陡的坡路时，必须利用发动机的牵阻作用降速下坡。

（3）熄火滑行虽然不消耗燃油但对发动机损害很大，得不偿失，而且危险。

（4）是否采取加速滑行驾驶，必须根据具体情况而定。

（5）开车在诸如城市道路、泥泞道路、乡村道理、山区公路、曲狭路、便桥、危桥、沙漠地区、高原地区、沙土路等复杂道路上行驶时，危险性大，只能慢速行驶，以确保安全，所以多耗一些燃油是正常的。

（6）在恶劣的天气，虽然要多耗费一点燃油，但保证了安全，这就是最大的节约。

（7）夜间行车时，道路上交通情况比较简单，驾驶人精神状态不佳，反应会变迟钝，容易引发交通事故。因此，开车时应慢一点，多费点油没关系，保证了安全就是幸福。

走出一些节油误区

（1）降低燃油标号。对于汽油发动机来说，燃油标号代表着这一油品的抗爆燃性。一般来说，压缩比越高，需要加注的燃油标号也就越高。有的驾驶人为了省点油钱，而降低车辆的燃油标号，那么燃油可能会在"不该燃烧爆炸的时间点爆炸"，因而打乱了车辆原有设计的燃烧程序，轻则造成发动机抖动，重则还可能造成汽缸积炭甚至发动机损伤。因此，千万不能为了省点钱而选择低标号的燃油。

（2）急加速强行滑行。有的驾驶人认为汽车滑行距离与节油量成正比，在行驶中片面追求滑行距离，为滑行而滑行。比如，有的驾驶人在车辆起步不久，便急踩加速踏板迅速加速，然后又马上脱挡滑行，等车速降到较低时又猛踩加速踏板再重复上述过程，这种滑行方法虽然滑行距离长，但达不到节油的目的。因为，猛踩加速踏板，节气门几乎全开，发动机的油耗会急剧增大。正确的加速滑行，应该是加速自然，降速适当。缓加速比急加速节油，降速适当比降速过低节油。

（3）加速与滑行交替。有的驾驶人驾车时，把车辆加速到一定速度，然后进空挡滑行到之前的速度，再重复加速到刚才的速度，如此反复。加速与滑行交替，这个办法的好处是在低速行驶环境下极为节油，坏处是降低整体平均速度，可能导致变速器磨损。

（4）空挡滑行。挂空挡行驶不仅违反交通禁令，对采用电喷发动机的车辆来说反倒费油，这是由于大多数电喷发动机的控制系统具有减速减油或断油功能，只有在高速带挡滑行时才会更节油，放空挡相反会费油。

（5）跟大车。有的驾驶人喜欢跟随在高速行驶车辆，尤其是大卡车的后面或后侧方，认为这样可以减少空气动力学阻力，这样确实是具有一定节油效果，不过很危险。因此，不要跟车距离太近，以免发生事故，一定要与前方大型车辆保持一定的安全距离。

（6）低速高挡。任何一款车都有属于自己的经济时速，只有在这个经济时速行驶才是最节油的。一般来说，轿车的经济车速为 60～80 千米/小时，低于或高于这个速度肯定会增加油耗。由于汽车刚刚起步时会特别耗油，因此一定要坚持挂低挡起步，轻踩加速踏板，缓慢加速，学会听发动机的声音来逐步把挡位从低调高，这样可以减少发动机的升温时间，节油又安全。至于很多驾驶人认为的开车时低挡高速非常费油而低速高挡会大大节油，其实这是一个节油误区。

（7）强制性发动机停转。强制性发动机停转这种做法更适合混合动力车，比如丰田混合动力车具有发动机自动停转功能，在停车时只要使劲踩下制动踏板，发动机就会停止运转，只要抬起制动踏板，发动机就立即恢复运转，从而减少大量油耗。其实，任何汽车都可以效仿这种功能，用通俗的话说，就是先起动汽车然后马上挂空挡，之后关闭发动机，再起动。强制性发动机停转，这种方法虽然很节油，但对发动机和蓄电池的损坏严重。

（8）高挡位。虽然高挡位相对比较节油，但并不是说高挡位就一定节油，这里要避免拖挡行驶的现象。拖挡就是驱动力小于行驶阻力时，如果不及时降挡，发动机就会产生不稳定的工作状态，传动系统也会发出异常响声，这种现象就称为拖挡。它往往就是因为挡位太高造成的，出现这种现象时对发动机和传动系统的损害较大。因此，该低挡时就低挡，低挡位时牵引力较大。在上坡、加速时，要及时降低挡位，否则最后可能是燃油没省下来，反而损害了车，得不偿失。

（9）过度提高轮胎压力。车辆原厂的轮胎配置，绝对是经过无数工程师精心设计和实验后得出的最佳配置，如果你连这一点都不相信而盲目地去更换更窄的轮胎，或是提升轮胎压力、降低接触面积、降低滚动阻力，那么你同时等于也接受了增加制动距离这样一个可怕的现实。因此，使用原厂轮胎，并保持正常轮胎压力，这才是正确的选择。

（10）高速开窗透气。开窗透气这样的方法，在低速行驶时不仅可以节油，而且还可以加强车内空气的流通，给车内带来更多的新鲜空气。但是，当车速达到 80 千米/小时以上时，气流的阻力将大大高于低速状态，这时如果开窗驾驶，爱车就像背了一个大风斗，反而会比开空调更费油。

（11）把空调温度调至最低。把空调温度调在最低温度，这样做空调泵就会不停地运转，鼓风机也会处于高挡风位，加大了汽车的负载，达不到节油的目的。

（12）热车没完没了。很多驾驶人习惯在发动车辆后先热车一段时间，认为这样既省车又可以在行驶中达到节油的效果。事实上，这种做法不仅费油费时，还有可能对车辆直接造成损害。一组相关的调查数据显示，在近年新推的车型中，发动机机件的部分磨损问题，有 90%左右是在冷车发动后 3 分钟内造成的。因此，热车时间不可过长，热车时只需等到发动机转速回到正常水平即可，这个过程夏天约为 0.5～1 分钟，冬天时间要略长。

（13）少加油。理论上讲，油耗与车重有关是正确的，所以很多车主加油时考虑到这一因素而尽量少加，理论上这种做法无可厚非，但实际情况并非如此。虽然油品标号一样，但是不同时段的油品质量还是有细微差别，在使用过程中频繁加油会导致油品品质不一致，从而造成在发动机中燃烧不充分，既影响了车辆的动力性，也增加了油耗。此外，当油箱中只有小半箱燃油时，油箱中要空出不小的空间，这些空间便会装入许多空气，当夜间将车辆停放在室外时，潮湿的空气便会充入油箱中，这些含有大量水蒸气的空气便会在油箱内壁凝结成小水珠，从而可能导致内壁锈蚀等问题，进而出现堵塞油路等故障。因此，为了减小车辆负重而总让油箱保持低油位的办法，对节油省钱并没有什么好处。

（14）暂停熄火。车辆熄火不工作肯定节油，但还存在另一个问题：发动机每次起动的瞬间油耗都很大，通常会高出正常工作状态20%左右，孰省孰耗，不能一概而论。此外，发动机多次熄火、起动，势必降低使用寿命。因此，遇到临时交通管制和严重事故阻塞，当然可以熄灭发动机等待。但如果遇红灯即熄灭发动机，可能导致更高的污染和油耗。

（15）盲目信任节油产品。很多车主为了捉住人人喊打的“油耗子”，养了一大堆的“猫”，什么瓶装的、颗粒的，什么汽油添加剂、机油添加剂，什么加装节油装置，以及节油贴等，可谓是五花八门，品种齐全。其实，很多车型出厂时就具备了合理的节油装置，贸然对其进行改装或使用某些节油产品，结果很容易“偷鸡不成蚀把米”。车主要想使自己的爱车节油，最好的方法就是培养节油的驾驶习惯和养护习惯，以及用车习惯，而不是轻信各种节油产品和装置。否则，即使最终“油耗子”减少了，却多了一大堆的“黑猫、白猫、花猫，甚至野猫”，它们糟蹋的“粮食”未必就比“油耗子”糟蹋得少。

第 23 章

综合养护

汽车保养的种类

汽车维护保养按照传统分法，大致分为行驶车保养、停驶车保养、初驶保养和换季保养。

（1）行驶车保养：行驶车保养分为日常保养和定期（定程）保养。日常保养包括出车前检查、途中检查和回程后维护，保养项目全部由车主来完成；定期（定程）保养项目在《使用手册》中有详细列示，其中小部分项目由车主完成，大部分项目则要由厂家专修点完成。

（2）停驶车保养：凡停驶一周以上的车辆，都应进行停驶保养。

（3）初驶保养：凡新车和大修车在初驶前、初驶中、初驶后都应进行初驶保养。

（4）换季保养：凡全年最低气温在摄氏零度以下的地区，在入夏和入冬前都要进行换季保养。

日常养护

起步前

安全驾车的第一步在于起步前仔细检查。如果不养成起步前检查的习惯，就会造成行车中的安全隐患。通常起步前要坚持对车辆进行下列检查。

（1）检查各个车灯的情况，特别是制动和转向信号灯工作是否正常。

（2）检查制动装置工作是否良好，包括对制动器、制动液液面，以及制动尾灯的检查。

（3）检查燃油量。

（4）检查后视镜位置是否合适。

（5）检查前照灯、后尾灯、制动灯及风窗玻璃是否清洁。

（6）检查轮胎气压和胎面是否正常。

（7）检查发动机润滑油油面是否符合要求。

（8）检查刮水器和风窗玻璃清洗液液面及工况是否符合要求。

（9）检查车辆外露部分螺栓、螺母是否安全。

（10）启动发动机，检查发动机运转是否正常，有无异响，各仪表、警告指示灯工作是否正常。

起步后

起动时，要先看转速表再起动，否则总使用起动机会把起动机烧坏。起步后，也要对车辆进行下列检查。

（1）检查底盘：在安全的路面上，一边以 20 千米/小时以下的车速驾驶车辆，一边检查底盘各部，发现故障应及时排除。

（2）检查转向：检查转向盘，看看有无异常摆动、自然偏向一边或操纵沉重等现象。

（3）检查制动：检查制动器的作用是否正常，有无左右制动效果不良的现象。

（4）检查仪表和指示灯：对于车内仪表盘上的指示灯或警告灯还有仪表，也要观察一下是否正常。

行驶中

在行驶中，应随时注意各个仪表的显示，注意发动机和底盘的工作状况。遇道路不好时，比如有沟、坎、较高或较低的井盖、大石头等，不要高速行驶，而应低速通过，以防剧烈的撞击使车辆产生机械变形，将螺钉、密封件等撞松撞坏。

（1）当发现警告灯亮或机油表显示机油压力低于正常时，应立即停车检查。

（2）当发动机冷却液温度低于正常温度（80～95℃）时，应及时调节百叶窗或帘布的开度，使发动机冷却液温度经常保持在正常温度。发动机在正常温度会减少磨损，提高车辆的经济性和动力性。当冷却液温度高于 95℃且调整无效时，应停车检查风扇传动带张紧度及冷却系统是否缺液或漏液。

（3）当燃油表的指针异常下降，应立即停车检查油管或油箱是否破裂。

（4）行驶中注意检查转向系统的操纵性，有无跑偏、摆头现象。如果有异常现象，应停车检查。

（5）在蓄电池和发电机工作正常的情况下，当发动机处于中等转速时，不用灯光和喇叭，充电指示灯应熄灭。

途中停车时

在中途休息时，应进行下列项目的检查：用手摸制动器感觉温度是否过高；检查转向拉杆等连接部位是否正常可靠；检查轮胎气压、轮胎温度，清除轮胎花纹中的夹杂物；检查有无漏液、漏油、漏气现象；巡视全车外身，检查有无异常情况。

（1）车辆途中停车检查，通常应在行驶2小时左右后进行。检查有关总成部件温度时，应停车后立即进行，以免温度下降，不能及时发现问题。检查的方法是用手摸试，如摸试轮毂靠近轴承处的外壳，如果用手贴上后感觉难以忍受，就属于温度过高，应进一步检查；如果在检查时能忍受30秒以上，特别是在炎热季节，就属于正常。

（2）在检查中，如果轮胎温度过高，应停车冷却后再行驶。禁止采用浇冷水的方式给轮胎降温，否则会造成轮胎早期损坏，缩短使用寿命。

（3）在检查中，如果发现有渗漏现象，应立即检查相关总成的油量，缺少时补充和修理。在检查渗漏情况时，如果渗漏严重，应及时排除；在一般情况下，除了行驶时要注意外，可回场或宿营后进行补充和修复。

停车入位时

停车入位，这是驾驶人每天必做的事情。由于市内停车位少，大家发现车位后恨不得马上就停入，却常常忽视了对轿车的安全保护。

（1）停车时一定要注意，有转向助力的转向盘转到底的时间一般不要超过5～15秒，并且最好不要把转向盘转到底。否则，转向助力泵会很快受损。

（2）停好车后，要下车观察前轮是不是扭向一边。最好让两个前轮平行且垂直，让汽车的前转向束处于正常的放松状态。否则，汽车转向机构的使用寿命会降低。

收车后

如果停车前发动机曾在重负荷下工作，不要立即熄火，而应以怠速运转一段时间后再熄火。收车后，车主应注意检查养护轿车，方法如下。

（1）检查发动机运转是否正常；察听有无漏气之处；检查和补充燃油、机油、冷却液。

（2）用手摸制动器是否发热或过烫。

（3）检查轮胎气压是否充足。

（4）在严寒地区，应将蓄电池搬入暖室内，关闭所有开关和按钮。

（5）检查并配齐随车工具及附件。

（6）清洁全车外部，打扫驾驶室内部。

定期养护

每周养护

为了使汽车的使用寿命更长，使用时更节油，我们不仅要在每天进行维护和保养，还要每周做一次维护。每周维护的项目如下。

（1）检查调整轮胎气压、清理轮胎上的杂物。检查时，注意不要忘记备胎。

（2）检查发动机各部件的紧固情况，查看发动机各结合面有没有漏油漏液的情况；检查调整传动带张紧度；看看各部位的管路和导线固定情况；检查、补充机油；检查、补充冷却液；检查、补充蓄电池电解液；检查、补充动力转向机油；清洁散热器外表；补充风窗玻璃清洗液等。

（3）检查全车外部的灯光情况，特别是后部制动灯。如果有灯泡不亮，应及时更换。

（4）清洁汽车外表。

（5）清洁车内各部位。

每月养护

在每月保养时，应重复每星期的保养项目，但所进行的检查工作应更细致。每月养护计划应在每周检查的基础上，增加以下几方面的检查。

（1）巡视汽车，检查灯泡及灯罩的损坏情况；检查车体饰物的固定情况；检查后视镜的固定情况。

（2）检查所有轮胎包括备胎的气压；检查轮胎的花纹深度及磨损情况，如果出现偏磨或磨损异常，需要到维修站进行检查和调整；如果磨损严重或接近轮胎的磨耗记号，就需要更换；检查轮胎有没有鼓包、老化裂纹和其他硬伤等。

（3）彻底清扫汽车内部；清理行李箱中的多余物品；清洁冷却液散热器、机油散热器、空调散热器外表上的杂物。

（4）清洁汽车外表，去除车体上的油污并修补车体脱漆的部位。

（5）检查底盘有没有漏油的现象，发现有漏油痕迹应检查漏油部位并进行适当的补充；对底盘所有的润滑脂油嘴进行充分的补脂作业。

每半年养护

每半年进行的保养，一般安排在春秋两季进行。

（1）清洗发动机外表，清洗时注意对电气部分进行防水处理。如果电气部分的防水要求较高，应避免用高压高温的水枪来冲洗发动机，可以用毛刷沾清洁剂清洗发动机外表。

（2）用干净的抹布擦净分电器盖内的污物，清除分电器触点处的污物，消除触点烧蚀的斑痕，检查高速触点间隙或电子点火系统的磁极间隙，润滑分电器各润滑点。

（3）清洁或更换发动机“三滤”和机油。用压缩空气吹去空气滤清器的灰尘；视情况更换燃油滤清器并清洗管路接头的滤网；结合更换机油，视情况更换机油滤清器。对于国产车还应清洗机油粗滤器、燃油预滤器和离心式细滤清器。

（4）检查蓄电池接线柱部分有没有腐蚀的现象，如果有就及时清除。

（5）检查补充冷却液，清洁散热器外表。

（6）检查轮胎的磨损情况，对轮胎实施换位；检查轮毂、轴承预紧情况，如果有间隙应调整预紧度。

（7）检查调整驻车制动拉杆工作行程；检查调整鼓式驻车制动器的蹄片间隙；检查调整制动踏板的自由行程；检查车轮制动器蹄片磨损情况，如果达到磨耗记号应更换制动器蹄片；检查调整车轮制动器蹄片间隙；检查补充制动液等。

（8）检查底盘重要螺栓和螺钉的紧固情况，特别是转向系统的重要螺栓和螺钉，发现有松动或缺损应补齐拧紧。检查底盘各部分管路情况，查看有没有泄漏情况；检查紧固所有金属连接杆件，并检查橡胶轴套有没有损坏的情况；对底盘所有润滑点进行补脂润滑。

（9）彻底清洗汽车内、外部，并对脱漆和破损部位进行修补。

（10）检查修理汽车灯光，检查维护制冷、取暖装置，清洁音响系统等。

每年养护

虽然每半年的汽车保养已经很全面，但还是应该每年对汽车进行一次比较深入的检查。每年的保养是和每第二年半年保养一并进行的。保养时，在半年的保养项目中再加上以下内容。

（1）检查调整汽车发动机的点火正时情况（现在很多车型的点火正时不可调，由电脑自动调整）。对于点火正时的检查与调整，最好到修理厂进行。

（2）对于柴油机，要检查调整供油正时。

（3）国内轿车仍有部分发动机装有普通气门，应检查调整气门间隙。对于装有液力挺柱的发动机，就没有此项。

（4）清洁发动机盖、车门和行李箱的铰接机构的油污，重新调整并润滑上述机构。

每两年养护

冷却液的使用年限一般为2年，届时应在年度保养中更换冷却液，并对冷却系统进行彻底的清洗。由于制动液的吸湿性，制动液应每 2 年更换一次。

（1）更换冷却液并清洗冷却系统。

（2）更换制动系统和离合器传动系统的液力油。

除了上述驾驶人可以自己完成的保养项目外，还应按照汽车生产厂家的规定，将汽车送到修理厂进行汽车的二级保养和定期保养项目，完成一些自己不能做的保养。现在，我国一些中高挡轿车的仪表板上有一个维护保养指示灯，当该指示灯亮时表示到了需要到厂保养的时间，应尽快到特约维修站进行维护。

远行前后养护

远行前

就算你平时懒得要命，很少为轿车花费心思，但在远行前对轿车的关怀可绝对不能忽视。远行前，最好将轿车开到特约维修服务站进行一次全面体检。如果条件不允许，可以自己对轿车做一遍仔细检查。

（1）检查轮胎，如果发现轮胎磨损严重，应更换新的轮胎；带好备胎，以便出现问题时随时更换；随车携带速可补药剂或简易的补胎工具及气泵等。

（2）检查制动系统，看看制动片是否太薄，制动碟是否光滑平整，再检查轮毂轴承有无缺油，如果磨损严重或烧蚀就应及时更换。当然，这些检查非一般车主所能为了，最好找一家规范的服务店做一个四轮保养才可以放心上路。

（3）检查散热系统，保证风扇、散热器等部件的机件灵敏；检查散热器是否缺冷却液，如果缺冷却液应及时加满，也可以在行李箱里放一桶水，以备不时之需；长途行驶或长时间行驶时应注意冷却液温度，如果温度过高就停车休息。

（4）检查一下底盘，如果有些部位有金属裸露外边，可做一下底盘封塑；对全车螺栓要进行紧固；仔细检查传动轴上的十字轴承是否松旷，以防在行驶时间长了后松动或脱落，从而引起事故。

（5）仔细检查喇叭和灯光有没有问题；对于灯光，除了本车的全车灯光要检查一遍外，还要准备大功率的救急灯；检查蓄电池电压是否正常、有无破损等。

（6）检查发动机有无漏液、漏油、漏气现象；电动机起动是否正常；机油是否达到合适的刻度，是否变脏，需不需要更换。

（7）对漆面进行一下保养，因为我们外出就是要跟大自然亲密接触的，野外飞行的昆虫，路面飞起的沙石，甚至花花草草等，都会对轿车的漆面有所伤害。

（8）除了清洁车身外，还要注意清洁轿车内饰。

（9）彻底检查一遍全车的橡胶套是否松旷老化，如果松旷老化就会引起方向的抖动，使车辆行驶不稳定，轮胎也会早期磨损。一般汽车上有四个减振器来保持汽车的稳定舒适，出门前也要检查一下，看是否漏油或失效。

远行后

长途归来，千万不要忘了为陪你走南闯北的轿车做个全面体检，尽早排除潜在的安全隐患，这样还能延长轿车的使用寿命。

（1）先目视检查一下磨损标记，看看四条轮胎是否有极限磨损。如果轮胎的花纹和磨损标记都没有问题，而且轿车跑起来也不“发抖”或跑偏，那就正常。

（2）从三个步骤检查制动系统：一是听制动时的声音有无异常；二是感觉一下制动力是否充足，踩下制动踏板时的高度与新车时有无明显区别，磨损严重的在采取紧急制动时会明显感觉踏板位置低；三就是看上次更换制动片的时间和里程，一般手动挡车型的制动片每5万千米左右才要更换，而自动挡车型会适当提前。

（3）如果在外地旅游时给轿车加入了乙醇汽油，归来后应立即更换汽油滤清器滤芯，视车况清洗喷油器，以保持轿车的最佳状态，避免杂质堵在了汽油滤清器或喷油器上，引起车辆怠速不稳、加速无力、起动困难等症状。

（4）除了正常洗车外，还要及时清理掉附着在散热系统或发动机室盖排水孔位置的树叶、灰尘、污物等物，防止这些污物让散热系统的工作效率下降，引发机械故障。清理时，可到服务站用高压空气配合清水彻底清理，以保证车辆的最佳工况。

（5）确认底盘在游玩过程中有没有被剐蹭过，有没有发生过拖底或其他对底盘部分的非正常伤害。如果有的话，应立即到厂家指定的修理厂修复；如果没有，也应该在彻底清洗底盘后对相应部位进行清洗和润滑。

（6）长途行车后，电气部分的负担会比平时重很多，尤其对于跑了较长时间夜路来说，频繁使用灯光后要检查一下各个指示灯是否都正常工作。

（7）一般长途高速行驶后，发动机机油的性能都会大幅下降，加上外出旅游多半路况复杂，所以在下一个保养周期到来前，适当提前更换发动机的机油及滤清器。同时要检查的，还有散热器冷却液、变速器齿轮油、制动液等油液，如果发现过度消耗也应一并补足。

（8）一定要立即清洗轿车，在洗车时要力求全面，边边角角都不能放过。洗完后给轿车打打蜡，不但能将车漆表面的污物彻底清理掉，而且还延长了保洁时间。如果在出游期间轿车不幸发生过剐蹭，应尽快修复。

（9）除了常规的清洗外，驾驶室内的细节同样马虎不得。相对而言，地毯、车顶和门饰板等绒面包裹部位的灰尘还算比较容易清理，关键是空调送风道内，还有仪表台的一些旮旯难以彻底打扫，这就需要专业人员用蒸汽等方法给它们清洗消毒了。

（10）打开发动机室，看看各个管路连接的接口部分有无油污的痕迹，以此判断橡胶套是否有老化、破损的，如果破损要尽快修复。

长期停驶车辆养护

长期停驶的车辆，会因为受到大气侵蚀而使各总成和机构的技术状况逐渐变坏，以致失去原有的技术性能。为了减轻这种不良影响，车主应经常对停驶的车辆进行必要的养护工作，使其处于良好的性能状态。

（1）凡停驶一周以上的车辆，应解除轮胎和减振设备的负荷，可找一些支撑装置支撑在车架下，使车身悬空。

（2）每周清除一次灰尘，有条件时将车停于车库，无条件时应用车衣遮盖。

（3）每半月发动一次发动机，每次怠速运转 3～5 分钟，并检查一次轮胎气压，必要时进行充气。

（4）每月进行一次蓄电池充电，充电前应对电解液密度进行检查和调整。

（5）停驶两个月以上的汽车，应进行封存，并进行封存前的保养。

（6）长期停驶的车辆，应尽量减少使用棉麻制品，因为它容易吸收水分而发生霉变。

（7）停驶车辆要防止鼠害，因为老鼠的破坏力往往超出了人们的想象，电线、轮胎、内饰件都会成为它们的食物。

（8）长期停驶的车辆，汽油的辛烷值会下降，从而使其抗爆性降低。因此，要严密封闭汽油油箱，并避免温度过高。

换季养护

春季养护

冬去春来，天气渐暖，春季养护应注意以下方面。

（1）参照车辆使用说明书全面检查轮胎气压。

（2）及时添加或更换冷却液，不要用清水替代。

（3）增加车上的防静电设备，避免人体携带静电，也避免静电干扰或击穿车上的部分电气设备。

（4）车身落满沙尘后，别用掸子擦拭，以防夹带大量沙尘的掸子给车身制造细微的划痕。

（5）保持空滤的完好和清洁，以防柳絮和花粉之类的恶意骚扰。

（6）及时清洗空调冷凝器散热器、冷却液散热器，预防由于阻塞引起的冷却液温度过高现象。

（7）不要打开外循环，以防尘土吸入空调系统。

（8）行车时，仔细检查各部位胶管有无损伤或老化，有的话就必须更换。

（9）检查左右两侧排水孔是否被堵塞，以免下雨后雨水排放不畅倒灌进车内。

春夏换季养护

春夏之交，天气多变，换季保养最关键的是润滑油的选择及润滑系统的清洗和保护。

（1）选择润滑油时，电喷车尽可能选择 SJ（15W—40）以上的级别，高挡车最宜采用 SJ/SL 半合成油或合成油。

（2）对发动机内部进行免拆清洗，并增添发动机保护剂。

（3）清洗发动机及压缩机外表面污垢和油外，还必须清洗散热器、空调进气网及蒸发箱。

（4）对空调通风管路进行一次彻底的清洁消毒。

（5）严格按照车辆使用手册规定的气压标准定期检查轮胎，保证轮胎气压稍微偏低，左右两轮气压一致；检查轮胎外表磨损程度以及是否有铁钉等物；定期给轮胎喷洒保护剂。

（6）天气转热后，尽可能将轿车停泊在车库及阴凉处。如果长时间停放在户外，应罩上车衣，最好按全车比例贴上一层防爆太阳膜。

（7）在入夏之前，可以给轿车做一次“桑拿”。

夏季养护

进入夏季，气候炎热，夏季保养一定要做好防暑降温，避免轿车自燃。

（1）长时间在高温情况下，要注意冷却系统的降温措施。

（2）对于散热器冷却液的液位、曲轴箱机油、制动液的液面高度、蓄电池内电解液密度和液面高度等都要注意经常检查，一旦发现异样需及时添加和调整。

（3）严密注意轮胎，看是否鼓胀得厉害或测量胎压，必要时稍稍放些气。

（4）夏天经过长时间行驶或高速行驶后，应停车散热，严禁泼水降温。

（5）为防止发动机产生过热现象，保养时应注意风扇传动带不能沾机油，以防打滑，并尽量保持传动带松紧适度。

（6）将曲轴箱和齿轮箱换上夏用润滑油，经常检查润滑油油量和油质情况并及时更换。

（7）坚持使用由乙二醇等化学成分配制的冷却液，可免除“开锅”困扰。

夏秋换季养护

夏秋交替，天气渐凉，换季保养应从冷却液入手。

（1）夏季喜欢用自来水代替冷却液的，立秋后应及时把自来水换成冷却液。

（2）检查蓄电池的电极接线处，如果有绿色氧化物，一定要用开水冲掉。

（3）为空调做一次彻底的保养，并注意暖风管线及风扇保养。

（4）注意风窗玻璃下的除霜出风口出风是否正常，热量是否够，如果出现问题要及时解决。

（5）气温下降时要补充轮胎气压，使其保持在规定的气压范围内。

（6）检查一下轮胎花纹的磨损程度，如果轮胎花纹深度不足1.6毫米时就要更换新轮胎。

（7）如果车身有明显刮痕，应及时做喷漆处理。

（8）最好能为汽车表面做一次从清洗、抛光到打蜡、封釉或镀膜的美容养护和一次彻底的内饰杀菌与清洁。

秋季养护

秋季到来，天气转凉，秋季保养首先要从轮胎开始。

（1）及时给轮胎补充气压，使其保持在规定的范围，同时检查轮胎是否有刮痕。

（2）对底盘进行除锈处理，并检查底盘是否存在刮花、螺栓脱落等现象。

（3）全面检查制动系统，进行相应的清洗、润滑、除锈等处理，检查制动有无变弱、跑偏，制动踏板的蹬踏力度是否有变化，必要时清理整个制动系统的管路部分，保证系统性能正常。

（4）油、液、电是汽车常规保养不可忽视的项目。机油、制动液和冷却液，犹如轿车的血液，到更换周期一定要换掉，以保证油液循环通畅。

（5）检查冷却液、玻璃清洗液等液类，以防变质。

（6）检查各种插头，以保证插头接触正常及防水密封功能正常。

秋冬换季养护

秋冬交替，天气变冷，换季保养以预检为主。

（1）检查车辆外部有无明显刮伤，如果有就及时做外部的喷漆处理。

（2）检查发动机机油是否为四季通用的，如果不是就应及时换成更适合冬季使用的机油。

（3）检查一下变速器、分动器、差速器、转向器等部位用油是否正确。

（4）检查冷却液是否需要更换。

（5）检查制动系统是否正常；检查制动液是否够量、品质是否变差，需要时应及时添注或更换；检查制动有无变弱、跑偏，检查制动踏板的蹬踏力度及制动时车轮抱死点的位置，必要时清理整个制动系统的管路部分。

（6）检查蓄电池的接头有无松动和腐蚀，如果已松动就用活扳手拧紧，如果腐蚀结碱用热水冲一下就好。

（7）检查空调有无毛病，如果有就及时修理。

（8）检查进风口或进风格栅、电子扇等位置是否有杂物，如果有就用压缩空气吹走。

（9）检查轮胎是否有明显的外伤、刮痕及胎压是否符合标准，并注意经常清理胎纹内夹杂物。

（10）检查刮水器片等橡胶制品是否老化，如果老化就需要更换。

（11）检查玻璃清洗液储液罐里是否是自来水，如果是，那冬天结冰后就会把储液罐冻裂。

（12）清理车辆内饰后，再用保护剂进行护理，可使车内饰件焕然一新。

冬季养护

秋去冬来，天气寒冷，冬季给轿车做好养护，让它和你一起温暖过冬。

（1）首先，必须保证油路畅通，机构必须正常化。油器、燃油泵、高压泵、喷油等符合要求，气门、活塞环的密封性良好，气门间隙、点火（喷油）正时配气相位正确，汽缸压力、大小瓦的松紧适宜。

（2）其次，要确保电路工作正常。低压火、高压火的强度合适，高压线的阻尼大小、分火头的绝缘程度、电热塞热效应良好，点火线圈、火花塞工作正常，起动转速符合规定。

（3）按使用说明书的规定选用燃油及润滑油，环境温度与燃油牌号应正确配用。

（4）采取适当的措施对车辆进行保暖。

（5）冬季汽车保养时，可以加入燃油系统干燥除水保养剂。

冬春换季养护

冬春交替，冷暖无常，换季保养时维修人员会对轿车进行多达 10 多项的常规检查。换季保养，应及时进行一次全面的检测和保养。

（1）给轿车做一个全面的车内清洁。

（2）给车身漆面做好必要的养护。

（3）经过了一个寒冷多雪的冬季，底盘和轮胎的检测也不能忽略。由于融雪剂具有一定腐蚀作用，因此要对底盘进行全面的清洁。对于汽车轮胎，更要进行全面的检查。

（4）在换季时，最好还要更换适合季节黏度标号的润滑油。

换季养护的重点

平时养护属于“保健性养护”，是有重点的检查调整、保健，特点是“以养为主”，以保持汽车健康为目标。换季养护属于“康复性养护”，是全面系统的检测调整、损伤治疗，特点是“以治为主”，以恢复汽车的健康为目标。

汽车经过一个季节和一定里程行驶，金属零部件磨损、腐蚀，橡胶密封件老化失弹不可避免，这种品质和性能的劣化过程会随气温的过高或过低变化而超常发展。在用车辆换季维护一般是由驾驶人负责完成，换季维护作业中心内容为更换符合季节温度要求的润滑油、冷却液，调整燃油供给系统和充电系统，检查冷却系统和暖风系统的工作情况。

换季维护是一次对汽车全面的维护，应结合换季维护将汽车的状态调整好，并且有针对性地排除以往经常出现的故障，使汽车能够顺利安全地行驶。

（1）换季养护时，重点是车身和底盘。

（2）换季养护，要注意“四液”。

选用汽车养护用品的注意事项

现在，越来越多的车主用车养车更加理性，除了必需的车辆维护一定要去维修厂外，更愿意购买汽车养护用品自己动手，这样既能节省车辆养护费用，还能有效地提高车辆的性能和使用的舒适性。选用汽车用品的注意事项如下。

（1）知名品牌，建议选购。建议选购一些知名的品牌，购买有厂家名称、地址、电话和有质量认证的产品，例如“3G”、“QS”认证，进口产品如“TUV”等。

（2）购买渠道，选择正确。汽车用品销售利润相对较高，所以市场上不乏假冒产品，其仿真度连专业人士也难以辨认。因此，车主应到大型商场或产品的专卖店购买，并要求商家提供销售凭证或售后服务凭证。

（3）货比三家，多做参考。留意汽车杂志对同类产品的使用评测报告，并可以参考各大汽车网站汽车用品栏目对这些汽车用品的使用对比报告。选购时，一定要货比三家。

养护误区

（1）随意使用添加剂。有的驾驶人为了提高汽车性能，常常添加不同品质的添加剂。专家对添加剂的态度是，既不推荐也不反对。因为，就算是一款很好的添加剂，也需要看使用环境和配套产品等外界条件，不是任何情况都适用的。如果你想选购添加剂配合使用的话，最好选择市场反映好、朋友在类似环境中试用过、厂家有明确保障的产品。在使用添加剂的过程中，要注意观测汽车的变化。如果有不适反应，就要及时更换添加过添加剂的油液。

（2）忽视备胎。有的驾驶人不把备胎当回事，车上不带备胎，或备胎已经破损，或气压不足，成了聋子的耳朵——样子货。一旦出现事故，驾驶人只能眼睁睁地等着救援，承受如拖车费、救援费等巨大的经济损失。

① 重视备胎，就像重视汽车的其他四个轮胎一样。

② 定期检查备胎的压力，确保其处于正常的准备工作状态。

③ 确保和备胎匹配的工具都能正常使用，如轮胎扳手、千斤顶、千斤顶摇把等。

④ 备胎不能当正胎使用，只是临时替换用。当完成必要的行驶后，驾驶人要及时到汽车修理厂对原轮胎进行修复或者更换，然后换下备胎，让其继续自己的备用状态。

⑤ 有些车型使用的是比正常轮胎小一号的小备胎，在使用时一定要控制车速，一般情况下车速最好不要超过 80 千米/小时。

（3）保养过勤。有的车主经常会收到经销商发送的保养信息，所以就经常保养。新车没开多久，又是换机油，又是换机油滤芯，忙得不亦乐乎。保养频率高不是什么坏事，能更有效地保障车辆的各项性能，但过于频繁也没有必要。只有科学地确定各类保养作业的间隔里程，能使汽车经常保持良好的技术状况，还节省保养和修理费用。车主最好还是参照汽车制造厂推荐的保养周期。对于一些定点维修经销商经常推荐的维修周期，最好仔细斟酌一下，除非你的车经常行驶在条件恶劣的环境里，否则就没必要缩短保养周期。

（4）保修期后去小店保养。车辆行驶 2 年左右时车况最好，车身各个部件达到了最理想的状态，这时汽车的保修期已过。很多车主认为 4S 店店大欺客，维护保养比一般的修理店贵，因此为了省钱，就选择到非 4S 店的修理店进行保养，觉得这样既实惠又可靠。其实，这并不完全正确。4S 店的养护是针对专门车型的维护保养，比普通修理店专业，并且所用机油和配件都是原厂的。而其他普通修理店的机油和配件，可能并非是原厂的。

（5）清水等于冷却液。春暖花开，气温回升。有的车主会发现散热器里的冷却液不足，于是就随意用清水来补充。这时，虽然汽车防冻问题已不存在，但清水易生成水碱、水锈，而且沸点低，极易造成“开锅”现象。因此，不能随意将冷却液换成清水。在换冷却液时，要检查左右两侧排水孔是否被堵塞，以免雨后排水不畅使雨水倒灌进车内。

（6）开锅误区。有的车主驾车时发现开锅，就立即熄火；有的车主起动汽车时忘记加冷却液，等发现温度已经过高时就向发动机缸体和缸盖上浇凉水来降温，这些都是不对的。汽车开锅以后，首先不要着急，要沉着冷静地将空调调至外循环、热风状态，这样可以帮助发动机迅速降温。为防情况恶化，开锅后应注意以下几点。

① 不能立即熄火，而应怠速运转一段时间，并打开全部百叶窗。

② 不能立即开盖加冷却液。因为，散热器内冷却液沸腾后有一定的压力，这时如果立即打开散热器加液盖，热水会向外喷出，极易造成人员烫伤。正确是做法是，发现散热器开锅后，立即打开百叶窗以增加空气流量，等温度有所下降，不再沸腾时，用湿毛巾垫手，先把散热器加液盖拧开一挡，放出水蒸气，稍等片刻再全部打开，同时要将脸部避开加液口上方，防止热气喷出烫伤脸部。

③ 不能用冷水浇发动机，否则后果很严重，有可能会造成发动机缸体由于骤冷而炸裂，造成不可挽回的后果。

（7）忽视换季养护。有的车主只记得按里程保养，却不知道其实汽车的换季“体检”更重要。在不同季节更替时，汽车换季保养的内容有所不同。虽然不是每次换季都要去4S店做深度保养，但春秋两季的保养却很重要，也就是说，告别冬季和即将进入冬季的换季保养是不可怠慢的。

（8）使用不同花纹轮胎。有的车主在轮胎出现损坏进行更换时，不注意型号，选择了与其他轮胎不同型号或不同花纹的轮胎。轮胎是汽车行驶和静止指令的最终执行机构，如果四个轮胎不匹配的话，会影响汽车的正常行驶性能。在轮胎损坏进行更换时，要选择与从前同一品牌、同一型号、同一花纹的轮胎。最好四个轮胎同时更换，或者同时更换同一个轴上的两个轮胎。在没有同种轮胎又必须更换的时候，可以临时更换其他品牌或者花纹的轮胎，但最好不要放在驱动轮上，在可以更换同种轮胎的时候要及时更换过来。不过，不同花纹的轮胎，可以作为备胎使用。

（9）更换宽胎。有的车主在做汽车改装时，喜欢换上更宽更扁的轮胎，认为这样行驶更平稳，抓地也牢。但是轮胎摩擦力的增加，势必影响加速性能和增加油耗，因为发动机要克服更大的地面阻力。特别是在小排量汽车上，大比例地增加轮胎宽度会严重影响汽车的加速性和油耗。轮胎过扁也是一样，在增加操控性的同时也丧失部分舒适性，所以不要盲目地为轮胎升级。每款车的轮胎匹配规格，都是汽车厂家经过精确计算和大量试验得出来的结果，不要轻易更换不同型号的轮胎。如果你想为汽车增加某部分的性能，并且不介意增加油耗的话，可以适当增加轮胎的宽度，一般允许10毫米左右，但要确保不会和其他机械结构发生冲突。

（10）螺栓过紧。汽车配件的安装调整不是简单的装卸，就是拧螺栓也有很多要求。螺栓拧得过紧，一方面会使连接件在外力的作用下产生永久变形，另一方面也将使螺栓产生拉伸永久变形，预紧力反而会下降，甚至出现打滑或折断现象。当然，拧得太松，起不到固定效果也不行。每一个螺栓都有自己的原始设定的力量要求，这种要求一般以千克（千克）为单位。在专业的汽车修理厂，工人们都有一个叫“千克扳手”的工具，这个扳手可以测量拧螺栓的旋转力度。在重要的机械部位，如发动机、变速器等位置的主要连接螺栓，都需要用这个工具发挥作用。在拧多个螺栓固定部件的时候，要按对角线的顺序逐个拧紧螺栓。拧的时候要逐渐加力，分批拧紧，不能一次拧到位，这样才能让两个部件顺利平稳地接触。

（11）颠簸路面大开天窗。有的车主喜欢一直开着天窗，即使在颠簸路面上也是如此，这样会因为天窗和滑轨之间振动太大而引起相关部件变形，甚至使电动机损坏。

① 尽量不要在颠簸的路面使用天窗，特别是电动天窗。

② 在日常的维护中，最重要的就是天窗密封胶条的养护。平时使用时，要注意密封条处不要存有尘埃、沙尘等杂物，每两个月至少要用湿海绵清洁一次。用细细的滑石粉进行保养，可以延长密封圈的使用寿命。

③ 清洗天窗时，要将天窗完全打开，拿一块干洁的软布轻擦天窗滑轨上的灰尘，然后对天窗活动部分和传动管道进行润滑，最后将天窗完全打开和关闭几次，再用一块软布擦掉多余的润滑剂。需要注意的是，千万不要使用容易吸附或沾染灰尘的润滑剂。

（12）附件传送带宁紧勿松。有的车主认为提高附件传送带的张紧度，就可以提高压缩机的制冷效果和发电机的发电量，因此便一个劲地提高传送带的紧度。其实，这种做法是错误的。附件传送带应当保持适当的张紧度。因为，传送带过紧会使轴承负荷过大，会缩短部件的使用寿命，还会导致传送带出现断裂，最终会影响到车辆的正常使用。

（13）胎压宁高不低。有的车主喜欢把轮胎气压充得很高，认为这样既可以超载又可以节油，这种做法是不正确的。轮胎气压过高，会使轮胎接地面减小，胎面磨损加重，降低了制动时的制动效果，这会影响到行车安全。轮胎气压过低也不好，气压过低除了会影响行车安全和制动效果以外，还会加速胎肩的磨损和增加车辆的燃油消耗。因此，车主在利用气泵自行充气时，应当按照厂家规定的气压进行充气，轮胎气压标签通常位于车身或是油箱盖上面。

（14）进口轮胎就是好。有的车主买轮胎时特别喜欢进口的，结果却发现，国外推出的新款轮胎对国内用户来说并不合适。因为，国外平整的路面与国内的路况有着较大区别，适合国外路况的轮胎，在国内的道路上不一定就有上佳表现，特别是胎侧的耐冲击力方面显然有些水土不服，就如同穿着意大利名牌皮鞋走石子路一般。一些国外品牌的轮胎，在国内合资生产后，都根据国内道路状况在轮胎侧面增加了一层帘子布，从而大大增强了胎侧的抗冲击力。合资生产的轮胎，从性能上讲完全能够替代进口货，而且价格更实惠。

（15）蓄电池并联混用。有些车主在启动发动机时，因原有蓄电池存电不足，就并联上了一只充足电的蓄电池共同使用。实际上，并联后充足电的蓄电池会以很大的充电电流向存电不足的蓄电池充电，极易造成极板活性物质脱落，影响其使用寿命。同时，蓄电池并联后并不能提供给起动机很大的起动电流，更不利于发动机的启动。正确的方法，应当是把存电不足的蓄电池拆下，换上充足电的蓄电池，然后再启动发动机。

（16）蓄电池串联混用。在蓄电池使用中，有时会出现新旧蓄电池串联使用的现象，这种做法会缩短蓄电池的使用寿命。因为，新蓄电池内的化学反应物质较多，端电压较高，内阻较小，而旧蓄电池端电压较低，内阻较大。如果将新旧蓄电池串联混用，那么在充电状态下，旧蓄电池两端的充电电压将高于新蓄电池两端的充电电压，结果造成新蓄电池充电尚未充足而旧蓄电池充电早已过高；在放电状态下，由于新蓄电池的电荷容量比旧蓄电池的电荷容量大，结果造成旧蓄电池过量放电，甚至造成旧蓄电池反极。蓄电池不能新旧混用。此外，不同电荷容量的蓄电池也不能串联混用，因为两种电荷容量不同的蓄电池串联使用时，往往会使电荷容量小的蓄电池过量充电或放电，缩短其使用寿命。

（17）忽视蓄电池通气孔。蓄电池在充放电过程中会产生氢气和氧气，尤其在过充电时，水被电解而产生大量的氢气和氧气。蓄电池加液孔盖上的通气孔就是用来散发这些气体的。平时如果忽视通气孔的疏通，造成通气孔阻塞，蓄电池在化学反应时产生的热量和气体无法散发，会使蓄电池内部温度和压力不断升高，最终导致蓄电池爆炸。因此，在日常维护蓄电池时，应注意疏通通气孔，防止脏物堵塞通气孔。

（18）行李箱当仓库。有的车主，尤其是女性车主，认为行李箱放的东西越多就越能发挥行李箱的作用，所以经常是打开行李箱后就找不到再放东西的地方，这种习惯既不安全也不经济。因为，从安全角度考虑，行李箱过多的物品增加了车重，直接影响到制动效果，在紧急制动的情况下，行李箱中的物品会在惯性的作用下继续向前冲，这种惯性很可能会成为安全隐患。从经济角度考虑，行李箱中物品增加的重量，将会大大增加油耗。因此，车主要学会合理使用行李箱，必要的东西可以留下，可有可无的一定让它赶快搬家。如果你的汽车只是在单位和家之间徘徊，甚至可以拿下备用轮胎。

（19）间歇性用车。有的车主平时不舍得开车，只有放假时才出去遛遛，其实这样的用车方式是很伤车的。间歇性用车时，发动机和变速器等传动机件表面会因常处于与空气直接接触的状态而生锈，蓄电池也会因为长期的自然放电而缩短到使用寿命。最好的方法，是每隔几天用一次车。

（20）短途用车。有的车主爱拿汽车当自行车用，几步路也要开上车，这样总是短途用车、频繁地起动与关闭发动机也会伤车。车随时在动，但都开不远，这是伤车的重要原因。车上机件在发动机起动至稳定阶段之间磨损最严重，发动一次车，蓄电池所消耗的电力大约要行驶 20 分钟才能补足，这样的短途用车习惯很容易使车辆提早出现毛病。

① 尽量减少不必要的短途驾驶。

② 如果无法避免短途驾驶，最好定时让汽车痛痛快快地跑上一回。

③ 经常短途驾驶的车辆，就要经常更换机油。

（21）长时间使用空调。有的车主在炎热的夏季喜欢贪凉，长时间没完没了地使用空调。使用空调降温是无可厚非的，但过长时间地使用空调制冷就存在问题了，不仅大大增加了汽车的油耗，而且还会使冷凝器压力过大，这会造成制冷系统的损耗，影响空调的使用寿命，还需要定期添加冷却介质。因此，每次使用空调时间不宜过久。如果车内温度已经达到舒适程度，就可以把空调关掉，隔一段时间再开。在冬天，空调的热量主要是来自发动机，在热车状态下几乎不会增加油耗，而且也不会增加发动机的负担，可以放心使用。

（22）一进车内就打开空调的内循环。有的车主在炎热的夏天，为了增强车内的制冷效果，习惯一进车内就打开空调的内循环，认为这样可以让车厢内温度下降得更快一些，其实这种做法是不正确的。因为，内循环是空气在车内封闭空间内的循环，车内的含氧量会不断下降，而且如果汽缸中的汽油燃烧不完全，未燃烧尽的一氧化碳也可能漏进车厢内，因此车内的空气质量会越来越差，甚至对人体产生危害。

① 准备上路前，应先开门开窗通风片刻，再上车起动。行驶一段路程后，再开启空调，关闭车窗，并开启外循环。等车厢内温度下降后，再换成内循环。

② 连续使用内循环的时间不宜超过 1 小时。使用一段时间后，要换成外循环或开窗透气。

③ 当车外路面空气浑浊的时候，尽量不要使用外循环。

（23）停车后继续使用空调。有的车主为图凉快，在夏天停车后关紧车门车窗，打开空调在车里休息，这样极易导致车内一氧化碳浓度过高而中毒。

① 每次停车后，应先关闭空调再熄火。

② 在熄火停车状态，最好不要使用空调。

③ 在怠速状态，使用空调时间也不要太长，而且要保证车内的通风，不能在车里睡觉。

（24）先开空调后着车。有的车主在炎热的夏天，一上车后就心急火燎地先打开空调，让空调迅速降低车内的温度，这样在停车状态下开空调是不科学的。因为，在空调开启状态下起动汽车，发动机会带着空调的负荷起动，这样的高负荷会损伤发动机，另外空调的运行还会瓜分蓄电池的电流，让电动机不能正常工作，造成起动不畅。上车后，先把所有车窗都打开，启动外循环，把热气尽快排出去，等车厢内温度下降后，再关闭车窗，开启空调。为减少发动机的磨损，最好在着车两三分钟后再开启空调，这样可以保证在发动机的最佳工作状态中完成启动空调的任务。

（25）长期不用空调。有的车主觉得长期使用空调有很多负面影响，索性就让空调长期闲置，以为这样可以省钱省事。其实，空调和所有的电子、机械类的产品一样，长期闲置下去会诱发很多“病症”。长时间不用空调，会导致其橡胶圈老化，空调内部各部件上的润滑油也会挥发，各通风管道还会沉积灰尘等。因此，定期启动空调能让各部件接受润滑油的润滑，维持良好状态，这是非常必要的。

① 为了让空调保持最佳的工作状态，即使在冬季，最好也每周启动空调一次。工作时间不用很长，一般2～3分钟即可。

② 空调在夏季到来前，必须进行维护，如通过储液罐检查制冷液及空调滤芯是否过脏、散热器是否有异物等。同时，首次使用空调时，应注意观察空调系统是否有异响、异味等。如果正常，也不要正常使用，应运转约2～3分钟后关闭空调开关，约5分钟后再次启动。

（26）停车不关音响。有的车主停车后，靠熄火拔钥匙直接给音响断电。长期这样非正常关机，不仅会影响电子产品的寿命，而且在汽车起动时还会影响发动机的起动效果。因此，车主应养成熄火停车前关掉音响的好习惯。如果上车后发现音响没关，应先关闭音响再启动发动机，正常启动后再打开音响。

（27）随意改装音响。有的车主在购买新车后，喜欢自己对汽车音响进行改装。汽车音响改装属于比较专业的改装范畴，随意改装很容易出现问题。音响改装是一种专业的操作，建议最好交给专业的音响改装店完成，不要自己动手改装。

（28）在颠簸路面使用CD。有的车主放起CD来没完没了，即使到了颠簸的路面上还要继续播放，这样颠簸时光盘容易错位甚至被卡住。由于CD的激光头要求工作状态平稳，在振动中光盘与激光头的撞击可能会损伤激光头，所以振动是CD机的大忌。因此，不要在颠簸路面收听CD机，更不要做更换光盘的操作。如果是短小瞬间的振动，可以不关闭音响，但在通过颠簸路面时一定要减速慢行，以减少汽车的剧烈振动。

（29）将光盘推入CD盒中。有的车主在听光盘时，为了能快点听到音乐，就把光盘直接推入CD盒中，这样做是不正确的。因为，车载CD和我们平时家用的CD一样，需要精心的呵护。通常车载CD的工作环境更为复杂，条件也更恶劣，在操作中要更加小心，严格按照使用说明操作。现在的车载CD一般都采用吸入式设计，将CD轻轻放在入口处便会被自动吸入。为了确保CD的播放质量，日常维护也很重要。不要把CD随处丢弃，以免划伤，更不要放在那些很脏的地方，以免把大量的灰尘带到CD机里面。尽量不要用手摸CD的表面，以免手上的油污粘在上面，影响CD的播放效果，甚至影响使用寿命。

（30）音量过高。有的车主驾车时喜欢将汽车的音响开到很大，用这种方式来刺激自己的情绪。其实，这种做法有很多弊端：从音响本身来考虑，高音量是造成音响过早烧毁的原因之一；从人的健康考虑，长期在高音环境中开车，容易引起听力减退、耳鸣、头痛、头昏、失眠、高血压、心率改变，也可影响胃的蠕动和分泌，甚至产生听力损伤，导致噪声性耳聋；从安全的角度考虑，车内音响音量过高容易干扰驾驶人的注意力，让自己听不见警报的声音。

① 为了确保行车的安全和驾驶人的身体健康，在车内最好不要将音乐声音调得过大。

② 为了确保音响输出的音质，避免瞬间电流过大，调整音量时要由小至大慢慢加。

③ 在周围路面环境十分嘈杂时，最好不要听车内音乐。

第24章

美容与装饰

自助汽车美容的护理方案

自助汽车美容的高级护理方案

自助汽车美容的高级护理方案的特点，就是美容品全部采用纯天然洗车液、纯天然车蜡和清洗上光保护剂套装、内饰保护剂等材料制成，pH 值呈中性。通过日常护理，可起到防氧化、防酸、抗紫外线照射、防老化等作用。

（1）将纯天然洗车液根据产品浓度稀释、搅匀，用软毛巾或海绵擦洗车身，然后用无纺棉或软毛巾轻轻抛光。

（2）将纯天然车蜡轻轻摇匀，用柔质布把蜡薄薄地涂在车体上，每次按半平方米涂擦，并擦除多余积蜡，再用干净布轻擦抛光。

（3）根据车轮情况，取车轮清洗剂对车轮进行处理，大约 10 秒后冲洗干净，用干净布擦干，再上上光保护剂。

（4）用柔软毛巾或无纺布将真皮清洗剂均匀涂于皮革表面，然后用另一块干净布擦干，再将皮革在阳光下预热 10～15 秒。将摇匀的真皮上光保护剂用柔软毛巾或无纺布均匀地擦在皮革件上，并立即用另一条柔软毛巾或无纺布抛光；然后将内饰保护剂喷于车内仪表台等物上，用无纺布擦拭干净。

自助汽车美容的普通护理方案

自助汽车美容的普通护理方案的特点，就是利用特殊的高科技配方增光聚合物，其润滑性能好，能有效无损地洗去污渍，且使氧化严重的车漆经抛光后得到较好的修复，并能对清洗的物件起保护作用，防止紫外线破坏及老化。

（1）将高科技洗车液根据产品浓度稀释、搅匀，用软毛巾或海绵擦洗汽车，然后用无纺棉或软毛巾轻轻抛光。

（2）将聚酯上光镀膜蜡轻轻摇匀，用柔质布把蜡薄薄地涂在车体上，每次按半平方米轻擦，并擦除多余积蜡，稍后用干净布轻擦抛光。

（3）根据车轮情况，用轮胎泡沫清洗剂对轮胎进行清洗，然后用干净布擦干，再涂上上光剂保护。

（4）用柔软毛巾或无纺布将真皮清洗上光保护剂均匀涂于皮革表面，然后用另一块布擦干，再将皮革在阳光下预热 10～15 秒。将摇匀的上光保护剂用柔软毛巾或无纺布均匀地擦于皮革件上，并立即用另一条柔软毛巾或无纺布抛光；然后将仪表台上光保护剂喷于车内仪表台等物上，用无纺布擦拭干净。

新车护理方案

新车护理方案的特点，就是配方较柔和，不伤原有车蜡，在新车表面形成致密的保护膜，能有效地防水、防酸碱及其他化学物质的腐蚀，为新车驶入变质环境提供理想的保护。

（1）将泡沫洗车上光剂喷于车体，用海绵或软毛巾擦拭，然后用清水冲净。

（2）用软布或海绵将摇匀的隐形车衣在车身上轻轻以圈状打匀，稍后用干净软布擦净。

（3）将透明保护剂摇匀后喷于擦净的皮革、橡胶等表面，再用干净布擦净。

汽车清洗

常用洗车用品

洗车不仅仅是使汽车清洁亮丽、光彩如新，其主要的目的在于保养。由于汽车表面各部位的材料质地和形状的不同，在清洗汽车时宜选用合适的用品。常用洗车用品包括水源、海绵、毛巾、浴巾、麂皮、板刷等，特种清洗还需要除锈剂和除油剂。

（1）水源：要求清洁无污染，自来水就能符合要求。

（2）海绵：要求洗车用的海绵应具有一定的韧性、抗拉强度和耐磨性。用它擦拭车身时，有利于保护漆面及提高作业效率。

（3）毛巾和浴巾：要求选用无纺布制品，普通毛巾和浴巾难以满足要求。用它擦拭车身的过程中，不会有细小纤维的脱落。

（4）麂皮：要求选用较厚、皮质韧性好、耐磨性好的。用毛巾或浴巾将车身表面擦干后，再用麂皮进一步擦干。

（5）板刷：要求选用鬃毛板刷，不但具有较好的韧性和耐磨性，还可以减轻刷洗作业对橡胶、塑料件的磨损。用它清除轮胎、挡泥板等处附着的泥土垢。不提倡使用塑料纤维板刷。

常用汽车清洗剂

（1）二合一清洗剂：也称二合一香波，是一种高级表面清洁剂。它将清洁、护理合二为一，既具有清洗功能，又有上蜡功能，可以满足快速清洗兼打蜡的要求。

（2）有机清洗剂：主要用来去除车身表面的油脂、润滑油、污垢、石蜡、硅酮抛光剂、橡胶加工助剂，以及手印等。使用时，尽量避免接触到塑料、橡胶部件，以免老化。经常使用的有机清洗溶剂有煤油、汽油、甲苯、二甲苯、三氯乙烯、四氯化碳及 200 号溶剂汽油。

（3）水系清洗剂：目前在国内外汽车专业美容行业中，广泛采用水系清洗剂。这种汽车专用清洗剂不同于除油脱脂剂，其配方中基本不含碱性盐类。水系清洗剂一般由多种表面活性剂配制而成，具有很强的浸润和分散能力，能够有效地去除车身表面的尘埃、油污，保护车身不受各类有害物质的侵蚀，保持漆面原有光泽。

车身清洗的注意事项

洗车有很多需要注意的地方，洗车流程、洗车频率、洗车环境和天气，都有很多讲究。无论你是到洗车场还是自己动手洗车，都要对洗车的要求有所了解。

（1）天气连续晴好时，大约一周做一次全车清洗；连续雨天时，只需用清水先将全车喷洒，使车上的污物掉落，然后用湿布或湿毛巾擦拭全车所有的玻璃，等天晴后做一次全车清洗；忽晴忽雨时，就得常常清洗车身了。

（2）汽车行驶在沿海地区有露水或有雾地区时，要在停车后用湿毛巾或湿布擦拭，在收车回来后应及时用清水彻底清洗一下。因为，海水盐分重且有露水和雾气，不洗的话容易使车身钣金因盐分而遭受腐蚀。

（3）清洗汽车时，要等发动机彻底冷却下来后再洗，以防发动机过早老化。不要在烈日下洗车，以防在车身上遗留干燥的水珠痕迹；也不要在非常寒冷的天气下洗车，以防水结冰引起油漆涂膜破裂。

（4）专业的洗车应该在洗车前增加一道预洗的程序，就是使用专业的设备将特别的预洗液喷洒在车身上，并等待一两分钟，经过浸泡，大部分的沙土可以与车漆脱离，再用水枪冲洗，这样可以避免上洗车液时泥沙划伤漆面。不要一上来就用水枪冲，用海绵擦，使洗车倒变成了给车“打沙皮”。

（5）洗车用具应有分工，“熊掌”用来擦车身，板刷洗轮圈，海绵洗轮胎，不能混淆。

（6）洗车必须选用正确的洗车液，忌用碱性强的洗涤剂或用肥皂粉、去污粉制成的洗车液，它们虽然去污力强，但同时对车漆的损伤性也大，经常用这类碱性物质洗车液洗车，车体表面的亮光很快就会被侵蚀掉，而且加速车身橡胶件、轮胎、车窗等部件的老化。正确的洗车液体应采用专用的洗车液，并以含水蜡成分的洗车液为最佳。

（7）不要用软水以外的水清洗，包括热水、碱水和硬度较高的水，因为这样会损坏油漆。用高压水流冲洗车身时，水压不要过大。如果遇到车身上有坚硬的尘泥，应先用水浸润，然后再用水冲洗。冲洗时，应用分散水流来喷射，注意不要把水喷进锁孔。洗车和擦车时，都要遵循从上而下的原则。擦车时，用柔软的毛巾将车身上的水渍擦干，并用专业的干湿两用吸尘器在车厢内进行吸尘处理。

（8）需要彻底清除车身静电和交通膜的话，首先到汽车美容店中购买“汽车专用清洁剂”，在洗车时只要将该清洗剂或涂或喷于汽车车身表面后就会与车身静电和交通膜发生作用，并将电荷和交通膜从漆面彻底清除。稍等一两分钟后，用高压水将清洗剂冲掉即可。

（9）车身沾有泥沙时，要彻底清除干净；车身沾有沥青时，可使用沥青清除剂去除污点；车身沾有油渍时，应用海绵蘸少许煤油或汽油轻轻擦拭，然后在擦过的地方打上抛光膏；车身上有死虫等动植物汁液时，应先用肥皂水浸透，然后用海绵浸水清洗；转向盘、灯具、型料和橡胶件上有油渍，只能用普通的肥皂水清洗，不能使用汽油、去污剂和稀释剂。

（10）清洁漆面时，不要用硬质的如硬塑刷子、粗布、刀片等清洁工具清除，以免留下刮伤。

（11）洗车时不能用“死水”。常见的死水是桶装水，泥沙洗掉后又被毛巾带入桶中，毛巾在浑水中涮过后又带回泥沙在车身上擦拭，这样就很容易出现划痕。此外，洗车时应从上往下洗，让水带着泥沙从上往下流，这样才能避免划痕。

汽车发动机的清洗美容

清洗发动机可以请专业人士代劳，也可以按下列操作程序自己动手。

首先，将汽车电器用塑料薄膜遮罩，然后用半湿毛巾压盖于薄膜上侧，以防高压水冲进分电器，导致汽车难以起动。用高压水枪由发动机侧面按从上到下的顺序将发动机室内侧及发动机外表的附着类污物冲净，将发动机外部清洗剂均匀喷洒于发动机及发动机室周边。晾约3秒后，用纤维毛刷清洗发动机室内所能触及到的所有部件，并用高压水枪快速冲净刷洗掉的污物，再将发动机外部清洗剂喷洒于发动机表面，操作步骤同上。如此周而复始，直至将发动机外表清洗干净。最后将冲洗干净的发动机用半湿毛巾擦干，并用风干机将手不易触及的地方吸干，然后风干。

如果能保证每个季度护理一次，发动机外部将会自始至终保持光亮如新。

清洗发动机的注意事项如下。

（1）清洗发动机表面时，应在刷洗掉的污物未被风干前快速将其冲净，否则应用半湿的毛巾配合使用。

（2）清洁发动机表面的金属部件时，可使用金属抛光剂或漆面研磨剂进行清洁，但塑料或橡胶部件则不允许使用此方法。

（3）清洗后的发动机应在起动前将电路系统彻底风干。

（4）发动机在上光镀膜之前，应将非原装线路重新包裹，然后进行上光护理。

（5）清洗后的发动机表面在上光镀膜之前将水分完全清除，因为在潮湿的部件表面上光镀膜，待保护剂下的水分挥发后，保护剂也会随之挥发。

（6）清理完毕后，应对发动机外表进行检查，并对遗漏的地方采取补救措施。

（7）清洗发动机应使用 pH 值较高的碱性清洗剂。

发动机电器的清洗

点火线圈和分电器等发动机电器的清洁，须采用特定产品进行。如果长期用水和普通的清洁剂处理，就只能加速其生锈、老化，影响汽车起动和行驶。

铬、铝材质零件的清洗

铬、铝材质的零件，可使用与洗车液相同的清洁液清洗，也可使用专门用于清洗镀铬零件的清洁剂清洗轮盖、铝轮毂、保险杆或其他镀铝零件上的油脂及沥青，勿使用钢刷、腐蚀性清洁剂、燃油或强力清洁剂，否则会损害车体表面烤漆及镀铬层。

橡塑类零件的清洗

橡胶、塑料类零件应用酒精或制动液及清水清洗，不得用煤油、汽油或苛性钠溶液清洗，以防发胀变质。离合器摩擦片和制动蹄摩擦片，应用少许汽油刷洗干净。

塑料前照灯及尾灯的清洗

车灯长久不清洗会影响视线，而前照灯及尾灯罩多为塑料件，因此要用布和稀释后的清洗剂清洗，再用清水冲洗。不能用腐蚀性溶剂清洗车灯，否则易造成蚀痕；不能在干燥的情形下擦拭车灯，否则会造成刮痕；也不要用燃油、化学剂等清洗车灯，否则会使车灯碎裂。另外，有隐藏式前照灯的汽车，要将前照灯打开后再洗。

车窗外侧玻璃的清洗

车窗玻璃需要经常用水清洗，以保证其清晰、明亮。擦车窗时可采用画圆的方式进行，即将车窗分一半，各半都采用上下左右的方式擦。当玻璃上有橡胶、润滑油或硅酮的残迹时，可使用车窗清洁剂或硅酮清除剂除去。要擦干玻璃时，不可用擦过油漆表面的皮布，因为防蚀材料的残迹会使视线受到妨碍。当玻璃上有雪或冰时，只能使用塑料刮片除去，塑料刮片不能来回刮，应该向同一方向推，以防把玻璃刮伤。

轮胎的清洗

轮胎上除了沾有灰尘、泥土外，还会有碱性物质污染，这类污染用水和普通清洁剂都难以清除。轮胎清洁增黑剂除具有清除轮胎内部的酸碱性污染物和其他有害物质，清洁、翻新聚乙烯树脂、橡胶、塑料和皮革制品等作用外，还有降低紫外线的辐射、减缓橡胶老化、延长使用寿命和增黑上光功能。

轮毂的清洁

目前，轮毂大都为铝合金材料制造，这种轮毂外观漂亮但也很娇气。要想保持轮毂外观的漂亮，除了在驾驶过程中要小心防止轮毂的意外损伤外，还要定期地对轮毂进行维护和保养。如果有时间，车主应当每周对轮毂进行一次彻底的清洁。

（1）洗去轮毂表面附着的沙粒和污垢，以防合金表面腐蚀和损伤。当轮毂表面有难以清除的污渍时，要选用专业的清洗剂，这种清洗剂往往能够温和有效地去除污渍，减少对铝合金表面的伤害。

（2）用防酸清洁剂对轮毂的内外表面进行处理。最好每2个月给轮毂上一次蜡，这样可以延长轮毂的使用寿命。为了不破坏轮毂表面自身的保护层，不能对轮毂使用油漆光亮剂或其他研磨材料。

（3）在行车过程中要小心谨慎，避免刮蹭给轮毂造成“硬伤”。当合金防护漆受到损坏，如行驶中受到硬物的碰划有伤痕时，应尽快对合金轮毂进行修理，重新喷漆，这最好到专业维修站进行。

清除顽固污迹

车身留下的污迹，不仅影响汽车美观，而且对汽车的健康有害，需要及时清除。

（1）霉点：当汽车内饰受到污染，发生了霉变，可用热肥皂水洗霉点，然后用冷水漂洗干净，再浸泡在盐水中，最后用专用清洗剂清洗擦干。

（2）糖果：先把粘结的固态糖果清除，然后用沾有热水的抹布清除残留液态糖，再用清洁剂清除糖液痕迹。如果粘上去的是口香糖之类的糖果，一定要冷处理：先用冰块放在口香糖上使之硬化，然后把它拧下来，剩余部分可用比较钝的小刀轻轻刮掉；刮不掉的部分，可以喷上多功能泡沫清洁剂清理。

（3）焦油：可先用冷水彻底刷洗。如果难以去除干净，可用去除焦油的专用清洗剂浸润一段时间，然后擦拭干净。

（4）黄油：这就需要用专用的油污清除剂，从污迹周边向中心清洗。当污迹已经洗掉时，再用毛巾擦干。

（5）血迹：首先用冷水浸湿抹布擦拭血滴，越快越好。也可用医用氨水在血渍部位滴几滴，等几分钟后，氨水充分渗透，用冷水浸湿抹布把处理过的血滴擦掉，最后用干抹布擦干。

（6）酱汁：可将抹布在冷水中浸湿擦拭。如果痕迹深，可以喷些多功能泡沫清洁剂。

（7）口红：可用比较钝的小刀轻轻刮掉，刮不掉的部分可以喷上多功能泡沫清洁剂清理。

（8）牛奶、可乐、冰淇淋、咖啡：用冷水浸湿抹布擦拭。如有需要，也可喷涂多功能泡沫清洁剂，用海绵或毛刷轻轻刷洗，再用湿布擦拭，最后用纸巾或干毛巾擦干。

（9）尿液：准备一盆温热的肥皂水，找块布浸泡后擦拭尿便；随后用冷湿抹布来回擦几遍，再用干净布浸泡在医用氨水和冷水的混合液中（1∶5），将布覆盖在尿便处约几分钟后拿掉；用湿布擦拭干净后，再用干布擦干。

（10）秽物：可先用纸巾把秽物擦掉，随后用湿布擦几遍，接着准备温热的肥皂水，用浸泡后的布清洗被秽物玷污的座椅和地毯。如果气味还很重，可用温苏打水（比例是1升水加1匙小苏打）浸湿抹布擦洗玷污区，最后用干抹布擦干。

汽车打蜡

车蜡的选用

打蜡主要是为了保持车身漆面亮丽整洁，保护车漆。车蜡的主要成分是聚乙烯乳液或硅酮类高分子化合物，并含有油脂和添加剂成分。各种车蜡的性能不同，作用与效果也不一样，选用时应根据车蜡的作用特点、车蜡的新旧程度、车漆颜色及行驶环境综合考虑。

（1）根据车蜡的作用选择：由于车蜡的使用环境不同，在选择车蜡时对车漆的保护应该有所侧重。如沿海地区宜选用防盐雾功能较强的车蜡，而化学工业区宜选用防酸雨功能较强的车蜡，多雨地区宜选用防水性能优良的车蜡，光照好的地区宜选用防泽泻、抗高温性能优良的车蜡。

（2）根据漆面的质量选择：中高挡车的漆面质量较好，宜选用高挡车蜡；普通轿车或其他车辆，可选用一般车蜡。

（3）根据漆面的新旧选择：新车或新喷漆的车蜡应选用上光蜡，以保持车身的光泽和颜色；旧车或漆面有漫射光痕的车蜡可选用研磨蜡对其进行抛光处理后，再用上光蜡上光。

（4）根据季节不同来选择：夏季一般光照较强，宜选用防高温、防紫外线能力强的车蜡。

（5）根据车辆行驶环境来选择：如果汽车经常行驶在泥泞、尘土、砾石等恶劣道路环境中，应选用保护功能较强的硅酮树脂蜡。

（6）根据车辆颜色选择：选用车蜡时，还必须考虑与车漆颜色相适应。一般深色车漆的汽车选用黑色、红色、绿色系列的车蜡，浅色车漆的汽车选用银色、白色、珍珠色系列的车蜡。

打蜡注意事项

汽车打蜡质量的好坏，不但与车蜡的品质有关，还与打蜡作业方法密切相关。在汽车打蜡时应注意以下几点。

（1）新车本身的漆层上已有一层保护蜡，过早打蜡反而会把新车表面的原装蜡除掉，造成不必要的浪费，一般新车购回五个月内不必急于打蜡。

（2）打蜡时，应在阴凉处，这样可保证车体不至于发热，因为随着温度的升高，车蜡的附着性会变差，会影响打蜡质量。不要在阳光下和夜间露水中进行，因为阳光下打蜡会令蜡质中的软化剂迅速挥发，导致车蜡中的有效成分迅速固化，不利于充分渗透；在露水及潮湿环境中打蜡，蜡质不能固化，令最后的擦拭工作无法完成。

（3）上蜡时，首先对车漆状况进行判断后才能进行，如果车漆出现氧化现象，则需要做整车研磨以便去除氧化层，再进行抛光后，才能上蜡。否则，车蜡只是附着在氧化层等污物上面，这种浮着的蜡保持时间短，外观效果也不好。在清洗时，需要将车身外表的泥土和灰尘清洗掉。不要盲目使用洗洁精和肥皂水，以免其中含有的氯化钠成分侵蚀车身漆层、蜡膜和橡胶件，使车漆失去光泽、橡胶件老化。将车身清洗干净后，即可看到柏油颗粒，在干净毛巾上沾上柴油或煤油，轻抹柏油处，或用喷涂容器将柴油或煤油喷洒在柏油处，等待车身上的柏油溶解后，将其擦拭干净；如果未能完全溶解，可再多加些柴油或煤油使其溶解。擦拭干净后，立即用清水清洗该处并擦拭干净。

（4）用打蜡海绵蘸适量的车蜡，以直线方式，横竖线交替进行，再按雨水流动的方向涂上最后一道保护层。尽量不要用划圈的方式涂蜡，以减少车漆表面产生的同心圆光环。把漆面分成几部分，按右前机盖、左前机盖、右前翼子板、右前车门、右后车门、右后翼子板、后备箱盖的顺序研磨右半车身，然后按相反的顺序研磨左半车身，直到所有漆面无遗漏地打上蜡。保证全部漆面上均涂有一薄层车蜡，塑料保险杠也要涂蜡。

（5）全车身打蜡结束后，打开车门，将门框四周补充一下。发动机盖、行李箱盖内部无须打蜡。用过的蜡罐要及时盖紧，以防挥发变质。接近车底盘部位最后进行，以防沙砾混入。

（6）上蜡后 5～10 分钟，蜡表面开始发白，用手背抹一下，这时手背上会有粉末，抹过的漆面有令人满意的光亮，说明蜡已经干燥。用柔软干燥的毛巾抛蜡，直到整个车表没有残蜡。抛蜡后，彻底清洁玻璃、保险杠、饰条、轮胎、钢圈等处，顺序与涂蜡一样。用纯棉毛巾把蜡擦掉并用合成麂皮清理缝隙，顺序与涂蜡一样，将残留在汽车表面缝隙里的车蜡清理干净，让车保持彻底的干净。

（7）刚打完蜡后的轿车，不要急于开出去。否则，经过阳光曝晒，蜡面很难擦拭，再沾上灰尘，就会擦出一道道划痕。如果这时还嫌光泽不够的话，可以选用一些上光的产品，如离子保护蜡或者有防水效果的上光产品，这样轿车就真的光亮如新了。

（8）打蜡后，对付每天早晨的露水或雾气，只要擦净玻璃即可。待水分蒸发后，再视情况用鸡毛掸或软布轻轻拂去灰尘。不要用毛巾擦拭车身，那样很容易前功尽弃。

新车装饰

汽车装饰，在一定程度上能表现出一个车主的品位和审美。这方面稍有不慎，不仅会降低轿车的挡次，而且也会降低车主的品位。

（1）新车装饰，宜缓勿急。拿到新车时不要急着换装饰，经过一段时间深思熟虑后再动手不迟。因为，车的内饰布置本来就是各大汽车制造厂关心的大问题，无论是颜色与材料的搭配还是轮胎轮毂的选择，甚至还有车内气味都是经过仔细调配的。有的车主不懂这些，对新车大加装饰后不久又将崭新的装饰换掉。

（2）少赶潮流，讲究耐久。汽车装饰是一项比较复杂的需要耗费较多时间与精力的事，过于追赶潮流的结果往往是只用了不到一年半载的新车就显得有点过时了。因此，新车装饰时，应充分考虑到个人的兴趣及车辆原有的风格情况，尽量让车内外的颜色和谐统一。

（3）二次装饰，讲究绿色。汽车出厂前，内装修都已经考虑到驾乘人员的安全：不能释放出可挥发的有机物；不用尖锐物品；各种材料能够阻燃，并尽可能符合软饰化要求；即使车内材料发生燃烧，也不足以造成人的窒息。新车的二次装修也要符合以上标准，追求“绿色车装”，也就是在装饰中不要贪图便宜而忽视对装饰件的质量要求。

（4）装饰原则，实用安全。新车装饰一定要脚踏实际，考虑实用。比如，新手上路怕碰怕磕就装个倒车雷达，天气炎热就贴个防爆膜等，这些都是非常实用的装饰。

（5）装饰新车，宜简勿奢。和房屋装修一样，汽车装饰现在也是劲刮简约风。在国外，车主一般是在订车时就选好配置，没有多少人拿到车后再自己做过多的装饰。

（6）量体裁衣，看车装饰。汽车装饰不一定是花钱越多就越好。比如，选择安装汽车音响时就要因车而异，如果是低挡车，本身噪声大，选择高挡次的音响也会使音质大打折扣。

（7）安全装饰，避开误区。汽车的空间狭小，适当的装饰可以愉悦驾驶人的心情，丰富驾驶生活和情趣，但过度装饰不仅浪费钱财，而且还干扰了正常的驾驶。因此，装饰时要注意，一不要装饰干扰驾驶人视线的饰品，二不要装饰分散驾驶人注意力的饰品，三不要装饰在紧急状态下容易伤害驾驶人的饰品，四不要装饰影响驾驶人安全操作的饰品。

（8）极限装饰，适得其反。汽车装饰不要追求“极限”。比如，有的车主认为贴的膜越深，隔热效果就越好，其实膜的隔热效果关键在于膜的制造质量，而不是颜色深浅；有的车主盲目更换大瓦数的前照灯泡，这样做虽然可以增加亮度，但极易烧坏保险或造成线路故障，甚至引起车辆着火。

（9）任意改装，实不可取。汽车装饰是在不破坏原车结构和性能的基础上，可以加装一些让车主感到方便舒适、安全和美观的设施。而汽车改装则往往是改变一些原车的结构，以达到满足其性能要求。任意改装是否影响安全性能，是否能保证安全质量，这不是哪家装修店可以负责得了的。

（10）装饰过后，要勤通风。新车装饰后要通风良好，以防装饰材料释放出的有毒气体对驾乘人员造成伤害。新车装饰过后，每天把门窗打开一两个小时，持续一周左右的时间，在空气流通的状态下把毒气排放干净，或者利用光触媒技术祛除车里的异味，分解有害物质，杀灭细菌病毒。注意，不要用香水等遮盖车辆本身的味道，否则有害无益。

车贴

车贴是在车身外表贴上各种图案的装饰，它不仅能突出车身轮廓线，还能协调车身色彩，给人以丰富的联想和舒适的心理感受，使车身更加色彩艳丽。不过，有的车主为了贪图便宜，选购质量较差的车贴，这样的车贴在车身上粘贴后时间不长就会脱落，不但在车身上留下很难看的胶状物质，而且也会破坏车漆，所以选用车贴质量是关键。

选用车贴的注意事项：

（1）车贴产品，首看质量。车贴产品质量差异很大，好的车贴寿命可以达到与车身相同，一些国际贴饰品牌的质量担保都可以达到8～10年。

（2）车贴价格，依据车型。一套进口材料贴饰产品的价格是国产贴饰产品的几倍，并且价格制定主要依据车型的不同而有所不同。如果车主不想让汽车全身都贴花，可以选择单张的随意贴，价格较便宜。

（3）车贴效果，独特印刷。采用独特印刷技术制作的车贴装饰，会给汽车外观带来不同的视觉效果。比如，赛欧车贴花的中间就有一条色带，从不同的角度看会呈现不同的颜色。

（4）车贴设计，时尚前沿。一般来说，国际汽车贴花大公司都拥有专业的贴花设计队伍，他们手中掌握了许多汽车贴花的流行和时尚元素，可以将车身外饰设计做到时尚最前沿。而目前国内从事汽车车身贴花印刷的厂家，大部分还停留在仿冒进口贴花产品的阶段。

大包围

汽车大包围是车身下部宽大的裙边装饰，可以使汽车外观豪华气派和霸气十足，更显个性特征。需要注意的是，只有安全地在平坦良好道路上行驶的汽车才能加装大包围。大包围的材料及制作工艺不同，其质量有较大差异，所以应选用高质量的产品，并选择在正规的有经验的汽车装饰店进行安装。

选用大包围的注意事项有以下几点。

（1）根据车型，配套选择。装饰件生产厂家生产的大包围总成件，基本上都是以特定的车型为准而设计制作的，在制作中又根据制作的材质和工艺而分为标准型和豪华型。在选择时，应根据不同的车型，选择与之配套的大包围。

（2）造型颜色，融合车身。各包围件的造型和颜色要与车身融为一体，做到总体平衡协调。

（3）行车安全，不能影响。汽车安装大包围后，决不能影响整车性能和行车安全。选择大包围时，要考虑路面情况，所有饰件离地面应保持至少 20 厘米的距离。

（4）国家规定，必须符合。选择的大包围组件要符合国家有关规定。

（5）美观大方，符合审美。选择的大包围组件要美观大方，赏心悦目，符合人们审美需求。

防护杠

汽车防护杠又称为防撞杠，是吸收缓和外界冲击力，保护车身安全的装置。目前，汽车装饰市场防护杠的类型和款式很多，选用时不要劣质防护杠。劣质防护杠大多是铸铁质地，外面镀一层仿不锈钢材料，时间长了容易从里面锈蚀，塑料件也容易变色和掉漆，还有一些钢管制作的劣质防护杠，在里弯处会起褶子，这类劣质防护杠千万不要选用。汽车用品生产厂家，针对不同款式的车型量身定做了多种防护杠产品，在选用时应多加注意。

选用防护杠的注意事项有以下几点。

（1）首选材料为不锈钢。汽车防护杠的主体材料一般为不锈钢，为了实用和美观还另外以塑料件或铝管装饰。

（2）国产较杂，进口专一。国产防护杠的品牌比较杂，大多数出自广东不锈钢生产基地。有的厂家由于同时也为丰田、三菱、JEEP 等一些品牌越野车提供防护杠等不锈钢配套产品，产品质量比较可靠，不过在选购时还需多加注意。进口防护杠采用高水平烤漆工艺，产品表面平滑光亮，透明性好，立体感强，耐化学品腐蚀性强，后续维修成本低。

（3）外观平顺，正规加工。正规设备加工出来的防护杠，不管弯度多大，钢管都很平顺。有些防护杠经过静电喷涂工艺处理，优点是工艺简单，附着力好，缺点是表面质量粗糙，有橘皮和针孔缺陷。静电喷涂工艺加工成本低，后续维修成本高且不方便。

车顶行李架

车顶行李架是安装在载客汽车顶部用于放置货物的装饰品，它可以放行李箱放不下的东西，如体积大的行李、自行车等。车顶行李架不仅具有实用功能，同时也具有装饰效果，可以让轿车造型更酷。车顶行李架的质量和价格差异很大，选购时应多加注意。

选用车顶行李架的注意事项如下。

（1）车型颜色，配套选择。要根据汽车的车型及颜色，选择与之配套的行李架。

（2）表面光泽，仔细观察。要仔细观察行李架的表面光泽是否一致，均匀不均匀，有没有凹凸点和裂痕。

（3）力学结构，应当合理。行李架的力学结构应合理，这要看用料的厚度及连接处是否连接紧密。行李架安装好后，从是否易变形等方面判断其力学结构的合理性。

（4）知名品牌，保证质量。好品牌的质量都有一定的保障。目前，该行业已经形成的知名品牌有锐博、伟华、JAC、THULE 等。

氙气灯

氙气灯又称高强度放电灯或气体放电灯，它可使灯泡的使用寿命和亮度发挥到极致，并且聚光效果好，色泽柔和，灯光白亮。由于氙气灯性能优越，亮度、色温、防炫目和耐用性等方面都比卤素灯好，因此越来越多的中高级轿车均使用氙气灯。不过，现在市场上有一种假冒氙气灯，这种灯是在卤素灯泡的玻璃管上添上一层或多层的蓝色镀膜，以此来过滤其他颜色光波，使得只有蓝白两种颜色的光透出来，乍看起来灯是亮了一些，其实是眼睛的错觉。这样的灯泡实际投射光线的功率已大打折扣，直接导致灯泡照射范围缩小，甚至还比不上完全未经改进的原厂车灯，直接危及行车安全，选购时要擦亮眼睛。

选用氙气灯的注意事项如下。

（1）根据车型，选择型号。氙气灯有多种型号，选购时应根据不同车型选择不同型号的氙气灯。选购时，先在车灯的玻璃下角找到该灯型号，然后仔细按照车型对照选购相应车灯。

（2）实际使用，合适色温。色温以绝对温度来表示，不同色温的光具有不同的照明和视觉效果。人类眼睛能够接受的色温在 2300～7500K 左右，而在实际使用中合适的色温则在 3200～5000K，这样车灯的亮度和穿透力对于照明是很合适的。当氙气灯的色温超过 6000K 时，光色太白太亮，会给行人和其他车辆带来危险，建议车主应选用 6000K 以下的氙气灯。

（3）实际情况，实际选用。氙气灯因其性能优越，成本较高，所以价格也较贵，比卤素灯的价格要贵很多。因此，车主应根据自己的实际情况来选择。如果你的车已用了很久，就没有必要换灯；如果是新车且挡次较高，有条件的话应换成氙气灯，因为氙气灯几乎与汽车的使用年限相同。

车轮盖

车轮装饰盖是用于遮挡轮辋的一种装饰品，它造型各异，外观精美，安装在车轮上使整个车身更加靓丽。不过，如果安装材料的质量较差，如卡口不紧、弹簧材料不过关，就容易导致车轮盖脱落。特别是在高速行驶中，脱落的车轮盖对于车辆和行人都是相当危险的。因此，安装车轮盖前，应对安装材料的质量进行仔细检查。

选用车轮盖的注意事项如下。

（1）外观造型，车身协调。市面上车轮盖的外观有很多种，选购时不仅要根据自己喜好，还要考虑与车身协调。

（2）材料不同，价格不同。车轮盖按材料分主要有铝合金盖和塑料盖两种。铝合金车轮盖有闪亮的金属光泽，奇异的外形，但价格较高；经电镀的塑料车轮装饰盖有较好的装饰效果，其价格要便宜很多。

（3）方便安装，看装配性。要选择在车轮上方便安装的车轮盖。

备胎罩

备胎罩是用于遮盖备胎的装饰品，它不仅具有很好的装饰效果，使整个车身协调美观，还可避免备胎遭受日晒雨淋等自然侵蚀，防止其老化。备胎罩主要由皮革、塑胶、不锈钢等材料制作，有多种式样和外观，选购时应多加注意。

选用备胎罩的注意事项如下。

（1）选购标志，车型配套。有些备胎罩上印有汽车标志，选购时标志要与车型一致。

（2）选择颜色，车身协调。备胎罩的颜色有多种，选购时最好是浅颜色的车身配浅颜色的备胎罩，深颜色的车身配深颜色的备胎罩。

（3）选择大小，备胎一致。汽车轮胎的大小不尽相同，所以选择的备胎罩一定要与备胎的大小配套。购买时最好在现场试装，大小不合适，可立即调换。

天窗

现在越来越多的中高挡轿车都装备了天窗，有的车主在原车不带天窗的情况下还新加装了手动或电动天窗。天窗能够有效地使车内空气流通，增加新鲜空气进入，为车主带来健康舒适的享受。

选用天窗的注意事项如下。

（1）要找一家有封闭车间的安装公司，安装过程中绝对不能受到任何外界干扰。

（2）观察一下店家对所经销天窗的性能、材质、规格及产地是否精通，看一下店家是否有天窗厂家授权的安装证书。

（3）选择有专业工具的店家很重要，如果天窗切口处理得不好会直接影响到汽车今后的防水问题。

（4）选择服务信誉好的店家，这样安装后的保修、保养及零配件更换都能够得到保障。

（5）天窗安装完毕后，应看看店家是否做淋水试验。

（6）一定要向店家索要保修单，天窗的保修期应该是从 1 年到 3 年不等。

桃木装饰

桃木装饰是将桃木或仿桃木材料镶嵌在仪表板、中控板、变速杆头、门扶手、转向盘等部件外表面的一种装饰，具有美观大方和高雅等特点。安装桃木内饰时，最好选用原厂标准件，原厂标准件是桃木片与原装置的标准塑料或金属件复合为一体的部件，其表面经过非常严格的亮漆处理，面漆经过硬度、耐光性、高温 90℃与低温-40℃等长时间循环试验。用原厂标准件安装，不需要用胶水或其他胶贴。

（1）真桃木与仿桃木的鉴别：鉴别时主要通过纹路图案进行区别，成批生产的塑料仿桃木内饰的纹路图案一般是件件相同的，而真桃木内饰的纹路图案却是独一无二的。

（2）桃木内饰质量的鉴别：专业鉴别桃木内饰的优劣是通过检测仪器对其硬度、附着力、耐酸碱和耐紫外线等进行检验。作为车主，一般通过眼看和手摸等进行鉴别。简易的鉴别方法是：一是看原材料的质量，纹路是否清晰，有无裂痕；二是看油漆情况，光油是否均匀，附着力好不好，光泽度、丰满度如何，表面有无灰尘（在喷光油的时候非常容易沾到灰尘，如果设备不好，厂房设计不好的话，就会有很多灰尘在上面）；三是用手摸一摸看硬度如何。对于一件桃木内饰件来说，硬度是非常重要的，如果硬度不好，做出来的内饰件很容易被刮伤，手表、戒指等小饰件都可能在上面留下痕迹而影响到美观。

车载冰箱

车载冰箱是专为汽车研制的小型冰箱，放在车里可以储存水果和饮料等食品，既方便又实用。现在的车载冰箱多是制冷和保温两用，在夏天时可以制冷食物，冬天时可以当作保温箱使用来保温食品，对一些比较容易变质的东西还有保鲜的功能。

选用车载冰箱的注意事项如下。

（1）选购时，应问清是车载冰箱还是车载冷暖箱。可以制冷到 0℃以下的为车载冰箱，而车载冷暖箱的制冷效果一般维持在低温 5℃左右。

（2）试机时，两种箱子有明显区别，冰箱开机以后在底部会有霜出现，而冷暖箱则不会有。车载冰箱和车载冷暖箱制热的区别不大，最高温度都能达到65℃。不过，制热的速度有快有慢，在试机时要擦亮眼睛。

（3）购买时，要考虑颜色和款式是否与车内装潢相协调，大小可以根据车内空间来选择。

（4）安装时，装在主驾和副驾座位之间的车载冰箱一定要选择机门是上翻式的，冰箱容积在 3.5～4 升左右。如果需要大一点的，可以放在汽车的行李箱内，容积最多能达到 60 升。

转向盘套

给转向盘加上一个合适的转向盘套，不但可以给驾驶带来更多的方便和欢乐，还可以保护转向盘免受磨损，一举两得。

选用转向盘套的注意事项如下。

（1）除了注意尺寸要与转向盘合适外，还要与整体的内饰风格和色彩相符合。

（2）冬季可以选择感觉较暖的毛绒或厚布面等材质，夏季可以选择胶粒、仿皮或潜水布等材质。

（3）男性一般适宜选择真皮转向盘套，而女性的选择要宽泛得多。

坐垫

坐垫是置于座椅之上，用于提高座椅舒适性和耐磨性的一种装饰。汽车坐垫按功用不同，可分为保暖坐垫、清凉坐垫、保健坐垫及电热坐垫等。

选用坐垫的注意事项如下。

（1）高温季节应选用清凉坐垫，以利于降温防暑；气温不高时应选用保暖坐垫，以利于保温，并提高舒适性。

（2）中高挡轿车可选用材质极好的纯毛坐垫或保健坐垫。另外，中高挡轿车空调效果较好，高温季节也不必使用清凉坐垫，以提高舒适性。

（3）汽车座椅的大小和外形不尽相同，应选择与座椅配套的坐垫。

（4）如果是真皮座椅的话，必须选择有柔软底衬布的凉垫。

汽车枕垫

汽车枕垫是根据需要置于驾乘人员的头部、颈部、腰部等部位，用于改善局部舒适性的一种装饰。它的作用主要是对人体的头部、颈部、腰部进行柔性支撑，从而缓解疲劳，增强舒适性，创造良好的乘车环境。

选用汽车枕垫的注意事项如下。

（1）选用汽车枕垫时应根据实际需要，主要是根据驾乘人员坐在座椅上感到某些部位不适进行选用，同时也要根据驾乘人员的身体状况选用。比如，驾乘人员颈椎不好，可选用颈垫；腰部不好，可选用腰垫。

（2）常见的枕垫面料多为高级丝毛、绒面或纯棉材质，里面填充有蓬松棉。挑选时，应选择富有弹性、手感舒适的产品。有些劣质枕垫里填充了“黑心棉”，对人体健康有害，消费者要多加警惕。

座套

普通座套

车座长期使用既不耐脏，又不抗磨，因此很有必要为汽车选购座套。座套一般有普通面料、麻织面料和真丝面料三种，真丝面料的座套在天热时可派上用场，而普通面料或麻织面料在天冷时效果也很不错。选用时，如果座套不合“身”或者做工比较粗糙，都说明此座套不是上品。

选用座套的注意事项如下。

（1）面料、设计款式和做工，可以从多年的购衣经验，去判断座套面料的好坏。

（2）设计款式，要注意与车款风格相和谐。

（3）做工方面，专业的生产厂家，每一款车的座椅都有纸板，这就是说厂家专为各种车款量身定制了座套。

真皮座套

目前，经济型轿车多数都没有原厂配备的真皮座椅。为了营造更加舒适温馨的车内空间，越来越多的没有原装真皮座椅配备的轿车开始更换真皮座套。

选购真皮座套时的注意事项如下。

（1）选择商家，要看实力。一般有实力的商家，裁剪、缝制、安装都是流水作业，缝制安装时间短、速度快、质量好。具有规模的商家还可提供上门服务，只要打一个电话，商家就派人上门拆卸座椅，并把皮样带给车主选择，然后把座椅包上真皮后交回来装在车上。

（2）选择产地，要看价格。同是真皮座套，由于产地不同，技术不一样，质量和价格也就相差甚多。世界皮革产地很多，其中欧洲皮革工业的历史较为悠久，真皮中挡次最高的当属意大利黄牛皮，其质地厚实，柔软光滑，富有弹性；其次是泰国水牛皮，它水分充足，质地柔软，价格也低一挡次。如果轿车属于一般挡次，也可选择国产牛皮，国产牛皮一般质地较硬、色泽均匀度欠佳，但价格比较便宜。

（3）选择颜色，要看搭配。汽车座椅专用的真皮颜色不多，主要有红、黄、黑、浅灰等。选择时，应根据轿车的颜色和车内的环境协调搭配，这样不仅坐着舒服，看着也高雅华贵。

安全座椅

假日休闲，一同带着孩子开车出游，这是全家人经常的集体活动，安全座椅这时就派上了用场。

选用安全座椅的注意事项如下。

（1）根据汽车车型，选择相适配的座椅。

（2）儿童汽车安全座椅是否与汽车的座位相配套是个非常重要的问题，在选购时应开车前往，并将儿童座椅实际安装在你的汽车座位上看看是否合适。

（3）为了保证选购到最合适的座椅，最好让孩子亲自试一试。

脚垫

汽车地板清洗起来比较麻烦，有了脚垫就方便多了。脚垫一般有塑料垫和织物垫两种，塑料脚垫清洗起来很容易，适合经济型车；织物脚垫显得上挡次，适合中挡以上轿车。最好优先选择原厂提供的附加产品，一方面可以保证车辆的整体风格统一，另一方面原厂对自己的产品设计更加了解，生产出来的装饰品也会更加合适。

选用脚垫的注意事项如下。

（1）脚垫尺码要合适。

（2）脚垫并非越厚越好，材质才是最重要的。

（3）有些汽车的地板上会装有脚垫的定位扣，选购时一定还要买带定位孔的。

（4）3D 设计的立体脚垫虽然很合身，但生产成本要略高些。如果是粗制滥造的，不仅不能做到合身，相反还会影响驾驶。

（5）装了新脚垫后，一定要先试试。

安全带

汽车安全带是系在驾乘人员胸前或腰部，用于防止身体前冲的安全用品。当汽车遇到意外情况紧急制动时，它可以将驾乘人员束缚在座椅上，以免前冲，从而避免二次冲撞造成的伤害。选购安全带时，在确定了选择何种安全带后，主要应检查安全带的性能和质量。

（1）检查织带：织带是安全带的最主要部件，其性能包括带的抗拉强度、宽度、宽度收缩率、伸长率、能量吸收率、耐候性、耐磨性、耐寒性、耐热性、耐水性、不褪色性等。

（2）检查带扣：带扣装脱应容易且确实可靠，表面应平滑而无锐利的棱角，驾驶人和乘车人用单手就可脱下，紧急时应很容易被第三者松开，其脱开力应小于 137 牛顿。

（3）检查长度调节件：长度调节件与带扣一样，如果为金属件，要进行耐蚀性试验；如果为塑料件，要进行耐热性试验。在规定条件的调节力应小于 49 牛顿。

车载蓝牙

随着人们越来越多地在车内接听电话和用移动电话收听音乐，蓝牙无线技术在汽车中的普及率快速增加。因此，想要做个时尚的车主，给爱车安装一套车载蓝牙就显得非常重要了。

选用车载蓝牙的注意事项如下。

（1）查兼容性：先弄清自己的手机支持哪种规格，再挑选合适的蓝牙耳机配对使用。

（2）看芯片品牌：现在蓝牙耳机的芯片供应商主要有英国的 CRS 和美国的 Zeevo 两大公司，CRS 的产品在市场上的比重占到 80%以上。

（3）问传输距离：一般手机与蓝牙耳机的距离不会太远，较保险的传输距离为 2～3 米。

（4）选版本：新版本更强调能克服杂讯干扰，都可向下兼容，选购时应衡量价格和需求。

（5）挑外形：除功能性考虑外，外观造型和佩戴舒适度也是选购时必须留意的关键。

车载 GPS

城市路况日渐复杂，为爱车装备一部精准的 GPS 卫星导航设备，已经成为不少开车族的新选择。车载卫星定位系统，主要是用在汽车导航领域，说白了就是给驾驶人选择路线提供方便的工具。

选用车载 GPS 的注意事项如下。

（1）GPS 产品同质化的倾向目前比较严重，最好在购买前多比较几家品牌，看看功能是否适用，同时尽量选择市场上口碑较好的知名品牌，并到正规公司或网站购买。

（2）GPS 中的“核心部件”不是硬件设备，而是其所采用的地图及导航软件，应了解清楚产品使用的地图版本、更新周期、更新方式、是否收费、商家如何给予支持等问题。

（3）选到了中意的 GPS 产品，要仔细核对包括产品说明书、车载支架、电源、存储卡、数据线等附件是否齐全。

（4）购买 GPS 时，还应要求商家开具正式发票，以作为日后维权时的证据。填写好保修单，同时要向商家询问清楚何种情况下产品可以退换、保修等事项。

防范美容装饰陷阱的注意事项

如今，生活越来越好，私家车也越来越多，汽车美容店也不甘寂寞地如雨后春笋般迅猛增加，无论是车蜡、车釉还是各种高级镀膜产品，个个都被他们说得天花乱坠，好得吓死人。但实际上，这些产品的品质却是良莠不齐，一不小心，就会掉入别人精心设置的陷阱之中。

（1）迎合车主，虚假说辞。比如，很多汽车美容中心都会怂恿新车主进行封釉，说是能够让车表长时间光洁如新，价格也从几百到上千元不等。但是封釉对于新车来说不仅没有好处，而且还可能伤害轿车。

防骗经验：作为消费者，一定要对汽车美容有个冷静清醒的认识，根据自己的实际需要，了解更多信息，理智地对待汽车美容，不要轻信商家为迎合车主爱车心理的虚假说辞。

(2) 偷梁换柱，鱼目混珠。比如，对于刚刚买车的车主来说，给汽车贴膜成为迫在眉睫的事情，因为车膜有很好的遮阳性、安全性。然而，车膜品牌众多，价格也相差甚远，不法商家趁机大做手脚，或偷梁换柱，或鱼目混珠，想方设法误导和欺诈消费者。

防骗经验：消费者在加装汽车隔热膜时，要从选膜、验收和保养等几个环节来谨防商家可能设置的三大“陷阱”：一是偷梁换柱陷阱，汽车前风窗玻璃的弧度大、面积大，车膜须整张粘贴，同时前挡贴膜要求透光度更高、隔热性更好、防爆性更强，所以须专材专用。但是有个别不法商贩故意使用拼凑料，分割粘贴前挡膜。二是鱼目混珠陷阱，有的商家在真膜中混入假膜，令消费者难以提防。伪劣防爆膜的透光率低，从里面看不清外面，所谓的“隔热”、“防爆”性能难以达到。三是不留证据陷阱，很多商家会在给消费者优惠时提出一些苛刻条件，比如给你打九折但不开发票也没有保修卡等。对此，消费者必须小心提防。

(3) 以假充真，遮人耳目。比如，“封釉”的概念已经深入人心，但是现在汽车美容店里更多的是以“蜡”充“釉”，也就是你花了高价去打了一回蜡，因为真假“封釉”的区别，在施工后当时是看不出来的，只能在使用一段时间后才能显露出来。

防骗经验：如果想甄别封釉美容的真伪，你可以记住以下几点：询问一下使用的是什么“釉”；是否给你的车子使用了去污黏土打磨；是否有专用的封釉振抛机；是否用无尘纸擦拭封釉后的车辆；封釉的车间屋顶有无成排的专用红外线烤灯。把握住这几点，你基本上就不会被“假封釉”蒙蔽了。正规的封釉施工应具备研磨、封釉、镜面处理等五道工序。对一般车辆来说，这个过程不应短于2小时，旧车的耗时还会更长。

(4) 改装不善，玩弄猫腻。改装汽车现在已呈燎原之势，无论大车、小车、高挡车、低挡车都改得不亦乐乎。不过，就目前汽车改装并不成熟的大环境来说，虽然有不少车改装得相当劲爆，但是真正成熟的改装却不多。如果改装不善，反而等同于毁车。

防骗经验：要想规避改装里头的猫腻，首先需要多跟玩改装的有经验的车友交流，多比较几家店。不要贪图价格便宜，去找路边店甚至黑店。要找一定去找正规车行，并查看改装店有没有相关部门核发的证书。

(5) 尽情忽悠，玩弄价格。封釉的价格从几百元到上千元参差不齐，贴膜的价格贵贱能相差几十倍等，面对这样的汽车美容市场，不少消费者是“雾里看花”。其实，很多价格低廉的装饰用品都来自非正规的生产厂家，这些东西虽然便宜，但是质量和售后服务都没有保证。当然，这也并不意味着“只买贵的”就是科学的。

防骗经验：汽车美容要小心“价格陷阱”，选择饰品要注意质量和价格合理，既不要让劣质的商品“坑”了，也别在那些高挡品上花冤枉钱。价格过于低廉的产品不可选，一味追求高挡的做法也是不科学的。像很多消费品一样，车用装饰用品的更新是没有止境的，所以选择饰品的原则是实用、够用，根据车的用途，选择正规厂家的产品。

（6）“完善”售后，养护谎言。一些厂家公开对外宣称自己的产品施工一次之后，功效可以持续一年甚至更久的时间，只需在此期间定期到自己的美容店里做几次养护即可。实际上，这些护理用品的功效持续期远没有他们宣传的那么长，后续的这几次养护实际上就是把车身清洗干净，再重新做一遍，只不过是把几次一模一样的工作的费用放在第一次就全收了而已。

防骗经验：根据你所了解的知识和专业人士的介绍，确定你所需要的美容项目，该做的做，不该做的不做；该买的买，不该买的不买。在店员给你推荐的同时，你要考虑清楚自己是否真的需要做这类美容。

（7）三无产品，路边“洋货”。比如，汽车饰品路边店销售的车用香水，售价一般从几元到几十元不等，这类产品为了迎合部分消费者出低价也能享受高挡消费的心理，在包装上大多使用看不懂的外文标志。而据业内人士透露，这些香水90%以上都是“三无”产品，都是用工业酒精勾兑的，不仅达不到提神醒脑、净化空气的作用，相反还会二次污染车内空气，影响行车安全。目前，大多数路边小店都是无证经营的“黑店”，不但没有专业技术，还使用假冒伪劣产品充数。

防骗经验：选择一家具备专业资质和良好信誉的汽车美容店很重要，这里销售的汽车美容用品虽然价格高一些，但质量可以保证。此外，消费者还可以通过查看经销商的销售授权书和海关报关单来辨别汽车美容装饰用品店的真伪。

（8）真的不真，骗人是真。比如，许多所谓真皮座椅，价值三五千的产品实际价值也就几百元，一半真皮一半革或用其他什么皮代替真牛皮。这些皮经不起高温、曝晒，保养得再好，用不上一年就会出现裂纹。而在正常情况下，真皮一般都能使用5到8年或以上。如果原车不是真皮座椅，尽量不要换真皮。原车的丝绒座椅的质量都很好，可以说车开烂了，座椅也不会烂掉，后包的真皮皮质一般都很差，使用时间不长就会出现龟裂和发白。

防骗经验：给爱车美容前，一定要保持清醒，货比三家，不要出了大价钱，却买了劣质产品和劣质服务。

（9）山寨产品，山寨服务。比如，一些导航器虽然功能强大，但却不怎么识路。有位车主花了两千多元装了一部汽车导航器，但使用不到一个月，导航器就数次把他领到歪门邪道上，耽误时间不说，而且还险出事故。后经专业鉴定，发现购买的导航器的内置电子地图竟是盗版的，然而商家却以不是导航器本身质量问题、无法提供地图升级等为理由，拒绝车主赔偿要求。

防骗经验：给爱车美容的最关键一步，就是要选择一家正规的、专业的汽车美容店。专业的汽车美容店有完善的服务与一流的专业人员为你做周全的考虑，让你无后顾之忧。

（10）巧立名目，信口开价。比如，有的底盘防锈近两千，有的说店庆打折一千多，有的甚至能报出几百的超低价等。单单围绕底盘防锈，车主往往会在多家汽车美容店得到多种报价。事实上，市场上底盘防锈漆 250 元一罐，一般的车需要 2 罐，但经销商往往以进口材料为由要到千元以上。另外，顾客几乎无法监督车间里的操作，根本弄不明白下了多少料。

防骗经验：车主一定要货比三家，并索要正规发票和产品合格证。由于暂时还没有统一的服务标准，所以车主不要贪图便宜到无证无照的网点。如果有常年固定网点，那最好与之签订相关的合同或协议，明确车辆美容的标准。

美容与装饰误区

（1）随时擦车。有的车主喜欢随车带上几块毛巾，当发现汽车落灰后就及时清除。这种随时清洁汽车的意识是好的，但方法并不正确。因为，当汽车表面满是灰尘的时候，直接用毛巾擦拭，就和用砂纸直接擦车的效果差不多，不管用湿毛巾还是干毛巾都是一样的。

（2）掸子拂灰。有的车主为了保护车身，习惯每天用同一把掸子拂拭汽车前风窗玻璃和车漆表面的灰尘。如果每天习惯用同一把掸子拂拭汽车前风窗玻璃、车漆表面的灰尘，这如同亲手拿锉刀在车漆上制造划痕，是一种自欺欺人的做法。

（3）风沙天罩车衣。有的车主在风沙天为了保护车身，习惯给停放在室外的车辆罩上车衣。刮风扬尘的天气，车衣的内层就会反复抽打车漆，在车身上划出无数道细小的划痕，时间一长还会造成漆面发乌。

（4）不注意清除车门内部积水。有的车主在平常洗车或下雨后，不注意清除车门内部积留的水，这是对汽车的一种伤害。车身容易积水的地方，如轮弧内外缘、车门和行李箱的底部、边角等处，时间长了容易产生锈蚀。如果车门下缘的排水口堵塞或不顺畅，洗车或下雨时渗入的水分会长期积留在车门内部，一段时间后，就会由内向外丌始生锈，等到发现时就很难处理了。

（5）使用简易脚垫。有的车主为了省事，干脆连脚垫也弄成一次性的简易脚垫，脏了后就直接扔掉，这种习惯是很不好的。因为，一次性的脚垫很薄很软，在驾驶人的脚下很容易就滑到踏板的位置。如果滑到踏板下，就会影响踏板的行程，影响制动、离合的效果，十分危险；如果滑到踏板上面，同样会干扰脚下的操作，在危急情况下很容易引发交通事故。为了安全，最好不用脚垫，特别是不能用一次性的脚垫。

（6）夏季给轮胎浇水降温。夏季高温下，轮胎很容易吸收阳光中的热量，而且轮胎内的空气又是热膨胀系数很高的介质，再加上和高温路面摩擦会产生热量，这些都使轮胎承受着巨大的高温考验。有的车主为了减少这种负担，常常在轮胎的温度较高时直接往上浇凉水，虽然这种方法可以让轮胎迅速降温，但却缩短了轮胎寿命。就像给一个冰冷的杯子忽然倒入开水一样，轮胎虽然不至于像杯子一样破裂，但瞬间的温度变化容易造成轮胎内部结构变形。

① 为了控制轮胎温度的上升，停车时最好停在阴凉的地方，避免在阳光下曝晒。

② 在高速行驶或连续下坡的时候，行驶一段时间后，可以找阴凉的地方休息一会儿。但不要用冷水降温，而应让温度自然降低。

③ 不要在高温时随意调整轮胎内部的压力。

（7）忽略散热器清洗。有的车主根本不知道散热器也需要清洗。其实，散热器和发动机一样，都需要进行外部清洁和内部清洗。散热器外部的清洁一般集中在春夏交替之际，因为经过一年的使用，汽车的散热器部位会堆积很多尘土，甚至树叶、塑料布等，这些堆积物会大大影响散热器的冷却效果，甚至因高温引发发动机故障。散热器表面的清洁，要采用高压气泵，这种清洁方式最好在不妨碍别人的空地上，以免吹出的灰尘形成二次污染。散热器内部的清洗，主要是清除散热器壁上沉积的水垢，可采用化学方法，即通过酸性或碱性物质与水垢作用，使水垢转化成可溶于水的物质而被清除。在选用酸或碱溶液时，应考虑水垢的性质和清除水垢的效果，以及对清洗件是否有腐蚀作用等因素。

（8）不清洗底盘。有的车主认为底盘是个不影响美观的部位，清不清洗都无足轻重。其实，底盘这里是工作环境最恶劣、条件最艰苦、最需要照顾的地方。如果底盘上的泥水不及时清洗，长时间滞留其上，就会对底盘造成严重腐蚀。清洗底盘最简单的方法是多去专业的地方洗车。专业的高压水枪可以彻底清除残留在底盘上的淤泥，防止它们对汽车的腐蚀。底盘防锈防腐处理的最佳方式是底盘封塑。车辆的底盘在出厂时都经过良好的防锈处理，但经历夏季高温的烘烤、冬季融雪剂的腐蚀、乡间公路上沙石的撞击、酸雨，以及海边盐雾的侵袭，这些钢筋铁骨的底盘也会伤痕累累、锈迹斑斑。而底盘封塑可以使底盘与外界隔绝，达到防腐、防锈、隔音的功能，以延长车身寿命。

（9）刮水器干刮。有的车主平时不注意刮水器的保养，甚至没有用玻璃清洗液就直接让刮水器干刮玻璃上的灰尘，这样很容易损伤刮水器片。应选用专业的清洗液，这样既可以去掉橡胶磨损的印记，同时对玻璃表面的油污也有非常好的清洁作用。如果风窗玻璃上有坚硬的东西，就不要直接用刮水器片硬刮，以免造成刮水器片的局部受损，导致刮水器刮水不净。

（10）频繁打蜡。有的车主认为打蜡的次数越多越好，车蜡越贵越好，这些都是不正确的。频繁的打蜡，不仅不会让汽车更亮丽，反而会增加油污和灰尘的附着力，增加清洗的难度。另外，频繁打蜡还会直接增加汽车维护的成本，对于普通的车主来说，根本就没有必要浪费这一部分的时间、精力和金钱。由于车辆行驶的环境和停放场所不同，打蜡的时间间隔也应有所不同。一般在车库停放，多在良好道路上行驶的车辆，每 3～4 个月打一次蜡即可；露天停放的车辆，由于风吹雨淋，最好每两个月打一次蜡。当然，这并非是硬性规定，一般用手触摸车身感觉不光滑时，就可以再次打蜡。

（11）以圆圈方式打蜡。有的车主打蜡时习惯性以圆圈方式进行，这是不正确的方法。正确的打蜡方式是以直线方式，横竖交替进行，再按雨水流动的方向上最后一道，这样才能达到减少车漆表面产生同心圆状光环的效果。

（12）只清除风窗玻璃上积雪。有的车主在积雪覆盖汽车后，常常为了节省时间，只清除风窗玻璃上的积雪后就匆忙出发。这样在行驶中，发动机盖上的积雪会随着发动机温度的升高而融化，变成雪水腐蚀车漆；残留在刮水器上的积雪可能还会冻住刮水器，造成刮水器不能正常使用，甚至损伤刮水器电动机；在车顶上的积雪会因为制动惯性而涌到前风窗玻璃上，遮挡驾驶人的视线，如果被风吹到后面车上也同样威胁着自己车辆的安全。另外，后风窗玻璃也是驾驶人重要的视觉窗口，如果覆盖其上的积雪不能顺利清除，也是一种安全隐患。可以利用热车的时间清除积雪。方法是：上车后先着车，然后找一块如胸卡、杂志封面等硬质塑料板或者纸板，刮掉车身表面的积雪，包括车顶、前后风窗玻璃、发动机盖、行李箱等位置。在清洁风窗玻璃时，要注意将刮水器片先立起来，等清理好之后再放下。

（13）频繁洗车。有的车主每天都要为爱车清洗一遍，甚至好几遍，这种频繁洗车很容易破坏车漆在打蜡或封釉后形成的保护膜，丧失了汽车美容的效果。频繁洗车，还会让汽车经常处于一种湿润的状态，加快金属的氧化反应。因此，洗车要有节制。

① 洗车没有确定的周期，车主应根据天气、汽车美容情况、行驶路况和出行的目的等条件制订一个适合自己的洗车计划。

② 晴天虽然适合洗车，但晴天时汽车不容易脏，可以适当延长洗车周期。雨天或雪天虽然不适合洗车，但雨停之后应及时洗车。

③ 汽车在经过打蜡、封釉等美容处理后，可以适当延长洗车周期，以保护美容效果。

④ 在山路或长途驾驶后，汽车一般会比较脏，要及时清洗。

⑤ 汽车要出入重要场合时，如接送贵客等，出于礼貌，出车前应清洗干净。

（14）热车和烈日下洗车。有的车主在炎热夏季驾车一路奔波，中途休息时或到达目的地后，一见水就倍感亲切，不顾劳累地给爱车洗澡清凉。结果忙活了一阵子，等到又要上车启程时才发现，漆面上布满了水珠大小的白色水渍，而且这种水渍再怎么洗擦也很难去除。形成这种水渍的主要原因，就是刚刚停驶的车辆发动机盖与侧面的温度很高，加上车身在烈日下一路曝晒，温度很高，而且头上烈日依然在炙烤，洗车水落在车身上，便被立即聚成水珠，并在水珠的聚光作用下很快被烘干。大家知道，洗车用水一般是不太干净的，水中的污物就会很快“烙”在漆面上。

① 洗车时要留意天气，不要在烈日下洗车，以防车身上遗留干燥的水珠痕迹；也不要在非常寒冷的天气下洗车，以防水结冰引起油漆涂膜破裂。

② 洗车时，要等发动机彻底冷却下来后再洗，以防发动机过早老化。

（15）冬季冷水洗车。有的车主在冬季也用冷水直接冲洗车辆，这样很容易伤车。因为，冬天气温很低，钢铁结构的汽车本身就是热的良导体，冷水浇到汽车上马上就会冻成冰，不仅很难达到清洗的效果，冰块甚至会弄伤车漆。洗车时，汽车表面的冰膜还很难清除，这些冰随时可能冻住门锁、车门、刮水器等。在轮胎和制动系统上的冷水也会很快结冰，轻则影响汽车的起动和制动效果，重则可能导致制动失灵。因此，冬季气温低于冰点的时候，尽量不要用冷水洗车。在北方的城市里，冬季用温水洗车还是挺普遍的。如果在没有温水又必须洗车的情况下，可以利用路边的积雪，雪水洗车一般不会产生结冰的情况。不过，一定要用没有污染过的雪，带有融雪剂的雪是千万不能用的。

（16）不规范洗车。洗车工在很多时候喜欢用高压水枪从垂直方向冲洗车漆，这种情况下高压水流作用在漆面上的压强是很大的，一样能对车漆造成损坏。还有不规范的洗车点，往往用洗衣粉冒充专用洗车液，这种碱性较强的洗涤用品会破坏漆面的成分。为了保护漆面，要避免在不规范的洗车点洗车。在洗车过程中，如果发现洗车工有不正确的操作，要及时主动制止。因为，这些损伤虽然一两次看不出来，但天长日久，危害不可忽视。

（17）小剐伤不及时修理。有的车主由于时间或费用问题，对车身的一些小剐蹭根本不理睬，不去及时修复，想着等攒多点后再一块儿去修复。这样一来，“伤口”会逐渐扩大，影响汽车的车身结构。因此，在事故发生后，要根据碰撞的程度进行修复。首先，要确认是否破坏了车漆，如果车漆遭到破坏就要及时修理。如果没有损坏车漆，一般车身表面的划痕是可以通过抛光修复的，不用喷漆处理。当然，有些划痕发生在塑料材质的保险杠上，这里不会发生氧化反应，所以不会影响汽车的寿命，只是影响美观而已。

（18）选用劣质车贴。有的车主为了贪图便宜，选购质量较差的车贴，这样的车贴在车身上粘贴后，时间不长就会脱落，车身上不但会留下很难看的胶状物质，而且车漆也会被破坏。好的车贴使用专用车贴材料，工作温度-30～80℃、具备3～5年防水、防UV、防油、防洗车液和可方便除去不留残胶等特性。高挡不干胶在撕除后不会损伤车漆和光泽。因此，不要购买不符合专业标准的车贴，以免带来麻烦。购买的话，可以到正规的汽车配件经销处或4S店购买，也可以选择网购，网购价格比较实惠，但是要注意辨别。

（19）随意喷涂粘贴标志或车身广告。有的车主为追求标志或者车身广告的完整性，就把车窗或后视玻璃给占用了；有的车主为了某种宣传活动，就把普通车辆装饰成了彩车。这种情况多发生在公司、单位车辆，以及出租车上，有的车辆甚至干脆全车都做成广告，致使驾车时不能安全驾驶。在私家车上粘贴、喷涂五颜六色吸引眼球的话语和图案，在货车、公交车车身粘贴广告，导致其他驾驶人不能全神贯注进行驾驶，扰乱了道路交通安全秩序，诱发了道路交通事故不稳定因素，这既是一种交通违法行为，也是一种不文明行为，将会受到交警部门的处罚。

（20）选用劣质车膜。有的车主为了图便宜，选用劣质车膜。因劣质车膜除透光、隔热、防爆等性能较差外，还不符合环保要求，会影响驾乘人员身体健康。长期处在贴有劣质车膜的车内环境中，会出现皮肤瘙痒、脱发等症状。因此，宁可不贴，也不要选用劣质车膜。

（21）国产车换外国车标。有的买了自主品牌汽车的车主，为了满足虚荣心，往往会另换一套车标。大家常能见到的车型有：比亚迪 F3 换丰田的车标、骏捷换宝马的车标、双环 SCEO 换宝马的车标等。车主私自更换车标，轻则叫人笑话有打肿脸充胖子之嫌，重则还会影响到车辆的年检。

（22）真皮座椅安装椅套。真皮座椅具有外观华贵、透气保暖、柔软舒适、有助血液循环和便于护理等特点，是豪华汽车的象征之一。有的车主为了爱护真皮座椅，将其装上椅套，这样真皮座椅的优点就全部被埋没了。

第25章

汽车维修

识破汽车修理秘密

汽车经历了100多年的发展，已经日趋复杂。比如，计算机控制的电气系统几乎已普遍应用，这使得拆开和修理汽车部件更加困难。

幸运的是，现在你不再必须修复所有的部件，只是简单地更换零件，这是一项相对容易的工作。事实上，这也是汽车修理工日常做的工作。他们宁愿更换有缺陷的零部件，而不是去修复，所以你也能做到，这就是现代汽车修理的秘密。

汽车故障形成原因

汽车故障的形成原因，是多方面的、错综复杂的。不过，分析众多的故障原因，你可以发现存在着一定的规律。

（1）自然损耗：汽车在长期使用过程中，零件间相互摩擦产生的自然磨损，与腐蚀性物质相接触产生的腐蚀，在长期交变载荷的作用下产生的疲劳，在外界载荷和温度等作用下产生的变形，以及橡胶或塑料等非金属零件和电器因长时间工作而产生的老化等。由于这些因素的影响，使某些零件失效或零件间的正常配合被破坏，带来恶性循环，最终导致零件损坏或失效，并产生各种故障。

（2）维护不当：不同型号的汽车，由于结构和材料等方面的不同，生产厂家都具体地规定了相应的维护周期、维护方法和维护要求。汽车在使用过程中，如果不按规定的技术要求进行维护，或者维修时野蛮装拆，就不能保证车辆的技术状况良好，不能维持和恢复车辆原来的技术性能，势必会加剧零件的损坏，加速故障的产生。如果不能保证各部分的间隙始终保持在正常的范围内，不能保证各润滑部位的可靠润滑，那么将会加速配合件的磨损，严重时也会造成零部件的损坏，产生异响等故障。

（3）使用不当：驾驶操作的正确与否对汽车使用寿命的影响很大。驾驶人操作时动作粗暴，换挡不及时，长期超载超速行驶，长期在恶劣的环境和气候条件下行车，经常在颠簸的道路上行驶造成机件的松动和损坏等，这些都会使车辆的寿命缩短，增加故障出现的概率。

（4）偶然因素：在行驶和维修过程中，一些意外的突发因素造成线路松断、搭铁，零部件损坏，漏液漏油，都可能导致突发性故障的产生。

（5）零件质量不合要求：材料选取不符合要求，零件制造精度低或有缺陷，加工工艺不符合规范，装配和调整不符合技术规范，这些原因将造成汽车零部件的自身先天性不足，存在故障隐患。

汽车故障的预防

汽车一旦发生故障，尤其是在行驶中发生故障，会给驾驶人带来很大的麻烦。因此，汽车故障的预防比汽车故障的诊断和排除更具有实际意义。

（1）注重汽车维护。为了保证汽车有良好的技术状态，必须在使用过程中严格按厂家规定进行认真的维护。比如，连接件的紧固、润滑部位的定期润滑、调整部位的恢复调整、油液的及时加注或更换等。为减少自然劣化，在润滑系统、冷却系统、燃油系统、手动变速器或自动变速器中加入保护剂（添加剂），可减少磨损和腐蚀，有效地延长机件的使用寿命和避免故障的发生。

（2）及时排除故障隐患。根据汽车各零部件在使用过程中疲劳和磨损的程度，螺钉松动状况，以及配合间隙的变化，采取相应的维护措施，定期检查和调整零部件的间隙，尽量消除故障隐患，确保行车安全。

（3）正确操作使用。正确的驾驶操作，科学地保护各零部件的使用功能，合理控制载荷和车速，避免长期在恶劣的环境中和颠簸的道路上行驶，可以有效地预防零部件的过早损坏和减少途中故障的产生。

（4）适时更换零部件。根据汽车各零部件的使用寿命及行驶中的情况进行更换，这是消除故障隐患的重要手段。

① 按厂家的规定建立零部件使用寿命明细表，详细记载各易损零部件开始使用的时间、行驶里程等，并与使用寿命表对比，根据对比情况及时更换。

② 更换零部件前，对旧的零部件进行彻底检查，并将其数据与维修极限值对照。如果磨损不严重，可继续使用，反之，应及时更换。

③ 做好维修记录，这种方法既有利于预防汽车故障的产生，又能使车主对自己爱车的健康状况了如指掌，确保安全行车。

了解维修保养费用的内容

节约维护保养费用，首先要知道维护保养费用包括哪些内容。只有充分了解它们，才能够在不损害汽车的前提下，尽量少花维修保养的费用。具体来说，汽车维护保养所要支付的费用主要有以下几项。

（1）汽车检测费是必须的，因为汽车在维护保养前首先要做必要的检测。此外，维护中需要使用一些贵重设备，这些设备的使用费也是不可少的。

（2）维护保养中的小修、配件费是会产生的，因为维护保养虽然是在汽车基本没有问题的情况下进行的，但也不能说一点儿也不需要维修。不过，这项费用最好是单独核算。

（3）维护保养所需要的原材料费用，如各种润滑材料，各种滤清器、滤芯及配换的螺栓螺母及垫圈、密封垫（圈）等费用。

（4）维护保养作业的工时费。

（5）维护中的其他费用。

节省汽车维修费用的途径

汽车维护保养费用是汽车使用中需要定期和经常支付的费用，在汽车维修费中占有较大的比重。因此，节省维护保养费用是节省汽车维修费用的重要途径。

（1）合理确定汽车维护保养周期。参照汽车制造商推荐的维护保养周期，结合汽车自身的技术状况和实际运行条件，对维护保养周期做适当的调整。也就是说，一般汽车技术状况良好的新车，在良好的运行条件下使用，可适当延长维护保养周期；而汽车技术状况较差，或运行条件恶劣，就应适当缩短维护保养周期。这样既能使汽车保持良好的技术状况，又可节省汽车的维护费用和修理费用。

（2）对汽车定期检测。在进行二级技术维护之前，应对汽车进行技术状况的全面检测，根据检测结果决定汽车二级维护的作业项目、范围和深度。这样做既能确保维护质量，又可避免增加不必要的作业内容而增大维护费用。

（3）采用先进维护保养设备和技术。现在利用各种先进的技术维护设备和手段，对汽车进行免拆维护，不但可以避免由于解体维护给汽车总成、部件造成的不必要的损伤，还可大大加快汽车维护的速度，从而有利于降低维修保养总费用。

（4）自己动手保养。维修工时费在维修费用中占有相当的比例，如果你能自己动手维护汽车，不但能节省维护费用，而且还能通过亲自维护使你更加熟悉和了解自己的车，掌握其结构特点和薄弱环节，从而在驾车或用车过程中采用各种有效手段来加以保护。这样不仅少花修车费，还可以使自己的技术得到意想不到的提高。

选购汽车零配件

如今，有些汽车配件生产厂家受生产条件所限和利益驱使，不注意产品质量，使大量劣质配件流入汽修市场，给驾驶人或车主造成严重的损失甚至灾难。因此，选购零配件时，千万不能马虎大意，否则后果不堪设想。

（1）购买配件，先看口碑。购买配件，一定要到信誉、服务等口碑较好的配件经销单位去选购，不要到一些小的维修店甚至是街边店去。去小店或街边店，虽然可节省费用，但其配件的进货渠道多种多样，质量难以保证。

（2）配件名称，使用规范。购买配件时，尽量使用学名或大家能明白的一些称谓。有的车主常常乱给汽车配件命名，不使用规范的配件名称，因此经常会买错材料。

（3）规格型号，一定搞清。购买配件时，一定要看车辆的合格证、使用说明书、发动机合格证等，还有就是看汽车的铭牌、发动机的铭牌、车辆的型号、出厂日期、出厂编号等，选择相同的型号购买。注意，同一厂家生产的相近型号发动机的配件不一定通用。

（4）名牌产品，尽在掌握。购买配件，要熟悉和掌握名牌，认清名牌。过去被评为省优部优的产品，荣誉有效期是5年，所以应注意掌握好信息，选购近期名优配件。

（5）一问二看，选择原配。汽车配件出现故障，应去特许经销商（4S店）处维修或更换，选用原装配件。非原装配件很容易造成车辆机体的损害，不要贪图便宜。如果发现产品价格远远低于印象中的价格，就要提高警惕，一定要弄清是折价、降价还是假件。

（6）擦亮眼睛，观察清楚。选购配件时，首先采取宏观目测。

① 观察包装。真品外包装盒上字迹清晰、套印准确、色彩鲜明，标有产品名称、规格型号、数量，注册标志，有合格证和检验员章，一些重要部件如分电器、喷油泵等还要配有使用说明书。对于大部分假冒伪劣产品总能从包装上找到破绽。

② 目测颜色。原装配件会指定某种标准颜色，如果遇到其他颜色就为假冒伪劣产品。

③ 细看材料。如果发现配件上有锈蚀、斑点，橡胶件老化、龟裂，接合处有脱

焊脱胶现象，这样的配件就有问题。

④ 有没有防护层。多数配件出厂时都有防护层，如活塞销、轴瓦用石蜡保护，活塞环、缸套表面涂防锈油，并用包装纸包裹气门、活塞等之后再用塑料袋封装。

（7）比较方法，检验真伪。在采取宏观目测后，采取比较法检验，即用同类优质产品进行比较也可发现问题。如果还不放心，可用量具检验鉴别某些汽车配件。

（8）若有必要，简单测试。某些配件从外观看没问题，但只要简单测试一下就会露出破绽来。比如，各配合件表面硬度都有规定的要求，在确定购买并与商家商妥后，可用钢锯条的断茬去试划看表面硬度是否达标，但不要损伤工作面：划时打滑无划痕的说明硬度高，划后稍有浅痕的硬度较高，划后有明显痕迹的说明硬度低。

（9）购买配件，索要发票。购买配件时，一定要索取发票，并注明零件的详细产地，这些都是为了保护消费者自己的正当合法权益，避免购进假冒伪劣配件。

减少修理频率

减少修理频率是省钱的一个重要途径，但是汽车在使用中由于磨损等原因，总是会出问题的。汽车的损坏，多数是由于没有定期检测或没及时维护，而零部件老化和疲劳等造成的正常损坏只占少数，所以对汽车进行“定期检测，强制维护”是减少修理的最佳方法。

“定期检测，强制维护”，能及时发现和消除故障及隐患，这样及时地将可能出现的问题消灭在萌芽之中，不仅提高了车辆的技术状况，而且保证了车辆安全运行。车辆平时没有什么毛病了，当然就减少了修理频率，达到了节约修理费用的目的。

解码器的使用

所有1996年及以后生产的新车，都要求兼容OBD-Ⅱ解码器。现在，市场上可以买到各种品牌的OBD-Ⅱ的解码器，并配有说明书和软件，你可以自己分析汽车的诊断系统。有了解码器，你就能做到以下几点。

（1）在紧急情况下快速地诊断故障。

（2）和维修人员更准确地讨论汽车故障。

（3）检验维修人员的判断是否准确。

（4）购买二手车时可以自己验车。

使用OBD-Ⅱ解码器的步骤如下。

(1)查阅车主手册找到DLC位置，将数据链路连接器DLC(Data Link Connector)插到汽车的插孔。

(2)在10秒内，转动点火开关钥匙到ON位置。

(3)等待数据下载完毕。

(4)参照该解码器的结果分析数据。

认识车辆识别码

车辆识别码VIN(Vehicle Identification Number)，是制造厂为了识别车辆而给每一辆车指定的一组字码，由世界制造厂识别码(WMI)、车辆说明部分(VDS)、车辆指示部分(VIS)三部分组成，可以使30年内生产的汽车不发生重号现象。

(1)世界制造厂识别码(WMI)的第1位字码，是标明一个地理区域的字母或数字；第2个字码，是标明一个特定地区内的一个国家的字母或数字；第3个字码，是标明某个特定的制造厂的字母或数字。第1、2、3位字码的组合能保证制造厂识别标志的唯一性。

(2)车辆说明部分(VDS)由6位字码组成，这部分应能识别车辆一般特征，其代号顺序由制造厂决定。

(3)车辆指示部分(VIS)由8位字码组成，其最后4位字码应是数字。车辆指示部分的第1位字码，也就是VIN总码的第10位，指示汽车生产年份，并且是30年一循环；第2位字码用来指示装配厂，如果没有装配厂，制造厂可规定其他内容；第3位及其他位，如果制造厂生产的某种类型出来的年产量达到或超过500辆，则VIS的第3~8位字码表示生产循序号；如果年产量小于500辆，则VIS的第3、4、5位与第一部分WMI中的3位字码一起来表示一个车辆制造厂。

车型不同，VIN的位置也不同，通常VIN在以下位置：

(1)在仪表板上、驾驶人侧靠近车窗的位置。

(2)在驾驶人侧的车门或门柱上，打开门时可看到。

(3)在分隔驾驶室和发动机舱的前围板上。

(4)通常也能在《机动车登记证书》和保险单上找到VIN。

需要注意的是，某些品牌的汽车在每个车身部件上都贴有一个代码标签，便于车主更换领部件。如果标签丢失了，对于二手车而言，可能该零件已经更换过了，也有可能出过事故。

识别零部件

在你为自己的爱车购买的零部件和配件中，有一些适用于你的车型，另一些也可用于同一汽车制造厂生产的其他车型。当然，还有一些部件是通用的，它们几乎适用于各种车型。因此，作为车主必须能分辨和描述你所需要的部件。弄清以下4个基本问题，你就能准确找到车上所需的所有零部件。如果能利用VIN码，解答这些问题会更容易。

（1）这是什么部件？通过学习，快速而准确地识别车上各系统和零部件，如交流发电机、制动衬块、燃油滤清器、散热器软管和其他可更换的部件。

（2）这个部件有代码吗？所有汽车都是由可替换部件组成的。比如，你车上的空气滤清器也适用其他汽车，并不是只针对某一车型专门订制的。为了方便更换，这些可替换部件通常用代码标识。

（3）这个部件包括什么？当你更换车上部件时，需要确定该部件包括什么。比如，你要买一个替换用的交流发电机时，这个新发电机包括安装时必须用到的螺栓吗？或者你应当使用旧的螺栓还是单独买新的螺栓呢？值得庆幸的是，零配件供应商可以回答你的这个问题。

（4）是买全新件还是二手件？购买汽车部件时，你应确定是买全新件还是二手件。如果部件小且便宜，就买新部件；如果部件大，新旧件的价格差异可能高达50%以上，比如发电机，你得考虑周全。

搜集维修工具

对于汽车的日常保养和维修，你只需要少量的基本工具并掌握一些维修技巧就可以了。

（1）扳手：扳手用来拆装螺栓和螺母。梅花扳手，可以帮你夹牢螺母；呆扳手，可以在空间狭小的位置方便使用；套筒扳手比普通扳手更省力；活扳手，用于转动不同大小的螺母或螺栓。扳手尺寸有英制和公制之分，大多数现代汽车使用公制。对于某些工作，你可能需要内六角扳手和梅花扳手。

（2）螺钉旋具：螺钉旋具用于转动螺钉。选择不同的螺钉旋具，使它和螺钉头的类型和尺寸相匹配。汽车上用到各种螺钉，但一字螺钉旋具和十字螺钉旋具最常用。如果你经常进行汽车养护工作，最好购买一套可拆换螺钉旋具。

（3）钳子：钳子用于抓住、扭转或固定部件，常见的有槽式结合钳、鱼口钳、尖嘴钳、扁嘴钳、钢丝钳等。当转动部件时，可以用钳子将其夹紧。某些钳子也可作为断线钳使用。

（4）电路测试仪器：汽车上的电路系统是用汽车蓄电池（12 伏直流电）作为电源的，测试用电设备要有相应工具，即万用表。说明书中介绍了如何用它测试电路系统和用电设备。

（5）基本工具：除了扳手、螺钉旋具和钳子外，还有一些基本工具也是很有用的。轮胎压力表，用来检测轮胎内的空气压力；废布，清洁用；漏斗，加注液体用；装油容器，收集排放出的油。

（6）高级工具：随着对汽车的不断了解，你可能会完成更复杂的项目。比如，用千斤顶升起汽车及使用车下作业板以进入车身底部。其他高级的工具，还包括发动机起重机和专用的汽车车身工具。

（7）诊断工具：如果你计划除维护外还为爱车做更多的工作，要考虑买一套电子诊断工具。有了它，你能读出车载电脑发出的故障码，并能随时随地诊断故障。车主用 OBD - Ⅱ诊断仪价格不高，购买时要注意是否包含译码功能。

工具箱的存放

如果你购齐了基本的汽车维护工具，就应准备一个合适的工具箱，并把它存放在最方便使用的地方。对于大多数的车主而言，一个结实的可携带的塑料工具箱，用于存放通用工具和备用零件是最佳的选择。工具箱应当坚固，但是又不能太重。如果你有车库并留有汽车修理区域，可购买一个大的带轮子的工具箱。不过，一个小的只装基本工具的工具箱仍是必备的，要带在车上，以便处理在行驶途中发生的紧急情况。

存放工具箱时，应存放在最方便使用的地方。如果你正在换油及进行其他的预防性维护，工具箱可以放在车库。如果做的是一些紧急修理的工作，工具箱应当放在行李箱中。现在，许多车主都备有两个工具箱，一个用于预防性维护，另一个用于紧急修理。

汽车安全修理准则

汽车的自身重量很重，它的部件中有许多是运动的，还有一些部件是带电的，而另一些部件则是很热的，这些都给维护保养工作带来了安全隐患。因此，车主一定要掌握好汽车维修中的安全准则。

（1）严禁将任何明火靠近汽油。

（2）工作时确定车辆处在驻车状态，驻车制动操纵杆已被拉起，车轮被垫块阻挡，保证汽车不会移动。

（3）在部件处于热态时不要工作。在接触热态部件前，让汽车或部件冷却至少15分钟。

（4）用千斤顶顶起汽车或使一个车轮离地，应牢固地放置支柱在车架下，然后开始工作。

（5）在蓄电池附近工作要格外小心，因为它储存化学材料且有电。

（6）车载电脑是敏感而昂贵的部件。当连接诊断工具或者布线时，要细心地按照制造商的说明书进行操作。

（7）运行中的发动机有旋转的叶片、传动带和其他的运动部件，这些运动中的物体可能会钩住衣服、皮肤和工具，所以要注意安全。

（8）在车上工作时，一定要确保儿童或宠物不在附近，以免使其受到伤害。

油耗突然增大怎么办

如果油耗最近突然增加不少，也不一定就说明是汽车出了毛病或故障。驾驶人要先仔细排查原因，说不定是个人使用的原因造成的。

（1）回忆最近的驾驶风格是否有变化，如最近是否总是猛踩加速踏板或急踩制动踏板、驾车时心情是否较为急躁等，都可能造成油耗增加。如果不是，那么进入下一步。

（2）最近的行驶条件是否和平常不太一样，走市区内的拥堵路段是否多了，或者跑山路、坎坷道路是否多了。如果不是，那么进入下一步。

（3）最近车辆是否总是人员满载，或者行李箱中装了整箱的矿泉水或其他重物。如果不是，请进入下一步。

（4）检查四个轮胎气压是否过低。如果不是，那么请进4S店吧，可能是你的汽车出了问题。

识别汽车异响

驾驶人在听到汽车产生的异响后，能否准确判断异响特征、部位、零部件归属，是能否及时消除隐患和排除故障的关键。

（1）气体爆炸声：当用了不合格的燃油、压缩比过高或点火过早等，在发动机负荷或转速突然加大时，可能会出现气体膨胀声，如排气管放炮声和发动机爆燃声。

（2）敲击声：敲击声是运动机件之间因松旷发生互相碰撞的响声，属于异响。如活塞与汽缸、活塞销与销座及连杆衬套，变速器齿轮等处的撞击声。

（3）颤抖声：颤抖声是高速旋转机件因平衡不好发出的抖振声。转速越高，响声越大，往往是快响而慢不响。如曲轴与飞轮、传动轴、离合器总成等的不平衡，都会在高速下出现此响声。

（4）摩擦声：当机件润滑或运转不良时，会发出一种平而长、余音较长的响声。此声因机件的大小、形状、材质和所受的压力、温度、速度及部位的不同而有所不同。

（5）漏气声：漏气声是有一定压力的各种气体，从密封不严处窜出来所发出的泄漏声。如气压控制阀的进、排气门关闭不严，火花塞孔密封不良而发出的漏气声。有时还会泄漏出黑色油烟、油液、水气泡等。

声音是衡量汽车“健康”与否的一个很重要的途径。但是，不同品牌、不同汽车发出的声音是不相同的，所以声音故障判断起来百分之百完全凭经验。就像医生也会诊断错误一样，即使是一个很有经验的驾驶人或修理工，凭借声音来判断有时候也可能出现错误。因此，在通过声音判断后，一定要及时进行修理，找出出现异常的真正原因，千万不能盲从于耳朵所做出的诊断。

分析汽车异味

说到汽车的气味，驾驶人联想最多的恐怕是汽油味。除此之外，汽车还有其他一些特殊气味，有的气味是与故障紧密相关的，驾驶人的嗅觉必须要“灵敏”。

（1）烧焦橡胶味：可能是关闭的制动蹄片摩擦过度造成轮胎过热，或由衔接于发动机的橡胶软管过热所产生。

（2）烧焦油味：车开一阵子，发动机达到一定温度时，突然闻到一股很重的焦味，有点像菜或肉烧焦的气味，而这种气味通常似乎是从空调的风口进来的。导致这种气味的原因是汽车内的某种油（机油、变速箱或其他部位的油）泄漏出来，并且刚好接触到非常热的表面。

（3）车中的废气异味：检查排气管是否破漏。

（4）烧焦塑胶味：多数是由电气系统的电流短路所致。

（5）带甜的水汽味：闻到带甜的气味自然和发动机冷却液有关，这时泄漏的发动机冷却液开始蒸发成蒸气；另外很有可能是暖气管的泄漏。

（6）车中的汽油味：多数是泄漏或开裂的油管，以及损坏的蒸发控制阀所致。

（7）霉味：车中霉味通常是地毯或汽车椅套某部分泡水，且车窗常封闭造成的。

检修车厢内烧机油臭味

在汽车上使用的各种润滑油和液压油，它们都添加在各自的壳体中，一般不会出现泄漏现象，其中比较例外的是机油。在发动机运转时，机油参与了内部各机构的润滑，同时也会有部分机油窜进燃烧室中，燃烧后被排出到发动机之外。但是这个量极其微小，不会产生烧机油的臭味，因此可用机油标尺检查发动机的机油量，如果机油量减少很多，很可能是某处出现了机油泄漏，应检查一下机油滤清器是否紧固可靠，机油滤清器下部有无泄漏的机油。

在车厢内出现了烧机油的臭味，很可能是车厢内有机油燃烧或车厢附近有机油燃烧。这时，大都是由于某处出现了机油泄漏，应关键检查排气管一侧，看排气管周围有无机油。如果恰好是刚刚更换过新机油，很可能是溢洒的机油滴落到了排气管上，机油被高温的排气管烤着了，这时排气管上只要滴上少许的机油，就能产生很大的烧机油臭味。为此，在添加新机油的时候，一定注意不要溢洒，如果不慎溢洒，事后不要忘了将其擦拭干净。

如果车厢内出现了烧机油的臭味，应该把空调器设定到内气循环位置后再打开，忍耐片刻，就能把烧机油的臭味清除掉。

检修车厢内汽油臭味

各种臭味和故障的关系紧密，其中最令人担心的是汽油的臭味。汽油很容易着火，必须特别小心。特别是车厢内出现了汽油的臭味，更是危险，这时一定要严禁各类明火，当然更不允许吸烟。检查汽油泄漏时，对于装备电子控制燃油喷射系统的发动机，要重点检查一下燃油分配管、喷油器是否有泄漏。如果查找不到原因，最好到修理厂进行检查。

检修空调臭味

空调用来调节车厢内的温度和湿度，使车厢保持宜人的环境。但是，有时候汽车的空调有臭味，会令人十分不舒服，特别是起动空调之初，臭味更大，尤其是吸烟的车主，其空调的臭味更是让人难以忍受。

（1）检查空调的空气滤网是否清洁或需要更换。

（2）找个大晴天把车开到太阳底下，启动发动机，打开暖风挡，将风量开至最大，在车门车窗全开的状态下晒上十几分钟。

（3）在空调器工作的情况下，将空调除臭剂从空调进气口（前排乘员脚部上方的位置）喷入空调风道。

选择修车厂

只要你有一辆车，就要进修理厂，因为汽车的修理是避免不了的。问题的关键是，如何才能找到一家技术好、服务好、令人满意的修理厂。

考察汽车修理厂技术服务水平时应注意以下几点。

（1）看资质，是否有国家颁发的等级证书，整车或专业零部件生产厂家的认定证书。

（2）看库房，如果有专门的零部件仓库，说明零部件的管理是严格可信的。

（3）看设备，是否有专门的诊断设备、维修设备和专用维修工具。

（4）看停车场，看里边停的车多不多，大部分车型属于哪个类型，是否与自己的车相同。

（5）看管理是否严格，如车辆进出厂交接制度、检验制度、出厂保修制度、员工服装、设备工具摆放，以及工作环境是否整洁等。

（6）看员工素质，是否有高素质的维修技师，是否有职业上岗证书，接人待物是否彬彬有礼，维修时是否为客户着想等。

（7）看口碑，可通过与其他客户交谈了解，确认是否将爱车托付给他们。

签订维修合同

一般情况下，汽车修理分为零星维修、总成大修及整车大修。零星维修不太好固定在何处修理，但后两项大修可以选择一家自己比较信得过的技术上有优势的维修企业做固定维修点，并与承修厂方签订一份汽车维修合同，将双方的权利和义务用合同的形式固定下来，这样才会使自己的权益具有法律上的保障。

签订汽车维修合同，必须依照《中华人民共和国合同法》的有关规定，由双方在平等协商的基础上，商定合同的条款和有关权利义务，并必须说明违约责任。

依照《中华人民共和国合同法》的有关规定，汽车维修合同应包括以下主要内容。

（1）委托方和承修方的名称。

（2）合同签订日期及地点。

（3）合同编号。

（4）送修车辆的车种、车型、牌照号、发动机编号、底盘号。

（5）维修类别及项目。

（6）预计维修费用。

（7）质量保证期。

（8）送修日期、地点、方式。

（9）交车日期、地点、方式。

（10）托修方所提供材料的规格、数量、质量及费用结算原则。

（11）验收标准和方式。

（12）结算方式及期限。

（13）违约责任和金额。

（14）解决合同纠纷的方式。

（15）双方商定的其他条款。

避免汽车维修争议

汽车经常驾驶，难免会出现这样或那样的毛病。有了毛病就要及时修理，就要与汽车修理厂打交道。有的车主只跑一趟就修好了车，心满意足；可也有的车主跑了好几趟也没能修好车，真是沮丧透顶。其实，很多车主并未认识到他们所扮演的角色往往决定修车的质量。

（1）详细介绍车的情况：车主要将车的故障向修理人员交代清楚，特别是那些有时才出现的故障，更要尽可能详细地描述故障经常发生的时间、地点、运行状况和现象等，以便维修人员进行正确的判断。

（2）真实介绍车的情况：千万不要向修理人员隐瞒车的真实情况，如是否自行修理过，是否在驾驶过程中有过错误操作等，这些对修理人员迅速查找故障原因有很大帮助。

（3）不要有敌对情绪：不是所有的修理厂都会采取不正当手段获取高利润。如果从你的车进入修理厂的那一刻起，你就时刻监视着修理人员的一举一动，很容易引起别人的反感，修理效果自然也会打折扣。

（4）不要自以为是专家：除非你真的对汽车修理很了解，否则你就尽量多地提供车的情况，而不是去指手画脚地指导修理人员，因为在修车上他们是专家。

（5）要求合情合理：修车是一项讲究科学的工作，不能只讲省钱省时。如果非要强迫修理厂在你规定的时间内，甚至在多少钱的修理费用内将车修好，那工作的质量也就很难有保证。因此，遇到修车问题，你一定要与修理厂协商解决。

（6）与业务员建立良好的关系：业务员恐怕是和维修时间和费用关系最为密切的人了，你与他们交个朋友，就会多一份信任，少一份敌意，这就足够了。

（7）作一个精明虚心的客户：你应该多加询问，要精明也要虚心。不过，要你对修理厂信任可不是意味着对他们言听计从，对于自己不明白的地方，一定要在修理前和修理过程中多问几个为什么，在得到合理的解释之后再做决定。

汽车维修质量的有关规定

依据《机动车维修行业管理规定》，车辆维修经营中，将实行机动车维修竣工出厂质量保证期制度。

下面介绍乘用车的具体规定。

（1）质量保证：乘用车整车修理或者总成修理质量保证为行驶 20000 千米或者 120 日；二级维护质量保证为行驶 6000 千米或者 35 日；一级维护、小修及零件修理质量保证为行驶 2000 千米或者 10 日。

（2）举证责任：有买卖就肯定有纠纷。当车主与维修企业发生矛盾时，虽然相关法律上并没有明文规定，一些与技术、配件质量相关的问题的取证由谁来完成，但从相关律条推延，车主与维修企业之间，车主明显是弱者，应主张举证责任倒置。也就是说，修车质量纠纷的举证责任由修理厂承担，即质量保证期内因为维修质量原因造成机动车无法正常使用，修理方在两天内不能或无法证明车辆出故障的原因，就应及时无偿返修。

（3）配件质量：《机动车维修行业管理规定》明确要求，机动车维修经营者不得使用假冒伪劣配件维修机动车。维修经营者应当建立采购配件登记制度，记录购买日期，供应商名称、地址、产品名称及规格型号等，并查验产品、合格证等相关证明。如果车辆所有人没有与修理单位签订修车合同，也可以依照《机动车维修行业管理规定》中的上述有关规定来维护自己的合法权益。

识破与应对维修中的欺骗伎俩

汽车修理厂是讲究经济效益的，在给客户做维修的时候，有些职业道德比较差的维修人员就会根据对象做一些弄虚作假的勾当。如果车主一点也不懂的话，就只能上当受骗。

（1）“欺生宰客”陷阱：有的汽修厂的维修人员事先提醒车主，说汽车的发动机或部分零件有问题，让车主留个心。过一段时间后，维修人员所说的问题真的发生了，车主就以为他们的技术很到位，再找这些所谓的“神医”维修。其实，这是一些“黑心”的汽修厂为了有更多的“回头客”而故意使出的“黑招”，许多车主被骗了还蒙在鼓里。

防骗经验：车主尽量不要选择路边店，路边店虽然价格很便宜，一旦出现问题往往解决起来很困难。到正规的汽修厂，收费可能是要比路边店高一点，但多出来的这一点的收费却会给车主带来非常安全的长期的质量承诺，这是很划得来的事。

（2）“连环圈套”陷阱：有的汽修厂在找到车辆故障后，只将其表面故障排除，而不解决更大的故障隐患，这样既能让车主觉得修理工手艺高，能对症下药，同时还可让车主不知不觉地陷入“连环套”。

防骗经验：车主在修理前应让汽修厂明确汽车故障、维修和更换零件的范围，要求汽修厂做出此故障排除后不会出现别的故障的承诺。

（3）“混淆视听”陷阱：有的汽修厂利用大多数车主不太懂维修知识，把白的说成黑的，反正车主不懂，他们只管大嘴忽悠，最后掏空你口袋里的银子。

防骗经验：如果你认为汽修厂的修车费似乎不合理，而你的汽车坏在你的保险公司指定的汽修厂的所在地，那最好还是把汽车送往指定点检验，看看是否需要更换整个系统，或者把汽车送往信誉度好的汽修厂。

（4）“小病大修”陷阱：有的汽修厂为了赚取更多的利润，很容易小题大做，把没毛病的地方说成有毛病，小毛病说成大毛病，这也是不少汽修厂惯用的骗人伎俩。

防骗经验：新车的维护保养最好长期选定一个固定的厂家指定的特约维修站进行保养。如果“流动式”保养，在遇到较大零部件需要索赔时，往往会出现几个厂家相互推诿的局面，给车主带来不必要的麻烦。

（5）“以次充好”陷阱：有的汽修厂将副厂配件以正厂配件的价格换给不懂行的车主，以次充好，从中赚取巨大差价。

防骗经验：在维修的时候，一定强调让他们在关键部位使用原厂配件，而且完工后一定要在凭证上注明是使用的什么配件。建议车主签订汽车《维修合同》，在修理后索取汽修行业统一正规发票，并要求附上结算清单。

（6）“只顾眼前”陷阱：有的汽修厂常用质量不过关的配件替换损坏的配件，虽然一时排除了故障，但时间一长就会重复出现老问题。

防骗经验：车主应留住修车记录，如果同样的毛病维修后使用的周期不一样，就说明上次更换的零部件质量可能不过关，同时拿出维修后的保修承诺要求索赔。

（7）“先斩后奏”陷阱：有的汽修厂在车主交车时，承诺故障并不是很大，而到把车修好后却先斩后奏地告之发现了诸多的新毛病需要多付钱，这些新增的费用往往比开始承诺的维修费要高出许多。

防骗经验：车主在维修前，接受汽修厂的合理报价，同时要记住维修内容并告知维修厂在协议外维修另一故障时必须通知车主，否则将不付款。

（8）“偷梁换柱”陷阱：有的汽修厂，尤其是路边的小汽修店，经常会将车上的好配件换成假冒配件，而车主在维修后短时间内很难发现，只有等假冒配件损坏时才会被发现。有的维修店会把前一个客户换下来的零件收起来，修复之后换给下一个客户。特别是换下来的蓄电池、轮胎等部件，经过翻新后就成为维修厂一个稳定的财源。

防骗经验：选择汽车修理厂时，车主千万别忘了看它的营业执照和交管部门颁发的技术审查合格证书。如果有时间，车主修车时最好在旁边监督修理人员维修或更换零件。千万不要将车放在小汽修厂较长时间，甚至过夜，以防零件被换。

（9）“暗渡陈仓”陷阱：有不少汽修厂，在节假日打出“免费”、“优惠”等旗号，对车主来说好像挺合算，实际上羊毛出在羊身上。

防骗经验：在修理前，车主了解一下汽车维修企业的收费标准是很重要的，而且在行业管理部门的要求下，维修单位必须将一般修理项目的收费标准明示给客户，如配件加价率（最高限额）：出厂价加25%、批发价加12%、进口配件加30%。零售进货配件不允许加价，允许收取3%的代购手续费。

（10）“瞒天过海”陷阱：一些维修工在修好客户的车后，常常开着客户的车去办私事。

防骗经验：大多数维修项目不需要出厂试车，如常规的保养、维修，以及表面轻微碰撞事故车的维修等项目。但如果事故造成车轮角度或大梁改变，修复后是需要路试的。当车辆在行驶中出现异响、跑偏或抖动等故障现象的时候，不仅在维修前需要路试，维修后也需要出厂试车。根据经验，无论是什么故障，试车30千米就差不多了。如果汽修厂认为需要长时间路试，应与用户联系并征得同意，必要时应请用户一起路试，以判断故障。

索要保修清单

现在4S店的管理水平参差不齐，一些品牌4S店管理并不规范。一般在维修保养前都有工单让你签字认可，但在维修后有些4S店只给你开个收据了事，而最后的维修项目和费用清单并没有。因此，在4S店做完维修或保养后，记得索要维修保养清单，这样不仅可以对这次维修保养的项目和收费心中有数，而且下次再做保养时可以避免一些重复保养项目。

修车误区

（1）只知修理，不知保养。有的车主不太重视汽车的保养维护，在使用汽车时不按时保养，只知道用车，直到汽车出现问题才去修理厂检修，使本来只需要维护保养就能解决的问题，发展到机件损坏或总成报废，只能花大费用才能解决的严重地步。

（2）修理范围，随意扩大。有的车主在保养或修理汽车时，抱着彻底解决问题不留后患的心理，总习惯对修理的部位大拆大解，认为只有这样才可以减少事故隐患。这样做，其实对汽车极为不利，因为会影响汽车机件之间已经磨合良好的配合面，破坏汽车机件装配的精确度，进而使汽车出现故障或性能下降等情况。还有些过于细心的车主，他们认为要想汽车不出毛病就要经常把车拆开检查检查，保养维修一下，其实这与上面谈到的同样是一种误区。

（3）自行调整，自行检修。汽车的结构原理比较复杂，调整一些精密机件或维修保养，必须具备一定的专业知识和技能，而且须有相当的经验并且借助一些先进的仪器，才能准确地调整和维修。如果在对车辆结构、部件工作原理和汽车性能一知半解的情况下盲目调整和维修，往往会因毫厘之差，弄巧成拙。

反侵权盗版声明